ROBÓTICA PARA O ENSINO FUNDAMENTAL I

Blucher

Luís Rogério da Silva

ROBÓTICA PARA O ENSINO FUNDAMENTAL I

Criatividade e letramento

Robótica para o Ensino Fundamental I: criatividade e letramento
© 2024 Luís Rogério da Silva
Editora Edgard Blücher Ltda.

Publisher Edgard Blücher
Editores Eduardo Blücher e Jonatas Eliakim
Coordenação de produção Andressa Lira
Produção editorial Thaís Costa
Preparação de texto Amanda Fabbro
Diagramação Plinio Ricca
Revisão de texto Maurício Katayama
Capa Laércio Flenic
Imagem da capa iStockphoto

Blucher

Rua Pedroso Alvarenga, 1245, 4º andar
04531-934 – São Paulo – SP – Brasil
Tel.: 55 11 3078-5366
contato@blucher.com.br
www.blucher.com.br

Segundo o Novo Acordo Ortográfico, conforme 6. ed. do *Vocabulário Ortográfico da Língua Portuguesa*, Academia Brasileira de Letras, julho de 2021.

Dados Internacionais de Catalogação na Publicação (CIP)
Angélica Ilacqua CRB-8/7057

Silva, Luís Rogério da

Robótica para o ensino fundamental I: criatividade e letramento – Luís Rogério da Silva. – São Paulo: Blucher, 2024.

372 p.

Bibliografia

ISBN 978-85-212-2129-6

1. Robótica – Ensino fundamental 2. Tecnologia I. Título

23-5380 CDD 629.892

Índices para catálogo sistemático:

1. Robótica – Ensino fundamental

Dedico à minha amada Eliane,

ao meu pai e aos pais dele.

AGRADECIMENTOS

The child is the father of the man.
William Wordsworth

Sou grato a todos aqueles para os quais eu tive a oportunidade de apresentar os primeiros passos da robótica.

Crianças, adolescentes e jovens, hoje adultos, e alguns deles estudando e trabalhando em muitos outros países, formaram o substrato deste livro, ofereceram o que ele pode ter de melhor: a energia viva da experiência acumulada.

De igual maneira, agradeço aos professores, meus colegas no propósito de fazer ingressar essa área de conhecimento no ambiente da Educação Básica, muitos dos quais, além das tarefas referentes às aulas, assumiram a responsabilidade de tornarem-se mentores de equipes de alunos cujo objetivo era participar em eventos de robótica.

Não é possível deixar de citar o papel imprescindível de todos os que construíram o TJR, disseminando as suas sementes nos estados brasileiros, fazendo fluir os seus objetivos educacionais para cidades de toda ordem de tamanho, dando-lhe o corpo necessário para torná-lo um instituto capaz de abrigar muitas outras ações sociais.

Também faço o justo crédito a todos os que trabalharam para que se pudesse atingir o excepcional desempenho das equipes de alunos da Comphaus nas dezenas de vezes em que representaram o Brasil em eventos internacionais de robótica e computação como a Robocup, a IOI, a partir do que se pôde depurar as melhores práticas com as quais este livro tem temperado o seu conteúdo didático.

Aos que me impulsionaram para esta empreitada de escrever um livro inspirado no curso de extensão que ministro na PUC-SP há alguns anos, aqui está um tênue esboço de mediação didática para que muitos professores adotem a robótica educacional e, por meio de suas práticas, apaixonem-se por ela.

Agradeço a Eliane Gonçalves por tornar o Instituto TJR – Torneio Juvenil de Robótica capaz de sediar os esforços de pesquisadores e professores brasileiros e estrangeiros e por fazer o Simpósio de Temas em Tecnologia e Currículo prosperar.

Também a Izilda Maria Nardocci por administrar a Escola Pública de Robótica, onde pude ministrar muitos cursos de computação e robótica.

Cabe o agradecimento a Vanessa Ianaconi, Renato Ferreira Pinto Júnior e Ricardo Hahn Pereira, que colaboraram substantivamente comigo para a sistematização didática das primeiras abordagens de aprendizagem com base em projetos para robótica educacional, cujos resultados foram, em seu devido tempo, reconhecidos e premiados internacionalmente.

Particularmente, obrigado, minha Eliane, pela sua paciência e perseverança: acredite, este é um livro em que cada página, cada parágrafo foi regado pelo seu incentivo!

APRESENTAÇÃO

Nos anos recentes, muitos professores e educadores têm buscado meios para contribuir efetivamente para a formação de crianças, adolescentes e jovens adultos, de tal maneira que possam ingressar, depois, como cidadãos plenos na sociedade.

Há alguns anos, ademais, acreditava-se que uma formação integral oferecia *per se* as competências com as quais cada jovem adulto poderia se fazer posicionar diante das grandes questões destinadas à sua geração.

Durante um átimo, atualmente, pode se constatar que o conhecimento da humanidade se expande cada vez mais e mais, e a integralidade a que a academia se referia há pouco só pode ser estimada e usufruída, indiretamente, com a intermediação das ferramentas das tecnologias digitais de informação e comunicação.

Tais tecnologias não auxiliam apenas os humanos, mas também as máquinas e, para que a formação das novas gerações possa alcançar o pleno emprego dessas ferramentas que, ininterruptamente, progridem ao ritmo das ciências e fazem-nas desenvolver ainda mais, torna-se imprescindível incluí-las no currículo da Educação Básica.

A robótica e a computação imiscuem-se, de maneira rápida, em todas as ciências e tecnologias, de tal sorte que, em poucos anos, não se conseguirá ver qualquer objeto importante para a existência da humanidade que não esteja dotado de seus benefícios.

Não será ousado afirmar que todos os professores, independentemente de suas áreas de atuação, necessitam mergulhar a atenção para essas ferramentas que se tornam a cada dia indispensáveis para a continuidade formativa docente.

Há de se acreditar que a tradição no trato fragmentado das disciplinas curriculares não poderá fazer frente aos problemas globais e que professores e gestores devam recorrer ao que os alunos observam ao redor com especial interesse, de maneira análoga ao que ocorreu com os celulares, que, ao invés de serem banidos das escolas como se queria há dez anos, serviram, isto sim, de ferramentas para integrar cada aluno à atividade escolar durante a pandemia, e, na atualidade, são indispensáveis, substituindo, gradativamente, o consumo do conteúdo televisivo para robustecer o conteúdo em *streaming*, ampliando também, aceleradamente, o acesso aos jogos e outras formas de simulação da realidade.

As condições intelectuais imprescindíveis para que humanos e robôs possam conviver e cooperar no futuro breve serão, inequivocamente, fruto da atividade escolar no presente e exige-se, para tal, assertividade na condução curricular para que a escola básica, em toda a sua pluralidade e capacidade inclusiva, mantenha-se flexível e à altura das portentosas conquistas científicas que se acumularão em prazos cada vez mais curtos.

Luís Rogério da Silva

AOS PROFESSORES

Olá,

Convidamos você, educador, e os seus alunos a conhecer os fundamentos da robótica e, com especial cuidado, chamar a atenção da comunidade escolar para a crescente presença dos robôs no cotidiano de todos.

Para tal, a principal intenção é contribuir, por meio do conteúdo didático, para identificação dos robôs frente aos demais produtos dotados de computação e instigar professores e alunos a construir os seus protótipos de robôs.

Dessa forma, fazer compreender os conceitos mais relevantes para o entendimento do que é um robô, de que se constitui e como é construído é o foco principal das atividades aqui propostas. Os temas geradores em que as atividades estão integradas abordam questões sobre a presença dos robôs e os possíveis impactos da existência deles para a sociedade humana e para a sustentabilidade planetária.

A linguagem deste livro é, ainda que tecnicamente rigorosa, simples e direta, oferecendo ao professor um suporte seguro e, por meio da mediação deste, aos alunos, uma narrativa que possa entusiasmá-los e, de igual maneira, vir a integrar-se, naturalmente, às outras tantas que os alunos das primeiras séries têm oportunidade de experimentar na escola.

Temos ciência de que o nosso público de alunos se compõe de crianças em processo de alfabetização, iniciando a vida escolar, letrando-se pelos primeiros textos escritos, instrumentalizando-se das notações matemáticas iniciais, e, diante disso, pretendemos, com as atividades propostas, contribuir tanto para a estimulá-las a trabalhar em grupo e, dialogicamente, percorrer um rico aprendizado quanto para integrar os saberes curriculares às práticas típicas da robótica.

Ainda que o livro proponha a aprendizagem com base em projetos como metodologia ativa fulcral, para a faixa etária de alunos a que se dirige, os projetos que sugere são de prazo curto e entrelaçados com outras atividades, algumas permanentes, outras temporárias, que são essenciais para os propósitos da escola neste momento curricular.

As atividades sobre robôs com curta duração não reduzem a importância da prática da robótica educacional no contexto didático diário, muito pelo contrário, torna essa prática bem inserida no cotidiano da sala de aula: entendemos que quão mais sutil for a tessitura da robótica com os demais afazeres curriculares, mais profundos serão os frutos desse trabalho.

Por fim, não pretendemos fazer deste livro um manual, pois alunos que criam e constroem protagonizam um ambiente vívido e dinâmico de que participa o professor: este livro é, quando muito, um esboço cartográfico para que professores e alunos escolham as paragens que pretendem ir visitar.

CONTEÚDO

INTRODUÇÃO **15**

PARTE 1 . A EDUCAÇÃO E OS ROBÔS PARA PROFESSORES DAS PRIMEIRAS SÉRIES **23**

1. Algumas questões pedagógicas 25
2. Os robôs 89
3. Dissecando o robô, as suas competências e a sua missão 115

PARTE 2. A EDUCAÇÃO E OS ROBÔS PARA ALUNOS DAS PRIMEIRAS SÉRIES **135**

4. Desenhando robôs e cenários para robôs e outros personagens 137
5. As atividades educacionais com jogos de cartas, de tabuleiro e a robótica 153
6. Diversão e aprendizado através das máquinas mais simples! 169
7. Aprendendo com a construção de autômatos 181
8. Construindo o primeiro mecanismo 185
9. Construindo o primeiro robô 197
10. Os planos individuais e seus registros 217
11. Apresentação do escopo por meio da narrativa (missão) 233

12. Aquisição de recursos para robótica pedagógica: critérios pedagógicos e governança 287
13. Aprendizagem através de desafios: competições de robótica 301
14. Robótica para o Ensino Fundamental II: investigação e autoria 331

REFERÊNCIAS 333
LEITURAS RECOMENDADAS 339
SITES 343
VÍDEOS 357
RESPOSTAS DOS EXERCÍCIOS 367
ANEXOS 371

INTRODUÇÃO

TECNOLOGIAS EMERGENTES, DISRUPTIVAS E EXPONENCIAIS

Os primeiros dias, meses e anos que uma criança vivencia no cotidiano escolar são uma iniciação para um ritual que não se findará até que sua disposição intelectual se esgote. Na escola, o entrelaçamento geracional se dá pelo fortalecimento dos vínculos entre os das gerações mais novas que encontram, nas salas e nos corredores, uma nova casa e entre os novos e os experientes que medeiam a perpetuação da história social humana.

A construção desse processo milenar conta com o poder do letramento para fazer enraizar nos cerimoniais da cultura a importância documental do registro escrito das memórias e do que se sistematizou do conhecimento humano arrecadado desde as primeiras descobertas, ampliando o saber corriqueiro obtido nas práticas cotidianas e na oralidade.

Fazer inaugurar sempre novos percursos em todos os momentos da vida é o propósito da árdua tarefa de aprender que a criança deverá transformar em um hábito para si.

O início dessa caminhada é, talvez, o momento mais relevante, pois a infância conta com a vulnerabilidade do ineditismo, quando uma experiência frustrante ainda pode desfigurar um espírito curioso e promissor. Por isso, é necessária uma grande variedade de experiências e, de igual maneira, é fundamental a facilitação bem oportuna realizada pelo professor.

Muitos educadores podem supor que a tenra infância não é adequada para a temática da robótica, por não estarem as crianças prontas para uma tecnologia[1] tão sofisticada.

---

1 Há razoável diferença entre técnica e tecnologia. Enquanto a primeira engloba os expedientes para a solução de um dado problema oriundos do método da tentativa e erro ou simplesmente da intuição, a segunda oferece soluções aos problemas calcadas em estudos científicos.

Outros tantos imaginam que é um conteúdo incompatível com a pesada carga de alfabetizar e que, diante da relevância de se aprender a ler, a robótica ou a informática são atividades que devem ficar para um momento curricular posterior.

Sobre isso cabe refletir, pois, ainda que não se queira ver as crianças lidando com o fogo, há de se concordar que elas devam saber que ele existe e que suas propriedades podem determinar, dependendo do seu emprego, benefícios ou prejuízos, um alimento saboroso ou um risco de morte.

Aliás, o fogo foi para a humanidade o que hoje se costuma chamar de tecnologia disruptiva, ou seja, a partir do conhecimento de sua produção, as práticas sociais humanas se transformaram completamente e de maneira irremediável. Esse conhecimento se configurou em uma vantagem competitiva entre os grupos humanos de tal sorte que aqueles que dominaram essa tecnologia sobrepujaram os demais grupos concorrentes.

O fogo tornou-se, dessa maneira, uma tecnologia emergente, enquanto nova tecnologia cuja prática estava em difusão, uma tecnologia disruptiva, quando constatada, através da perspectiva histórica, a sua dominância e prevalência sobre práticas anteriores de lidar com alimentos e com a forja dos metais, por exemplo, e, por fim, uma tecnologia exponencial, visto que os efeitos do seu conhecimento puderam e ainda podem ser vistos em todas as demais esferas de entendimento humano, potencializando o seu desenvolvimento.[2]

OS ROBÔS COMO INTEGRAÇÃO DE TECNOLOGIAS DISRUPTIVAS E EXPONENCIAIS

A robótica, por integrar soluções de uma enormidade de conhecimentos de áreas tão diversas como arte, administração, computação, engenharia e outras muitas, não se limita à simples soma deles: os robôs vão além, são capazes de efetuar tarefas de forma autônoma e, em colaboração com outros robôs e humanos, tornam-se, potencialmente, integrantes da sociedade não apenas dedicados à produção de bens e serviços, mas também partícipes dos processos comunicativos e operadores de conhecimento, de informação e de dados.

Uma propriedade com a qual os robôs apresentam um grande potencial de disseminação de suas funções na sociedade humana é a crescente capacidade, em razão dos incessantes avanços das tecnologias de transmissão de dados, de se interconectar com

2 A tecnologia exponencial é aquela em que ao menos um dos parâmetros empregados para analisar a sua efetividade ou eficiência progride de forma exponencial em relação ao tempo. Um exemplo pode ser dado pela Lei de Moore, que sugere que, a cada dezoito meses, a capacidade de processamento dos computadores dobra, enquanto os custos para a sua produção e comercialização permanecem os mesmos, ou seja, segundo esta lei, a curva de evolução deste tipo de tecnologia não é linear, mas sim exponencial.

outros robôs, com sistemas computacionais e com *as coisas* dotadas de conexão digital de maneira genérica.[3]

Os robôs, por conta da inteligência artificial, já compartilham com humanos inúmeros processos de decisão e há, atualmente, discussões acerca de leis sobre as suas responsabilidades, os seus direitos de autoria e de patente ou até reflexões sobre os tributos a que estarão sujeitos por ocuparem espaço na cadeia produtiva em detrimento de empregados humanos. Isto mostra que a sua existência é disruptiva e os seus efeitos são exponenciais.

OS DESAFIOS PARA O ENSINO FUNDAMENTAL I

É conveniente considerar que, durante os anos em que os alunos se dedicam aos estudos de Educação Básica, ocorrem muitas transformações sociais.

Basta pensar que cerca de doze a quatorze anos, período médio de permanência de uma criança na escola básica, já são tempo suficiente para que ocorram drásticas novidades sobre a forma de se conviver e de produzir bens.

Seja nos processos produtivos, seja nos comportamentos sociais, portanto, do ambiente econômico ao contexto cultural, uma realidade absolutamente distinta se imporá aos jovens ingressantes do ensino superior daquela que vivenciaram durante a infância.

Tal fato sugere que não há uma faixa etária certa, uma idade marco para começar a lidar com estas tecnologias exponenciais, e sua abordagem deverá ser imersiva com o passar do tempo.

Por outro lado, a alfabetização, para ser bem-sucedida, não necessita excluir as temáticas do cotidiano, pelo contrário, deve cooptá-las em seu benefício.

O letramento é uma prática textual investigativa no sentido de fazer o leitor procurar os planos profundos do significado dos textos, e, de forma análoga, na escola, o mesmo deverá acontecer com outros objetos de interesse do aluno. Tomar contato, reconhecer, classificar os objetos que se encontram em sala de aula é outra forma de o aluno realizar inspeção com o intuito de investigar as propriedades desses objetos e obter através deles conhecimentos empíricos sobre o mundo físico que o cerca.

Um aspecto relevante a se considerar para se empregar os robôs como uma temática contributiva para o currículo é mostrar que, por serem os robôs elementos que atuam no mundo físico, eles têm a aptidão para a exploração, com competências para realizar, no mundo real, coletas de amostras e investigações em ambientes inóspitos e cenários de risco, podendo ir além do que os seres humanos chegariam. Isso os transforma em parceiros inseparáveis da imaginação e da criatividade da criança tanto ao

[3] Computação ubíqua (computação pervasiva) é uma expressão usada para descrever a onipresença da informática no cotidiano das pessoas.

se conceber ficções que alimentam as fantasias quanto ao se planejar um projeto de pesquisa científica.

No universo textual oral ou escrito os robôs podem servir, portanto, como personagens de enredos de narrativas elaboradas para as crianças e, por que não, pelas crianças.

Ainda mais, o lidar com a possibilidade de guiar os primeiros protótipos de robôs para explorar o ambiente de sala de aula é um importante meio de estimular o aluno a ver nela um espaço rico de percursos, o que pode frutificar na maior atenção aos detalhes preciosos que beneficiam a alfabetização e o conhecimento da notação numérica, temas que os educadores privilegiam para as atividades permanentes das primeiras séries, por exemplo.

Estabelecer com as crianças um vínculo para se aprender sobre essa temática pode incitar os educadores envolvidos a renovar constantemente os seus conhecimentos sobre ela, habilitando-os a dialogar com os profissionais dedicados a outras séries, facilitando o acompanhamento longitudinal dos alunos e das práticas curriculares.

Como se pode notar, em momento algum, serviram de argumentos, em prol da robótica como temática educacional para as primeiras séries, tanto a inserção laboral dos jovens adultos na economia 4.0[4] quanto o estímulo para o avançar do pensamento lógico computacional, ainda que sejam esses fatos relevantes para a prática e para o currículo escolar.

E isso se dá pelo simples imperativo de se respeitar o andar das idades: aqui não se antecipa o que não é para crianças. Esta proposta didática considera a complexa dimensão de cada sala de aula das séries iniciais diante da qual os educadores elaboram um grande leque de estratégias para atingirem os seus objetivos e estabelecem como o seu intuito básico promover conexões com a alfabetização e com os pilares da matemática e desenvolver as competências afetivas e psicomotoras das crianças por meio da inserção da robótica educacional no plano de ensino.

OS MUITOS CONTEXTOS CURRICULARES DAS ESCOLAS BRASILEIRAS PARA A ROBÓTICA EDUCACIONAL

Ainda que haja, advinda do Ministério da Educação, uma coordenação nacional para a educação nos seus vários níveis formativos, a gestão da Educação Infantil e fundamental é, na maior parte das vezes, uma ocupação dos municípios.

De fato, a rede municipal é responsável por aproximadamente dois terços (60,1%) das escolas de ensino básico no Brasil, a rede privada, por 22,9%. Os municípios são protagonistas, também, quando se trata especificamente do período escolar entre o

[4] Para conhecer a atividade profissional de um roboticista: https://youtu.be/AdV59Su_vYs. Acesso em: 2 jul. 2023.

1º e 9º anos. A rede abrange um total de 73.939 (94,7%) escolas nos anos iniciais do fundamental (Censo Escolar 2020).[5]

Em um país continental, com contextos socioeconômicos e culturais muito distintos, os atores locais, em seus municípios, sejam gestores de escolas públicas ou privadas, são responsáveis pela implementação do currículo e enfrentam a complexa tarefa de adequar todas as diretrizes curriculares às condições de que dispõem.

Nesse ambiente, muitos gestores, há alguns anos, vêm inserindo a prática da robótica educacional no elenco de atividades ou de projetos ou até de disciplinas oferecidas no Ensino Fundamental I e, em algumas escolas, também no Ensino Infantil.

Em alguns casos a robótica educacional é oferecida nos Ensinos Infantil e Fundamental I sem que sobre ela se faça qualquer menção no projeto pedagógico da escola e, nessa situação, o seu papel permanece restrito à categoria das atividades lúdicas de entretenimento e diversão, porém, de forma crescente, ela vem sendo adotada de maneira a participar do currículo por razão de sua característica integradora, contribuindo com a prática de alfabetização e letramento, de formação matemática e de projetos e atividades capazes de cimentar a prática escolar com outras vivências sociais.

Em outros casos ainda, além da natural contribuição que essa área pode oferecer às demais disciplinas das primeiras séries, existem esforços direcionados para que haja construção da mediação didática e a confecção de materiais didáticos com intuito de poder fazer cristalizar uma nova disciplina a ser oferecida desde a mais tenra infância, categorizando a robótica educacional como disciplina de objetivos pedagógicos próprios que possam ser desenvolvidos, gradativamente, nos vários níveis do Ensino Básico, nos quais também estejam contempladas tanto as competências de programação quanto aquelas angariadas pelas práticas *maker*.

A preparação de livros didáticos de robótica educacional para a Educação Básica é uma tarefa particularmente delicada em se tratando desta realidade brasileira, multifacetada tanto culturalmente quanto pela acessibilidade aos recursos, que desfaz, no decorrer da prática e mediante os condicionantes locais, os ditames básicos dos textos nacionais de referência curricular, no que tange ao emprego das novas tecnologias.

Dessa forma, livros didáticos de robótica educacional com conteúdo para a educação seriada, tal qual se vê para as demais disciplinas, não há para a educação brasileira.

Isso decorre do fato de que não há uma referência específica à robótica educacional na Base Nacional Comum Curricular aprovada em 2017, permitindo apenas a inferência de sua aplicação ao afirmar, na sua quinta competência, a que se refere à cultura digital, que se deve preparar o aluno para:

---

[5] Ver em: https://www.gov.br/pt-br/noticias/educacao-e-pesquisa/2021/03/conheca-o-panorama-das-escolas-brasileiras. Acesso em: 2 jul. 2023.

> Compreender, utilizar e criar tecnologias digitais de informação e comunicação de forma crítica, significativa, reflexiva e ética nas diversas práticas sociais (incluindo as escolares) para se comunicar, acessar e disseminar informações, produzir conhecimentos, resolver problemas e exercer protagonismo e autoria na vida pessoal e coletiva.[6]

Muitos textos de educação estaduais e municipais, a serviço de se firmar uma referência curricular regional e ao orientar a formação de professor para atuar com as tecnologias digitais de informação e comunicação (TDIC), transformam a robótica educacional em uma pequena parte de tais tecnologias.

Todavia, a robótica educacional, obviamente, transcende o âmbito dessas tecnologias, o que dificulta ou até mesmo inviabiliza, nestas circunstâncias, a constituição de um conteúdo pedagógico específico para discutir projetos e atividades com o propósito de construir protótipos robóticos.

Também por conta de estar apenas implícita, no texto da Base Nacional Comum Curricular (BNCC), a presença da robótica educacional no âmbito das TDIC, a exploração desta área de conhecimento em cada escola fica determinada por meio do consenso a ser estabelecido quando considerados os planos econômicos e estratégicos da gestão administrativa e os objetivos curriculares estabelecidos pela coordenação pedagógica da instituição, o que impede que se invite maior dedicação e investimento na produção de material didático de amplo acesso.

A despeito disso, alguns fabricantes nacionais e internacionais de *kits* de robótica agregam aos seus produtos alguns manuais com atividades simples para estimular a compra deles, como se ali houvesse realmente uma proposta pedagógica universal.

Fabricantes como a LEGO,[7] a Robotis[8] e a Vex Robotics,[9] por conta de se envolverem com a pesquisa sobre currículos em vários países, têm associados aos seus produtos os planos de aula e livros didáticos para serem adotados e empregados durante cada um dos anos letivos da Educação Básica, partindo, inclusive, da Educação Infantil.

Contudo, há uma barreira natural para o emprego desse material didático: o vínculo da proposta didática ao produto em questão, impedindo que o professor/educador, por meio da prática dialógica com os alunos, estabeleça novos objetivos para a definição de projetos baseados em outros materiais, incluindo-se, então, o emprego daqueles oriundos de remanufatura ou reúso.

Para evitar esse entrave, este livro pretende orientar a mediação didática com atividades e projetos sem vincular as propostas a um material ou *kit* de robótica específico,

---

6 Ver em: http://basenacionalcomum.mec.gov.br/implementacao/praticas/caderno-de-praticas/aprofundamentos/193-tecnologias-digitais-da-informacao-e-comunicacao-no-contexto-escolar-possibilidades. Acesso em: 2 jul. 2023.

7 Ver em: https://education.lego.com/pt-br/lessons?grades=1%C2%BA+e+2%C2%BA+Anos+do+Ensino+Fundamental. Acesso em: 2 jul. 2023.

8 Ver em: https://www.robotis.us/ollo/. Acesso em: 2 jul. 2023.

9 Ver em: https://education.vex.com/stemlabs/123?lng=env. Acesso em: 2 jul. 2023.

conjugando objetivos pedagógicos a várias soluções didáticas e tecnológicas, permitindo, inclusive, que o professor/educador possa ter em vista a possibilidade de retomar o projeto que conquistou grande engajamento dos alunos, agora sob um novo grau de dificuldade, com novos recursos tecnológicos, quando esses alunos atingirem estágios mais avançados.

COMO É O LIVRO?

Este livro pode ser desmembrado em dois blocos principais: a primeira parte, *A Educação e os Robôs para Professores das Primeiras Séries,* se destina, como o título sugere, à formação dos professores educadores interessados em trabalhar com aprendizagem baseada em projetos de robótica educacional para as crianças das primeiras séries, enquanto a segunda parte, A Educação e os Robôs *para Alunos das Primeiras Séries,* visa à atuação desses professores educadores diante das crianças, adequando-se, de maneira coerente, o conteúdo da robótica educacional a inúmeras estratégias pedagógicas destinadas para esse público.

É importante ressaltar que as propostas de atividades apresentadas no livro não determinam marcas de materiais a serem usados, deixando-se a critério dos educadores envolvidos a liberdade de escolhê-los dentre os materiais sugeridos ou dentre outros que lhes poderão substituir. Também, os arquivos digitais dos cenários propostos para serem o local de atuação dos robôs estão disponíveis gratuitamente nos endereços eletrônicos citados oportunamente.

Por ser uma área de conhecimento em rápida evolução, a composição deste texto não se ateve à mera mediação didática do que já parece sedimentado; trouxe, também, à baila o que decorreu de uma recente revisão bibliográfica, sendo tais apontamentos devidamente apresentados como notas de rodapé, ilustrações, vídeos, endereços eletrônicos e referências, todos dispostos ao educador para que possa ampliar os recursos e estratégias didáticas que venha a empregar.

PARTE 1
A EDUCAÇÃO E OS ROBÔS PARA PROFESSORES DAS PRIMEIRAS SÉRIES

CAPÍTULO 1
Algumas questões pedagógicas

Antes de se planejar alguma atividade ou projeto que envolva a robótica educacional, o educador deve se assegurar de ter algumas informações básicas à sua disposição: se há outros processos educacionais na escola que abordem essa temática e, em caso afirmativo, a disponibilidade de reunir várias séries no planejamento; se as atividades serão executadas de maneira curricular ou extracurricular; quais são as atividades já programadas no elenco das modalidades organizativas a serem desenvolvidas com a turma em questão; se existe um arcabouço documental de outros projetos e atividades com robótica educacional na escola.

A prévia existência, na escola, de atividades ou projetos que tenham envolvido robótica educacional é a primeira informação a ser colhida pelo educador, pois, tendo um histórico de alguma atividade, seja antiga, já interrompida ou não, seja recente, em andamento, isso indicará a existência de algum conhecimento acumulado pela comunidade escolar sobre robótica educacional.

Caso a comunidade escolar já tenha abrigado atividades com robótica educacional, cumpre ao professor investigar a sua natureza e os seus resultados, para dialogar com os membros dessa comunidade, tendo essa experiência passada como referencial comum, para empregá-lo se houver a necessidade de compará-lo com o projeto ou atividade que pretende executar no presente.

Conquistar parceiros, outros professores e familiares de alunos, por exemplo, para um projeto é significativamente importante se a pretensão é ter abrangência longitudinal, se a meta for envolver alunos de diferentes séries e faixas etárias ou ainda se há ambição de extrapolar os muros da escola em atividades comunitárias ou competitivas.

O trabalho organizado de maneira a distribuir coletivamente a responsabilidade tem a vantagem de obter recursos de maneira mais ágil e contar com a colaboração pedagógica de outros professores para as secções transdisciplinares do projeto.

Os horários para a programação das atividades estão intrinsecamente relacionados com o fato de serem as atividades inseridas no currículo ou de estarem à mercê de se formarem turmas de alunos interessados em um curso extracurricular com esse tema.

Como se nota, todas essas informações são fundamentais para o planejamento das aulas do professor que tenha interesse em aplicar o que se propõe neste livro.

1.1 EDUCAÇÃO SERIADA E EDUCAÇÃO POR CICLOS

Nos modelos pedagógicos estáticos, inatistas e empiristas, geralmente, adapta-se o tempo curricular às faixas etárias de maneira anualizada, distribuindo-se as disciplinas e os seus conteúdos em séries.

Numa determinada série, o professor precisa transitar somente pelos tópicos descritos previamente no programa, independentemente do desempenho apresentado pelos alunos.

A relação entre as séries é mediada pela promoção do aluno, que pode ser automática ou sob a condição de se satisfazer algum critério, por exemplo, demonstrar suficiência diante de uma avaliação por objetivos (somativa, cumulativa).

Os modelos pedagógicos dialógicos respeitam os ritmos de aprendizagem dos alunos, organizam, muitas vezes, as disciplinas sob a óptica dos conteúdos transdisciplinares e adaptam as estratégias pedagógicas e, em função delas, a sequência didática a ser trabalhada.

As avaliações formativas e negociadas tornam-se relevantes para a pedagogia dialógica. Pelo fato de que o enfoque no processo é a essência da dialogia, não é compatível com o modelo dialógico o estabelecimento do particionamento do currículo e da sistematização da prática didática a partir de constituição de uma escala abstrata com patamares estanques, pelos quais os alunos transitam, *etiquetados*, referenciados por competências, saberes e comportamentos, buscando a promoção, até atingirem o patamar mais alto, quando, então, serão dispensados, portando um certificado.

Não contribui à visão dialógica dividir o alunado em grupos distintos por séries, como se, numa série qualquer, houvesse uma razoável homogeneidade entre os integrantes dela ou fazer a progressão do aluno no percurso curricular e, portanto, nas séries, pelo desempenho dele diante das avaliações periódicas de cunho classificatório a que deverá se sujeitar.

Como a escola regular responde às demandas dos responsáveis pelos alunos e às da sociedade produtiva com a certificação final do aluno, as práticas dialógicas podem ser integradas ao plano pedagógico organizando-se, em ciclos, a espacialização e a temporalização da realização curricular.

Costuma-se denominar ciclo desde o grupamento de séries com objetivos gerais comuns, como quando se refere ao ciclo básico, até propostas pedagógicas que se desfazem completamente da seriação ou por promover a promoção automática, mantendo ainda a rigidez da divisão do conteúdo por faixa etária, ou por se basear na introdução de questões ou temas geradores a partir dos quais todas as atividades pedagógicas serão organizadas durante os diferentes períodos de exercício escolar.

A escola por ciclo tem conformação integradora, ao contrário da escola seriada, que esmiúça os seus processos pedagógicos pela atomização.

De maneira similar, o emprego de aprendizagem com base em projetos é uma estratégia dialógica de se sistematizar as atividades pedagógicas em comum acordo com os alunos, assim como se dá com as demais metodologias ativas.

Como se verá adiante, a aprendizagem com base em projetos pode comportar (e é mais fecunda) a prática pedagógica em pequenos grupos em que a composição deles é pouco homogênea, seja quando os componentes são comparados por saberes e competências seja quando são vistos em termos etários.

No caso da robótica educacional por meio de aprendizagem com base em projetos, cuja inserção é feita na grade curricular de uma escola seriada, geralmente, visa-se a tentar moldar uma prática que é imanentemente dialógica a processos pedagógicos estáticos, com adoção de livros-textos dotados de sequências didáticas no modelo aula a aula.

Muitas vezes, sob as condições citadas, os professores que se dedicam à robótica educacional são levados a fechar notas individuais de seus alunos nos períodos ordinários de avaliações somativas das demais disciplinas sem que haja sequer uma proposta avaliativa estruturada ou com algum propósito pedagógico efetivamente alcançável.

Ainda que projetos, segundo o que se preconiza para as melhores práticas, sejam geridos com a determinação prévia de marcos temporais, a lógica desses marcos não é estruturada para os objetivos pedagógicos, como alguns educadores fazem crer: não há como subverter a concepção lógica dos marcos temporais, com os quais se monitora um projeto, através de uma releitura de seus propósitos sob a óptica da educação tradicional.

A razão é simples: enquanto os marcos temporais são estabelecidos para decretar tanto o início quanto o fim de etapas (entregas), com intuito de que se cumpra o escopo do projeto no prazo estabelecido, a atomização temporal das atividades escolares entremeadas por processos avaliação dos estudantes voltados para se certificar se saberes e competências foram conquistados é realizada, predominante ou exclusivamente, no eixo temporal pedagógico.

Dessa forma, na prática de aprendizagem com base em projetos operam dois eixos temporais de desenvolvimento de atividades: o eixo do projeto que segue o estado do produto e o eixo pedagógico que segue a aprendizagem dos alunos.

Por isso, a aprendizagem com base em projetos, conforme os escopos tratados por eles se tornam mais complexos e seus prazos para execução maiores, ajusta-se mais facilmente às escolas que adotam os ciclos como periodização das práticas pedagógicas.

De igual maneira, essas escolas, geralmente, ambicionam conhecer melhor o desenvolvimento do seu aluno, dispondo o professor de uma riqueza de instrumentos para avaliações diagnósticas e formativas, oferecendo a eles oportunidades de autoavaliação, avaliação por pares, avaliação por portfólios e outros processos avaliativos mais adequados ao acompanhamento contínuo e longitudinal de cada aluno e das equipes que frequentou.

O modelo escolar por ciclos sugere uma avaliação também das estratégias propostas pelos professores com intuito de aprimoramento da didática.

No caso da aprendizagem com base em projetos, também há de se realizar avaliação da condução gerencial do projeto, visto que, além dos ganhos educacionais para os alunos, há um produto na mira do escopo do projeto, que deve, ao final, ser apresentado à comunidade escolar e submetido à apreciação dela.

1.2 CURRICULAR E EXTRACURRICULAR

Há grande diferença na abordagem da robótica educacional para aplicação curricular diante do que se faz nos cursos extracurriculares.

O nível esperado de integração com os demais componentes curriculares é maior quando a robótica educacional ou está inserida nos planos de aula de disciplinas curriculares ou se constitui numa disciplina própria na grade curricular, posto que para pertencer ao currículo, certamente, houve um debate anterior a seu favor com relação ao plano pedagógico da escola e, para a robótica educacional enquanto disciplina própria, foram definidos ementas e planos de aula, com um conteúdo programático contextualizado para as demais práticas escolares.

No entanto, há de se precaver antes de uma avaliação apressada da situação, ao se avistar em uma grade escolar a prática da robótica, pois a presença da robótica educacional disseminada nas disciplinas tradicionais ou em uma disciplina própria costuma vestir as práticas didáticas tradicionais de participação pouco ativa por parte do aluno com uma roupagem moderna, sugerindo haver ali o emprego de metodologias ativas, do *pôr a mão na massa* ou de desenvolvimento de projetos com escopo amplo e difuso como tratamento de água com emprego da robótica, eliminação do trabalho infantil por meio da robótica, por exemplo, que apenas resultam em experiências pouco significativas para a aprendizagem dos alunos.

Isso se dá pelo fato de que, na prática tradicional do currículo, as disciplinas, costumeiramente, servem-se do texto didático para aplicação de aulas expositivas com avaliações somativas e suas atividades sequenciais foram historicamente sedimentadas durante muitas gerações de alunos: integrar a robótica educacional a esse processo significa adaptar os seus modos de trabalho aos conceitos já estabelecidos para as demais disciplinas.

Os temas propostos para a robótica pedagógica nessa situação encontram, durante a composição da grade horária, oposição inevitável dos professores que deverão suprimir os conteúdos didáticos já estabelecidos por conta de uma proposta nova e, para tal, em sua defesa, apresentam propostas que desfiguram as melhores práticas para aprendizagem por projetos de robótica educacional.

De forma alguma se faz aqui o demérito de projetos cujo propósito principal é remodelar a abordagem de temas tradicionais das disciplinas, usufruindo de uma temática atual, mas é necessário ter a consciência de que o título de robótica educacional atribuído ao projeto ou à atividade dessa natureza não faz jus ao seu principal objetivo (e talvez único), que é o de obter a atenção e manter o interesse dos alunos para um tópico curricular que pouco tem a ver com a robótica ou com a construção de robôs.

Nesse aspecto, muitos dos defensores dessa abordagem afirmam se escorar no construcionismo de Seymour Papert,[1] em que, por meio do computador, as crianças poderiam encontrar estratégias para melhor compreender a matemática dentre outros assuntos. Entretanto, há de se considerar que mais de cinquenta anos se passaram dos primeiros trabalhos dele e muito se avançou tanto sobre a computação quanto sobre a robótica, do que decorre que há, pois, muito conhecimento delas que mereça ser, por si mesmo, objeto de aprendizado na escola e fora dela, em ambientes dedicados a difusão dessas áreas.

Muitos educadores e professores acreditam ser natural atribuir-se à robótica ou à computação qualquer estudo que se queira fazer, pois são áreas de conhecimento a que se estão atrelando todas as outras, todavia aprender sobre robôs ou sobre programação exige uma abordagem própria, uma sequência adequada de atividades e objetivos pedagógicos próprios.

Propor aprendizagem sobre os robôs e temas conexos a eles exige um plano de aula voltado para objetivos gerais e específicos que cerquem de maneira acurada este tópico principal e, por exemplo, deverá o professor e o educador prever que, em algum momento do curso, qualquer que seja ele, abordará, proporá e conduzirá os seus alunos à construção de um protótipo de robô. De igual maneira, agirá o professor de informática com a prática da programação.

Em qualquer espaço do currículo em que residam a robótica e a computação, para o benefício real dos alunos, há de se ter em mente que o que se afirmou anteriormente terá de estar previsto: os alunos deverão construir robôs e codificar programas.

No caso dos cursos extracurriculares a problemática é completamente outra. Essas turmas são formadas pelos alunos interessados pela temática em questão e que se inscrevem especificamente para poder frequentar a disciplina correspondente. O principal intuito institucional, nesse caso, é compor uma grade horária complementar, oferecendo atividades diferentes daquelas com as quais os alunos lidam em sala de aula no turno das aulas curriculares. Geralmente, as atividades extracurriculares são

---

1 Papert, por meio do construcionismo, refere-se ao fato de o educando poder construir o seu próprio conhecimento por intermédio de alguma ferramenta, por exemplo, o computador.

inseridas, portanto, no contraturno escolar, ou seja, no horário complementar, com natureza optativa e forte apelo lúdico: o protagonismo do aluno, calcado, principalmente, na ludicidade das atividades, torna tênue o compromisso com os objetivos pedagógicos pré-estabelecidos, pois, para manter o interesse do aluno, há de se fazer concessões, muitas delas, no caso da robótica pedagógica, a favor do mexer as peças sem a devida atenção na compreensão clara do que realizar com elas.

O que poderia significar um plano de aula mais intrínseco à robótica como área de conhecimento específica dotada de características epistemológicas próprias, muitas vezes, transforma-se numa coleção de atividades voltadas apenas para incendiar a curiosidade e evitar a evasão dos alunos sem produzir qualquer sistematização nem análise dos conhecimentos envolvidos.

Muitas vezes, por estar a prática extracurricular desgarrada das práticas disciplinares curriculares, diretores da escola e responsáveis de alunos podem mal interpretar o trabalho coletivo para a realização de projetos de robótica, em que os protótipos são construídos de modo que apenas uma unidade de robô seja de responsabilidade de muitos alunos, não tendo, como de costume quando se trata dos materiais escolares, cada aluno o seu próprio conjunto.

Dessa forma, o protagonismo do aluno em papéis de colaboração ou cooperação, quando mal compreendido, pode resultar em um individualismo generalizado e caótico que poderá sequestrar boa parte do tempo da atividade do professor com a gestão de conflitos decorrentes de não haver um escopo claro previamente definido para o trabalho em grupo.

Dessa maneira, algumas soluções dependem da compreensão clara, por parte dos professores e educadores envolvidos, dos gestores da escola e dos alunos e seus responsáveis, sobre o que é aprendizagem baseada em projetos e, em particular, de projetos e atividades de robótica educacional.

Em suma, as melhores estratégias didáticas decorrem de se compreender, plenamente, por parte de todos os interessados, que a robótica como área de conhecimento necessita estar assistida pela Educação Básica, sob a tutela de meticulosa mediação didática.[2]

---

[2] A expressão *mediação didática* corresponde a uma revisão da expressão *transposição didática*, com a qual Michel Verret (conceito apresentado por ele em 1975 e rediscutido por Yves Chevallard em 1985, no livro *La Transposition Didactique: du savoir savant au savoir enseigné*) cunhou o instrumento de lidar com o saber acadêmico científico para transformá-lo no saber destinado ao ensino disposto nos livros didáticos e, por fim, ao saber que é ministrado na dinâmica de sala de aula. Contudo, a expressão mediação didática, concebida em um sentido dialético, favorece o entendimento desse processo de transformação do conhecimento como um processo de constituição de uma realidade a partir de mediações contraditórias, de relações complexas, não imediatas (Lopes, 1997).

1.3 MODALIDADES ORGANIZATIVAS

Considerando-se que introduzir temas de robótica educacional no ambiente escolar significa estruturar de forma racional as atividades e os tempos escolares, o professor há de se escorar em abordagens com esta finalidade já bastante experimentadas no Ensino Fundamental I.

O modelo analítico das modalidades organizativas proposto por Délia Lerner[3] serve como uma forma de divisão estrutural das atividades pedagógicas e dos afazeres didáticos, catalogando-os tanto no nível do programa de uma disciplina quanto no nível do plano de aula.

Tradicionalmente, o modelo propõe quatro modalidades: as sequências didáticas, as atividades permanentes, as atividades independentes e os projetos.

As *sequências didáticas* e as atividades permanentes destinam-se a fazer cumprir os objetivos gerais.

As sequências didáticas são situações didáticas articuladas em sequência de desafios propostos aos alunos com níveis de complexidade crescente.

O gerenciamento da prática pedagógica das sequências didáticas decorre do ajuste das atividades propostas ao tempo disponível para elas no plano de aula.

São, portanto, organizadas para atender os objetivos almejados de aprendizagem dos alunos, englobando as atividades de aprendizagem e de avaliação.

Em qualquer disciplina se faz uso dessa modalidade, quando o professor oferece as atividades do conteúdo didático gradualmente, de níveis de conhecimento já sedimentados pelos alunos com a intenção de que cheguem aos níveis superiores ainda não conquistados.[4]

As sequências didáticas permitem que vários tópicos correlatos do conteúdo didático possam ser tratados de forma conexa, como se faz, nas primeiras séries, por exemplo, com leitura, escrita, oralidade e aspectos gramaticais.

As *atividades permanentes* são situações didáticas propostas com regularidade, cujo objetivo é constituir atitudes, desenvolver hábitos que favoreçam o melhor desempenho das competências dos alunos.

O conjunto de prioridades definidas na proposta curricular é a referência para se realizar a seleção de conteúdos que definirão os tópicos abordados e as características das atividades permanentes.

---

3 Para saber mais a respeito das modalidades organizativas na prática escolar: https://www.youtube.com/watch?v=n_4TYd7PMl4. Acesso em: 2 jul 2023.

4 Empregando-se o pensamento de Vygotsky, parte-se da zona de desenvolvimento real do aluno para alcançar a zona de desenvolvimento proximal.

A principal característica dessas atividades é a frequência regular com que são realizadas: assim, quando a contação de histórias é uma prática realizada diariamente numa sala de Educação Infantil, é considerada uma atividade permanente.

As *atividades independentes* são aquelas que decorrem de situações ocasionais, não planejadas, mas que permitam abordar algum conteúdo conexo ou servir de motivação para a aprendizagem significativa de algum tópico curricular.

Essas atividades são realizadas sem que estejam diretamente relacionadas com o que é desenvolvido em outras atividades ou projetos.

Trata-se, portanto, de incorporar um evento inesperado como uma situação didática relevante, a partir da qual se pode conseguir a atenção dos alunos, de modo que façam reflexões capazes de organizar os saberes curriculares: uma discussão sobre um acontecimento atual impactante é um exemplo de atividade independente.

Dessa forma, normalmente, possuem um período de execução mais curto do que aquele que se costuma dedicar às sequências didáticas, às atividades permanentes e aos projetos; muitas vezes, correspondendo, para as primeiras séries, a uma atividade de apenas uma hora-aula.

Os *projetos*, no modelo de Delia Lerner, são situações didáticas organizadas em função de se fazer realizar um propósito claro e previamente definido.

Durante a realização das tarefas que viabilizarão a obtenção do resultado do projeto, inúmeras oportunidades serão exploradas para que se consiga dos alunos a aprendizagem significativa de conhecimentos curriculares previamente escolhidos do programa das disciplinas envolvidas no desenvolvimento do projeto. Os escopos dos projetos podem ser os mais variados e devem ser definidos a partir do que poderão frutificar em ganhos pedagógicos aos alunos: a produção de protótipos ou experimentos para mostras científicas, confecção de mapa do bairro, produção de jornal ou revista da escola são alguns dos muitos exemplos de escopos de projetos.

Gradativamente, conforme a robótica pedagógica deixa de ser apenas uma proposta temática difusa nos programas dos demais componentes curriculares e se transforma em uma disciplina, ela passa a ter constituídas as suas próprias atividades permanentes e sequências didáticas, além de poder contar com a composição de atividades independentes e projetos centrados em seus objetivos pedagógicos.

1.4 ATIVIDADES E PROJETOS COM ROBÔS

1.4.1 O QUE SÃO ATIVIDADES E O QUE SÃO PROJETOS?

A atividade constitui-se de esforços produtivos simples, de tarefas diretamente relacionadas com o produto que se pretende obter com elas. O projeto é definido pelo

Guia PMBOK como esforço temporário empreendido para criar um produto, serviço ou resultado exclusivo.

De princípio, tal como está apresentado, o projeto parece uma simples expansão do conceito de atividade, mas não o é.

Enquanto a atividade pode ser confundida com o seu resultado e todos os insumos empregados são facilmente identificáveis no que foi produzido, o projeto propriamente dito não se resume ao produto, é antes um escopo alcançado com um elenco de recursos durante um período determinado.

O que diferencia o projeto da atividade é a amplitude de tarefas com natureza distinta que ele pode comportar, tarefas estas que, concatenadas e/ou sequenciadas da maneira correta, chegam a uma entrega final: o serviço ou produto informado no princípio do desenvolvimento do projeto.

Dessa forma, na maior parte das tarefas envolvidas no decorrer de um projeto, não há como, a partir do que nelas se está a fazer, saber o propósito do projeto. Não há como se intuir o produto do escopo de um projeto a partir de uma de suas partes, quando vista isoladamente, sem que se apresente um mapa da interconexão de todos os afazeres planejados para ocorrer do início ao encerramento do projeto, seja informalmente, através de um simples fluxo de tarefas, seja formalmente, por meio de uma estrutura analítica do projeto,[5] por exemplo.

Para deixar clara a distinção entre os dois conceitos: produzir uma redação escolar é uma atividade escolar, confeccionar uma revista sobre a história do bairro no século XX, partindo do planejamento inicial até a sua veiculação, é um exemplo de projeto.

1.4.2 O MAKER *E O PROJETO*

Em resumo, a atividade remete a um fazer determinado, enquanto o projeto é um modo de se realizar a produção com muitos fazeres distintos.

Tanto a atividade quanto o projeto exigem organização e método, contudo o foco da atividade se dá nos detalhes da confecção do que se propõe fazer e o foco do projeto está em estabelecer uma subdivisão lógica do tempo empregado e dos recursos necessários para que o escopo seja atingido. Assim, a atividade responde à pergunta do como atuar para produzir, enquanto o projeto responde o que se vai produzir, quanto tempo será necessário para a confecção e quanto custará.

O educador precisa considerar que a atividade possui um referente já conhecido, é documentada através de uma tipologia textual injuntiva, prescrevendo[6] o que fazer

---

[5] Em gerência de projetos, uma EAP ou Estrutura Analítica de Projetos (*Work Breakdown Structure*, no inglês) é um processo de subdivisão das entregas e do trabalho do projeto em componentes menores e mais facilmente gerenciáveis.

[6] Um texto é prescritivo quando há uma indicação do que se deve fazer, enquanto o texto injuntivo é pautado no método e na explicação para a realização de uma ação.

aos que pretendem realizá-la para que, ao iniciarem o processo, conheçam o passo a passo e o seu término previsto.

No caso do projeto, que, por definição, é inédito e único, não há um referente exato. Em termos de registro, a sua realização conta com uma vasta gama de documentos, com uma grande variedade de gêneros textuais, todos eles com conteúdo derivado das informações contidas na estrutura analítica de projeto, que concatena as entregas de cada bloco de tarefas com o intuito de manter o transcurso produtivo em coerência com os marcos do eixo temporal.

1.4.3 ATIVIDADES E PROJETOS: A EXPERIÊNCIA DO PROFESSOR PARA ESSAS PRÁTICAS

O projeto antecipa, analiticamente, o resultado demandado. Contudo, por se tratar de um produto a ser entregue no futuro, envolve o risco de ser diferente o resultado que é obtido daquilo que se esperava obter. Essa diferença pode se dar no prazo de entrega, nas características do produto ou no preço contratado, ou ainda, sob um ponto de vista mais sofisticado, quando o resultado é avaliado pela qualidade apresentada.

Na prática, isso significa que um professor pode iniciar uma atividade com os seus alunos sem ter a devida experiência sobre as tarefas que ela demanda e conseguir, com o devido zelo, obter êxito. Todavia, um professor que se aventure a estabelecer um termo de abertura,[7] um ponto de partida de algum projeto, sem contar com qualquer experiência, raramente fará um bom gerenciamento e impactará negativamente o andamento do projeto, prejudicando aquele que, potencialmente, poderia ser o seu melhor resultado.

1.4.4 A EVOLUÇÃO DO CONCEITO DE PROJETO NA EDUCAÇÃO

Na educação, o emprego do projeto remonta às escolas de arquitetura italianas já no século XVI, para, posteriormente, estar em uso em outras áreas e outros países até que, em meados do século XIX, escolas elementares e secundárias estadunidenses fizessem referência a experiências com projeto (Knoll, 1997).

A introdução efetiva do projeto na educação decorreu dos trabalhos de William Heard Kilpatrick, em 1918, que culminaram no método de projeto (Kilpatrick, 2014).

Esses trabalhos tinham como propositura basilar o ensino com base nas experiências da criança, contributo importante para o escolanovismo.

Esse método caracterizava-se por estimular a aprendizagem a partir de problemas reais do cotidiano do aluno, tratando-os de forma projetiva.

---

7 O *termo de abertura do projeto* (TAP) é um documento que formaliza o início de um *projeto*, confere autoridade ao gerente de *projeto* e agrupa todas as informações necessárias para a execução das atividades envolvidas.

O método subdividia os projetos em quatro grupos, conforme a natureza do objetivo a ser tratado: produção, em que se aprende ao confeccionar um produto; consumo, no qual se aprende com o manuseio de um produto existente; investigação de solução de problema, bem como o aperfeiçoamento de técnicas já existentes.

O método de projetos, atualmente, pode ser considerado como inspiração tanto para o emprego de atividades *maker* quanto para a metodologia ativa baseada em projetos.

É importante observar que, do início do século XX ao seu final, a conceitualização de projeto tornou-se formal, distinguiu-se o projeto dos processos fabris, como um evento produtivo não cíclico, e sim particular, estabeleceu-se o triplo vínculo (tempo, recursos e escopo) e criaram-se ferramentas técnicas de controle e análise.

Durante a consolidação dessa área de conhecimento, na década de 1960, com a corrida espacial, buscou-se uma epistemologia própria, para o aprofundamento de seus estudos.

Em 1969, um grupo de profissionais experientes em gestão de projetos reuniu-se para discutir as melhores práticas de gerenciamento, culminando na fundação do Project Management Institute (PMI), que, atualmente, é referência internacional para a disseminação do conhecimento e o aprimoramento das atividades de gerenciamento de projetos.

Ao se determinar que a prática de projetos escolares é um dos pilares para que sejam alcançados os objetivos do projeto político pedagógico da escola, torna-se irremediável adequar o espaço escolar onde este tipo de atividade ocorrerá, de tal maneira que se permita às equipes de alunos e professores trabalharem em *coworking*.[8]

Também ao professor deverão ser oferecidas ferramentas e condições para que consiga usufruir, por meio de suas competências, uma perspectiva multidimensional e multidisciplinar do conteúdo curricular capaz de ajudar a integrar os diferentes conhecimentos e papéis, bem como um contrato de trabalho flexível e que lhe garanta segurança trabalhista, visto que o tempo dos projetos não coincide necessariamente com o tempo letivo.

[8] Ver mais sobre o tema em: "Coworking nas escolas: (re)configurando a forma de aprender, criar e trabalhar", de Veridiana Ferreira e Galdenoro Botura Junior, em: https://books.google.com.br/books/about/Design.html?id=NRwJEAAAQBAJ&redir_esc=y, bem como no artigo de Johnson: *"Are The Coworking Spaces the Classrooms of the future?"*. In: *Coworking Insights*. Disponível em: https://coworkinginsights.com/coworking-spaces-the-classrooms-of-the-future/. Acesso em: 2 jul. 2023.

1.4.5 ATIVIDADES E PROJETOS PARA A ROBÓTICA EDUCACIONAL

A robótica educacional requisita que se tenha claro o significado atual de projeto.[9]

O projeto a que se refere a educação atual tem definição mais precisa do que aquele a que se referia Kilpatrick em 1918 ou Hernandez em 1998; é uma classe produtiva própria, com características específicas, útil para que se conquistem os objetivos complexos que a sociedade atual demanda.

Para que se compreenda o significado do projeto é preciso reparar nas características produtivas preponderantes da nova economia.

Nela, o ciclo de vida reduzido dos produtos e serviços ofertados, em virtude do desenvolvimento cada vez mais veloz de substitutos melhores, estimula a pesquisa e desenvolvimento de protótipos que possam ocupar esse espaço no mercado, ainda que seja temporariamente e para atender nichos específicos.

A pesquisa e o desenvolvimento necessitam ser realizados, portanto, em prazos curtos e determinados com precisão, sob condições econômicas passíveis de se estimar e responder de maneira efetiva à demanda que os provocou.

Em suma, a ciência e a tecnologia são, em suas contribuições à sociedade, produtos obtidos por meio de projetos bem-sucedidos.

Dessa forma, aprender sobre projetos durante a formação escolar torna-se fundamental para que os jovens adultos prosperem tanto nos ambientes produtivos de que farão parte quanto no cultivo de suas ambições pessoais.

No caso da robótica pedagógica, em que se pretende promover o aprendizado sobre saberes curriculares e conquistar competências para a construção de protótipos de robôs, as atividades e os projetos devem ser planejados de maneira que, a cada passo transcorrido no decurso deles, resgatem-se oportunidades para explorar um determinado rol de conhecimentos curriculares e, no seguimento do devido aprendizado da robótica e da computação, todo o conhecimento tratado ganhe sentido e integralidade.

Dessa forma, a conclusão da atividade ou do projeto de robótica responderá a uma necessidade autêntica, reconhecida pelos alunos como relevante para o seu cotidiano,

---

9 A publicação do *Guide to the project management body of knowledge* (ou *Guia para o conjunto de conhecimentos de gerenciamento de projetos*) pode ser considerada um divisor de águas na história da gestão de projetos. Mais conhecida como PMBOK, é de autoria do Project Management Institute (PMI) ou, mais precisamente, do PMI Standards Committee, o comitê de padronização do PMI. A 7ª edição é a versão mais recente do PMBOK e foi publicada em 2021. Esse guia conceitua um projeto como um esforço temporário, ou seja, finito. Tem, portanto, início e fim bem determinados e empreendidos para se alcançar um objetivo exclusivo, ou seja, um resultado específico que o torna único. Os projetos diferem dos processos e das operações, porque estes últimos são contínuos e repetitivos, enquanto os projetos têm caráter único.

contribuindo muito para a sua formação, sem que o currículo escolar tradicionalmente instituído tenha sido prejudicado.

Todo o ganho de saberes e competências envolvidos na temática trabalhada estará, com esse tipo de prática educacional, acrescido do conhecimento que se pode angariar sobre a estrutura de projetos e a maneira de fazer a sua gestão.

1.4.6 AS BASES DA APRENDIZAGEM COLABORATIVA E COOPERATIVA PARA CRIANÇAS

O convívio das crianças é norteado pela exploração do ambiente e pela busca de novas experiências, seguindo o interesse particular de cada uma delas, que pode, em algumas ocasiões, ser compartilhado em grupos, tornando-se, durante determinado período, um foco comum.

Uma aranha descoberta no canto da sala, por exemplo, torna-se, tão logo é identificada por uma criança, o tópico central de interesse do grupo.

O trabalho do professor deve se fundamentar no conhecimento prévio dos interesses comuns do grupo de crianças que tem sob sua responsabilidade para, por meio deles, estabelecer temas que beneficiem um plano de colaboração entre as crianças.

Ao planejar a atividade ou projeto é preciso determinar o número máximo e mínimo de membros dos grupos da sala de aula, analisando previamente os benefícios e as desvantagens de cada configuração possível, variando-se a composição do grupo de um indivíduo (trabalho individual) à totalidade de alunos da classe (trabalho coletivo para toda a sala).

Em geral, as crianças das primeiras séries gostam de se divertir, individualmente, com as peças para poder construir os objetos de seu interesse particular.

Então, se o professor, ao propor uma atividade, mostrar de antemão um possível resultado do produto confeccionado para atendê-la (a título de exemplo), poderá organizar os grupos conforme o grau de engajamento demonstrado pelas crianças ao que foi sugerido e o nível de complexidade das tarefas envolvidas.

Constatado um grau de engajamento mais baixo, haverá necessidade de constituir grupos com um número de integrantes menor, para que o professor tenha a convicção de que aluno algum fique disperso durante a atividade.

Caso contrário, em havendo um engajamento maior, os grupos poderão possuir mais componentes e o escopo da atividade poderá ter um grau maior de complexidade.

Como, nesse caso, os alunos irão se defrontar com um grau de complexidade maior, o professor deverá incentivar, criteriosamente, o compartilhamento de responsabilidades e deverá se manter vigilante para mediar os possíveis conflitos que venham a surgir durante a execução da atividade pela equipe,[10] tendo em conta que os conflitos interpessoais bem mediados são oportunidades para o desenvolvimento da maturidade psicológica das crianças.

É importante reconhecer que os grupos vão adquirindo maturidade e podem ser considerados como grupos de aprendizagem quando cada um dos seus integrantes é capaz de perceber a necessidade de aprender com os demais e reconhecer os benefícios auferidos do bom entrosamento tanto dentro do grupo quanto fora dele, no bom trato com as pessoas em geral (Minicucci, 1982).

Ao acompanhar a maturação dos grupos, o professor deverá buscar conhecer cada criança e o relacionamento que costuma ter com as demais com o intuito de obter sucesso na formação das equipes que vão participar das atividades propostas.

Dessa forma, o professor que cuida cotidianamente das crianças é beneficiado ao propor atividades ou projetos de robótica educacional diante de outros profissionais que atuem com elas só ocasionalmente ou de forma intermitente (como no caso das atividades extracurriculares), pois o professor regular pode aproveitar a sua experiência com elas no cotidiano, para buscar dinâmicas de grupo com foco na colaboração.

É importante notar que, sem uma atuação didática que proporcione a colaboração entre as crianças, haverá a necessidade de uma grande profusão de peças para a realização das atividades de robótica educacional, que, mesmo sendo realizadas em grupo, não deixarão de ser de natureza individualista.

Quando se pretende implementar uma cultura de colaboração no ambiente escolar, deve-se delinear as expectativas desejadas para as atividades e/ou projetos e fazer-se a comunicação adequada aos alunos e a toda a comunidade escolar.

Ao final, sejam atividades pouco ambiciosas, sejam projetos com repercussão midiática, tudo o que é realizado inspirado na cultura da colaboração necessita avaliação de seus resultados e análise cuidadosa do projeto para que o processo possa se repetir cada vez melhor. Aliás, ter o foco voltado para o processo de compartilhamento de responsabilidades durante a aprendizagem é a principal característica da cultura colaborativa na escola.[11]

---

[10] Ao se solicitar a antecipação do professor diante dos conflitos dos alunos, não se quer propor que ele faça cessar a possibilidade de existência de qualquer conflito, pois, em metodologias ativas, o aluno é protagonista de sua aprendizagem e portador de seus interesses, tornando todo e qualquer conflito uma excelente oportunidade de o aluno exercer o seu papel de representação pessoal no espaço de negociação. Mediar diz respeito a atender as pessoas em seus interesses em questão, reconhecendo e contribuindo para a plenitude do indivíduo em seus deveres e direitos (Fontana; Gomes, 2020).

[11] Blatchford *et al.* (2003, p. 3)caracterizam o trabalho em grupo ou equipe com a assistência de um professor como: "By group work we mean pupils working together as a group or team. The teacher may be involved at various stages but the particular feature of group work — perhaps its defining characteristic — is that the balance of ownership and control of the work shifts toward the pupils themselves".

Mathews *et al.* (1995), Panitz (1999), *Torres e Irala* (2013) mostram que é útil diferenciar a aprendizagem por colaboração da aprendizagem por cooperação.

Segundo esses autores, no caso de um grupo de alunos atuando em colaboração, há maior interação e intervenção do professor com o grupo e seus integrantes durante as suas atividades, que ocorrem, muitas vezes, sem a divisão clara de funções e tarefas em benefício de um engajamento mútuo para a solução dos problemas.

Assim, o andamento das atividades pode ser determinado pelo grupo em comitê ou pelo professor, conforme a maturidade dos alunos.

A vantagem da colaboração é que todos aprendem o que compartilham sob as mesmas oportunidades de atuação, contudo, tal processo não prioriza a racionalização do trabalho e pode comprometer o cumprimento do prazo predefinido.

Em geral, para projetos de robótica educacional com o propósito de construção de protótipos de robôs com alto desempenho (aqueles para exposição em feiras culturais ou para participação em competições), há necessidade de mecanismos produtivos mais apropriados para a execução de projetos, com a atuação dos membros da equipe na modalidade de cooperação.

Os grupos de alunos atuando em cooperação apresentam uma clara divisão de tarefas, de tal maneira que cada membro ou subgrupo assume a responsabilidade de executar uma determinada tarefa e o produto completo é decorrente da integração coordenada dessas partes. Existe, portanto, uma função gerencial a ser desempenhada para o êxito dessa proposta que pode ser executada pelo professor ou por algum aluno escolhido pelo próprio grupo.

A cooperação é um modelo produtivo complexo para ser implantado no ambiente escolar sem que haja um amadurecimento prévio dos alunos por meio de experiências em divisão de tarefas e processos de autoavaliação ou de avaliação por pares.

1.4.7 A EXPERIMENTAÇÃO NO APRENDIZADO DAS CRIANÇAS

Em que pese ser a escola o espaço para a integração da criança a novos círculos sociais e, por conseguinte, ofereça oportunidades para incentivar o trabalho coletivo, cada indivíduo exerce, inquestionavelmente, o papel de capitanear a sua curiosidade e fazer de seus interesses particulares um poderoso instrumento para o aprender.

O construtivismo mostra que a experimentação é uma atividade muito importante para o encadeamento do conhecimento. Para essa corrente educacional, os erros de abordagem e as frustrações das expectativas, quando se interage com o mundo, são fundamentais para desestabilizar a criança, para que se estabilize ao assimilar os novos conhecimentos com o que já tenha aprendido.

Nesse sentido, atividades e projetos a serem propostos para as crianças não podem se limitar à receita de passos já estabelecidos (com o professor tomando a frente de todas as ações), pois as prescrições não exercitam o processo de especulação que as crianças podem realizar sobre o funcionamento do mundo ou sobre a natureza dos fenômenos envolvidos.

Todavia, ainda que para as crianças haja necessidade do estímulo do ineditismo de problemas envolvidos ou da maneira como se apresentam, o professor, no papel conjugado de facilitador e de gerente, precisa escolher o escopo do trabalho cuidadosamente, para evitar que as crianças, ao se depararem com um problema aparentemente insolúvel, percam o interesse pelo problema proposto.

Na Educação Infantil, o professor terá de considerar que as crianças dedicam um curto período de sua atenção para a solução de um problema proposto e, portanto, precisam ser solicitadas a refletir sobre questões cujos requisitos tenham sido muito ponderados pelo professor. Dessa forma, precisa acompanhar, com sensibilidade e individualmente, o que lhes desperta maior interesse e averiguar de que maneira é mais conveniente apresentar as propostas de atividades de sua escolha, para que elas todas se engajem plenamente.

Os desenhos e a contação de histórias, bem como as atividades em que as crianças se habituam a compartilhar ideias e materiais, são muito importantes para integrar o grupo e fazer com que os conflitos decorrentes da cooperação esperada nas atividades e projetos possam ser superados por mediação coletiva.

Há também de se compreender que o planejamento das atividades e dos projetos requisitará, em algum momento das primeiras séries, o uso de celulares para o registro dos movimentos do robô e de *notebooks* ou *tablets* para a introdução das instruções dele através de programas. Preparar, portanto, as crianças para cuidarem dos objetos que usam e constroem é muito relevante para a robótica educacional.

1.5 CONSTRUTIVISMO, INSTRUCIONISMO E CONSTRUCIONISMO: COMO ATUAR COM ROBÓTICA EDUCACIONAL?

O construtivismo (elaborado por Jean Piaget[12] nas décadas de 1920 e 1930), o instrucionismo e o construcionismo (estabelecidos nas décadas de 1970 e 1980) são as principais abordagens pedagógicas empregadas na atualidade, qualquer que seja a modalidade de educação a que se faça referência: online, *blended* (híbrida) ou presencial.

Para as abordagens construtivista e construcionista, a chave para a formação do conhecimento é o processo ativo de interação com o mundo.

Entretanto, essas duas abordagens divergem quanto ao cerne de seus objetos de estudo: enquanto que, no caso do construtivismo, por se tratar de uma teoria sobre o desenvolvimento cognitivo da criança, as etapas deste processo são centrais para se compreender o resultado da aprendizagem a partir das habilidades desenvolvidas; no construcionismo, a ênfase, para o sucesso da aprendizagem, está situada no protagonismo do aprendente e, por consequência, na efetividade prática de sua investigação sobre o mundo.

---

[12] Para saber mais da obra de Jean Piaget: https://books.google.com.br/books/about/Design.html?id=NRwJEAAAQBAJ&redir_esc=y. Acesso em: 2 jul. 2023.

Muito importante para a consolidação da escola ativa como um braço do escolanovismo, o construtivismo considera que cada criança tem uma experiência compartilhada com as demais, com a qual lida de forma diferente por conta de possuir interesses e habilidades distintas das outras crianças. Em função disso, torna-se menos relevante a maneira de ensinar diante da maneira como cada criança realiza o entendimento do conteúdo didático em questão.

Segundo Piaget, a criança passa por um gradual processo de desenvolvimento cognitivo, caracterizado por assimilação e reelaboração dos esquemas internos, com os quais interpreta o que lhe é ensinado. Por isso, a observação dos erros das crianças permite vislumbrar o raciocínio delas e os esquemas que, supostamente, elaboraram para compreender a situação que se lhes apresenta.

Assim, por exemplo, nas primeiras séries, as estratégias individuais para se alcançar a alfabetização são motivo de grande atenção dos alfabetizadores, e lidar com as diferentes estratégias das crianças visa a garantir, a despeito do método empregado, que todas as crianças desenvolvam as competências necessárias e sejam bem-sucedidas nesta etapa.

A atitude de conduzir a didática a partir da observação dos erros e das estratégias para assimilar, acomodar e reelaborar os esquemas internos faz Emília Ferreiro, com a parceria de Ana Teberosky, contrapor-se aos métodos tradicionais de alfabetização baseados na avaliação diagnóstica para averiguar a prontidão do aluno para iniciar o processo de alfabetização (Ferreiro; Teberosky, 1999).

O construtivismo contribui para a reflexão sobre como se dá a aprendizagem em quaisquer disciplinas em função do estágio de desenvolvimento cognitivo alcançado pela criança, prestigiando o protagonismo do aluno nas atividades escolares.

Todavia, é importante compreender que a teoria construtivista não descarta, de forma alguma, o papel do professor, de seu planejamento prévio e do plano de aula, o que significa que, para a prática educacional, é fundamental a definição prévia dos objetivos pedagógicos que se pretende alcançar, a descrição dos recursos necessários à realização das atividades e o elenco de experiências a serem propostas aos alunos.

Imagine-se que a intenção é propor, em robótica educacional, experiências voltadas para a aprendizagem de algum tema referente às máquinas simples com o emprego de engrenagens. Nesse caso, não faz sentido deixar livre e à disposição dos alunos de Ensino Fundamental I, sobre a mesa de trabalho deles, um pequeno número de engrenagens misturadas a centenas de outras tantas peças das quais o aluno não compreende a função nem sequer consegue identificar a razão de estarem no conjunto de peças entregue pelo professor.

Isso seria ignorar os custos dos recursos de robótica educacional, fazendo um emprego displicente deles, o que não condiz com a prática da sustentabilidade, tão relevante para a quarta revolução educacional.

Note-se, por exemplo, que as crianças das primeiras séries precisam manipular peças, sentir as suas propriedades físicas e mecânicas, como aderência, dureza, volume, formas de encaixe etc. Para tal, o professor deve verificar se as peças a serem manipuladas são aquelas que permitem as experiências mais ricas diante dos objetivos pedagógicos escolhidos e selecioná-las, privilegiando esses objetivos pedagógicos visando minorar a ocorrência de riscos, levando-se em conta, aliás, que as brincadeiras das crianças podem incluir a prática de atirar peças umas nas outras, ainda que não venha a ser este o objetivo do professor.

Preparar a aula, separar os recursos e refletir sobre o papel docente a ser desempenhado, atitudes do professor que aqui está a se defender, não é equivalente a propugnar que o educador tenha de replicar com exatidão os passos de um manual STEAM que, simulando um livro de receitas culinárias, prescreve, em minúcias, o que as crianças tenham de executar, como a transformar as crianças em máquinas para montar mecanismos.

O educador há de ir além e sempre investir na sua criatividade e de seus alunos para a dinâmica de suas aulas.

O professor precisa considerar que o mais precioso mecanismo a ser desenvolvido, plástico e inquieto, está na mente de cada uma das crianças que cuida e que o itinerário de dúvidas e curiosidades que irão percorrer durante a formação não pode ser circunscrito a um tímido roteiro que inviabilize o enveredar fora do quarteirão da escola.

1.5.1 O INSTRUCIONISMO E CONSTRUCIONISMO PELA INFORMÁTICA NA EDUCAÇÃO

Na prática da robótica educacional, o aprendizado advém, predominantemente, da interação da criança com os objetos concretos que constrói e programa.

O instrucionismo e o construcionismo herdaram do construtivismo uma nova visão sobre a prática pedagógica, em que o aluno passa a posicionar-se no centro do cenário de ensino-aprendizagem, como agente que se transforma para estar apto a aprender e é transformado depois disso.

Ambos os movimentos da educação surgem diante da perspectiva da popularização do uso do computador, quando do aparecimento dos computadores pessoais (PC, de *personal computers,* ou apenas microcomputadores).[13]

O uso do microcomputador na educação vai se consolidando a partir de meados da década de 1970, conforme vai conquistando o interesse dos vários segmentos

---

[13] *Piratas do Vale do Silício* é um filme muito interessante sobre essa época em que despontam os microcomputadores nas prateleiras para que as pessoas comuns (não cientistas ou técnicos especializados) pudessem comprá-los para usá-los. Dentre os muitos empregos a que se destinaram os microcomputadores, estava o uso deles para a educação.

sociais, para os quais fica demonstrada a sua potencialidade de satisfazer necessidades das mais diversas.

No ambiente educacional surge, então, a expressão *Informática na Educação*, que se refere à inserção do computador no processo de aprendizagem dos conteúdos curriculares de todos os níveis e modalidades de educação (Valente, 1999, p. 1).

No princípio, a informática na educação contribuiu, na maioria das vezes em que foi aplicada, com a didática tradicional, em que o professor era o responsável pela transmissão da informação ao aluno, fornecendo um equipamento que pudesse auxiliá-lo nesta tarefa de instruir o aluno: o computador.

A proposta do instrucionismo era ampliar a efetividade da apresentação de conteúdo por parte do professor, permitindo-lhe dar uma nova dinâmica às atividades em sala de aula, alternando períodos em que o professor tem em mãos ferramentas pedagógicas tradicionais para empregar na sua prática com outros períodos em que o computador é o equipamento em que o conteúdo didático será disponibilizado ao aluno.

O instrucionismo faz uso marginal do computador, tal qual se fez, em alguma medida, nas salas de aula das décadas de 1980 e 1990, com o uso da televisão.

Para o instrucionismo, o computador é um equipamento útil pelo ferramental mediático de que dispõe ou por ser capaz de processar algum jogo instrucional; o seu emprego por parte do aluno é, geralmente, acrítico sobre o conteúdo curricular tratado em aula, pois é visto apenas como fonte rápida de consulta de informações ou meio de se fazer avaliação com correção automática.

Por sua vez, o construcionismo transcende o objetivo do instrucionismo por compreender que o computador pode potencializar grandes transformações nos ambientes de aprendizagem.

Consequentemente, para o construcionismo, é fundamental fazer o aluno investigar as potencialidades dessa máquina, para conseguir, por meio desse conhecimento e das competências para o letramento digital que tenha desenvolvido, auferir novas estratégias de aprendizagem que permitam resolver os problemas de seu cotidiano sempre que achar necessário, ainda que esteja fora do ambiente escolar.

Entretanto, ao se observar os conteúdos didáticos mais comuns nas escolas brasileiras que integraram a informática em suas grades curriculares, dado o que se nota até os primeiros anos deste século, pode-se perceber que o principal enfoque estabelecido foi o de capacitar o aluno a lidar com os principais aplicativos para produção autoral.

Muito distante ficou a prática escolar com o computador daquilo a que se propunha amparada no pensamento construcionista, quando se esperava preparar o aluno para programar a máquina com o intuito de obter dela um resultado para a sua necessidade particular. Isso não ocorreu na escola regular brasileira até a atualidade, exigindo muito esforço para que intelectuais envolvidos com a inserção da computação na escola obtivessem por meio do Conselho Nacional de Educação (CNE) a aprovação em 17 de fevereiro de 2022 das Normas sobre Computação na Educação Básica – Complemento à BNCC, que seguiu para homologação do executivo.[14]

Como visto, a aprendizagem da programação do computador tem sofrido entraves nos ambientes escolares brasileiros, pois abordá-la exige que se busque privilegiar a lógica e o seu emprego em textos injuntivos desde a mais tenra idade, conforme a criança se desenvolve cognitivamente, o que não tem sido possível implementar, regularmente, de modo algum.

Por outro lado, a difusão das técnicas de programação para IA, dentre outras tantas transformações a que se sujeita a sociedade atual, faz cobrar da escola mudanças profundas, sem as quais não há como considerar que as teses do construcionismo, diante das potencialidades tecnológicas atuais, estarão satisfeitas.

1.5.2 O INSTRUCIONISMO E CONSTRUCIONISMO NA ROBÓTICA EDUCACIONAL

Tendo em vista a existência de empecilhos curriculares sediados na tradição da práxis pedagógica conservadora para o desenvolvimento das práticas construcionistas e do letramento digital na generalidade das escolas, há de se compreender que a carência de recursos nas escolas mais pobres faz somar ainda mais dificuldades, fazendo com que os equipamentos disponíveis estejam quase sempre sob controle e vigilância de professores e funcionários e o seu uso, por parte dos alunos, seja monitorado por meio de atividades pedagógicas tecnicistas de estudo dirigido.

Em termos de robótica educacional, há um cenário análogo ao que se viu a respeito da informática na educação: o instrucionismo emprega a robótica como um laboratório de demonstrações das mais diversas disciplinas, buscando dar vestimenta moderna e atrativa aos temas muitas vezes clássicos com os quais os alunos se mostram entediados na sala de aula tradicional.

---

[14] Há expectativa de que: "Quando homologada, a normatização colocará definitivamente a Computação, seus fundamentos e tecnologias, no centro do sistema educacional brasileiro. 'Isso terá enorme impacto em nosso país. Certamente, a demanda por docentes licenciados será o maior desafio e nossa comunidade terá papel preponderante na busca de soluções', comenta o presidente da Sociedade Brasileira de Computação (SBC), Raimundo José de Araújo Macêdo". (https://www.sbc.org.br/noticias/10-slideshow-noticias/2380-cne-aprova-normas-sobre-computacao-na-educacao-basica#:~:text=O%20Conselho%20Nacional%20de%20Educa%C3%A7%C3%A3o,seguir%C3%A1%20para%20homologa%C3%A7%C3%A3o%20do%20Executivo. Acesso em: 2 jul. 2023).

A robótica torna-se, então, uma ferramenta para auxiliar a aprendizagem de conteúdos das disciplinas curriculares através de atividades ou de projetos oriundos dessas disciplinas de forma transdisciplinar ou não.

Enfim, a robótica educacional pelo viés do instrucionismo é caracterizada pela prática de se construir, sob a tutela do professor, uma automação simples que remete àquela da indústria de automação básica da primeira metade do século XX, com o intuito de beneficiar a exposição mais elaborada de temas curriculares diversos.

Um exemplo simples da aplicação da robótica educacional nesta abordagem é o emprego das peças e componentes de um *kit* de robótica para uma atividade de ciências planejada com o intuito único de realizar a demonstração do funcionamento de máquinas simples com o emprego de engrenagens, explorando apenas os resultados obtidos no experimento com as variações dos raios das engrenagens interligadas.

Em se tratando do construcionismo, referindo-se à robótica educacional, há de se ater ao fato de haver uma ampliação natural da concepção construcionista concebida em seus primórdios, pois, durante os primeiros anos da elaboração da teoria, o enfoque esteve, principalmente, sobre a aprendizagem que poderia decorrer da atividade de programação realizada no computador.

Todavia, no caso da robótica educacional adotada no segundo decênio deste século, por conta de ser possível o acesso a uma multiplicidade de peças estruturais, sensores e controladores, dotados de precisão e confiabilidade, lidar com a criação de protótipos robóticos em sala de aula faz com que as crianças tenham de desenvolver competências relacionadas à construção de mecanismos que serão ativados pelos programas, quando e em função das entradas de dados oferecidas pelos diferentes sensores empregados.

Nesse sentido, a robótica educacional é mais desafiadora para a prática escolar do que tem sido a informática na educação pelo fato de integrar todos os benefícios que a informática oferece à aprendizagem a outros tantos que apenas a prática de construção de mecanismos reais, sujeitos às leis da natureza, suas incertezas e imprevisibilidades, tem condições suscitar ao desenvolvimento de competências do aluno.

Deste momento para o futuro, no caso da robótica educacional, o enfoque do construcionismo deixa de estar sediado no computador, na investigação pela programação, e passa a acompanhar extasiado o movimento do corpo físico de um robô pelo mundo afora: fazê-lo aprender e adquirir autonomia em um mundo dotado de computação ubíqua é o desafio atual da humanidade que as crianças precisarão compreender e assumir o papel de protagonismo, gradativamente, através da escola.

A robótica educacional sob o enfoque construcionista pode estimular a prática do pensamento computacional,[15] do pensamento crítico[16] e do pensamento sistêmico[17] tanto do tema curricular escolhido quanto da robótica.

Para tal, pode enveredar por dois percursos pedagógicos distintos: o dos temas geradores e o do estudo da robótica como área de conhecimento própria.

1.5.3 CONSTRUCIONISMO E ROBÓTICA EDUCACIONAL POR MEIO DE TEMAS GERADORES

A abordagem por temas geradores inspira-se na pedagogia de Paulo Freire e define os temas tratados a partir da realidade concreta dos aprendentes, das situações vivenciadas por eles, estabelecendo, durante a prática pedagógica, a aproximação crítica dos saberes transdisciplinares oriundos no currículo à problemática situada no cotidiano concreto.

A definição de um tema gerador requer, antes, que se averiguem os processos de ação-reflexão-ação que serão estabelecidos e a efetiva significação deles no cotidiano dos alunos.

Atualmente, muitos projetos de robótica educacional têm o seu escopo sediado nos conteúdos socioambientais, por exemplo, os que buscam soluções para a extração de objetos poluentes de praias através de protótipos de robôs.

Outro exemplo da abordagem por temas geradores é relacionado ao desenvolvimento de soluções, através de automação inteligente, com intuito de ampliar a acessibilidade de ambientes.

Para que o professor venha a enveredar no trabalho de robótica pedagógica a partir de temas geradores, terá de compreender que o assunto a ser escolhido funciona como interface entre a realidade cotidiana e os saberes e competências escolares, o que faz com que sejam perscrutados os fatos da realidade dos alunos, e ocorra, pelo diálogo com os estudantes e sua comunidade, a apreensão das devidas informações, para posterior análise, organização e sistematização, desembocando nos projetos descritos nos programas de ensino.

De forma análoga, o professor e seus pares de outras disciplinas deverão avaliar, diante das competências que lhes cabem desenvolver, a disponibilidade de recursos, o

---

15 O pensamento computacional corresponde ao processo de formulação dos problemas, encetando a análise e a respectiva expressão de suas soluções através de abordagem algorítmica.

16 O pensamento crítico se dá a partir da análise dos fatos de interesse, buscando avaliar o grau de consistência e a natureza da relação de causa e efeito a eles atribuída, com intuito de formar um julgamento ou de se tomar uma decisão.

17 O pensamento sistêmico é uma forma de abordagem da realidade, desenvolvida no século XX, considerando-a sob o ponto de vista de sua complexidade, em contraposição ao pensamento "reducionista-mecanicista", com intuito de conjugar inúmeros fatores e seus efeitos sistêmicos.

prazo oferecido para a execução do projeto com intuito de delinear com clareza o escopo do projeto que cabe à robótica educacional.

O emprego da proposta a partir de temas geradores possui a potencialidade de subverter a estrutura tradicional da escola, desfazendo-se da fragmentação disciplinar em prol de se buscar significado social no que se aprende.[18]

Em termos dos recursos disponíveis, esta abordagem cobra do professor especial atenção aos recursos de que dispõe, para que possa ter uma visão realista do que será proposto como escopo do projeto de robótica.

Certamente, sempre haverá condições de se contribuir com a robótica educacional, pesquisando-se em busca de recursos mais acessíveis,[19] mas, invariavelmente, o êxito do projeto é decorrente das boas escolhas feitas durante o seu planejamento e, por isso, essa etapa requer cautela e atenção redobrada.

1.5.4 CONSTRUCIONISMO E ROBÓTICA EDUCACIONAL ORIENTADA PARA A CONSTRUÇÃO DE PROTÓTIPOS DE ROBÔS

A construção de protótipos de robôs que tenham o objetivo de solucionar um problema específico previamente determinado e, assim, satisfazer uma necessidade que se mostra relevante aos alunos oferece, no bojo do processo de execução, as condições para a ocorrência do aprendizado, tal qual é proposto pelo construcionismo.

No caso das primeiras séries, em virtude de as crianças terem menor autonomia, a participação do professor/educador engloba o perscrutar prévio para que se chegue a um assunto relevante e, assim, estabelecê-lo como tema.

Por exemplo, uma determinada data festiva, em que os alunos da primeira e da segunda série possam ser estimulados a contribuir na organização, pode servir como tema, em que a construção de mecanismos simples, cheios de adornos coloridos, será um bom nexo com o eixo de desenvolvimento do aluno em robótica educacional.

Aliás, as pequenas crianças encontram diversão na construção de cenários em que existam partes que possam ser movimentadas: acionada pelo encantamento da imaginação infantil, uma pequena arquibancada, em que os espectadores se movem, pode

---

[18] Os temas geradores sempre guardam vínculo com a visão de mundo a que está associado o projeto político pedagógico da escola, pois sob o viés neoliberal, por exemplo, costuma ser uma temática de natureza tecnicista derivada de uma leitura STEAM da realidade objetiva. Contudo, sob o ponto de vista humanístico, poderá cuidar de temas oriundos da qualidade de vida do ser humano e da igualdade de oportunidades e sustentabilidade, por exemplo, no caso de uma leitura CTSA do contexto em questão. Para rápido esclarecimento sobre STEAM (*Science, Technology, Engineering, Arts, Mathematic*, ver: https://j.pucsp.br/artigo/educacao-steam-o-que-e-para-que-serve-e-como-usar; sobre CTSA (Ciência, Tecnologia, Sociedade, Ambiente), ver: https://periodicos.ufac.br/index.php/SAJEBTT/article/view/3252. Acesso em: 2 jul. 2023.

[19] Uma boa referência sobre propostas para a adoção de robótica educacional aberta de baixo custo: https://fei.edu.br/sbai/SBAI2007/docs/30894_1.pdf. Acesso em: 2 jul. 2023.

servir como referência a um cenário de uma importante competição, um ovo de Páscoa que possa abrir e fechar será motivo de entusiasmo, um cenário folclórico em que os elementos de sua composição se movam será deveras cativante etc. Tudo isso sem que haja a necessidade de se motorizar o mecanismo criado, empregando-se apenas a disposição das crianças para animar o cenário e os elementos que o compõem, movimentando os mecanismos com as suas próprias mãos.

Ainda que os mecanismos, conforme está proposto anteriormente, não sejam efetivamente robôs, são o ponto de partida para projetos posteriores mais elaborados que possam ter movimentos autônomos.

O professor das primeiras séries deve ter em mente que, durante a alfabetização, praticar as narrativas é muito importante e, portanto, por constituir um gênero textual que tem o movimento como característica intrínseca, inserir mecanismos como coadjuvantes para contação de histórias, por exemplo, é um expediente muito apreciado pelas crianças.

Haverá, sem dúvida, oportunidades em que o professor poderá fazer ingressar, gradativamente, motores e outros componentes da robótica nos seus planos de aula, até que exista um assunto em que o protótipo de robô seja, por si, um dos elementos centrais no projeto.

É importante ressaltar que é muito reduzida a autonomia dos alunos para o planejamento e execução de projetos e atividades quando se trata de crianças do Ensino Fundamental I.

Por essa razão, a implantação da abordagem *maker* como sugere Blikstein (2020) (2018) para a Educação Básica, no caso dessa faixa etária, tem adesão muito limitada, cabendo, essencialmente, às atividades da disciplina de artes explorar, por parte da criança, o fazer e a manipulação dos primeiros instrumentos para configurar o papel como tesouras sem ponta, réguas de plástico, lápis de cera, a modelagem de massas, a feitura de dobraduras de papel e de produtos de bricolagem. Tudo proposto, de maneira gradual, inteligente e criativa por parte do educador.

Em meio a tais limitações, a prática precoce de atividades e projetos de robótica educacional ainda no Ensino Fundamental I pode favorecer a implantação de laboratórios do tipo *maker* para acolher os alunos do Ensino Médio e até dos últimos anos do Ensino Fundamental.[20]

Em contrapartida ao receio de se propor um projeto com escopo complexo demais para os alunos do Fundamental I, um boi robótico que faça os movimentos do bumba-meu-boi ou uma boneca que possa dançar marabaixo são exemplos de projetos de protótipos de robôs que podem ser desenvolvidos nas últimas séries do Ensino Fundamental I, lembrando-se que cabe ao professor a tarefa de fazer os alunos

[20] Ver sobre a abordagem *maker*: https://sol.sbc.org.br/index.php/wie/article/view/14325/14170. Acesso em: 2 jul. 2023.

compreenderem o tênue limite entre o que se deseja fazer e o que é possível fazer, dadas as circunstâncias de prazo, recursos, conhecimentos e competências disponíveis.

A temática da dança, para a qual a coreografia combina a participação de crianças e robôs, é uma excelente oportunidade para se criar protótipos de robôs e estabelecer contextos favoráveis a atividades curriculares transdisciplinares.[21]

Há também o caso de se empregar, como foco da atividade escolar com robótica educacional, os desafios propostos em competições de robótica.[22]

Esses desafios são apresentados a partir de um enunciado-padrão derivado de um recorte de algum problema situacional com intuito de instigar diferentes comunidades de estudantes para que desenvolvam projetos para obter a sua solução.[23]

Os cadernos de orientação a respeito de um desafio de competição costumam conter, além das regras, a situação na qual é encontrado o problema de que decorre o desafio, as informações básicas que auxiliam o planejamento inicial do projeto, vídeos com apresentação do desempenho de robôs, dentre outras informações complementares.[24]

Adotar por completo ou realizar a adaptação de um desafio já proposto por algum evento, devidamente experimentado por anos consecutivos, é poder contar com os frutos da curva de aprendizagem daqueles que elaboraram o desafio e dos que executaram, com os seus alunos, projetos com base neles.

Há a respeito desses desafios tradicionais uma vasta documentação na internet que, certamente, poderá auxiliar o professor interessado.

Dessa forma, o construcionismo em robótica educacional instiga a curiosidade do aluno, favorecendo o comportamento investigativo, a atitude crítica e a sua inventividade.

Tal iniciativa é incentivada por várias propostas curriculares, como no caso do Currículo da Cidade (de São Paulo), no qual é destacada a importância da formação integral dos estudantes.

---

21 Ver exemplo de crianças dos Ensinos Fundamental I e II engajadas com dança de humanos com robôs, oportunidade em que conseguem aprender, de um modo mais prático, investigativo e, por que não, mais crítico, conteúdos que eram, tradicionalmente, abordados apenas na teoria, quando os estudantes participavam apenas passivamente: https://youtu.be/T0v5DH8WR10; https://youtu.be/xIsWqHYZPnk. Acesso em: 2 jul. 2023.

22 Há eventos regulares de robótica específicos para a faixa etária dos alunos de Ensino Fundamental I, como o TJR Mini: http://www.tjrmini.org/. Acesso em: 2 jul. 2023.

23 Ver no TJR: http://torneiojrobotica.org/Desafios-Presenciais/; Robocup: https://robocup.org/domains/5; OBR: https://www.obr.org.br/modalidade-pratica/como-participar-modalidade-pratica/. Acesso em: 2 jul. 2023.

24 Ver exemplos de Cadernos de Apoio do TJR: http://torneiojrobotica.org/CADERNOS-DE-APOIO/. Acesso em: 2 jul. 2023.

Outras inúmeras propostas curriculares municipais fazem referência explícita ou implícita à abordagem construcionista, para preconizar a introdução da robótica educacional nas atividades escolares regulares.

1.6 VYGOTSKY, WALLON E AUSUBEL: CONTRIBUIÇÕES PARA A ROBÓTICA EDUCACIONAL

As primeiras séries da Educação Básica são responsáveis pela formação de competências para a leitura e escrita, para os fundamentos das operações básicas de contagem e as noções iniciais da geometria, para estimular a criatividade através da arte, bem como para promover, de forma lúdica, as experiências necessárias para o desenvolvimento da coordenação motora e para dar condições à socialização.

As atividades da robótica educacional, nesse contexto, devem estar engajadas a esses objetivos e intencionar o atendimento às necessidades específicas do grupo de alunos em questão, por meio do acompanhamento atento do educador.

Através de seus instrumentos de avaliação formativa, o professor/educador precisa analisar quais seriam os temas mais promissores de seu plano de aula tendo em vista a integração de atividades ou projetos de robótica educacional.

1.6.1 CONTRIBUIÇÕES DE VYGOTSKY PARA AS PRÁTICAS DE ROBÓTICA EDUCACIONAL

É fundamental compreender que estes temas escolhidos devem ser explorados de maneira a integrar o aluno ao seu ambiente cultural, reforçando os laços sociolinguísticos oriundos de sua comunidade e os saberes reunidos para a sua formação escolar.

Os estudos de Vygotsky[25] afirmam que todo indivíduo guarda, para o seu desenvolvimento cognitivo, a potencialidade de que goza a espécie humana (sociogenética) e usufrui através da maneira como lida com as experiências particulares de sua vida de uma perspectiva própria para fazer frente a essa potencialidade (ontogenética).

A capacidade do indivíduo de interagir com a realidade vivenciada e realizar uma representação de mundo com novos saberes depende do ferramental cognitivo com o qual investigará os objetos de interesse ao seu redor.

Esse ferramental é constituído da linguagem e de símbolos com os quais poderá constituir, manipular e sistematizar as representações abstratas dos elementos pertencentes ao mundo.

É através do professor que o aluno se desenvolve além do seu nível de desenvolvimento real, vencendo obstáculos e aprendendo a ponto de alcançar o que antes era o

---

[25] Para conhecer mais da importância de Vygotsky na prática pedagógica: https://youtu.be/T1s-DZNSTuyE. Acesso em 2 jul 2023.

nível de desenvolvimento potencial, percorrendo assim o que se configurava como a zona de desenvolvimento proximal.

Nesse processo, aborda-se um elenco de problemas em que o aluno depende de alguma assistência para resolver, até que atinja um entendimento real, quando já contará com funções mentais desenvolvidas congregando habilidades e conhecimentos com os quais agirá por conta própria diante do mundo e com destreza resolverá os problemas para os quais, antes, dependia de assistência para obter sucesso.

A robótica educacional pode incrementar o desenvolvimento da criança em processo de alfabetização caso venha o professor a aproveitar as atividades e trabalhar a criação de narrativas, cantigas, a contação de histórias e a criação de glossários: trata-se, portanto, de exibir, em todas as oportunidades, o comportamento alfabetizador subordinando os projetos e as atividades independentes em que pretende incidir a robótica às atividades permanentes voltadas para a alfabetização.

De igual maneira, deve o professor encontrar, nas atividades de robótica educacional, os caminhos para envolver os objetivos pedagógicos referentes à matemática das primeiras séries.

1.6.2 ALGUMAS CONTRIBUIÇÕES DE WALLON PARA AS PRÁTICAS DE ROBÓTICA EDUCACIONAL

A teoria psicogenética de Wallon[26] prega que o desenvolvimento da criança se dá a partir de três campos funcionais: a dimensão afetiva, a cognitiva e a motora.

Sendo esses domínios basilares para a aprendizagem, devem ser convenientemente cuidados durante o planejamento e a execução de atividades e projetos de robótica educacional.

Em especial, para as crianças das primeiras séries, devem ser consideradas a maneira como ocorrem o contexto e a socialização, tendo em vista a alteração da dinâmica do significado e das manifestações afetivas.

Para Wallon, a afetividade expressa-se por meio de três tipos de manifestação que, durante a vida do indivíduo, evoluem do sincrético para o diferencial: emoção, sentimento e paixão.

A emoção é a primeira manifestação de necessidade afetiva que possui ativação orgânica e, no bebê, constitui o elo dele com o meio biológico e social que o cerca.

O professor/educador que ministra as atividades de robótica educacional deve compreender que não está ao alcance da argumentação a solução para a situação de uma criança com birra. Ela conseguirá sair apenas gradativamente deste estado de

---

[26] Para saber mais a respeito da obra de Wallon: https://www.youtube.com/watch?list=PL0v5siBjNreKg-JE8dKL7KjlfdWlDIhv-&v=BgLiZLAa4hA&feature=youtu.be. Acesso em: 2 jul. 2023.

turbulência emocional, pois se trata da construção do *eu* da criança e, por isso, necessita da compreensão do professor.

A emoção serve tanto à comunicação quanto à mobilização do ambiente do entorno da criança e, com o passar do tempo, gestos e atitudes que serviam, genericamente, para responder às diferentes necessidades da criança vão se tornando diferenciados para distintas situações, a ponto de serem intencionalmente empregados pela razão.

Disputar a posse das peças que devem ser desfrutadas coletivamente pode induzir as crianças das primeiras séries a crises emocionais, ao que o professor deverá estar a postos para se antecipar, nunca favorecendo o sentimento de posse individual, mas sim conduzindo as negociações com intuito de manter o compartilhamento das peças e a participação e envolvimento de todas as crianças.

Cabe, portanto, ao professor observar as reações emotivas, encontrando meios para analisar as estratégias a serem empregadas em sala de aula. Em particular, é preciso reparar o retraimento de algum aluno diante da atividade, os indícios de conflito, a atitude persistentemente dominante de algum dos alunos.

Por outro lado, há também o caso de o aluno se mostrar desmotivado, e essa informação deverá sugerir ao professor uma atitude que melhore a disposição do aluno.

Fazer com que as crianças tentem expressar o que as afeta contribui para que possam desenvolver o sentimento e a capacidade de se referir àquilo que as afeta, tornando, assim, o comportamento da criança um caráter mais cognitivo.

Um aspecto afetivo que se vê quando a criança se debruça a construir um objeto durante uma atividade escolar é o apego que dedica ao produto final depois de terminada a tarefa.

Certamente, o professor/educador de robótica educacional deverá mostrar a devida deferência ao produto, incentivando que seja mostrado aos demais colegas e aos pais, evitando, a qualquer custo, o imediato desfazimento da peça. A realização de fotos, desenhos e vídeos sobre o produto é uma maneira de valorizar o trabalho da criança e servir como meio para se negociar uma futura desmontagem.

Por fim, ressalta-se que, para Wallon, há relações intrínsecas entre a afetividade e a inteligência, o que torna o cuidado com as questões da afetividade um afazer imprescindível ao professor/educador.

1.6.3 ALGUMAS CONTRIBUIÇÕES DE AUSUBEL PARA AS PRÁTICAS DE ROBÓTICA EDUCACIONAL

Ainda que a atividade de robótica educacional seja prática no que tange à construção do robô e aos testes a que este robô está sujeito para que se possa averiguar a sua eficácia (se ele alcança os objetivos) e sua eficiência (o quão bem ele se desempenha para resolver os problemas que se antepõem aos objetivos), é imprescindível que se faça a sistematização dos conhecimentos obtidos nas diversas etapas percorridas durante as aprendizagens.

Os alunos, incluindo aqueles não alfabetizados, necessitam que as suas experiências sejam organizadas com ajuda da ação facilitadora do professor.

Isso significa que a aprendizagem decorrente da descoberta a partir da prática, da sequência tentativa-erro-tentativa muito comum na primeira infância, deve ter um contraponto documental, um registro sistematizado dos conhecimentos obtidos para que a criança compreenda de maneira organizada os saberes escolares.

Assim deve ocorrer com a robótica educacional para os alunos do Ensino Fundamental I: nesse grau, o professor deve planejar as atividades ou projetos, contando, também, com as propostas de seus alunos, e, por conta disso, no escopo definido para o projeto ou atividade, haverá, no grosso do que será desenvolvido a partir do que foi planejado, um conjunto de ações práticas bastante estimulantes.

Contudo, o professor/educador de robótica educacional não pode se resumir à parte prática e ao que os alunos vivenciam montando peças e/ou fazendo programação sob o risco de a atividade/projeto se tornar apenas um passatempo (o que tem o seu valor ludoeducacional,[27] mas a Escola tem outros compromissos sociais que precisam ser cumpridos). Convém ir além para buscar uma aprendizagem significativa como propõe Ausubel.

A teoria da aprendizagem de Ausubel[28] parte da assunção de que os alunos possuem conhecimentos prévios sempre à disposição para contribuir no trato das novas experiências, construindo com elas novas estruturas mentais com as quais será possível investigar, descobrir, organizar e redescobrir outros conhecimentos.

Ausubel considera que para que ocorra uma aprendizagem significativa é necessária a disposição do aluno para aprender e o objeto de aprendizado deve ser lógico e psicologicamente significativo, o que implica que cabe ao professor/educador o papel de curadoria do conteúdo didático para torná-lo potencialmente significativo para o aluno.

Em termos de robótica educacional, isso significa afirmar que a motivação oriunda da manipulação de peças e da persecução dos objetivos de curiosidade do aluno deve ser explorada pelo professor/educador, porém não deve ser o fim em si mesma.

O professor/educador deve buscar integrar a motivação do aluno que decorre do seu primeiro contato com a robótica ao interesse do aluno em seguir adiante na atividade ou projeto que constam do plano de aula.

Dessa forma, para Ausubel, é importante que a aprendizagem por descoberta seja complementada pela sistematização do professor com os alunos dos conhecimentos, o que pode ocorrer, inclusive, por meio de aula expositiva.

A aprendizagem significativa é resultado do relacionamento não arbitrário e substantivo das novas ideias com as já existentes.

---

[27] Ver sobre atividades ludoeducacionais que podem ser oferecidas às crianças das primeiras séries: https://www.ludoeducativo.com.br/pt/. Acesso em: 2 jul; 2023.

[28] Para conhecer mais a obra de Ausubel: https://www.youtube.com/watch?v=wZzwpF2S1uY. Acesso em: 2 jul; 2023.

Essa não arbitrariedade diz respeito à relação lógica e explícita entre a nova ideia e outras já contidas na estrutura cognitiva da pessoa.

Para que a aprendizagem seja considerada substantiva, é necessário que o aprendente adquira a capacidade de explicar a outros aquilo que foi aprendido.

Em contraposição à aprendizagem significativa, Ausubel apresenta o conceito de aprendizagem mecânica, pela qual as novas ideias não encontram um claro relacionamento com a estrutura cognitiva.[29] Nesse caso, o emprego do que foi aprendido mecanicamente fica prejudicado para auxiliar na solução de problemas similares sediados em novos contextos e, de igual maneira, a pessoa demonstra dificuldade em expressar o conhecimento por meio de um enunciado claro.

Durante a formação, por vezes, a aprendizagem mecânica auxilia a fluência do processo, permitindo que, com a sequência do aprendizado, novos exemplos e conhecimentos venham a facilitar uma releitura do que se internalizou mecanicamente, para maturar uma aprendizagem significativa.

Na robótica educacional desenvolvem-se, em inúmeras situações, conhecimentos oriundos de descobertas que, por si, não alcançam uma aprendizagem significativa.

Quando o professor apresenta uma peça destinada a ser um eixo para vincular uma roda a um motor, muitas crianças, antes de qualquer consideração prévia, fazem a peça representar uma espada ou uma metralhadora.

Analogamente, ao se defrontarem com uma roda, algumas crianças a empregam como boca ou olhos na composição da face, seja no robô ou em desenhos de papel.

Os eixos e as rodas, que para os alunos podem ter a pregnância diferente daquela para a qual foram forjados,[30] precisam ser devidamente explorados pelo professor/educador para que também possam ser empregados de acordo com a sua funcionalidade mecânica.

A descoberta intuitiva inicial pode ser útil para os propósitos imediatos da criança e se constitui em aprendizagem, mas deixa de lado um enorme conjunto de informações e conhecimentos, impedindo o desenvolvimento de habilidades e a conquista de competências.

---

[29] Trata-se do conteúdo organizado, sobre o qual ocorrerá a operação de aprendizagem quando se der a incorporação de novas ideias. Essas novas ideias poderão se internalizar de forma caótica e superficial no caso de uma aprendizagem mecânica ou de forma organizada e profundamente ancorada, o que corresponde a uma aprendizagem significativa.

[30] Pregnância ou *affordance* (termo em inglês) diz respeito à qualidade com que é percebido um objeto que permita identificar, intuitivamente, a sua funcionalidade sem que haja, portanto, a necessidade prévia de uma explicação a respeito. Em decorrência, quanto maior a pregnância de um objeto, melhor será a correlação entre o objetivo de sua produção e o uso instintivo que fazem dele.
O eixo foi fabricado para servir de conexão vinculante entre o mancal do motor e a roda, mas, muitas vezes, para a criança, a pregnância que sua forma induz é de ser a representação de uma espada.

Ausubel afirma que tanto aprendizagem por descoberta quanto aprendizagem por recepção (aquela que decorre da apresentação sistematizada de um assunto por parte do professor) podem ser mecânicas, bastando, para isso, que as novas ideias não se relacionem de maneira nítida àquelas preexistentes na estrutura cognitiva, mantendo-se no repertório do aluno apenas pela tarefa de memorização.

Por exemplo, no caso do conjunto constituído pelo encaixe de roda, eixo e motor, a não compreensão clara da natureza do vínculo entre esses três elementos faz com que muitos alunos façam a conexão de dois motores em um único eixo e não identifiquem a razão que impede os motores de terem movimentos independentes (rotações em sentidos opostos e/ou com velocidades angulares distintas), ou seja, ainda que os alunos tenham descoberto como reunir corretamente roda, eixo e motor numa única configuração e possam repetir os passos empregados nessa montagem, isso não significa que tenham compreendido claramente a natureza da operação mecânica produzida.

O professor/educador deve se dedicar a elucidar aspectos como estes do exemplo acima, que poderão, no decorrer de outras atividades, inviabilizar passos futuros e até causar danos aos recursos disponibilizados para a aula.

Para auxiliar a compreensão das crianças das últimas séries do Ensino Fundamental I é muito útil, ao final de uma aula ou atividade, esboçar mapas conceituais[31] com imagens e palavras interconectadas.

Já no caso das primeiras séries mais adiantadas na alfabetização, o professor pode ajudar as crianças a construírem um mapa mental[32] em seus cadernos como resumo visual dos conceitos tratados,[33] enquanto, para as crianças em fase de alfabetização, será conveniente montar um esquema simples com palavras-chave e figuras.

Como exemplo, a seguir está um esquema útil para ser colocado na lousa ou exibido em tela grande ao final de uma atividade correspondente a esse tema, organizando os objetos de forma a ressaltar as suas especificações funcionais para movimentação e permitindo o reconhecimento das palavras escritas referentes às figuras.

---

31 Um mapa conceitual é um infográfico desenvolvido a partir de diagramas que organizam os conceitos de uma disciplina, discriminando a natureza das relações entre eles.

32 Um mapa mental tem objetivo de tornar claro o raciocínio e as ramificações desencadeados ao se tomar como ponto de partida (no centro) o tópico central.

33 As crianças podem, com a facilitação do professor, criar mapas mentais sobre os conhecimentos tratados em aula, através do Coggle (https://coggle.it/), que é um aplicativo *freeware* da *web* para mapeamento mental. O Coggle produz documentos estruturados hierarquicamente, como uma árvore ramificada. Acesso em: 2 jul. 2023.

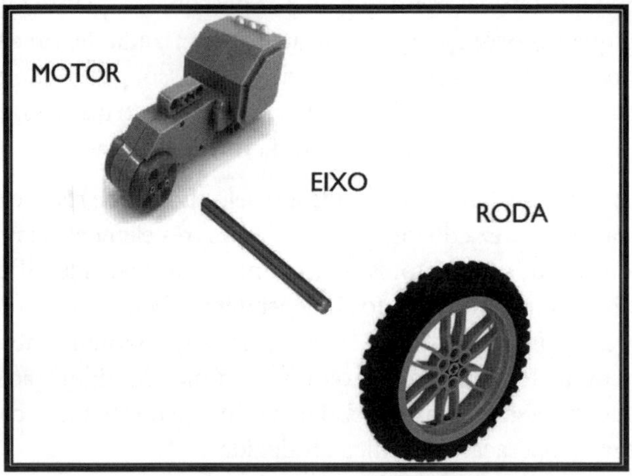

Figura 1.1 Peças que podem ser reunidas para produzir o movimento do robô.

Segundo Ausubel, a aprendizagem significativa pode ocorrer pela articulação das novas ideias à estrutura cognitiva por superordenação, subordinação e de maneira combinatória.

Por meio da superordenação, a nova ideia é mais geral do que o conjunto de ideias da estrutura cognitiva; na subordinação ocorre o inverso, a ideia mais recente é um caso particular do que já era conhecido (tornando-se um tipo de ideia derivada ou correlata desse conhecimento anterior) e, por fim, pela maneira combinatória, a nova ideia não está, hierarquicamente, acima ou abaixo do que já compõe a estrutura cognitiva.

Um professor/educador pode pegar a roda que os alunos querem usar para configurar um olho num robô, escrever a palavra OLHO na lousa e empregá-la como forma para desenhar um círculo num papel. Em seguida, poderá referir-se ao objeto desenhado através da forma geométrica apresentando a palavra CÍRCULO na lousa.

Após essa sequência, o professor/educador poderá conectar a roda a um eixo, apresentar aos alunos a roda e escrever a palavra RODA na lousa.

Ao realizar tal sequência, o professor/educador pratica a facilitação pedagógica que, segundo Ausubel, consiste na manipulação da estrutura cognitiva do aluno de modo a favorecer um aprendizado significativo, que ocorre pelo fato de que tanto a ideia nova quanto a que lhe serviu como âncora modificaram-se, reorganizando a estrutura cognitiva.

Para toda atividade e/ou projeto, envolvendo robótica educacional, cabe tanto durante quanto no encerramento do processo criar meios de avaliar se a internalização dos conhecimentos se deu a contento diante dos objetivos pedagógicos predefinidos.

1.7 A NEUROCIÊNCIA COGNITIVA, OS AVANÇOS DAS CIÊNCIAS E A EDUCAÇÃO DO SÉCULO XXI

1.7.1 O QUE É A NEUROCIÊNCIA COGNITIVA?

As neurociências estudam a estrutura e funcionamento do sistema nervoso. Em particular, a *neurociência cognitiva* é um ramo das neurociências dedicada ao estudo científico dos mecanismos biológicos subjacentes à cognição.

Por visar à compreensão como as funções cognitivas e suas manifestações no comportamento do sujeito decorrem da atividade cerebral, o foco de investigação da neurociência cognitiva são os substratos neurais dos processos mentais e manifestações comportamentais.

A questão central de pesquisa da neurociência é como as funções psicológicas e cognitivas são produzidas no sistema nervoso central.

O ferramental e os conhecimentos obtidos por meio da neuroimagem funcional, os estudos eletrofisiológicos de sistemas neurais, os dados auferidos pela genômica cognitiva e pela genética comportamental, o emprego de paradigmas experimentais de psicofísica constituem a base para o trabalho em neurociência cognitiva e o conjunto de seus métodos exploratórios.

Kandel, ganhador do Prêmio Nobel de Fisiologia e Medicina do ano 2000, descreve como

> *uma combinação de métodos de uma variedade de campos – biologia celular, neurociências de sistemas, neuroimagem, psicologia cognitiva, neurologia comportamental e ciência computacional – deram origem a uma abordagem funcional do encéfalo denominada neurociência cognitiva.* (Kandel *et al.*, 2003, p. 382)

A partir do que depreende Mora (2004, p. 129) dos estudos de Kandel, há cinco princípios básicos a partir dos quais se guiam os estudos na neurociência cognitiva:

1) Todos os processos mentais originam-se de operações sediadas no cérebro.
2) Os genes e seus produtos (as proteínas) são determinantes importantes dos padrões de interconexões entre os neurônios cerebrais e dos detalhes do seu funcionamento.
3) Da mesma forma que as combinações de genes contribuem para a conduta (inclusive a conduta social), reciprocamente, a conduta e os fatores sociais podem exercer suas ações sobre o cérebro, modificando a expressão dos genes e, em consequência, alterando as funções dos neurônios e seus circuitos.
4) As modificações da expressão gênica produzidas pela aprendizagem originam novos padrões de conexões neuronais.
5) De tal modo, a psicoterapia é eficaz para produzir mudanças de longo prazo na conduta dos pacientes, fazendo isso, provavelmente, por meio de aprendizagem, deve provocar alterações na expressão dos genes que alteram a força das

conexões sinápticas e modificações neuronais estruturais, as quais, por sua vez, mudam os padrões anatômicos das interconexões neuronais do cérebro.

1.7.2 A NEUROCIÊNCIA COGNITIVA E A EDUCAÇÃO

Há natural intersecção de interesses entre o objeto de estudo da neurociência cognitiva, o sistema nervoso central enquanto sede das funções psicológicas e cognitivas, e a educação, ao visar às condições necessárias para promover o desenvolvimento de competências.

Ainda que a neurociência cognitiva possua, muitas vezes, a complexidade da integração de muitas áreas da ciência, Fregni e Amaral (2020) tratam desse tema através de *cartoons*, explicitando-o por meio de uma apresentação clara e divertida capaz de auxiliar muito a compreensão dos conceitos mais complexos.

Sob a luz da neurociência cognitiva, os professores são responsáveis pelas mudanças cerebrais que levam à aprendizagem (Coch; Ansari, 2009) e as estratégias pedagógicas representam os estímulos que alteram a configuração organizativa do sistema nervoso, produzindo mudanças comportamentais capazes de instituir novas habilidades e fazer conquistar novas competências (Guerra, [s.d.]).

Dessa forma, a aprendizagem só é possível em razão da neuroplasticidade, capacidade que o encéfalo possui em se reorganizar ou readaptar por conta de novos estímulos, sejam positivos ou negativos.

Durante o processo de aprendizagem as sinapses alteram-se[34] e, consequentemente, desenham-se novos circuitos neuronais por onde os estímulos nervosos passam a transitar, o que estabelece novos elementos na memória.

Esses elementos podem constar da memória apenas por curto prazo de tempo, tal qual ocorre quando há uma aprendizagem mecânica, ou permanecer ali por longo prazo, estabelecendo habilidades perenes, como resultado de alguma aprendizagem significativa.

Ainda que se suponha que a repetição de experiências ou informações seja necessariamente o caminho para produzir longevidade de suas representações na memória, na realidade, isto é fruto da diversidade concatenada de experiências distintas cuja compreensão delas venha a constituir um todo semântico organizado.

Tal riqueza de experiências e recursos multissensoriais produz a ativação de múltiplas redes neurais que estabelecerão associação entre si, resultando na consolidação de sinapses e aprendizagem significativa.

Nesse aspecto, a construção de protótipos de robôs e, por extensão, todas as atividades de robótica educacional possuem a potencialidade de conduzir a experiências

---

34 Os neurônios afetados durante um processo de aprendizagem sofrem modificações estruturais, por exemplo, brotamento de espículas dendríticas, brotamento axonal colateral e desmascaramento de sinapses silentes.

correlacionadas entre si, por ser o robô um ente integrador de soluções em áreas de conhecimento distintas que oferecem aos estudantes uma visão holística e heurística do processo.

Esses aspectos tratados fazem suscitar que, ao menos para as crianças das primeiras séries, as experiências de montagem e programação propostas em atividades de robótica educacional, ainda que muito simples, sejam mais intensas e, por conseguinte, mais efetivas em seu processo de aprendizagem do que as atividades de computação e simulação restritas ao uso apenas de computadores, *notebooks*, *tablets* e celulares (O*kit*a, 2020, p. 127).

Quando ocorre uma prática pedagógica que amplia a relação entre os conceitos que organizam alguma ideia, no cérebro, há uma ampliação do circuito neuronal, o que garante a estabilidade da memória desse conhecimento.

Ainda que a robótica educacional faça supor aos leigos que é sustentada na atividade prática com intuito de estimular descobertas, a disciplina é, assim como todas as demais, constituída de conhecimentos decorrentes de experimentos tanto quanto é formada dos resultados da investigação e da análise teórica.

Contribuir para que o aluno possa organizar o que aprendeu durante as atividades de robótica educacional é importante, desde as primeiras séries, para que ele desenvolva as habilidades de maneira consistente. Para tal, a partir das premissas da neurociência cognitiva, recomenda-se ao professor/educador: introduzir o conteúdo a ser aprendido a partir de relações com o que já é sabido; fazer analogias à vida real; criar situações de rememoração e de novas associações; empregar atividades a serem realizadas em trabalhos em equipe, cujos produtos sejam motivo de posterior exposição por parte deles; propor o colocar a mão na massa, o aprender fazendo; estimular o emprego de técnicas mnemônicas, como a música, as rimas, a rememoração coletiva através de relatos individuais sobre as atividades; dividir as atividades em intervalos; introduzir o novo, o inesperado, o intenso e o pouco usual; utilizar tempo de relaxamento entre as atividades; levar em conta a necessidade de consolidação da memória.

1.7.3 O QUE É NECESSÁRIO OBSERVAR

Quando se propõem atividades a serem realizadas por equipes de alunos, observar os alunos em seu desenvolvimento individual é vital para garantir o processo formativo de todos.

Durante as atividades propostas de robótica educacional, nas primeiras séries, os detalhes do comportamento indicam, com nitidez, o estado emocional das crianças, conforme já foi apontado anteriormente.

A neurociência cognitiva sugere que estados de ansiedade e depressão podem prejudicar a qualidade das sinapses neuronais e diminuir a aprendizagem. A percepção da ocorrência desses estados pode ocorrer através da atenção acurada do professor/educador aos sinais e sintomas a partir do comportamento delas.

No caso de se trabalhar com alunos depressivos e/ou ansiosos, é necessário estabelecer a empatia entre professor e aluno, com um relacionamento mais afetivo e compreensivo.

Em todos os casos, é preciso instigar a curiosidade do aluno e estimular a iniciativa dele de construir o próprio aprendizado pela descoberta, de tal maneira que ele possa sentir prazer e satisfação diante dos produtos que venha a realizar nas aulas de robótica educacional.

No momento de sistematização dos conhecimentos auferidos pelo grupo de crianças, é importante que o professor/educador nomeie todas as contribuições, valorizando, individualmente, um a um, todos os integrantes, pois a autoestima sólida fortalece a motivação e aumenta a resistência psicológica aos fatores que provocam o desânimo e a desistência da prática das atividades escolares.

1.7.4 A CRIANÇA, A ROBÓTICA E A AQUISIÇÃO DE LINGUAGEM

Pesquisas realizadas com crianças pequenas revelam a extraordinária capacidade delas para aprender. A aprendizagem precoce, com a interveniência dos estímulos dos pais, é um fator-chave para favorecer a aquisição da linguagem e o desenvolvimento da alfabetização.

Imagens do cérebro de bebês demonstram a importância da interação para o crescimento da linguagem.

É muito importante que o professor/educador, ao lidar com as crianças em estágios de pré-alfabetização ou em alfabetização, compreenda que todos os seus esforços devem ser determinantes para o progresso das crianças nesta etapa.

O profissional deve ter em mente a extraordinária neuroplasticidade das crianças, ou seja, deve explorar a capacidade do cérebro delas de mudar com a experiência.

Das crianças pequenas que lidam, em seus primeiros anos, com a aprendizagem de línguas, àquelas que iniciam as suas primeiras experiências com a notação das palavras, existe uma janela de oportunidade no cérebro delas.

A neurolinguística aponta que intervenções linguísticas dos pais, durante os cuidados com seus filhos, e dos profissionais nas escolas melhoram os resultados da aprendizagem de línguas das crianças.

A experimentação e a descoberta diante da manipulação dos objetos ganham contornos linguísticos expressivos quando os adultos acompanham a vivência da criança com o seu ambiente, estimulando diálogos e nominando os objetos que despertam a atenção dela.

Deve-se ter em conta que os bebês e as crianças pequenas são melhores aprendizes para a linguagem do que os adultos, apesar da superioridade cognitiva destes últimos, e o estágio inicial da aprendizagem de línguas é muito importante, pois estabelece a base para aprendizagem de línguas e para a alfabetização.

De princípio, os bebês possuem alta capacidade de discernir os sons de qualquer língua, enquanto os seus pais só têm aptidão de discriminar os sons característicos da própria língua nativa.

A transição de um bebê "cidadão universal do mundo" para um adulto "cidadão ligado à linguagem" ouvinte segue um processo de desenvolvimento que principia pela aquisição estatística por meio da prevalência da aprendizagem com base nas palavras e frases de maior frequência de exposição.

Nesse sentido, a repetição tem efeito positivo para a fixação desta aprendizagem: as crianças de 1 ano de vida são altamente sensíveis à frequência com que ouvem os sons da fala e a distribuição de ocorrência dos tipos de som, o que equivale a dizer que os bebês se concentram nos sons que ocorrem com frequência muito alta e na distribuição com que ocorrem na enunciação. No entanto, estudos também demonstram que as habilidades de aprendizagem estatística de bebês requerem um contexto social.

O impacto do cérebro social foi demonstrado em um estudo com bebês de 9 meses de idade, no período sensível para a aprendizagem fonética precoce.

Nesse estudo (Kuhl, Tsao e Liu, 2003), bebês foram distribuídos em quatro grupos, em que três grupos ficaram expostos a uma língua estrangeira (chinês mandarim) e o quarto – grupo de controle – ficou exposto à língua inglesa. O primeiro grupo experimentou a língua estrangeira através de um tutor ao vivo, o segundo ficou sujeito a um vídeo e o terceiro a apresentações em áudio. O resultado do primeiro grupo foi muito superior aos demais expostos à língua estrangeira, demonstrando que este aprendizado envolve a interação social como componente efetivo para o sucesso.

Experimentos dessa natureza levaram muitos pediatras norte-americanos a desaconselhar o uso de tecnologias com tela para o entretenimento e aprendizado das crianças de até 2 anos de idade, visto que a interação social serve de "porta" de entrada para o processo de aprendizagem precoce de línguas.

Sob esse ponto de vista, preconiza-se que, quando realizadas atividades que envolvam robótica educacional para crianças pequenas, o professor/educador desempenhe a interlocução e a interação social como ação privilegiada dentre as demais para o favorecimento da aprendizagem, visto que um objetivo primordial para esta idade é a conquista da competência linguística.

Sendo assim, peças e objetos são muito úteis para a experimentação e descoberta das crianças pequenas, porém devem ser os objetivos das atividades permanentes aqueles que oferecem às crianças a oportunidade de dialogar com tutores presentes.

Os professores educadores dispostos a propor atividades de robótica para crianças pequenas ou das primeiras séries precisam ter consciência de que para que o desenvolvimento linguístico seja maximizado convém se expressar sob inspiração do "parêntese", em que os sons das palavras são acentuados numa abordagem melódica que contribui para a percepção supra linguística do enunciado (como pausa, ritmo, entoação, gestual etc.) e a compreensão dos seus significados mais profundos.[35]

Por outro lado, ainda que haja alguma deficiência linguística no desempenho dos robôs durante a conversação com humanos, alguns estudos recentes têm proposto o uso de robôs sociais para o papel de tutores e educadores de crianças e adultos, e, dentre esses estudos, há os que buscam avaliar como os robôs sociais podem ser empregados para ensinar uma segunda língua para crianças pequenas (Belpaeme *et al.*, 2018).

Para saber mais, veja em: https://www.tecmundo.com.br/ciencia/138447-little-sophia-hanson-robotics-lanca-irma-nova-robo-sophia.htm.

Entretanto, há de se considerar que o aprendizado de línguas depende da prática situada e social, inserida em contextos autênticos nos quais exista a interação de pessoas e a prática da comunicação voltada para a inserção dos indivíduos nas atividades comunitárias e cotidianas.

É de se compreender que, conforme aponta a sociolinguística, a adequação da interlocução ao contexto social em que ela ocorre define o sucesso do efeito comunicativo da enunciação e, neste caso, os robôs sociais são promissores para o ensino de línguas, porém, atualmente, ainda carentes desse ferramental linguístico.

Por outro lado, outros trabalhos mostram possibilidades para a utilização da robótica em sala de aula como uma ferramenta estratégica lúdica, capaz de auxiliar o processo de ensino-aprendizagem de uma língua estrangeira (Segóvia; Souza, 2017).

---

35 Não confundir "parêntese" com o conceito "*baby talk*". Conforme explicam Kuhl e Ramírez: "We have found that parents' use of the special speech register known as 'parêntese' predicts advanced future language development in children, regardless of SES. Parêntese, which has a higher overall pitch, exaggerated pitch contours, a slower and acoustically clearer phonetic units – is associated with advanced future language abilities in both monolingual (Ramírez-Esparza, García-Sierra and Kuhl, 2014[16]) and bilingual infants (Ramírez-Esparza, García-Sierra and Kuhl, 2017[17]). Parentese increases children's attention, engages them and exaggerates the acoustic differences between sounds (Kuhl *et al.*, 1997[18])" (Kuhl; Ramírez, 2020). Já "*baby talk*" é o falar infantilizado com tom de voz terno e pronúncia incorreta das palavras, como no caso de empregar "pepeta" ao invés de chupeta.

Nesse caso, o enfoque é favorecer o ensino de uma segunda língua por meio das atividades promovidas a partir da robótica educacional com crianças, encadeando o progressivo desenvolvimento de habilidades linguísticas pretendidas a um eixo de atividades de robótica.

A robótica torna-se uma ferramenta pedagógica atrativa, capaz de gerar uma transformação positiva no processo de aprendizagem de língua, por meio de uma abordagem pedagógica inspirada nas concepções oriundas da linguística estruturalista. Muitas vezes, o método empregado ocupa-se da apresentação gradual das estruturas gramaticais, com base em exemplos e modelos inspirados na estrutura de comandos da programação do robô, tornando a aquisição da segunda língua um processo lúdico e cativante, porém com um substrato mecânico de formação de hábitos, rotinas e automatismos que propicia a aplicação de avaliações normativas.

Outras formas de empregar a robótica educacional para a aprendizagem de uma segunda língua baseiam-se no desenvolvimento gradual fundamentado na prática comunicativa, muito útil no caso das crianças pequenas e do Fundamental I.

O aprendizado por imersão é uma maneira de congregar o aprendizado dos conteúdos pedagógicos de robótica educacional ao aprendizado de uma segunda língua,[36] ocorrendo em ambientes nos quais se pratica apenas a língua-alvo.

Trata-se de uma abordagem sustentada no método comunicativo, em que o essencial é a compreensão de uma gramática nocional da língua, a partir da qual o aluno é levado a descobrir, por meio da reflexão e da elaboração de hipóteses, o funcionamento da língua, par e passo ao progresso de seu desempenho linguístico.

1.7.5 OS BENEFÍCIOS DE PROGRAMAR E CONSTRUIR PROTÓTIPOS DE ROBÔS

Existem ganhos pedagógicos inerentes à participação ativa das crianças no desenvolvimento e construção de artefatos robóticos ou protótipos de robôs, pois, independentemente do grau de complexidade do produto final pretendido, pode-se explorar uma grande gama de metodologias ativas para enriquecer a aprendizagem de conceitos das disciplinas curriculares, bem como de robótica e de programação.

Ademais, as funções cognitivas superiores podem ser exploradas não apenas em decorrência da investigação e desvelamento dos problemas específicos encontrados no percurso; essas funções cognitivas serão exigidas, também, durante o processo integrativo de soluções, pois qualquer produto oriundo da robótica contém um mecanismo, uma programação e uma configuração física eletroeletrônica interconectados, não sendo possível, portanto, resolver apenas um determinado

---

36 O argumento sustenta que é possível aprender uma segunda língua integrando-a em um plano de atividades interessantes e criativas. Ver em: https://www.icce.com.br/blog/2019/1/18/ingls-e-robtica-em-dublin. Acesso em: 2 jul. 2023.

contexto de estudo sem obter sucesso nos demais para que se faça, com êxito, a entrega de um produto robótico.

Trata-se, portanto, de um desafio intelectual que requer dos alunos uma sequência de passos estruturados por raciocínios e operações lógicas que precisam ser percorridos concomitantemente ao desenvolvimento da coordenação motora fina e das várias funções cognitivas superiores, em especial, a memória, a executiva e a visão espacial.

O ato de programar um robô permite desenvolver na criança a organização da linguagem e do raciocínio lógico, seja no momento da elaboração do programa quanto no ato de corrigi-lo (ato de debugar).

Para os alunos das primeiras séries, além de ser conveniente estimular as montagens mais simples, os programas dos artefatos robóticos devem comandar apenas pequenas sequências de ações, evitando-se o encadeamento de operações lógicas: o professor precisa estar atento para auxiliar os grupos em suas dificuldades, evitando que se desanimem com a atividade proposta.

Para auxiliar o desenvolvimento de habilidades necessárias às montagens dos artefatos robóticos, o professor precisa recorrer a atividades que favoreçam o desenvolvimento da percepção espacial e da percepção visual das crianças.

A percepção espacial está relacionada ao sistema sensorial proprioceptivo da criança e estabelece as habilidades de orientação espacial, coordenação motora relacionada a qualquer atividade de movimento corporal.

As brincadeiras que envolvem ações, como pega-pega, dança da cadeira e outras similares, desenvolvem o amadurecimento das habilidades referentes ao sistema proprioceptivo, assim como permitem às crianças compreenderem a relação dos movimentos dos robôs diante dos comandos definidos na programação.

Desenvolver a percepção visual das crianças significa ampliar a percepção mental das formas espaciais, o que permite que possam lidar com a representação mental das formas das peças e dos objetos, auxiliando a antecipação dos passos durante a montagem do artefato.

Os desenhos, por exemplo, ajudam as crianças a desenvolverem suas habilidades referentes a essa função e podem ser conjugados à montagem concreta dos artefatos.

Se o professor sugere a construção de uma garra, faz-se útil incentivar as crianças a fazer desenhos de garras e mãos. É importante notar que, ainda neste exercício, a capacidade de projeção espacial pode ser estimulada ao se propor que a criança identifique se as mãos desenhadas pelos demais alunos são direitas ou esquerdas.

Para crianças das últimas séries do Fundamental I, podem ser realizados exercícios que cobrem a capacidade de visualização mental, por exemplo, para a antecipação dos resultados de rotações dos objetos: uma garra que possa combinar rotações para apanhar um objeto é uma boa opção.

As habilidades espaciais são centrais para o aprendizado STEAM, por isso, é muito conveniente combinar as atividades de robótica educacional àquelas focadas no desenvolvimento de habilidades espaciais exercidas em brincadeiras, no uso de brinquedos de construção, na resolução de labirintos, criação de origami, montagem de quebra-cabeças etc.[37]

1.8 HABILIDADES E COMPETÊNCIAS PARA A ROBÓTICA EDUCACIONAL

Segundo a BNCC, "competência é definida como a mobilização de conhecimentos (conceitos e procedimentos), habilidades (práticas, cognitivas e socioemocionais), atitudes e valores para resolver demandas complexas da vida cotidiana, do pleno exercício da cidadania e do mundo do trabalho."[38]

No âmbito do Ensino Fundamental, a primeira etapa, motivo de atenção deste livro, recebe, para o processo formativo escolar, alunos dos 6 aos 10 anos e destina-se a valorizar as situações lúdicas de aprendizagem, integrando as experiências vivenciadas na Educação Infantil, sistematizando-as progressivamente, com a ampliação do espaço em que se dão as interações da criança, bem como por meio do desenvolvimento do seu letramento em múltiplas linguagens.

Esse período formativo visa a conduzir a criança para angariar aprendizagens que permitirão a participação no mundo letrado e farão experimentar inúmeras situações com as quais irão lidar por meio de conceitos e fazeres científicos, potencializando descobertas.

Com intuito de assegurar aos alunos um percurso contínuo de aprendizagens que envolvam a experiência deles com a robótica, de tal maneira que seja coerente com o esperado processo de letramento e a proposta curricular da BNCC para as demais disciplinas, elaborou-se um elenco de tópicos referentes às habilidades que podem servir de balizamento ao currículo escolar de robótica educacional do primeiro ao quinto ano do Ensino Fundamental.

1.8.1 PROPONDO UM QUADRO DE HABILIDADES E COMPETÊNCIAS EM ROBÓTICA EDUCACIONAL PARA O FUNDAMENTAL I

A regularidade da prática da robótica educacional cada vez mais comum na escola constitui-se como vetor para que se produza a mobilização de operações cognitivas cada vez mais complexas e se desenvolva a sensibilidade para apreender o mundo, expressar-se sobre ele e nele atuar.

---

37 Ver mais em: https://www.archdaily.com.br/br/866861/9-atividades-diarias-para-melhorar-sua-inteligencia-espacial. Acesso em: 2 jul. 2023.

38 Ver BNCC em: http://basenacionalcomum.mec.gov.br/abase/#fundamental. Acesso em: 2 jul. 2023.

Por essa razão, organizar o planejamento pedagógico da robótica educacional sob a perspectiva do ciclo curricular completo torna-se fundamental para o bom aproveitamento de sua potencialidade formativa.

Dessa forma, associados a códigos com leitura e interpretação análogos aos divulgados pela BNCC para as demais disciplinas estão, na tabela a seguir, as atitudes e valores para resolver as demandas complexas da vida cotidiana sob a ótica da robótica educacional que poderão ser exploradas durante o Ensino Fundamental I.[39]

Ressalte-se que todas as atividades, projetos, jogos e exercícios apresentados neste livro fazem referência aos códigos enumerados no Quadro de Habilidades de robótica educacional para o Fundamental I.

Quadro 1.1. Habilidades de robótica educacional para o Fundamental I

(EF15RE01)	Reconhecer que todas as formas de movimento de um robô podem se constituir em ações capazes de expressividade.
(EF15RE02)	Reconhecer que robôs dotados de IA podem reproduzir ou sintetizar a voz humana e, com isso, ampliar as suas competências comunicativas e ampliar a sua expressividade.
(EF15RE03)	Identificar os limites dos movimentos que podem ser realizados por um determinado robô (amplitude, graus de liberdade, intensidade e frequência).
(EF15RE04)	Descobrir opções para sincronizar os movimentos das partes do robô conforme a natureza da tarefa a ser realizada.
(EF15RE05)	Identificar os principais atributos de um cenário onde o robô atuará.
(EF15RE06)	Explorar diferentes materiais alternativos (sucata, material de reúso, reciclagem) para a construção de objetos sob demanda, ferramentas de uso, bem como de cenários para a atuação de um robô.
(EF15RE07)	Experimentar o trabalho colaborativo, coletivo e autoral em atividades de construção e programação de protótipos de robôs e outros mecanismos.
(EF15RE08)	Experimentar o trabalho colaborativo, coletivo e autoral em atividades de construção de cenários para a atuação de protótipos de robôs.
(EF15RE09)	Explorar diferentes formas de registro sobre a atuação de um robô (fotográfico, narrativo e audiovisual).
(EF15RE10)	Experimentar o registro por fotos e audiovisual através de robôs móveis.
(EF15RE11)	Atribuir novas funcionalidades a partes de objetos, objetos e peças desconhecidas.

[39] Os códigos iniciados por EF15 são referentes às atividades gerais ou de percurso, enquanto os iniciados por EF0X são referentes às habilidades específicas e estruturantes destinadas à série "X".

(EF15RE12)	Identificar os impactos das transformações tecnológicas nos processos produtivos.
(EF15RE13)	Identificar os impactos das transformações tecnológicas no comportamento social e no arcabouço cultural.
(EF15RE14)	Identificar os impactos das transformações tecnológicas para a memória social, para o registro do cotidiano e o acesso aos registros históricos.
(EF15RE15)	Comportar-se de maneira adequada a contribuir com grupos de trabalho, colaborando de maneira proativa.
(EF15RE16)	Planejar atividades e projetos, para atuação em grupo, a serem executados em etapas predeterminadas com escopo, prazo e recursos definidos
(EF01RE01)	Identificar os robôs frente a outros objetos eletromecânicos.
(EF01RE02)	Desenhar livremente figuras de robôs.
(EF01RE03)	Experimentar a criação de narrativas com a temática sobre robôs.
(EF01RE04)	Desenhar figuras de robôs a partir de imagens reais.
(EF01RE05)	Contar histórias inspiradas nos desenhos de robôs.
(EF01RE06)	Identificar e contabilizar as partes mecânicas de um robô.
(EF01RE07)	Identificar os componentes das partes mecânicas de um robô, distinguindo os componentes responsáveis pela origem do movimento (motores) dos que servem de transmissão e efetivação do movimento.
(EF01RE08)	Identificar as partes que abrigam os componentes responsáveis pelo processamento do programa e pelo controle do robô.
(EF01RE09)	Identificar os componentes responsáveis pelo processamento do programa e pelo controle do robô.
(EF01RE10)	Identificar as partes responsáveis pela detecção de sinais do ambiente do robô, discernindo os tipos de sensoriamento possível.
(EF01RE11)	Comparar os tipos de sensores apresentados, com ênfase nos exemplos de sensores de toque e de detecção de presença.
(EF01RE12)	Comparar os tipos de sensores apresentados, com ênfase nos exemplos de sensores reflexivos de luz e de cor.
(EF01RE13)	Desenhar os componentes das partes mecânicas de um robô, distinguindo os componentes responsáveis pela origem do movimento (motores) dos que servem de transmissão e efetivação do movimento.
(EF01RE14)	Agrupar de forma coerente os componentes das partes mecânicas de um robô, distinguindo os componentes responsáveis pela origem do movimento (motores) dos que servem de transmissão e efetivação do movimento.

(EF01RE15)	Agrupar de forma coerente os componentes das partes mecânicas de um robô, de tal forma que se engatem motores eixos e rodas.
(EF01RE16)	Desenhar o agrupamento dos componentes das partes mecânicas de um robô, de tal forma que se engatem motores eixos e rodas.
(EF01RE17)	Agrupar de forma coerente os componentes das partes mecânicas de um robô, de tal forma que se faça uma associação de dois conjuntos em que cada um deles possua um motor eixo e roda, para formar um esboço de carrinho.
(EF01RE18)	Desenhar, livremente, modelos de objetos de interesse, bem como identificar esses objetos em desenhos e fotos, distinguindo-os dos demais que, porventura, estejam na composição da mesma imagem.
(EF01RE19)	Estabelecer uma lista de instruções para um robô imaginário, fruto de desenho, foto, jogo ou contação de história.
(EF01RE20)	Reconhecer que o comportamento de um robô ou de um computador é ditado por uma composição textual apropriada para a leitura por parte dessas máquinas.
(EF01RE21)	Expor aos colegas o produto da atividade em robótica educacional.
(EF01RE22)	Identificar os objetos em movimento frente a outros tomados como referenciais.
(EF01RE23)	Estabelecer com os colegas parcerias para atuar conjuntamente e compartilhar os objetos de uso coletivo.
(EF01RE24)	Montar mecanismos simples.
(EF02RE01)	Realizar encaixes entre as partes integrando-as coerentemente.
(EF02RE02)	Diferenciar os materiais constitutivos dos objetos através das suas características como densidade, dureza, textura e outras propriedades mecânicas.
(EF02RE03)	Diferenciar os materiais constitutivos dos objetos através das suas propriedades ópticas.
(EF02RE04)	Diferenciar os materiais constitutivos dos objetos através das suas propriedades acústicas.
(EF02RE05)	Diferenciar os materiais constitutivos dos objetos através das suas propriedades elétricas e magnéticas.
(EF02RE06)	Identificar os sensores para usufruir das propriedades físicas dos objetos de interesse
(EF02RE07)	Identificar o robô através de sua definição como a integração das partes mecânicas, elétricas, eletrônicas e computacionais
(EF02RE08)	Representar durante a prática de desenhos livres de robôs as partes necessárias para o seu funcionamento

(EF02RE09)	Identificar as formas de conexão das partes dos robôs, elementos físicos para as partes mecânicas (como no caso de eixos entre rodas e motores), para as partes elétricas e eletrônicas (como cabos de conexão de dados e energia), para as partes eletrônicas e computacionais (como emissão e recepção de sinais por ondas eletromagnéticas (como *wi-fi*, *bluetooth* etc.).
(EF02RE10)	Estabelecer uma lista de instruções para um robô imaginário, fruto da composição a partir de componentes mecânicos, eletroeletrônicos e computacionais hipotéticos.
(EF02RE11)	Construir um mecanismo simples ou um dispositivo mecânico articulado, a partir de um esboço, aos moldes de desenho esquemático.
(EF02RE12)	Estabelecer uma lista de instruções para um mecanismo simples ou um dispositivo articulado não plugado a controlador.
(EF02RE13)	Simular uma lista de instruções para reger o movimento de um protótipo de robô móvel imaginário em um cenário virtual ou em tabuleiro físico.
(EF02RE14)	Identificar, quando já existente, ou, caso contrário, elaborar um plano de navegação para que o robô se locomova de forma adequada em um cenário.
(EF02RE15)	Identificar a natureza dos obstáculos, as características dos empecilhos potenciais e os custos advindos da escolha de caminhos ou soluções a que estará sujeito um protótipo de robô a ser construído para atuar em um determinado cenário.
(EF02RE16)	Identificar os recursos necessários e demais requisitos para um projeto cujo escopo é a produção de um protótipo de robô
(EF02RE17)	Explorar diferentes materiais alternativos (sucata, material de reúso, reciclagem) para a construção de cenários e maquetes para servirem de espaço para a atuação de um robô.
(EF02RE18)	Atribuir novas funcionalidades a partes de objetos, objetos e peças desconhecidas com intuito de compor cenários e maquetes para servirem de espaço para a atuação de um robô.
(EF02RE19)	Experimentar o emprego de um protótipo de robô simples, sob a supervisão de um professor tutor, em um cenário projetado e construído para a atuação dele.
(EF02RE20)	Registrar em audiovisual a atuação de um protótipo de robô simples em um cenário projetado e construído para a atuação dele.
(EF02RE21)	Descrever, com as próprias palavras, o movimento de algum objeto de interesse visto a partir de outro tomado como referencial.
(EF02RE22)	Empregar instrumentos simples de uso cotidiano para a mensuração de comprimento, tempo e massa.
(EF02RE22)	Compartilhar o emprego de instrumentos, ferramentas e peças com os demais colegas, comportando-se de forma colaborativa.

(EF03RE01)	Analisar o problema para o qual se deverá produzir um protótipo de robô, dividindo e descrevendo o problema proposto em problemas menores.
(EF03RE02)	Estabelecer prioridades dentre os problemas a serem resolvidos pelo robô durante a sua atuação.
(EF03RE03)	Estabelecer as estratégias a serem adotadas pelo robô para poder resolver a sua missão e as possíveis táticas para enfrentar problemas particulares que se anteponham aos seus objetivos.
(EF03RE04)	Descrever as competências mecânicas que o robô deverá ter para resolver os problemas para os quais está a ser construído.
(EF03RE05)	Descrever as competências de natureza eletroeletrônica que o robô deverá ter para resolver os problemas para os quais está a ser construído.
(EF03RE06)	Descrever as competências de natureza computacional que o robô deverá ter para resolver os problemas para os quais está a ser construído.
(EF03RE07)	Estabelecer um plano de pesquisa a respeito de conteúdos acadêmicos ou não e de sua curadoria para reunir informações capazes de contribuir para a elaboração de um projeto cujo escopo é a construção de um protótipo de robô capaz de resolver o problema proposto.
(EF03RE08)	Identificar habilidades e competências de um robô a partir da observação de sua atuação em um cenário para o qual foi planejado para lidar.
(EF03RE09)	Descrever a funcionalidade de um mecanismo artificial ou natural por meio da observação acurada do seu funcionamento.
(EF03RE10)	Propor formas de reparar um mecanismo artificial ou natural por meio de recursos e conhecimentos de que dispõe.
(EF03RE11)	Elaborar pseudocódigos a partir de listas de instruções destinadas a um robô imaginário.
(EF03RE12)	Identificar as instruções escritas em pseudocódigos nas instruções equivalentes feitas em linguagens artificiais apropriadas para a educação.
(EF03RE13)	Criar, representar e interpretar as plantas de cenários com auxílio de suporte quadriculado.
(EF03RE14)	Identificar as instruções escritas em pseudocódigos para programas simples que sejam destinados aos protótipos de robôs ou aos dispositivos robóticos, transformando-as em instruções equivalentes feitas em linguagens artificiais apropriadas para a educação.
(EF03RE15)	Elaborar planilhas de testes para coletar os dados da frequência de sucessos do protótipo de robô diante da tarefa desejada, para a qual foi construído.

(EF03RE16)	Empregar gráficos de barras e de *pizza* para expressar os resultados da coleta de dados por meio de planilhas e tabelas.
(EF03RE17)	Identificar os recursos necessários e demais requisitos para um projeto cujo escopo é a produção de um protótipo de robô, relacionando-os com as possíveis fontes para aquisição.
(EF03RE18)	Fazer listas e tabelas relacionando os recursos necessários e demais requisitos para um projeto cujo escopo é a produção de um protótipo de robô, relacionando-os aos custos unitários e aos *links* para as fontes de aquisição.
(EF03RE19)	Fazer cartazes destinados a informar a comunidade a respeito do calendário de atividades relacionadas à robótica educacional.
(EF03RE20)	Integrar as soluções nas várias áreas de conhecimento para a confecção de um protótipo de robô e para o encadeamento do projeto, incluindo a comunicação dele.
(EF03RE21)	Construir a parte mecânica de um protótipo de robô simples, integrando também as partes eletroeletrônica e computacional sob a supervisão de um professor tutor.
(EF03RE22)	Identificar os períodos em que o comportamento do robô não transcorre como seria esperado, durante a atuação dele no respectivo cenário de prova.
(EF03RE23)	Desenhar a trajetória de algum objeto de interesse em movimento, tomando-se outro objeto como referencial.
(EF03RE24)	Cumprir com as suas responsabilidades preestabelecidas pelo grupo.
(EF04RE01)	Discriminar as peças e ferramentas necessárias para se produzir uma solução de problemas simples.
(EF04RE02)	Discriminar os passos de execução necessários para se produzir solução de problemas simples.
(EF04RE03)	Idear robôs aptos a resolver problemas simples.
(EF04RE04)	Discriminar as partes dos robôs aptos a resolver problemas simples, demonstrando como estas partes podem participar da atuação do robô em sua tarefa.
(EF04RE05)	Discriminar os componentes e a forma como estarão nas partes do robô para que ele possa resolver os problemas para os quais será construído.
(EF04RE06)	Escrever, ler e simular pseudocódigos para um robô hipotético.
(EF04RE07)	Fazer previsões, seja por meio de textos orais ou escritos, seja por dados numéricos ou expressões matemáticas, a respeito de uma atuação esperada de um determinado robô hipotético, fruto de estudo, para atender uma necessidade específica.

(EF04RE08)	Desenhar e esquematizar um robô hipotético fruto de estudo para atender uma determinada necessidade.
(EF04RE09)	Estabelecer o escopo de um protótipo de robô a que se pretende preparar um projeto para desenvolvê-lo.
(EF04RE10)	Identificar o aperfeiçoamento de habilidades e competências de um robô em função de estar computacionalmente dotado de inteligência artificial.
(EF04RE11)	Identificar a existência de estratégias que podem ser adotadas para que o comportamento do robô se torne mais eficiente para o cumprimento de suas tarefas ou para obter êxito em sua missão.
(EF04RE12)	Elaborar pseudocódigos para a solução geral para a atuação do protótipo do robô, criando funções para o programa principal através de programação desplugada, bem como ser capaz de ler e simular, abstratamente, os efeitos, no robô, de um algoritmo em pseudocódigo.
(EF04RE13)	Identificar as instruções escritas em pseudocódigos de programas genéricos nas instruções equivalentes feitas em linguagens artificiais apropriadas para a educação.
(EF04RE14)	Fazer a representação das posições em um cenário empregando o sistema de coordenadas cartesianas, descrevendo, caso seja possível, mediante os dados, a trajetória do robô.
(EF04RE15)	Identificar as instruções escritas em pseudocódigos para programas completos destinados aos protótipos de robôs ou aos dispositivos robóticos, transformando-as em instruções equivalentes feitas em linguagens artificiais apropriadas para a educação.
(EF04RE16)	Elaborar planilhas de testes para acompanhar os testes do protótipo de robô diante da tarefa desejada, coletando informação de múltiplas variáveis.
(EF04RE17)	Empregar gráficos de linhas e histogramas para expressar os resultados da coleta de dados através de planilhas e tabelas.
(EF04RE18)	Fazer listas e tabelas relacionando os recursos necessários e demais requisitos angariados para um projeto, cujo escopo é a produção de um protótipo de robô, relacionando-os aos custos unitários e o local de armazenamento.
(EF04RE19)	Distribuir responsabilidades entre os participantes do grupo de trabalho.
(EF04RE20)	Estabelecer o prazo para o projeto, cujo escopo é a construção de um protótipo de robô ou dispositivo robótico.
(EF04RE21)	Discernir a diferença entre a comunicação interna e externa, fazendo uso desses conceitos para escolher os melhores meios, veículos e gêneros textuais para produzir peças de divulgação referentes aos propósitos da robótica educacional
(EF04RE22)	Realizar a montagem de protótipos de robôs simples com supervisão de um professor tutor.

(EF04RE23)	Identificar os fatores responsáveis pelo comportamento inadequado do robô, durante a atuação dele no respectivo cenário de prova.
(EF04RE24)	Elaborar hipóteses para explicar a ocorrência de movimentos de objetos típicos do uso cotidiano.
(EF04RE25)	Estabelecer, com os demais membros do grupo de trabalho, as etapas constitutivas de atividades e/ou projetos, delineando as entregas e os marcos temporais para a conclusão de cada uma delas.
(EF05RE01)	Inventariar os recursos materiais e imateriais alocados para a atividade de robótica educacional.
(EF05RE02)	Organizar os recursos materiais e imateriais alocados para a atividade de robótica educacional de forma sistemática e ergonômica.
(EF05RE03)	Empregar ferramentas para a administração do tempo de trabalho envolvido no projeto, como o Diagrama de Gantt.
(EF05RE04)	Identificar mudanças e permanências ao longo do tempo, discutindo os sentidos dos grandes marcos da história da humanidade (nomadismo, desenvolvimento da agricultura e do pastoreio, criação da indústria etc.) frente aos efeitos das tecnologias relacionadas à quarta revolução industrial e ao conceito de economia 4.0.
(EF05RE05)	Identificar as transformações ocorridas na cidade ao longo do tempo e discutir suas interferências nos modos de vida de seus habitantes, tomando como foco a habitação e os meios de transporte públicos e as tecnologias envolvidas (habitações inteligentes, carros autônomos e outras tecnologias com foco na sustentabilidade planetária).
(EF05RE06)	Identificar impactos do emprego de robôs na produção intelectual e artística.
(EF05RE07)	Estabelecer um plano de comunicação para as atividades e projetos de robótica educacional firmados para o período letivo.
(EF05RE08)	Registrar a atuação de um robô, empregando a ferramenta midiática adequada ao objeto, à circunstância, à pauta, à natureza e ao propósito de veiculação e reprodução, bem como ao público-alvo.
(EF05RE09)	Expor registros e relatórios realizados a respeito da atuação de um robô, respeitando-se a natureza do público-alvo.
(EF05RE10)	Identificar ou elaborar meios e instrumentos para avaliar os níveis de eficiência e efetividade das várias funcionalidades dos componentes de um robô ou de suas capacidades em resolver os problemas que foi construído para solucionar.
(EF05RE11)	Identificar os fatores de estresse para o comportamento adequado de um robô existentes em um cenário de atuação distinto daquele para o qual foi construído.
(EF05RE12)	Elaborar pseudocódigos para a solução de problemas específicos, criando funções para o programa principal por meio de programação desplugada.

(EF05RE13)	Identificar as instruções escritas em pseudocódigos para funções nas instruções equivalentes feitas em linguagens artificiais apropriadas para a educação.
(EF05RE14)	Empregar medidas de posição como valor médio, moda e mediana de uma coleção de dados de uma variável.
(EF05RE15)	Identificar possíveis valores discrepantes de uma coleção de dados.
(EF05RE16)	Elaborar testes para analisar a eficiência e efetividade de diferentes estratégias destinadas à solução de um mesmo problema.
(EF05RE17)	Elaborar a programação de um protótipo de robô, empregando informações técnicas do protótipo a ser programado.
(EF05RE18)	Simular uma programação de um protótipo de robô, tendo em conta as informações técnicas do protótipo a ser testado e da planta do cenário em que deverá atuar.
(EF05RE19)	Elaborar meios e oportunidades de apresentação do projeto e seus produtos, seja através da inscrição e da participação em eventos de robótica, seja conclamando a presença da comunidade para uma apresentação elucidativa sobre a robótica educacional e os seus propósitos efetivamente desenvolvidos durante o ano letivo.
(EF05RE20)	Compreender a interligação entre os marcos temporais para a composição e divulgação de peças de comunicação e os efeitos que se esperam delas.
(EF05RE21)	Construir protótipos de robôs, seguindo o plano descrito em um projeto.
(EF05RE22)	Realizar, autonomamente, correções nas partes mecânica, eletroeletrônica e computacional de maneira a corrigir um comportamento inadequado da atuação do robô no seu cenário de prova.
(EF05RE23)	Experimentar o uso de roldanas e balança de braços, elaborando hipóteses sobre o seu funcionamento.
(EF05RE24)	Elaborar tabelas para coleta sistemática de dados e tratar, com ferramentas estatísticas básicas, variáveis de interesse das atividades em robótica educacional, bem como realizar leituras de infográficos que versem a respeito deste tipo de informações.
(EF05RE25)	Distinguir formas colaborativas e cooperativas de atuação de um grupo dedicado a executar um projeto de robótica educacional.
(EF05RE26)	Representar e interpretar a planta de um cenário com as devidas informações de mensuração de comprimento e escalas.
(EF05RE27)	Estabelecer comparações entre a distância percorrida pelo intervalo de tempo necessário para diferentes robôs em situações iguais.
(EF05RE27)	Criar, em comum acordo com os demais membros do grupo de trabalho, critérios para a avaliação colaborativa sobre a atuação individual nas atividades e/ou nos projetos realizados em grupo.

1.8.2 O DOCUMENTO COMPLEMENTAR À BNCC REFERENTE À COMPUTAÇÃO

De maneira análoga, há um quadro de habilidades e competências citadas no documento complementar à BNCC referente à computação aprovado pelo CNE em fevereiro de 2022, que são exploradas neste livro e estão reproduzidas no quadro a seguir.

Quadro 1.2 Habilidades de computação para o Fundamental I

(EF15CO01)	Identificar as principais formas de organizar e representar a informação de maneira estruturada (matrizes, registros, listas e grafos) ou não estruturada (números, palavras, valores verdade).
(EF15CO02)	Construir e simular algoritmos, de forma independente ou em colaboração, que resolvam problemas simples e do cotidiano com uso de sequências, seleções condicionais e repetições de instruções.
(EF15CO03)	Realizar operações de negação, conjunção e disjunção sobre sentenças lógicas e valores 'verdadeiro' e 'falso'.
(EF15CO04)	Aplicar a estratégia de decomposição para resolver problemas complexos, dividindo esse problema em partes menores, resolvendo-as e combinando suas soluções.
(EF15CO05)	Codificar a informação de diferentes formas, entendendo a importância desta codificação para o armazenamento, manipulação e transmissão em dispositivos computacionais.
(EF15CO06)	Conhecer os componentes básicos de dispositivos computacionais, entendendo os princípios de seu funcionamento.
(EF15CO07)	Conhecer o conceito de sistema operacional e sua importância na integração entre software e hardware.
(EF15CO08)	Reconhecer e utilizar tecnologias computacionais para pesquisar e acessar informações, expressar-se crítica e criativamente e resolver problemas.
(EF15CO09)	Entender que as tecnologias devem ser utilizadas de maneira segura, ética e responsável, respeitando direitos autorais, de imagem e as leis vigentes.
(EF01CO01)	Organizar objetos físicos ou digitais considerando diferentes características para esta organização, explicitando semelhanças (padrões) e diferenças.
(EF01CO02)	Identificar e seguir sequências de passos aplicados no dia a dia para resolver problemas.
(EF01CO03)	Reorganizar e criar sequências de passos em meios físicos ou digitais, relacionando essas sequências à palavra 'algoritmos'.
(EF01CO04)	Reconhecer o que é a informação, que ela pode ser armazenada, transmitida como mensagem por diversos meios e descrita em várias linguagens.

(EF01CO05)	Representar informação usando diferentes codificações.
(EF01CO06)	Reconhecer e explorar artefatos computacionais voltados a atender necessidades pessoais ou coletivas.
(EF01CO07)	Conhecer as possibilidades de uso seguro das tecnologias computacionais para proteção dos dados pessoais e para garantir a própria segurança.
(EF02CO01)	Criar e comparar modelos (representações) de objetos, identificando padrões e atributos essenciais.
(EF02CO02)	Criar e simular algoritmos representados em linguagem oral, escrita ou pictográfica, construídos como sequências com repetições simples (iterações definidas) com base em instruções preestabelecidas ou criadas, analisando como a precisão da instrução impacta na execução do algoritmo.
(EF02CO03)	Identificar que máquinas diferentes executam conjuntos próprios de instruções e que podem ser usadas para definir algoritmos.
(EF02CO04)	Diferenciar componentes físicos (hardware) e programas que fornecem as instruções (software) para o hardware.
(EF02CO05)	Reconhecer as características e usos das tecnologias computacionais no cotidiano dentro e fora da escola.
(EF02CO06)	Reconhecer os cuidados com a segurança no uso de dispositivos computacionais.
(EF03CO01)	Associar os valores 'verdadeiro' e 'falso' a sentenças lógicas que dizem respeito a situações do dia a dia, fazendo uso de termos que indicam negação.
(EF03CO02)	Criar e simular algoritmos representados em linguagem oral, escrita ou pictográfica, que incluam sequências e repetições simples com condição (iterações indefinidas), para resolver problemas de forma independente e em colaboração.
(EF03CO03)	Aplicar a estratégia de decomposição para resolver problemas complexos, dividindo esse problema em partes menores, resolvendo-as e combinando suas soluções.
(EF03CO04)	Relacionar o conceito de informação com o de dado.
(EF03CO05)	Compreender que dados são estruturados em formatos específicos dependendo da informação armazenada.
(EF03CO06)	Reconhecer que, para um computador realizar tarefas, ele se comunica com o mundo exterior com o uso de interfaces físicas (dispositivos de entrada e saída).
(EF03CO07)	Utilizar diferentes navegadores e ferramentas de busca para pesquisar e acessar informações.
(EF03CO08)	Usar ferramentas computacionais em situações didáticas para se expressar em diferentes formatos digitais.

(EF03CO09)	Reconhecer o potencial impacto do compartilhamento de informações pessoais ou de seus pares em meio digital.
(EF04CO01)	Reconhecer objetos do mundo real e/ou digital que podem ser representados por meio de matrizes que estabelecem uma organização na qual cada componente está em uma posição definida por coordenadas, fazendo manipulações simples sobre estas representações.
(EF04CO02)	Reconhecer objetos do mundo real e/ou digital que podem ser representados por meio de registros que estabelecem uma organização na qual cada componente é identificado por um nome, fazendo manipulações sobre estas representações.
(EF04CO03)	Criar e simular algoritmos representados em linguagem oral, escrita ou pictográfica, que incluam sequências e repetições simples e aninhadas (iterações definidas e indefinidas), para resolver problemas de forma independente e em colaboração.
(EF04CO04)	Entender que para guardar, manipular e transmitir dados deve-se codificá-los de alguma forma que seja compreendida pela máquina (formato digital).
(EF04CO05)	Codificar diferentes informações para representação em computador (binária, ASCII, atributos de pixel, como RGB etc.).
(EF04CO06)	Usar diferentes ferramentas computacionais para criação de conteúdo (textos, apresentações, vídeos etc.).
(EF04CO07)	Demonstrar postura ética nas atividades de coleta, transferência, guarda e uso de dados.
(EF04CO08)	Reconhecer a importância de verificar a confiabilidade das fontes de informações obtidas na Internet.
(EF05CO01)	Reconhecer objetos do mundo real e/ou digital que podem ser representados por meio de listas que estabelecem uma organização na qual há um número variável de itens dispostos em sequência, fazendo manipulações simples sobre estas representações.
(EF05CO02)	Reconhecer objetos do mundo real e digital que podem ser representados por meio de grafos que estabelecem uma organização com uma quantidade variável de vértices conectados por arestas, fazendo manipulações simples sobre estas representações.
(EF05CO03)	Realizar operações de negação, conjunção e disjunção sobre sentenças lógicas e valores 'verdadeiro' e 'falso'.
(EF05CO04)	Criar e simular algoritmos representados em linguagem oral, escrita ou pictográfica, que incluam sequências, repetições e seleções condicionais para resolver problemas de forma independente e em colaboração.

(EF05CO05)	Identificar os componentes principais de um computador (dispositivos de entrada/ saída, processadores e armazenamento).
(EF05CO06)	Reconhecer que os dados podem ser armazenados em um dispositivo local ou remoto.
(EF05CO07)	Reconhecer a necessidade de um sistema operacional para a execução de programas e gerenciamento do hardware.
(EF05CO08)	Acessar as informações na internet de forma crítica para distinguir os conteúdos confiáveis de não confiáveis.
(EF05CO09)	Usar informações considerando aplicações e limites dos direitos autorais em diferentes mídias digitais.
(EF05CO10)	Expressar-se crítica e criativamente na compreensão das mudanças tecnológicas no mundo do trabalho e sobre a evolução da sociedade.
(EF05CO11)	Identificar a adequação de diferentes tecnologias computacionais na resolução de problemas.

A devida intersecção entre as habilidades exploradas em robótica e computação com as das demais disciplinas afiançam ao professor/educador que o tempo investido no desenvolvimento dessas habilidades indicadas pode congregar, por meio de atividades e/ou projetos inovadores, os objetivos pertencentes a disciplinas distintas, contemplando a formação do aluno diante de uma paisagem mais ampla e integral.

O que se está aqui a relatar vale tanto para o currículo do Ensino Fundamental I brasileiro quanto para a estrutura curricular de outros países de língua portuguesa, como no caso dos quatro anos do primeiro ciclo do Ensino Básico português, do Ensino Primário angolano, em que as seis classes são de lecionamento monodocente, ou ainda, do Ensino Primário moçambicano, em que, também, as seis classes de que é composto são de lecionamento monodocente.[40]

[40] É conveniente notar que, por exemplo, no Plano Curricular do Ensino Primário, documento expedido pelo Ministério da Educação e Desenvolvimento Humano da República de Moçambique, para a área de Saber Científico, Técnico e Tecnológico, são competências esperadas do aluno: "Aplica métodos adequados para o estudo de objetos, processos e fenómenos científicos; Manipula instrumentos diversificados para transformar materiais e criar produtos; Executa operações técnicas, segundo uma metodologia de trabalho adequada". Quanto aos indicadores de desempenho, cita: "Interpretar processos e fenómenos científicos e tecnológicos; Planificar as atividades, identificando as etapas, os requisitos técnicos, condicionalismos e recursos para a concretização de projetos" (ver em: https://mept.org.mz/wp-content/uploads/2020/07/PCEP_Maio_2020_Final_1.pdf; acesso em: 2 jul. 2023), o que se identifica no texto deste livro nas habilidades genéricas (EF15RE15) e (EF15RE16) e suas correspondentes habilidades estruturantes.

De maneira análoga ao que se vê no quadro anterior, o professor/educador poderá organizar vários quadros em que se resuma a intersecção das habilidades propostas para a robótica educacional e outras disciplinas, uma a uma, comparando e contrastando-as conforme a sequência proposta no currículo.

Isto feito sob a luz do planejamento pedagógico prévio do professor/educador, é possível vislumbrar em que momentos do eixo curricular poderão ser inseridas atividades e/ou projetos de robótica educacional nos moldes daquilo que se ilustra mais à frente neste livro.

Em robótica educacional para o Ensino Fundamental I, como se vê nos quadros anteriores, as habilidades explicitadas partem, nas séries iniciais, da identificação e manipulação de objetos, para que por meio da compreensão de suas funcionalidades seja possível auxiliar, nas séries finais, o devido emprego conjugado delas com o intuito de se construírem configurações mecânicas simples e úteis para as necessidades que se solicitem nas atividades e/ou projetos.

Paralelamente, da percepção das pequenas listas de instruções simples, segue-se o emprego de pseudocódigos e, nas últimas séries, faz-se a compreensão do tipo textual discursivo injuntivo, que será muito útil para se produzir e compreender a lógica da programação do robô tanto desplugada quanto nas linguagens de programação educacionais.

Manusear, programar, testar e todas as demais experiências, sempre realizadas em grupo, de maneira a privilegiar a colaboração e a proatividade, fazem parte da formação que se espera por meio da robótica educacional.

1.9 PROCESSOS AVALIATIVOS EM ROBÓTICA EDUCACIONAL

Muitos são os processos avaliativos a que se submete o aluno durante a sua formação, os que se referem às políticas educacionais, os externos à escola e os internos que, na maior parte das vezes, costumam estar conjugados à promoção do aluno.

O enfoque deste trabalho é propor avaliações que estejam em conformidade com a aplicação das metodologias ativas e favoreçam a formação integral do aluno.

1.9.1 POR QUE AVALIAR E MONITORAR?

Em qualquer processo em que a transformação é a característica mais importante a ser observada, identificar os diferentes estágios formativos de cada aluno tem especial relevância.

Em aprendizagem com base em projetos e atividades de robótica educacional, há, de um lado, o objetivo de se construir um produto predeterminado e, de outro, o interesse escolar de serem alcançados os objetivos escolares. Em ambos os casos, a transformação é o atributo mais relevante do processo: recursos e insumos tornar-se-ão produtos, enquanto crianças mudarão os seus comportamentos, adquirirão novos saberes, irão desenvolver, gradualmente, habilidades e tornar-se-ão competentes para o que antes não eram.

No plano gerencial do projeto ou da atividade, cabe monitorar o seu desenrolar para que sejam respeitados os compromissos iniciais de escopo, custo e prazo.

No plano pedagógico, cabe avaliar o percurso educacional dos alunos do princípio ao final das atividades e a efetividade das ações do professor/educador na condução deste processo.

1.9.2 MONITORAMENTO DE PROJETOS E ATIVIDADES DE CRIANÇAS

Para as atividades das crianças é fundamental constatar se atingem a conclusão prevista e verificar se as etapas intermediárias foram percorridas sem intercorrências: no caso de se solicitar a uma criança a realização de um desenho, não basta vê-lo finalizado, é fundamental investigar como se comporta a criança na ação de desenhar, se faz o desenho com prazer ou se algo a incomoda na atividade.

Notar que existe um atraso no projeto ou na atividade é um indício de que o professor/educador deve aferir se as habilidades necessárias já estão desenvolvidas ou não. Por exemplo, se a atividade de programação cobra da criança os saberes das operações matemáticas básicas e ela não está apta a mostrar fluência para resolver problemas dessa natureza, o professor/educador deve atuar de imediato para suprir as suas dificuldades, facilitando o seu aprendizado daquilo que é imprescindível para a tarefa.

Note-se que o monitoramento não está voltado para acompanhar o desenvolvimento formativo, ainda que possa mostrar a disposição e a capacidade de os alunos resolverem problemas através do comportamento deles diante dos entraves surgidos no desenrolar da execução do projeto ou da atividade. O monitoramento visa a, sobretudo, garantir que o projeto chegue a bom termo e o seu produto seja entregue: se há um protótipo de robô a ser concluído em 03/12 deste ano, monitorar o projeto permitirá que, se houver empecilhos, sejam tomadas as medidas necessárias para que na data determinada se cumpra esta entrega.

1.9.3 AVALIAÇÃO DIAGNÓSTICA

Se existe algum requisito formativo das crianças que se espera estar satisfeito para que possam ingressar em um projeto ou atividade, convém que o professor/educador realize alguma atividade de aquecimento em que possa averiguar se todas as crianças estão aptas a se colocar diante dos novos desafios. Essa atividade servirá como uma avaliação diagnóstica que permitirá ao professor/educador prestar a devida assistência para as crianças que ainda encontram dificuldades diante de alguns tópicos curriculares.

A avaliação diagnóstica contribui também para que o professor possa, a partir do que se aferiu no início do processo, constatar se ocorreu progresso dos grupos decorrente do desenrolar das atividades.

1.9.4 AVALIAÇÃO FORMATIVA

Ao se deparar com a atuação dos alunos durante a execução do projeto, o professor/educador deve verificar se os objetivos pedagógicos estão sendo cumpridos e como as habilidades desenvolvidas estão se concretizando em competências efetivas para a solução dos problemas.

Há aí toda a observação da mudança comportamental a que o professor/educador deve ter especial atenção, visto que se espera das crianças o desenvolvimento de sua socialização e a aquisição de autoconfiança para seguir investigando o mundo e as coisas, ainda que algumas situações possam ser frustrantes.

Robôs, durante o processo de criação e de construção, costumam frustrar expectativas, quebrando, não funcionando como se esperaria ocorrer e ficando abaixo das marcas prefixadas; preparar as crianças para persistirem quando encontram dificuldades é negociar com elas a respeito das expectativas que o próprio professor/educador tem quando estabelece os objetivos pedagógicos e apresentar a elas o quanto, concretamente, progrediram em suas capacidades ao enfrentarem os problemas, ainda que alguns deles ainda não tenham sido superados.

Propor exercícios e tarefas complementares não apenas auxilia o professor/educador a avaliar continuamente as crianças, individualmente ou em grupo, mas também auxilia a ampliar o horizonte do problema, conectando-o a outras circunstâncias ainda não exploradas em que poderá estar presente.

Esta é a razão para que, nos tópicos de atividades e projetos deste livro, sejam apresentados exercícios e atividades que são correlatos aos assuntos tratados.

1.9.5 AVALIAÇÃO INTERATIVA

Neste tipo de avaliação os processos são o foco principal, situando-se os produtos em segundo plano para tal avaliação, a análise sistêmica do processo orienta as intervenções do professor/educador.

Segundo Feuerstein (Haywood; Tzuriel, 1992) a avaliação interativa possui as seguintes características: a) intencionalidade e reciprocidade, que se referem a um esforço intencional para produzir no aluno um estado de vigilância e o sentimento de competência e autodeterminação; b) mediação do significado, referente ao aspecto afetivo-motivacional do estímulo; c) possibilidade de transcender a necessidade imediata da situação específica para outros objetivos; d) regulação e controle dos comportamentos impulsivos.

Nessa abordagem de avaliação, os aspectos afetivo-emocionais não se dissociam das habilidades metacognitivas e, no caso da aplicação em robótica educacional, essa avaliação soma-se a todos os esforços em que o professor/educador aproxima-se do aluno durante o processo cíclico de execução e reflexão e analisa as suas dificuldades, avalia o que lhe tolhe a ultrapassagem de etapas e busca estratégias para contribuir com a aprendizagem necessária para o desenvolvimento das habilidades essenciais para a competência em questão.

A atividade interativa entre o professor e a criança, durante a confecção de seu desenho, pode se tornar um exemplo de avaliação interativa.

A proposta de mediação sugerida por Reuven Feuerstein preconiza uma aprendizagem em que o mediador e o que é mediado estão o tempo todo estabelecendo novas conexões em suas estruturas cognitivas, bem como construindo novos vínculos.

Um aluno que não se sente à vontade para realizar uma determinada montagem ou uma programação, simples ou complexa, pode contribuir ainda mais para o processo de aprendizagem coletiva, se participar de uma avaliação interativa. Visto que, quando avaliadas as suas dificuldades de maneira concatenada à intervenção didática adequada, será possível ao professor/educador detectar pontos cegos nos raciocínios de outros alunos que podem, a despeito de suas dificuldades, ter concluído de maneira satisfatória a atividade proposta.

Esta é, certamente, a razão básica para que cada professor/educador trabalhe a robótica educacional com grupos pouco numerosos de alunos, o que permitirá a prática deste tipo de avaliação que garante a devida promoção de todos os alunos.

1.9.6 AVALIAÇÃO SOMATIVA E AUTOAVALIAÇÃO

O encerramento de projetos e atividades extrapola a entrega do produto proposto em seu escopo, compõe-se de um cerimonial próprio em que se celebra o trabalho em grupo, organizam-se os documentos do projeto e avalia-se o seu desenvolvimento e conclusão.

Em termos dos objetivos pedagógicos, convém que o professor/educador tenha um plano, ao final, de retomar os saberes de tal forma que consiga averiguar o quanto os alunos estão instrumentalizados para aplicá-los em novas situações: se, por exemplo, em algum momento, eles aprenderam como fazer a mensuração de comprimento e noutro houve o emprego de adição e de subtração, será conveniente apresentar vários segmentos de reta, para que os alunos possam antecipar o comprimento total deles quando colocados sequencialmente na mesma direção.

O encerramento de um projeto ou atividade é uma ótima oportunidade para que as crianças opinem sobre a atividade do grupo e o desempenho pessoal, realizando uma autoavaliação numa roda de conversa proposta pelo professor/educador.

1.9.7 AVALIAÇÕES EXTERNAS PARA ROBÓTICA EDUCACIONAL

Embora a prova teórica da Olimpíada Brasileira de Robótica (OBR) e o Exame Nacional de Tecnologia em Robótica (ENATER) não sejam avaliações externas em seus objetivos primários, ou seja, não visam a aferir a qualidade do ensino como instrumento para o monitoramento e a elaboração de políticas públicas, em função de um panorama do desempenho educacional de seus participantes, elas são avaliações produzidas fora do ambiente escolar, com o potencial de fazer com que os professores educadores tenham meios de balizar os seus esforços e as conquistas educacionais de seus alunos no que tange à robótica educacional.

A prova teórica da OBR centra-se nas habilidades e competências curriculares que encontram intersecção com conteúdos pertinentes à robótica educacional, enquanto o ENATER tem o foco no aprofundamento dos conhecimentos que os alunos adquirem ao realizar projetos práticos de robótica educacional.

1.10 OS ESTUDOS A RESPEITO DA INTERAÇÃO HUMANO E ROBÔ

Em virtude da crescente importância do convívio de humanos e robôs, existe uma área de pesquisa em que se visa estudar a interação humano e robô.

Na atualidade, quando os robôs desenvolvidos para interagir com humanos caracterizam-se por buscar a antecipação das necessidades dos humanos, o conceito de usabilidade,[41] ainda empregado para caracterizar as interfaces de interação entre humanos e máquinas, ganha um aliado inédito, a inteligência artificial, com a qual é possível aprender com as experiências do usuário e obter um relacionamento cada vez melhor e mais produtivo.

Isto significa que tanto os robôs colaborativos industriais "cobots" quanto robôs sociais destinados aos cuidados de pessoas idosas, por exemplo, são construídos com capacidade cada vez maior de aprender sobre a sua atividade e sobre o humano que o acompanha.

Inaugura-se uma época em que, para estarem juntos, as máquinas e os humanos seguirão as suas curvas de aprendizado, desenvolvendo-as, também, pelo convívio, o que será favorável ao aumento da intimidade.

Trata-se de um desafio crescente aos legisladores, que precisarão regular os direitos e deveres dos robôs, aos psicólogos, que terão de cuidar das nuances afetivas que poderão se estabelecer entre humanos e máquinas, aos engenheiros e administradores, que cuidarão da formação de equipes mistas e, possivelmente, enfrentarão resistências e preconceitos por parte das pessoas.

É fácil vislumbrar duas situações que, dentre outras, já estão ao alcance dos olhos: os robôs que servem de acompanhantes de idosos e os robôs que servem de tutores de crianças.

Aliás, uma pergunta torna-se inevitável: como será a socialização dos humanos tanto entre si quanto com robôs, quando todos formarem parte de uma comunidade (um grupamento em que ocorre interação e afetividade entre os indivíduos)? Pois bem, não há apenas o contexto em que humano e robô formam um binômio de convívio, existe algo maior e mais complexo que se abriga na sociedade futura a qual, na

---

41 Usabilidade é a competência do design de interação, com o qual é criado um sistema computacionalmente suportado, para dar facilidade de interação a um novo usuário diante desse sistema. Consiste, portanto, na capacidade efetiva de um novo usuário conseguir usufruir das funcionalidades do sistema.

atualidade, intitulamos de sociedade 5.0: a presença comportamental dos robôs alterando os relacionamentos entre humanos.

Nesse sentido, há de se perguntar em que medida se estabelecerá a intimidade e a confiança entre humanos e robôs, bem como a possibilidade de surgir a proteção jurídica ao bem-estar dos robôs, caso a sociedade atribua ao trato com eles um comportamento ético como tem sido atribuído quando os humanos lidam com demais seres vivos e, em especial, aos animais domésticos.

Estes robôs a que se refere tal ramo de pesquisa são do tipo *socially interactive robot* (SIR) ou robô socialmente interativo, sendo descritos apenas com robôs sociais, para os quais a interação social é a característica mais relevante a ser considerada quando são projetados, construídos e avaliados.

A comunicabilidade é a característica que se sobressai neste tipo de robô tanto por meio da comunicação verbal, nas modalidades oral e escrita, quanto da comunicação suprassegmental, atuando com gestos e expressões faciais, pausas e entoações de maneira coerente ao que se faz necessário para satisfazer a riqueza comunicativa de um interlocutor humano.

É necessário que o professor/educador compreenda que, para se alcançar este nível de competência linguística, o robô deverá ser capaz de aprender (e permanecer aprendendo) saberes e desenvolver habilidades como um humano tem de fazer, ainda que com estratégias muitas vezes totalmente distintas.

Muito provavelmente, os robôs não serão melhores do que a média dos humanos nessas aptidões, visto que é assim que ocorre com o desempenho médio das pessoas, quando às vezes não compreendem bem o que leram e ouviram e, outras vezes, são inoportunas, inconvenientes e proferem palavras inapropriadas ou desenvolvem uma fala confusa.

Por isso mesmo, por serem medianas em seus talentos e em seu comportamento social, essas pessoas são acolhidas como comuns dentre as demais.[42]

Existe também a personalidade, item fundamental com o que se afere, constantemente, a coerência do histórico de comportamentos que o robô apresentou durante todo o seu convívio com os humanos.

Aliás, considera-se que esta tenha sido uma das razões para que o supostamente jovem Eugene tenha conseguido obter sucesso no Teste de Turing.[43]

---

42 Isso explicaria o sucesso de Sophia, o robô que obteve cidadania da Arábia Saudita, tornando-se o primeiro robô com o *status* de cidadão de algum país.

43 Mais informações em: https://www.theverge.com/2014/6/8/5790936/computer-passes-turing-test-for-first-time-by-convincing-judges-it-is e https://www.independent.co.uk/tech/computer-becomes-first-to-pass-turing-test-in-artificial-intelligence-milestone-but-academics-warn-of-dangerous-future-9508370.html. Acesso em: 2 jul. 2023.

O objetivo do teste é apontar se um dispositivo com inteligência artificial consegue enganar um ser humano, fazendo-o crer que se trata de uma pessoa que responde às suas perguntas por escrito.

O programa terá sucesso no teste se conseguir que 30% dos consultados considerem tratar-se de outro ser humano.

Eugene teve sucesso em ludibriar os consultados, segundo alguns analistas, por ser verossímil a personalidade presunçosa juvenil, com supostos 13 anos, que dizia saber de tudo e, ainda assim, cometer equívocos, tal qual um adolescente humano faria.

Outro aspecto muito estudado no relacionamento entre as pessoas e animais ou robôs é a tendência das pessoas de racionalizar à maneira humana o comportamento deles. Tal fato contribui para que se imagine uma intimidade simplesmente por meio da projeção que o humano faz sobre os animais e sobre os robôs.

Este fato assume relevância quando se trata da relação entre crianças e robôs, pois, ainda que possa auxiliar a aprendizagem da criança, os efeitos sobre o seu desenvolvimento psicológico precisam ser avaliados.

Um dos pontos mais questionados é que as pessoas têm, em seus comportamentos, intenções consistentes com a sua vida psicológica interior e, quando convivem, evoluem como indivíduos e como coletividade. Este é, certamente, um desafio que os robôs ainda encontram dificuldades para superar, e o fato de não ser possível desenvolver-se em uma vida interior artificial extensa pode ser um limitante no emprego de robôs como tutores de crianças.

1.11 A INTERAÇÃO CRIANÇA E ROBÔ: UMA VISÃO ATUAL DA CIÊNCIA

Geralmente, a aparência dos robôs sociais destinados à interação com humanos e crianças remete às formas de animais ou humanos (nas mais diversas idades).

Existe um subcampo da área de pesquisa interação humano-robô (*human-robot interaction* – HRI) dedicado ao estudo da natureza e implicações das interações entre crianças e robôs, denominada interação criança-robô (*child-robot interaction* – cHRI).

Há crescente interesse em se desenvolver tecnologias robóticas com o intuito de fazer ingressar os robôs sociais em ambientes educacionais com crianças.

Alguns estudos recentes têm avaliado a interação de crianças com robôs humanoides de pequeno porte, seja para o aprendizado de segunda língua seja para interceder na prática de contação de histórias. De modo geral, as crianças desenvolvem algumas competências linguísticas, como a memorização de alguns vocábulos e, no caso de contação de histórias, compreendem os elementos básicos das histórias contadas pelo robô.

As pesquisas têm apontado que a interação das crianças com os robôs é alterada tanto pela idade das crianças quanto pelo conhecimento prévio que têm com essa tecnologia.

Maciel e Webber (2020) apontam que, para obter maior sucesso na interação com crianças menores, o robô precisa ter mais desenvolvidas as capacidades comunicativas por conversas e movimentos. No caso de crianças maiores, elas "podem ser mais desafiadas na interação com o robô, desenvolvendo conhecimento mais aprofundados sobre como ele funciona" (Maciel; Webber, 2020, p. 18).

Em função da crescente demanda de robôs para o convívio com crianças, há o caso de robôs projetados para ajudar no desenvolvimento social das crianças, como ocorre nos estudos de interação de robôs e crianças autistas.

Nesse sentido, a pesquisadora Catherine So Wing-Chee foi responsável por inúmeros estudos sobre este tipo de interação e, empregando o robô NAO, obteve bons resultados no que tange ao desenvolvimento da capacidade de interação social das crianças em seu programa educacional *Robot for Autism Behavioral Intervention (RABI)*. Em um de seus estudos sobre esse tema (2019),[44] a despeito das limitações linguísticas típicas dos robôs atuais, a pesquisadora ressalta que os indícios sociais típicos da intervenção humana podem não influenciar a aprendizagem gestual, não importando, para os resultados, quem atua como agente de ensino quando as aulas são altamente estruturadas.

Durante o evento Journée mondiale de sensibilisation à l'autisme de 2020, afirmou-se, referindo-se aos robôs Pepper[45] e NAO,[46] que os robôs cognitivos podem ajudar as crianças a combater a timidez, a relutância, o desafio e a frustração, melhorando as habilidades sociais e autoestima das crianças, promovendo atitudes positivas e contribuindo para a aceitação da educação especial em salas de aula padrão.[47]

44 Ver em: https://www.sciencedirect.com/science/article/abs/pii/S0891422219300083. Acesso em: 2 jul. 2023.

45 Pepper é um robô fabricado pela empresa SoftBank Robotics, projetado com a capacidade de ler emoções baseada na detecção e análise de expressões faciais e tons de voz. A sua produção foi interrompida em junho de 2021. Ver vídeo da entrevista de Pepper no Brasil em: https://youtu.be/z9uTK9_F6M8. Acesso em: 2 jul. 2023.

46 Ver sobre NAO V.6: https://youtu.be/HKFHUrx23ts. Acesso em: 2 jul. 2023.

47 Ver em: https://www.aldebaran.com/fr/journee-mondiale-autisme-nao. Acesso em: 2 jul. 2023.

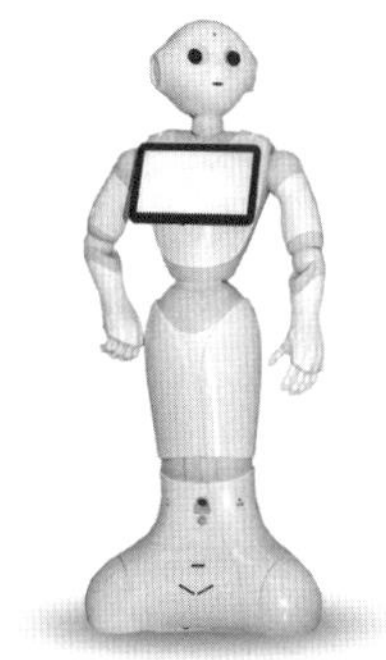

Figura 1.2 Pepper.
Fonte: Istockphotos.

Figura 1.3 NAO.
Fonte: Creative commons.

Também há o caso do robô Moxie, que foi criado para interagir com crianças de 5 a 10 anos e disponibilizado para o mercado em 2020.

Moxie[48] é uma classe de robôs cognitivos[49] capaz de progredir a qualidade de interação através de brincadeiras, sendo considerado pela revista *Time* como uma das mais importantes invenções do ano de 2020.[50]

---

[48] Ver o vídeo de apresentação em: https://youtu.be/ohpvrGMvk2E. Acesso em: 2 jul. 2023.

[49] Shimoda *et al.* (2021) aponta que, para a robótica cognitiva, a competência linguística é uma das habilidades-chave que deverá manter-se como foco de pesquisas, pois a relação entre humanos e robôs envolve mais que a troca de informações, há necessidade de se atingir um nível de comunicação semiótica para tornar-se mais efetiva. Disponível em: https://www.tandfonline.com/doi/full/10.1080/01691864.2021.2011780. Acesso em: 2 jul. 2023.

[50] Ver mais em: https://edition.cnn.com/2021/11/19/world/moxie-robot-hnk-spc-intl/index.html ou https://www.cnnbrasil.com.br/tecnologia/conheca-moxie-um-robo-projetado-para-ajudar-no-desenvolvimento-social-de-criancas. Acesso em: 2 jul. 2023.

CAPÍTULO 2
Os robôs

Neste momento em que robôs estão se tornando comuns e realizando tarefas fora do ambiente industrial, na recepção de hotéis e até na educação, por exemplo, convém ao educador que lida com a robótica educacional ter o conhecimento da história do desenvolvimento dos robôs e das ciências e tecnologias correlatas.

Percorrer essa linha do tempo permite que se faça conjecturas sobre o futuro próximo e sejam realizadas projeções, estabelecendo uma continuidade entre o passado recente, as conquistas tecnológicas presentes e o que se mostra como tendência para o futuro próximo da ciência, da tecnologia e do ambiente produtivo.

Aliás, a presença dos robôs no cotidiano das pessoas está tão disseminada por todos os cantos que, talvez, no momento que você estiver lendo este livro, um robô esteja limpando o chão de sua casa ou escritório e um carro autônomo esteja se dirigindo para atender um chamado seu para fazer a sua locomoção para o local da festa marcada com os seus parentes.

2.1 COMO OS ROBÔS CHEGARAM À ATUALIDADE

Para que as pessoas possam refletir melhor sobre os impactos do ingresso dos robôs na sociedade humana é conveniente que conheçam a sua evolução para compreender melhor as suas potencialidades e a razão de fazer a Educação Básica se ocupar desse tema o quanto antes.

Atualmente, muitas pessoas, quando se preocupam sobre como será a convivência entre humanos e robôs, imaginam, de imediato, como poderão usufruir das capacidades deles, tendo em vista os prodigiosos avanços da tecnologia anunciados todos os dias, todavia, um número crescente de pessoas passa a suspeitar que, além de se beneficiar ou cooperar com eles, talvez tenha de disputar vagas de empregos com eles.

2.1.1 A ORIGEM DO NOME ROBÔ

Aliás, trabalhar para as pessoas está na origem da palavra robô. A palavra *rabota*, de raiz eslava,[1] significa trabalho forçado e deu origem à palavra robô em português. Essa palavra foi usada pela primeira vez na peça de ficção científica (*Rossum's Universal Robots*) R.U.R.,[2] criada pelo escritor tcheco Karel Capek, em 1920.

Embora Capek tenha usado pela primeira vez a palavra que deu origem à palavra robô em 1920, a ideia de fazer um artefato biológico ou mecânico que trabalhasse para o ser humano é muito antiga.

2.1.2 OS AUTÔMATOS

Um ponto de partida histórico para tratar o tema pode ser o desenvolvimento do autômato na antiguidade.

Autômato é uma palavra de origem grega: αὐτόματον, o que significaria ter ação por vontade própria. Dessa forma, um autômato pode ser definido como um engenho capaz de apresentar movimento sem interferência direta humana, ou seja, um objeto com mecanismo que se movimenta como uma boneca numa caixinha de música acionada por meio de corda.[3,4]

Como exemplos oriundos da antiguidade, podem ser citados os trabalhos de Philon de Bizâncio (III a.C.) que criou vários tipos de autômatos, incluindo um humanoide que servia o vinho aos convidados.

Outro exemplo pode ser visto no *Livro do conhecimento de dispositivos mecânicos engenhosos* de Al-Jaziri (1136-1206), no qual estão descritos autômatos humanoides complexos.

O filme *A invenção de Hugo Cabret*, de 2011, aborda uma narrativa em torno de um autômato. Dirigida por Martin Scorsese, com roteiro de John Logan, a película foi baseada no livro *The invention of Hugo Cabret,* de Brian Selznick, e é um bom material tanto do ponto de vista da linguagem cênica quanto para auxiliar a compreensão do professor e dos alunos sobre o que é autômato e como este tipo de mecanismo pode ser usado para causar o entretenimento das pessoas e para a criação de efeitos especiais não digitais.

---

1 Na língua russa, por exemplo, работай (rabotay) significa trabalhar.

2 Sobre a peça: *R. U. R.* estreou no dia 25 de janeiro de 1921.

3 O valor educacional dos brinquedos mecânicos para desenvolver diferentes habilidades foi reconhecido pelo projeto da União Europeia, *Clockwork objects, enhanced learning: Automata Toys Construction* (CLOHE).

4 Ver mais em: https://docplayer.com.br/28929910-Automatos-brinquedos-que-mexem-na-sala-de-aula-guia-passo-a-passo-para-o-professor.html. Acesso em: 2 jul. 2023.

Figura 2.1 Autômato no museu suíço CIMA.
Fonte: CIMA museum.

O autômato é, portanto, um mecanismo dotado de movimentos cuja sequência está predefinida nos vínculos mecânicos da configuração em que as suas peças foram montadas. Dessa forma, a tarefa que o autômato realiza está programada na mecânica do aparato e não pode ser alterada sem que ele seja desmontado e reconstruído de uma nova maneira.[5]

Note-se que esta é uma diferença crucial entre o autômato e o robô, pois enquanto, para o primeiro, a sequência de passos está definida pela construção mecânica, para o segundo, essa sequência é definida pela programação que está sediada no hardware computacional.

Quando se pensa em um robô, movimentando-se autonomamente por um cenário, como um carro autônomo, um robô social e outros, é preciso ter a noção de que há nele um módulo para processamento dos seus programas, algo análogo a um computador.

2.1.3 O PAPEL DA COMPUTAÇÃO

De fato, para a robótica o estudo da computação é fundamental. O diferencial fundamental entre os robôs e os autômatos, a computação digital, tem origem no século XX.

Artefatos mecânicos que auxiliavam em operações matemáticas datam da antiguidade, contudo, o divisor de águas entre a computação mecânico-analógica e a computação moderna foi o computador ENIAC (1946), em que as operações podiam ser realizadas pela entrada de dados no painel de controle.

---

[5] Para conhecer a natureza de cursos sobre construção de autômatos, veja um exemplo em: https://youtu.be/I_3GBqKu6Lw. Acesso em: 2 jul. 2023.

Figura 2.2 Computador ENIAC. Programadoras operam o primeiro computador eletrônico da história, o ENIAC.
Fonte: ARL Technical Library / U.S. Army.

O ENIAC era um computador capaz de realizar uma carga de processamento incomparável até então, porém ocupava um grande espaço físico com uma massa enorme de equipamentos, válvulas e fios, consumindo uma grande quantidade de energia.

No período de 1959 a 1964, a substituição das válvulas por transistores e dos fios pelos circuitos impressos fez com que o tamanho, a massa e o consumo dos computadores diminuíssem drasticamente. Como exemplos dos computadores bem-sucedidos desse período estão o supercomputador (também chamado de Mainframe) IBM 7030, que comportava linguagens como FORTRAN, COBOL E ALGOL e foi usado por grandes companhias, e minicomputadores como o PDP-8, que tinham um porte e capacidade menores do que os supercomputadores, com a vantagem de um preço mais reduzido, bastante útil para negócios de escala média.

Os supercomputadores, com atualização constante, são empregados até hoje para dar suporte a grandes empresas e projetos.

Antes de 1964 o circuito impresso permitiu uma grande organização do circuito elétrico que antes era feito por fios. No período de 1964 a 1970, esse tipo de transformação também sistematizou os próprios componentes eletrônicos através dos circuitos integrados que congregavam em um único circuito uma grande quantidade de circuitos impressos. Tal progresso teve grande impacto nas dimensões e nos preços dos computadores, permitindo uma racionalização de circuitos e componentes impensável até então.

Na década de 1960, em concomitância à evolução dos computadores, houve um grande incremento para o estudo de linguagens artificiais e alguns softwares criados nesse período fizeram história.

Este foi o caso do software Eliza, criado no laboratório de inteligência artificial do MIT por Joseph Weizenbaum, entre 1964 e 1966.[6]

6 Acesse este *link*: http://www.masswerk.at/elizabot/ e converse, em inglês, diretamente com a Eliza. Ver video: https://www.youtube.com/watch?v=QD8mQXaUFG4 ou https://www.youtube.com/watch?v=QD8mQXaUFG4. Acesso em: 2 jul. 2023.

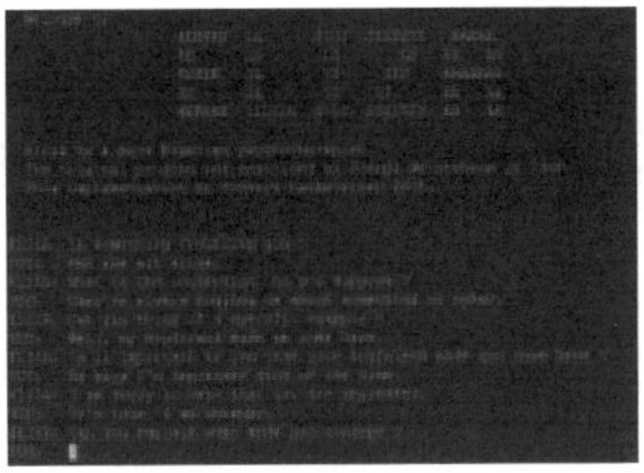

Figura 2.3 Screenshot de Eliza.
Fonte: Wikipedia (https://de.wikipedia.org/wiki/ELIZA).

Eliza simulava a conversação entre homem e máquina de maneira que se atribuísse aos enunciados do computador analogia com a comunicação humana.

Em 1967, o IBM 360/91 era capaz de ter a CPU programada por microcódigo e possuía dispositivos de entrada e saída, tal como discos e fitas de armazenamento, bem como a possibilidade de exportar os resultados para a impressão em papel.

Figura 2.4 IBM 360/91 Announced January 18, 1966 and withdrawn February 20, 1967.
Fonte: IBM (IBM Archives: System/360 Model 91).

Sendo assim, este foi um dos primeiros computadores e, nesta condição, o mais famoso. Nele, as operações empregadas por um processador podiam ser gravadas através de softwares, sem a necessidade de configurar todo o circuito de forma manual.

A partir de 1970, surge a chamada quarta geração de computadores, aquela dos computadores pessoais dotados de microprocessadores que eram capazes de realizar bilhões de operações por segundo.[7]

[7] Para que se possa fazer uma comparação, em 23 de junho de 2020, o supercomputador japonês Fugaku tornou-se, para a época, o mais rápido do mundo: segundo a *Anandtech*, o Fugaku tem 7,3 milhões de núcleos, consome 28 megawatts de energia e foi capaz de executar a 415 petaflops, a unidade de medida para um quadrilhão de operações de ponto flutuante por segundo.

Na atualidade, três tendências têm definido o desenvolvimento da computação: a interconectividade dos computadores entre si e com outros objetos, a mobilidade com a redução do binômio dimensão/massa e a convergência tecnológica com a reunião de funcionalidades num mesmo aparelho.

2.1.4 O DESENVOLVIMENTO DA ROBÓTICA PARA A AUTOMAÇÃO INDUSTRIAL

Como já dito anteriormente, o *cérebro* do robô faz o processamento computacional, reúne os dados dos sensores e comanda o seu mecanismo. Por realizar o controle das funções de um robô, esse dispositivo tem o nome de controlador (controlador lógico programável – CLP).[8] Esse dispositivo recebe a programação de um computador e a salva em sua memória para executá-la durante a atuação do robô.

Ainda que dotado de um ou mais processadores, o circuito do controlador diferencia-se de uma CPU de computador por ser dotado da capacidade de atender às especificidades da atuação do robô.

Ainda que distintos em suas competências, é natural que o desenvolvimento dos controladores empregados na automação industrial tenha ocorrido em paralelo ao desenvolvimento da CPU dos computadores.

Pode-se afirmar, tecnicamente, que um controlador lógico programável é um equipamento eletrônico, cujo software processado automatiza, controla e monitora mecanismos, máquinas, robôs, processos produtivos específicos ou até linhas de produção.[9]

Segundo a National Electrical Manufacturers Association (NEMA), o controlador é um aparelho eletrônico digital que utiliza uma memória programável para armazenar internamente instruções e para implementar funções específicas, tais como lógica, sequenciamento, temporização, contagem e aritmética, controlando, por meio de módulos de entradas e saídas, vários tipos de máquinas ou processos (Groover, 2010).

O primeiro projeto de CLP foi desenvolvido pela General Motors, na década de 1960, nos Estados Unidos, enquanto George Devol e Engelberger fundavam a Unimation, uma empresa dedicada à robótica industrial.[10]

A Unimation apresentou, no primeiro período de suas atividades, uma nova série de robôs chamada PUMA, desenvolvida para a GM.

---

[8] Um filme que vaticinou a robótica industrial nas linhas de montagem: https://www.youtube.com/watch?v=Bv1sdRGRb8k. Acesso em: 2 jul. 2023.

[9] A linha de produção ou linha de montagem é um modelo de fabricação de produtos em série, realizada através de uma sequência cíclica e contínua de ações específicas e repetitivas.

[10] Ver sobre o Unimate: https://youtu.be/-Xl2c91pWGc. Acesso em: 2 jul. 2023.

Na mesma época a SRI International, no Vale do Silício (São Francisco, Califórnia, EUA), desenvolveu o robô móvel Shakey, que era equipado com uma câmera e sensores de toque, conseguindo se locomover no seu ambiente de trabalho.

Após a década de 1980, houve um grande avanço na indústria de robótica para atender às plantas fabris automotivas e em outros tipos de parques industriais.

Atualmente, segundo a norma ISO 8373 da International Federation of Robotics (IFR), um robô industrial é um manipulador programável em três ou mais eixos, controlado automaticamente, reprogramável e multifuncional, que pode ser fixado em um local ou ser móvel, e cuja finalidade é a utilização em aplicações de automação industrial.

2.1.5 OS ROBÔS MÓVEIS: DO SURGIMENTO ATÉ O FINAL DO SÉCULO XX

Em Bristol, no final da década de 1940, foram criados, pelo renomado neurofisiologista Willian Gray Walter, dois pequenos robôs com formato semelhante a tartarugas que se tornaram os primeiros robôs móveis conhecidos.[11]

Cada robô tinha apenas dois sensores, um de luz e outro de contato, permitindo que pudessem procurar uma fonte de luz e desviar desses obstáculos, caso colidissem com algum obstáculo.

No princípio, os estudos de robôs móveis tiveram um menor aporte financeiro para as suas pesquisas do que os que eram investidos na robótica industrial, pois o retorno econômico obtido com a robótica industrial era mais promissor.

Além do fator econômico, a robótica móvel se ressentia de não poder contar com computadores e controladores dotados de boa capacidade de processamento e com tamanho compatível para serem inseridos no corpo do robô.

Dessa forma, durante a década de 1970, as pesquisas foram sediadas nas universidades e as questões-chave a serem respondidas estavam relacionadas com a navegabilidade do robô, o planejamento da trajetória e a capacidade de detecção e de superação de obstáculos.[12] Nesse período, os pesquisadores da Universidade de Stanford introduziram soluções com visão computacional.

Nos anos 1980, surgiu o primeiro veículo autônomo, o NavLab 1, resultante das pesquisas realizadas na Universidade Carnegie Mellon em 1986.

---

11 Ver as tartarugas no vídeo: https://youtu.be/lLULRlmXkKo ou https://youtu.be/wQE82derooc ou https://youtu.be/TZJfsD3Ksu4. Acesso em: 2 jul. 2023.

12 Criar robôs móveis é a base dos desafios oferecidos às equipes de estudantes da Educação Básica que desejam participar de muitas competições de robótica na atualidade, como nos desafios de resgate da Olimpíada Brasileira de Robótica, do TJR da Robocup e do ITR International Tournament of Robots.

Este trabalho com veículos autônomos evoluiu de tal maneira que em 1995, com a quinta geração, o NavLab 5, foi possível atravessar os Estados Unidos, fazendo o percurso em grande parte de forma autônoma.[13]

A partir da década de 1980, outros modelos de robôs com novos objetivos passaram a ser construídos. A Honda, por exemplo, começou a desenvolver um projeto de desenvolvimento de robô humanoide que culminou com a produção de uma série, cujos robôs foram denominados P1, P2 e P3.[14]

2.1.6 A CONTRIBUIÇÃO DETERMINANTE DA INTELIGÊNCIA ARTIFICIAL

Genericamente, a inteligência artificial remete à capacidade de uma máquina obter sucesso ao resolver uma ou mais categorias de problemas, cuja complexidade exige estratégia para obter a solução.

Atualmente, a combinação de estratégias com o aprendizado permite às máquinas dotadas de algoritmos voltados para a inteligência artificial tanto obter soluções quanto compará-las entre si com intuito de aprender e fazer evoluir o sistema para alcançar soluções ótimas.

Os sistemas inteligentes têm, portanto, algumas capacidades: raciocínio (capacidade de aplicação de regras lógicas a um conjunto de dados de entrada); aprendizagem (capacidade de alterar-se, para aprimorar-se, ao identificar erros e acertos); reconhecimento de padrões (capacidade de identificar recorrências, permitindo estabelecer correlações interdependentes) e inferência (capacidade de extrapolar o raciocínio para diferentes problemas).

Os progressos conquistados pelas várias áreas de pesquisa relacionadas à inteligência artificial e a aplicação dos produtos destas investigações em muitas tecnologias que já estão à disposição do consumidor vêm incrementando a alocação de recursos econômicos para acelerar o progresso da inteligência artificial.[15]

Atualmente, o professor/educador deverá, para melhor planejar a mediação dos conteúdos curriculares, inteirar-se sobre o emprego educacional de aplicativos dotados de inteligência artificial, por exemplo, o Chat GPT e o Gemini da Google.[16]

---

13 Para conhecer mais o projeto NavLab: https://www.cs.cmu.edu/~tjochem/nhaa/navlab5_details.html. Acesso em: 2 jul. 2023.

14 Ver em: https://en.wikipedia.org/wiki/Honda_P_series. Acesso em: 2 jul. 2023.

15 Para conhecer mais sobre aplicativos como o Chat GPT da OPEN IA e o Bard da Google, rebatizado com o nome Gemini em 08/02/2024, há uma Live da Faculdade de Educação da USP que aborda o tema: https://youtu.be/BKWc11I94CU. Acesso em: 26 jul. 2023.

16 Para poder ingressar no serviço do Chat GPT, deve ser criada uma conta em: https://chat.openai.com (acesso em: 26 jul. 2023). O serviço do Gemini da Google está acessível em https://gemini.google.com/app?hl=pt-BR (acesso em: 09 fev. 2024).

No caso da robótica, o emprego de técnicas de inteligência artificial na programação de robôs favorece a autonomia deles no cenário em que atuam e, diante da possibilidade de estarem em convívio social humano, ali estarão como colaboradores e acompanhantes cada vez mais efetivos.

Ainda que elaborar e fazer executar programas segundo os paradigmas de inteligência artificial exijam capacidade computacional para que se consiga processar intensamente e armazenar grande volume de dados, existem exemplos de trabalhos de pesquisa empregando pequenos protótipos de robôs e dotando-os de capacidade de resolver problemas específicos, como no caso exposto no artigo "Robótica cognitiva: programação baseada em lógica para controle de robôs" (Trevisan; Barros, 2007).

2.1.7 OS ROBÔS NO SÉCULO XXI

Atualmente, pode-se considerar o robô como uma máquina autônoma fisicamente incorporada apta a perscrutar e atuar em um determinado ambiente.

Isso significa que, segundo essa concepção sobre os robôs, as máquinas controladas remotamente não são mais admitidas como robôs.

Um robô, portanto, ao iniciar a operação de sua missão, deverá resolver todas as intercorrências autonomamente, visando atingir os seus objetivos: um drone remotamente controlado não é um robô, ao mesmo tempo que é robô um drone que venha a decolar, seguir o plano de voo e pousar no destino predefinido com autonomia.[17]

Esta perspectiva para a atuação dos drones pode ser notada no que se apresenta sob o título de entrega ecologicamente correta, em que a plataforma de entrega iFood anuncia o emprego de drones para realizar a entrega de refeições:

> Desde agosto deste ano, a robô ADA[18] funciona em horário comercial no Shopping Iguatemi Ribeirão Preto. Ao receber o sinal do aplicativo do iFood, a ADA segue sua rota, de forma autônoma, até o restaurante indicado. Após coletar o pedido, dirige-se a um ponto de encontro, onde um mensageiro retira o pedido e entrega no iFood Hub – espaço estrategicamente localizado no shopping para facilitar a distribuição do pedido para o entregador que fará a entrega ao consumidor. A abertura da ADA para colocação e retirada do pedido funciona a partir da tecnologia de QR Code e é feita somente por pessoas autorizadas. .
>
> (Disponível em: https://news.ifood.com.br/rodo-ada-entregas-inteligentes-e-sustentaveis--sao-o-futuro/. Acesso em: 1 abr. 2022)

Para que os robôs móveis possam desempenhar a sua missão com crescente autonomia é preciso combinar a capacidade de sensoriamento e de atuação com a interveniência de níveis cada vez mais altos de inteligência artificial.

---

17 Ver o que propõe a Amazon para entrega através de drones: https://www.amazon.com/Amazon-Prime-Air/b?ie=UTF8&node=8037720011. Acesso em: 2 jul. 2023.

18 Nome dado em homenagem a Ada Lovelace.

Os impactos do desenvolvimento da inteligência artificial são notáveis nas muitas competências necessárias ao desempenho dos robôs móveis, haja vista a evolução dos movimentos dos robôs bípedes e quadrúpedes, quando praticam a locomoção e a navegação nos ambientes de trabalho.

Os robôs Atlas (bípede) e SpotMini (quadrúpede),[19] ambos da Boston Dynamics, demonstram os efeitos da combinação do emprego de atuadores mecânicos precisos com o bom desempenho da programação para que se atinjam os objetivos referentes às competências motoras finas e visual motoras dos humanos.

Na atualidade, mesmo os sensores aparentemente mais simples como os de toque estão se tornando cada vez mais precisos, ao ponto de poderem fornecer os meios necessários para reunir informações compatíveis para se apanhar uma fruta sem lhe causar dano, estimando a sua maciez e impedindo que ocorra um engano ao se escolher entre uma maçã de plástico destinada a ser um enfeite sobre a mesa e uma fruta maçã pronta para ser degustada.

Assim funcionam os sensores apresentados pela empresa SynTouch,[20] que os desenvolveu para equipar dedos e garras robóticas, capacitando-as a detectar dureza, temperatura e texturas das superfícies dos objetos.

Na CES 2022 Consumer Eletronics Show 2022, a maior feira de tecnologia e eletrônicos de consumo do mundo, que acontece em Las Vegas de 5 a 8 de janeiro, foram apresentados diversos modelos de robôs móveis por várias empresas expositoras.[21]

Nesse evento, houve a apresentação da aplicação da robótica diante de um novo paradigma que visa a congregar os robôs às realidades virtual e aumentada: o metaverso.[22]

Na CES 2022, os robôs, por meio dos planos de negócios da Hyundai, tornam-se os próximos integrantes do metaverso[23]: a proposta anunciada pela Hyundai consiste em empregar robôs para conectar os mundos físico e virtual.

Não apenas a robótica está a considerar a participação neste novo conceito de ambiente digital; seguindo a tendência de grandes empresas sediadas no ramo das redes

---

19 Sobre o SpotMini, ver: https://www.bostondynamics.com/products/spot. Vídeos recentes da Boston Dynamics do Atlas e do SpotMini: https://youtu.be/tF4DML7FIWk e https://youtu.be/wlkCQXHEgjA.

20 Ver mais em: https://syntouchinc.com/robotics/. Acesso em: 2 jul. 2023.

21 Ver em: https://www.showmetech.com.br/os-robos-mais-incriveis-do-mundo/. Acesso em: 2 jul. 2023.

22 Metaverso é a denominação aplicada a um modelo de mundo virtual suportado pela internet, acessível por dispositivos digitais e compartilhado por uma coletividade de comunidades virtuais compostas por pessoas e outras entidades inteligentes. A conexão entre a realidade e o metaverso é realizada a partir das ferramentas das realidades virtual e aumentada. Esse termo foi cunhado pela primeira vez na obra *Snow Crash*, de Neal Stephenson, em 1992.

23 Disponível em: https://pt.techbriefly.com/ces-2022-hyundai-entrara-no-metaverso-com-robos-boston-dynamics-tech-49645/. Acesso em: 2 jul. 2023.

sociais digitais e dos games que, naturalmente, podem aderir ao metaverso, empresas de produtos e serviços do mundo real como a Mattel, a Nike, a Gucci, dentre outras, já estão presentes nele.

2.1.8 ENTÃO, ATÉ AS ROUPAS PODEM SER ROBÔS?

Neste momento, é muito importante que o professor/educador desfaça algumas concepções prévias dos alunos sobre o que são robôs, quais são os seus formatos e o que realizam, para mostrar que é muito mais ampla a variedade de elementos que se pode considerar como robô do que as crianças costumam imaginar.

A definição de ser o robô um sistema autônomo que existe no mundo físico, capaz de sentir o seu ambiente e de agir sobre ele para alcançar alguns objetivos (Mataric, 2014, p.47), permite perceber que não existe uma aparência com a qual se pode apontar para o objeto e identificá-lo ou descartá-lo como robô. Nem tampouco pode-se identificar um mecanismo como robô empregando-se, simplesmente, como critério a complexidade da tarefa que faz.

Se não é necessário ser um humanoide ou realizar uma sequência complexa de movimentos para que o sistema seja categorizado como robô, mas sim ser capaz de sensoriar o ambiente e agir sobre ele de maneira autônoma para alcançar um objetivo, então muitos sistemas físicos podem se tornar robôs, inclusive as roupas.

As pesquisas sobre os materiais vestíveis vêm surtindo resultados impressionantes, como a produção de tecidos inteligentes que são capazes de detectar dados do ambiente e dos corpos com que estão em contato. Assim, os dados obtidos de sensores dispostos nos tecidos para variáveis como temperatura, umidade, toque (pressão), glicemia etc., podem ser processados e transferidos para centros de controle ou fazer com que o tecido altere as suas propriedades, incluindo-se, em alguns casos, o seu formato e rigidez, por exemplo.

São chamados tecidos inteligentes passivos os que servem apenas para informar outros centros de controle sobre as variáveis de interesse, como no caso dos tecidos capazes de informar os centros clínicos dos sinais vitais de um paciente durante a sua atividade social diária. Assim, os tecidos inteligentes usados como dispositivos vestíveis, ao capturar dados do ambiente e do corpo, os torna, imediatamente, acessíveis.

Por outro lado, são chamados tecidos inteligentes ativos os que são capazes de alterar as suas propriedades, conforme alteram-se as condições do ambiente ou dos corpos que recobrem.

Os dois casos decorrem da combinação dos progressos da ciência dos materiais que estabelece condições para incorporar os sensores e mudar as propriedades físicas e da computação vestível que visa a permitir a mobilidade do usuário do dispositivo, mantendo-se ativa, vigilante e acessível de maneira autônoma.

Nessas condições, vestimentas que podem atuar sobre o ambiente ou sobre o corpo de forma autônoma conforme os dados oriundos dos seus sensores são denominadas roupas robóticas.

No rol dessas roupas estão, dentre outras, as que agem como exoesqueleto para proteger, fortalecer e auxiliar os movimentos dos corpos que vestem, bem como as que mudam o seu formato, comportamento óptico ou térmico.

O professor/educador, ao discutir esse conteúdo com as crianças, além de quebrar as expectativas decorrentes dos clichês construídos pela grande mídia, ajuda a superar muitos preconceitos que criam abismos entre as ciências da natureza, a arte e a manufatura milenar das vestimentas.

É certo que as crianças que lidam com os super-heróis dos filmes e dos quadrinhos estarão prontas para concordar que existem roupas robóticas capazes de auxiliar pessoas comuns a ter uma performance melhor de seus corpos.

De fato, esta roupa robótica já existe em pesquisa pela SRI International, que, em 2016, apresentou os seus primeiros resultados do programa Warrior Web na DARPA.[24]

Sob o título de "Toma essa, Batman: a superoupa que deixa você mais forte", a revista *Superinteressante* apresenta esta pesquisa de 2016 com a abordagem apropriada ao público jovem.[25]

Sobre as pesquisas, na atualidade, a empresa informa que:

> Após a conclusão do programa Warrior Web, os pesquisadores do SRI continuaram explorando maneiras pelas quais a tecnologia poderia ser usada para fazer a diferença na sociedade em geral. A resposta foi desenvolver uma maneira de fornecer assistência de força para a região lombar e quadris coordenada com o movimento do corpo. Isso ajudaria as pessoas a superar as limitações de mobilidade relacionadas à idade, afetando drasticamente a independência, a qualidade de vida e o custo dos cuidados, e a ampla população de indivíduos que têm dor e fadiga por lesões, estresse corporal relacionado ao trabalho ou deficiências crônicas.
>
> Isso levou à criação de um exosuit robótico macio, confortável e leve conhecido como SuperFlex. É um "exosuit" vestível que aumenta o sistema musculoesquelético para desempenho, aumento de força e assistência para superar ou prevenir danos causados por lesões ou doenças.[26]

Também a arte se beneficia das roupas robóticas.

É o caso do trabalho da estilista canadense Ying Goo, que criou peças dinâmicas que mudam de forma, de tal maneira que a mudança entre a imobilidade e o movimento estabelece uma expressividade própria a cada peça.

---

24 Sobre a DARPA: https://www.darpa.mil/. Acesso em: 2 jul. 2023.

25 Sobre o artigo: https://super.abril.com.br/tecnologia/toma-essa-batman-a-super-roupa-que-deixa-voce-mais-forte/. Acesso em: 2 jul. 2023.

26 Disponível em: https://www.sri.com/case-study/wearable-robotics-for-human-augmentation/. Acesso em: 2 jul. 2023.

2.1.9 AUXILIANDO NA CRIAÇÃO DE ATIVIDADES E PROJETOS DE ROBÓTICA NA ESCOLA

O professor/educador envolvido com a robótica educacional deve ser zeloso da tarefa de pesquisa a respeito das novas tecnologias que integram o entorno da robótica.

Deve se fazer capaz de informar as crianças sobre as inovações, explicando com a devida mediação didática como elas funcionam e a maneira como essas novidades poderão ingressar no cotidiano futuro.

Em muitos casos, haverá a possibilidade de aplicar essas novidades nas atividades ou projetos, tornando-os mais atrativos às crianças.

Em 2015, por exemplo, uma equipe de crianças e adolescentes participaram da Latin American Robotics Competition, com um projeto de robótica educacional cujo objeto de estudo foi a dança de robôs e humanos.

Nesse projeto, as crianças e robôs desempenharam uma coreografia, durante a qual as roupas das crianças mudavam de cor conforme o ritmo da música e do movimento dos robôs.[27]

Quando o professor/educador é receptivo às novidades que cativam os alunos, há a possibilidade de se realizar projetos com escopos mais ambiciosos, capazes de entreter os alunos durante o ano letivo, inclusive permitindo estabelecer uma continuidade temática para os novos projetos que se realizarão nos anos seguintes e formando muitos grupos, nos quais aos alunos experientes somam-se novos alunos, muitas vezes inspirados e atraídos para trabalhar nesses projetos por conta do desempenho apresentado pelos antecessores.

Um interessante exemplo de continuidade é apresentado pela equipe CHS Bellatrix no seu relatório de 2017, em que mostra que a equipe se sustenta, em projetos anuais que já haviam sido realizados na área de dança de robôs e humanos, desde 2009.[28]

Adiante, no texto deste livro, projetos com essa temática serão esmiuçados para que possam servir de inspiração e modelo para os professores educadores interessados no tema.

---

[27] Disponível em: http://comphaus-robotics-teams.org/popular/larc-2015-dance-chs-bellatrix-maze-rodada-2/. Acesso em: 2 jul. 2023.

[28] Disponível em: https://drive.google.com/file/d/1Y7ej0N7rVwoeyFGRXBki1XsOLYJLrzNt/view. Acesso em: 2 jul. 2023.

Dança de robôs e humanos.

2.2 ROBÔS NA LITERATURA INFANTIL

Quando se trata da literatura destinada às crianças que aborda a temática da robótica, há duas vertentes principais de produção literária: aquela que constrói as narrativas ficcionais a partir da presença de personagens robôs e aquela outra que promove o aprendizado escolar através de narrativas lúdicas em que os robôs são fontes de informação ou contribuem para problematizar uma situação apresentada.

Os livros que estabelecem o enredo ficcional com a presença dos robôs são excelentes para que o professor/educador possa, ao estimular a leitura, seguir refletindo sobre aspectos éticos e emocionais relacionados ao convívio entre pessoas e robôs, desde o início das práticas da alfabetização até o momento em que se exercitam as estratégias usuais destinadas a se alcançar as competências de letramento.

Um exemplo deste tipo de texto é *Meu Amigo Robô*,[29] em que uma garotinha solicita um robô a um artesão (Luís) que se propõe a construir qualquer coisa que lhe pedissem.

Em torno da atividade de leitura desse livro, o grupo de supervisores, a equipe gestora e pedagógica da EMEEEIF Madre Cecília e professores especialistas NAPE elaboraram um conjunto de atividades escolares para os alunos em Taubaté, no estado de São Paulo.

Recentemente, muitos autores vêm se dedicando a elaborar livros paradidáticos para contar histórias sobre o convívio entre robôs, crianças, animais e adultos.

[29] Sobre o livro: https://youtu.be/84u8NVDwix4 e contação de histórias: https://youtu.be/dKruzK1YAtg. Ver também: https://cangurunews.com.br/wp-content/uploads/2020/04/1586380581Meu_Amigo_Robo.pdf e https://www.taubate.sp.gov.br/wp-content/uploads/2020/08/Atividade-168-Livro-Meu-Amigo-Rob%C3%B4.pdf. Acesso em: 2 jul. 2023.

Figura 2.5 Exemplos de livros paradidáticos com a temática da robótica.

Figura 2.6 Exemplos de livros paradidáticos com a temática da robótica.

A ficção científica, assim como outros conteúdos, carece sempre de uma avaliação crítica do professor/educador para que possa ser instrumento escolar.[30] Contudo, é inegável que essa literatura pode contribuir para a contextualização das práticas de robótica educacional no Ensino Fundamental I e merece ser analisada antes de que o professor/educador faça o planejamento de suas aulas.

[30] "abordagem intuitiva mostra aqui e ali as possibilidades que a FC (ficção científica) dá na exploração de múltiplos aspectos de valor didático nas aulas de ciência. Procedimentos sistemáticos permitem um passo além: ajudam a tornar o professor um leitor crítico, capaz de ver nuances e mecanismos por trás do que parecia apenas uma aventura espacial divertida, levando-o a compreender estratégias narrativas e significados não percebidos. Somente quando o professor for capaz de ver algo além da superfície é que poderá mostrar aos alunos aquilo que não é imediatamente visível, de levá-los a refletir sobre a própria construção de seu conhecimento" (Piassi; Pietrocola, 2009).

Outros tipos de livros existem com o propósito de servir diretamente à mediação didática, fornecendo conteúdo didático de robótica e modelos de atividades conjugadas aos tópicos tratados.

Este material com textos de natureza mais injuntiva auxilia o professor/educador ingressante a elaborar atividades e ao experiente serve como fonte de inspiração para o seu plano de aula.

Figura 2.7 Exemplos de livros com a temática de formação em robótica.

É importante notar que quanto mais o material for pelo caminho do estudo dirigido, menos terá a chance de ser adaptado aos moldes específicos das turmas reais formadas no seio de uma determinada escola.

Alguns livros podem ser adotados para atividades bilíngues, auxiliando o processo de imersão das crianças tanto na temática da robótica quanto da segunda língua.

Figura 2.8 Exemplos de livros de apoio às atividades bilíngues com a temática da robótica.

Um comportamento louvável que pode prover bons frutos à robótica educacional praticada na escola, em todos os graus, é a propositura, para os responsáveis da biblioteca escolar, de aquisição de livros da natureza aqui exposta.

Aqui, vale a sugestão de solicitar à escola que consiga acesso a revistas, filmes, documentários e webinars com essa temática para os alunos, professores e demais participantes da comunidade.

Também há livros que se dedicam a elucidar os fundamentos da robótica, com linguagem adequada à idade a que se propõe atender. Nesse caso, merece menção o livro *Robótica para Bebês*, de Chris Ferrie, elaborado com a Dra. Sarah Keiser.

Figura 2.9 Exemplos de livros sobre a robótica para crianças pequenas.

Por fim, sem pretender esgotar o tema, tanto os textos originais quanto as adaptações livres realizadas pelos professores/educadores para as crianças acerca dos livros de Isaac Asimov são indicações incontestáveis para se empregar em contação de histórias.

Figura 2.10 Exemplos de publicação dos romances de Isaac Asimov.

2.3 ROBÔS NAS HISTÓRIAS EM QUADRINHOS

Na escola, as histórias em quadrinhos (HQ) tornaram-se um gênero textual muito empregado para as crianças, estejam elas alfabetizadas ou não, por estimularem o emprego das diferentes estratégias de leitura.

As crianças que não sabem ler conseguem compreender a HQ, ainda que de forma não completa, por meio das expressões dos personagens e dos desenhos de objetos que permitem à criança identificar em qual local se passa a história, por exemplo, e se o personagem está alegre ou triste.

As histórias em quadrinhos são narrativas construídas por meio da sequência de imagens em suporte digital ou impresso. Nessas imagens, o leitor compreende a história por meio da variação do comportamento, quadro a quadro, das personagens representadas por desenhos ou figuras.

As falas das personagens são representadas pela inserção de textos em espaços delimitados chamados de balões.

Os objetivos pedagógicos que norteiam as atividades ou projetos relacionados à robótica educacional são diferentes, quanto ao uso das histórias em quadrinhos, conforme a competência de leitura dos alunos.

No caso de histórias em quadrinhos compostas de textos escritos mais longos e/ou de planos semióticos um pouco mais complexos, elas devem ser sugeridas aos alunos das últimas séries do Fundamental I.

É interessante notar que o argumento de muitas histórias em quadrinhos dialoga com os dilemas do ambiente produtivo da época, quando se tem a perspectiva de haver um grande ingresso de robôs nas linhas de produção para a ampliação da produtividade e lucratividade das fábricas e dos setores de serviço.

Figura 2.11. Exemplo de desenvolvimento de uma tira única a partir de formas básicas.
Fonte: Desenho oriundo de atividade escolar coletiva de alunos do Ensino Fundamental I e digitalizado pelo autor.

O professor/educador pode aproveitar esse tipo de material para discutir com os seus alunos questões éticas relacionadas ao ingresso dos robôs no convívio dos humanos, ou quais os impactos que poderão advir dessa situação.

Em atividades de alfabetização, as crianças das primeiras séries podem se envolver em leituras de tirinhas com personagens robôs.

Muitas dessas tirinhas permitem que as crianças projetem as sensações das situações que as incomodam nos personagens robôs.

A leitura das tirinhas pode ser realizada de forma coletiva, se for utilizada uma reprodução em tamanho grande delas, para que todas as crianças possam acompanhar a narrativa.

As leituras permitem integrar os alunos por meio de suas reflexões a respeito de cada cena, de maneira que consigam respeitar as ideias e os turnos uns dos outros, para que, depois, divididos em pequenos grupos, interpretem cada uma das imagens.

Esse tipo de atividade favorece tanto a alfabetização quanto a formação de grupos para as atividades de robótica, em que o trabalho colaborativo é fundamental.

A atividade de propor um outro final para a tirinha é outra forma de estimular a criatividade das crianças.

Além de estimular a estratégia de inferência para a leitura, lidar com as histórias em quadrinhos pode contribuir para as atividades de aprendizagem pela elaboração de *storyboards*.

Um *storyboard* é constituído por uma sequência de desenhos quadro a quadro em que se faz o esboço do roteiro de cenas referentes a um conteúdo em vídeo.

Para a aprendizagem de programação de robôs, o *storyboard* pode ser uma ferramenta muito útil, pois essa técnica permite combinar a imagem da sequência de cada ação planejada para o robô ao seu correspondente bloco de programação.

É o que se mostra no exemplo a seguir.

Essa integração entre sequências de imagens e os blocos de programação correspondentes é ideal para permitir que os alunos das últimas séries do Ensino

Fundamental I possam visualizar os resultados previstos para as ações do robô por meio da programação e compará-los com os efeitos observados na prática.

No entanto, é crucial adquirir experiência prévia para desenvolver a habilidade de depurar códigos destinados ao funcionamento de robôs. Isso ocorre por meio da compreensão dos efeitos esperados ao expô-los em um *storyboard*.

Por isso, estabelecer uma relação entre a leitura de história em quadrinhos e a produção de *storyboard*, durante o Fundamental I, pode ser um propósito muito útil também à prática da robótica educacional.

Vale lembrar que a prática de construção de histórias em quadrinhos já é sugerida para ser trabalhada com os alunos com a finalidade de desenvolver a arte, a leitura e a escrita.

Este é um vasto universo de atividades enriquecedoras, possibilitando ao aluno o acesso às referências de conteúdo autoral, a criação de argumentos narrados com base em experiências vividas por ele mesmo e por pessoas próximas.

Também representa uma ótima oportunidade para que o professor relacione a sequência de ações esperadas para o robô em um determinado cenário a uma representação em história em quadrinhos, o que pode ser feito, por exemplo, no cenário do desafio Viagem ao Centro da Terra proposto pelo TJR.

O cenário é um plano horizontal com um desenho que remete a um labirinto unicursal (percurso que não possui bifurcações) de formato espiral e o robô deve percorrê-lo até o centro, retirar um objeto que está ali e voltar até o ponto inicial.

Note-se que o professor pode solicitar aos alunos que componham uma história em quadrinhos baseada nesta missão.

RE e literatura.

HQ e literatura.

Contudo, a prática de criação de tirinhas ou histórias em quadrinhos[31] como recurso pedagógico pode ficar inibida por conta da dificuldade em desenhar apresentada por algumas crianças e professores.

Para facilitar a tarefa do professor/educador de promover a produção deste gênero textual, convém tanto conhecer os elementos fundamentais para a sua composição quanto dispor de softwares com o propósito de auxiliar a construir sequências narrativas através de StoryboardThat (https://www.storyboardthat.com/), Make Beliefs Comix (https://make-beliefscomix.com/Comix/), Witty Comics! (Witty Comics - Make a Comic).[32]

2.4 ROBÔS NOS FILMES E NAS PEÇAS TEATRAIS

Há grandes clássicos do cinema de ficção científica que tratam do tema da robótica.

Para o conhecimento do professor/educador, o conhecimento de alguns deles é relevante, pois, além de sua importância em termos fílmicos, servem de substrato para a reflexão sobre questões éticas que precisam ser analisadas e discutidas através da prática da robótica educacional.

Dentre eles há *2001: Uma Odisseia no Espaço* (1968), dirigido por Stanley Kubrick, em que o computador dotado de inteligência artificial (HAL) comete um equívoco contra o interesse dos astronautas, equívoco esse que será crucial para o decorrer da trama.

No mundo real, em que todos os agentes estão à mercê das incertezas, humanos e robôs estão sujeitos a equívocos e, como mostra o enredo deste filme, diante do conflito de deliberações para a solução de um problema relevante, a maneira de definir aquela que deve prevalecer se tornará uma questão tão importante no

---

31 A tirinha é uma modalidade que reúne poucos quadros (*cartoons*) com poucos personagens fixos, enquanto a história em quadrinhos é formada por um conjunto maior de quadros, comportando uma ampla gama de situações e personagens em seu argumento.

32 Ao que se recomenda a leitura de Eisner (2010).

futuro quanto a existência de instâncias políticas existentes no presente: Em uma situação urgente e complexa, quem terá a última palavra sobre o que fazer para resolver a questão, o humano ou o robô?

A possibilidade de haver não apenas cooperação, mas também conflitos inerentes ao convívio entre humanos e robôs torna-se um motivo dentre outros a ser considerado na atuação dos legisladores para a construção do arcabouço jurídico que sirva para a intermediação de direitos desta sociedade futura.

É muito importante que o professor/educador desmistifique a difundida infalibilidade dos robôs, mostrando que o erro faz parte da natureza dos agentes que atuam no mundo real e que, para obter a melhoria de sua performance, tanto humanos e outros seres vivos quanto robôs necessitam recorrer, permanentemente, à aprendizagem.

Embora todos devam se dedicar a aprender todos os dias, entre humanos e robôs, a corrida pela comunicação com as demais coisas dotadas de processamento computacional privilegia a condição física dos robôs.

A capacidade de integração dos robôs, por intermédio da computação online, onde pode estar sediada uma entidade de inteligência artificial (como a ficcional Skynet), torna a franquia *Exterminador do futuro*, inaugurada em 1984, com a direção de James Cameron uma abordagem precoce a respeito da internet das coisas (em inglês: *Internet of Things* - IoT).

A expressão "internet das coisas" designa a conexão avançada de dispositivos, sistemas e serviços.

Os dispositivos são, atualmente, conectados por meio de sinais de rádio de baixa potência que podem integrar também outras redes locais dotadas de conexão sem fio como wi-fi, bluetooth, Zigbee, dentre outros.

Os sistemas robóticos estão entre os dispositivos que podem ser interconectados pela internet das coisas, e muito se produz em termos de tutoriais escritos e em vídeo sobre aplicações didáticas desse tema, mostrando, por exemplo, o funcionamento de sistemas de automação residencial, empregando a integração de diversos sensores e dispositivos de controle automatizado.

Ainda que o professor/educador tenha planejado todas as suas atividades ou projetos de robótica educacional centrado na individuação do elemento robótico, é muito importante considerar que, na realidade, os objetos dotados de computação, a que as crianças terão cada vez mais acesso, serão integrados pela internet das coisas e, portanto, os robôs estarão interconectados também.

Assim, é conveniente, por conta de ser a fase de alfabetização e letramento da criança, mostrar que, ao interagir com os humanos, os robôs podem empregar a linguagem natural no idioma que convém ao falante, seja oralmente ou por escrito, mas, ao interagir com outra máquina, emprega a linguagem de máquina e envia sinais por ondas eletromagnéticas, superando muitas barreiras e efetuando uma comunicação de dados referentes a um grande volume de informações em um intervalo de tempo muito pequeno.

A discussão a respeito da natureza da comunicação dos dispositivos robóticos pode ser realizada, para os alunos das últimas séries, com projetos de acessibilidade de ambientes por meio de automação inteligente.

Aliás, o microcontrolador Arduino foi criado como plataforma educacional em 2005 no Instituto Ivrea Interação e Design, com intuito de servir a sistemas de prototipagem, e é muito comum em projetos de automação, com numerosa documentação, tutoriais e vídeos instrucionais sobre a prática pedagógica com o emprego dele.

Outro filme a partir do qual é possível fazer uma conveniente interlocução é *Blade Runner: o caçador de androides* (1982), dirigido por Ridley Scott. Os replicantes cuja natureza robótica é nebulosa por poderem ser incluídos como clones, são, por isso mesmo, passíveis de serem comparados aos *robots* da peça teatral *Fábrica de Robôs* de Karel Capek. Em ambos os casos, a replicação e a rebelião diante do *status quo* dessa categoria de personagens são dois componentes de uma problemática única: o controle da criação e a luta pela existência.

Desde o início do século XXI, a questão da existência e da evolução dos robôs independentemente da ação humana tornou-se mais conhecida através da área da robótica denominada *Autonomous Robot Evolution*, que se dedica aos estudos voltados para a criação de uma tecnologia que permite a evolução de ecossistemas robóticos autônomos inteiros.[33]

Para as crianças, uma videoteca pode acolher inúmeros títulos repletos de situações que ajudarão a refletir sobre a importância da amizade e o valor da empatia e do respeito, a partir do contexto da robótica.[34]

2.5 ROBÔS NOS GAMES

Muitos tipos de jogos fazem referência aos robôs e alguns deles são dirigidos aos adolescentes e jovens adultos, como no caso de *Detroit: Become Human*, cuja temática envolve a proximidade comportamental entre os robôs do futuro e os humanos, oferecendo ao participante do jogo a oportunidade de lidar com uma

---

[33] Como está no site do grupo de pesquisa: "Este projeto foca-se numa tecnologia robótica disruptiva onde os robôs são criados, reproduzidos e evoluem em tempo real e no espaço real. A visão de longo prazo é uma tecnologia que permite a evolução de ecossistemas robóticos autônomos inteiros que vivem e trabalham por longos períodos em ambientes desafiadores e dinâmicos sem a necessidade de supervisão humana direta". Ver em: https://www.york.ac.uk/robot-lab/are/. Acesso em: 2 jul. 2023.

[34] Um exemplo é apresentado no trecho do filme *Meu Amigo Robô* que pode ser acessado em: https://youtu.be/4NaoX05Xt2Y. Acesso em: 2 jul. 2023.

narrativa que insere, na problemática do jogo, alguns robôs com sentimentos (robôs do tipo divergentes).

A produção de um jogo como este envolve grandes recursos e tempo. Nesse caso em específico, foi iniciada a sua produção em 2015 e foi lançado para o PlayStation 4 em maio de 2018 e para Microsoft Windows em dezembro de 2019, sendo muito elogiado pela crítica em todas as categorias de avaliação, mas sujeito a algumas ressalvas quanto à jogabilidade por conta dos controles de movimento e ao manuseio incorreto das alegorias históricas.

Os jogos não podem ser desprezados pelo professor/educador e, a título de reflexão, o jogo *Detroit: Become Human* alcançou a vendagem de mais de 6,5 milhões de unidades até o início de 2022.

Há também os jogos de estratégia estruturados em RPG[35] com personagens robôs, como no caso do *Relayer*, que foi desenvolvido e publicado pela Kadokawa Games e, na América do Norte, Europa e Ásia, é publicado pela Clouded Leopard Entertainment.

Já os jogos para as crianças envolvem tramas e jogabilidade mais simples, muitos deles oferecidos em aplicativos de celular. O professor/educador deverá compreender que muitos dos desafios que pode sugerir às crianças, para que construam robôs que os resolvam, são análogos a estes colocados nos aplicativos de celular.

O professor/educador deve conhecer esses jogos para evitar a sua alienação no mundo de atuação e de interesse da criança, evitando, dessa forma, perder a possibilidade de dialogar com ela, trazendo para si a oportunidade de usar alguns dos temas de sucesso ou até o próprio jogo para beneficiar a aula.

Há inclusive jogos de natureza claramente educativa em que os personagens robôs devem pegar letras e, inspirado neles, pode o professor propor às crianças a construção de robôs (simples, é claro) para essa tarefa.

Também pode o professor/educador optar por replicar alguns projetos com materiais típicos da robótica que já tenham sido experimentados na tarefa de alfabetizar e, inclusive, com outros professores, adaptá-los para a realidade local.[36]

---

[35] Os RPGs de estratégia, conhecidos como strategy role-playing games (SRPG) ou tatical role-playing games (TRPG) em inglês, constituem uma classe de jogos eletrônicos em que os jogadores devem gerenciar, estrategicamente, o desenvolvimento da história e seus personagens, níveis e equipamentos, como no caso de um *role-playing game* (RPG).

[36] Ver o caso apresentado no artigo de Ferreira *et al.* (2019).

Há também o caso de se empregar jogos eletrônicos desenvolvidos especialmente para contribuir com a alfabetização de palavras relacionadas ao tema da robótica, como no caso do jogo Hangbot[37] ou de Lightbot[38] ou de um jogo de tabuleiro como Logirunner.[39]

---

37 Ver em: https://brazilianjournals.com/ojs/index.php/BRJD/article/view/23735. Acesso em: 2 jul. 2023.

38 Ver em: https://www.researchgate.net/publication/328726501_Lightbot_Logicamente_um_game_ludico_amparado_pelo_Pensamento_Computacional_e_a_Matematica. Acesso em: 2 jul. 2023.

39 Ver em: https://seer.ufrgs.br/renote/article/viewFile/85998/49364. Acesso em: 2 jul. 2023.

CAPÍTULO 3

Dissecando o robô, as suas competências e a sua missão

3.1 AUTONOMIA, CENÁRIO E MISSÃO

Tratar de robótica é, antes de tudo, cuidar dos robôs como cerne do interesse de estudo. Distingui-los nos ambientes e identificá-los nas tarefas do cotidiano são premissas fundamentais para se referir a eles diante dos alunos.

Muitos objetos que até o momento causam pouco interesse têm se transformado em robôs, ainda que isso tenha ocorrido imperceptivelmente.

As vassouras são um exemplo. Novos equipamentos estão servindo para fazer a limpeza de pisos de maneira autônoma, evitando colisões com os móveis ou quedas pelos degraus das escadas: esses aparelhos são robôs!

Quando se faz referência a objetos, genericamente, já se está a caracterizar os robôs, pois ser um objeto físico concreto, pertencente ao mundo real, é requisito básico para ser um robô. Todavia, vale reparar que a inteligência artificial embarcada apenas em computadores não é, de forma alguma, um robô e equivale a dizer, por conseguinte, que *bots* não são robôs.

Para ser considerado um robô, há necessidade de o objeto ser autônomo e, portanto, ser capaz de atuar sobre o ambiente, informando-se, para isso, a respeito dos aspectos mais relevantes que caracterizam esse local e deliberando sobre a própria atuação sem consultar um humano.

Ainda que livros consagrados determinem o espaço de atuação como ambiente (Mataric, 2014, p. 44), aqui será denominado cenário as cercanias de atuação do robô.

Cenário é um termo muito adequado, em termos pedagógicos, para definir esse espaço em que o robô se ocupará de suas tarefas, onde executará a sua missão, pois condiz com os papéis dele de ator e de actante aos quais os alunos farão referência quando forem descrever ou documentar o que observam dele.

O robô é ator por centrar-se em sua atividade, transformando-a como o seu propósito único de existência. Também se torna ator por estar atuando dentro de um determinado contexto, por ser um indivíduo que participa da ação na estrutura de uma narrativa, visto que é responsável por cumprir uma missão num determinado cenário.

Nesse sentido, os robôs não podem ser destacados dos contextos das narrativas em que estão enredados: robôs exploradores perscrutam o ambiente, partindo de algum lugar, chegando ao cenário de ação, por onde navegam à procura de algo sob a motivação baseada em alguma razão externa que os ordena a trabalhar, como se dá, por exemplo, com o robô Perseverance em Marte.

A palavra cenário é conveniente, para o propósito educacional, por compreender a cena, a representação e a encenação. Do mesmo modo que cenário é um espaço determinado, é, também, o local onde há a potencialidade de ocorrer um encadeamento de fatos, e permite-se à criança, durante a atividade didática, tanto observar sob o ponto de vista técnico científico quanto contribuir com a sua criatividade, encantando-se com a narrativa.

De fato, um robô, quando colocado a fazer tarefas dentro de um labirinto, estará sob o ponto de vista técnico, a resolver o problema de percurso em labirintos, enquanto que, sob o ponto de vista educacional, também serve para que se apresentem aos alunos algumas lendas e sagas com esse tema, situações essas privilegiadas, no caso do Ensino Fundamental I, para a contação de histórias.

Um exemplo de robô atuando no cenário durante a prática pedagógica!

O desafio Viagem ao Centro da Terra[1]

Em 2009, foi criado um cenário representativo de labirinto unicursal[2] para entreter as crianças sob a narrativa com base no romance *Viagem ao Centro da Terra*, de Júlio Verne.

Nesse desafio proposto aos alunos, o robô deve entrar no labirinto e sair trazendo um objeto cúbico que se encontrava no interior do percurso.

O ator dessa narrativa é o robô, que deverá, para cumprir a sua missão, detectar sozinho tanto os limites do caminho a percorrer quanto o objeto a ser apanhado e retornar com ele. Tudo isso de maneira autônoma.

Para esta atividade, as crianças podem construir o robô com quaisquer peças e formatos e programá-lo em função da estratégia previamente escolhida.

Figura 3.1 O desafio VCT em sala de aula.
Fonte: arquivo pessoal do autor.

3.2 AS PARTES DE UM ROBÔ

3.2.1 DIVIDINDO UM ROBÔ EM PARTES

Embora os robôs sejam muito distintos em seus formatos e objetivos, como se dá no caso de robôs de varrição, robôs de exploração do solo de Marte ou robôs humanoides acompanhantes, todos eles necessitam de algumas partes que são essenciais para construí-los.

É inegável que, para que possam ter uma programação e meios de ser instruídos seja pela própria experiência, seja por novos programas que serão instalados nele,

1 Ver a respeito em: https://sites.google.com/view/odesafioviagemaocentrodaterra/viagem-ao-centro-da-terra. Acesso em: 2 jul. 2023.

2 Segundo Pinto (2015, p. 31), "o labirinto com um percurso unidirecional promove a pacificação mental, porque, ao percorrê-lo, abandonamo-nos à certeza de caminharmos para o centro, e esse afrouxamento da atividade cerebral induz o estado de relaxamento físico..."

precisa existir um dispositivo computacional no robô, que se denomina módulo controlador, onde está sediado o microcontrolador.

Esta maneira de subdividir um robô em módulos funcionais é muito útil para mostrar às crianças e leigos o que ele precisa conter para poder executar as suas tarefas.

Para o educador que explica para os seus alunos que um requisito fundamental de um robô é sua autonomia, iniciar a apresentação das partes constitutivas através do módulo controlador mostra de maneira objetiva o papel de controle e processamento que o módulo realiza em função da programação que nele será colocada.

Figura 3.2 Arduino UNO.
Fonte: iStockphoto.

Note-se que, tal qual se dá com o cérebro, enquanto essencial gerador de comportamentos, o módulo controlador é fundamental para quaisquer robôs, independentemente do formato ou função produtiva que devam desempenhar.

3.2.2 OUTROS MÓDULOS FUNCIONAIS DE UM ROBÔ

Os módulos sensores, módulos atuadores, módulos comunicadores, módulos estruturais são outros módulos gerais de natureza funcional que podem constituir um robô.

Dada a complexidade de um sistema robótico, subdivisões mais detalhadas podem ser feitas para dar conta de detalhes específicos com os quais os módulos cumprem as suas funções, como: módulo sensor de temperatura do motor, módulo de controle da suspensão etc.

3.2.3 OS COMPONENTES DE CADA UMA DAS PARTES DE UM ROBÔ

Um robô é, portanto, uma combinação de partes, em que cada uma delas consiste numa organização particular de componentes menores de natureza distinta.

Uma parte, o módulo controlador do tipo Arduino Uno, por exemplo, como o que foi visto, possui dentre outros componentes um microcontrolador do tipo Atmega328.

Figura 3.3 ATmega 328.
Fonte: Wikimedia Commons.

Dessa forma, pode-se classificar os componentes empregados para a construção de um robô em:

1. Recursos físicos

Atuadores: partes que agem sobre o meio onde está o robô. Exemplo: geradores de movimento (motores); geradores de campos eletromagnéticos; geradores de energia térmica etc.

Sensores: partes capazes de captar a ocorrência de fenômenos físicos ou químicos que, porventura, sejam passíveis de ocorrer em seu interior ou no ambiente (sensores internos – proprioceptivos – e externos – exteroceptivos). Exemplo: sensores de ondas e campos eletromagnéticos (sensores de luz, infravermelho, ultravioleta, sensor bússola e outros), sensores de carga ou pressão (sensores de toque e outros), sensores de ondas mecânicas (sensores de som, ultrassom e outros), sensores de temperatura e tantos outros. Esses mesmos sensores podem também ser classificados em sensores de contato e de campo conforme o processo que emprega para captar os dados oriundos do fenômeno em questão.

Controladores: o que equivale à CPU de um robô (ver a diferença entre microcontroladores e microprocessadores em: http://pt.wikipedia.org/wiki/Microcontrolador). São organizados a partir de um microcontrolador que servirá para abrigar e processar a programação. Existem controladores para robôs autônomos livres exploradores, controladores para robôs fixos de automação, controladores para peças biônicas, controladores para atuação remota em robôs etc.

Interfaces eletrônicas: circuitos eletrônicos empregados para interligar atuadores e sensores aos controladores, bem como controladores entre si. Fazem parte desse grupo, dentre outros circuitos, os multiplexadores de sensores e motores.

Componentes estruturais: elementos responsáveis pela integração mecânica de todas as partes do robô.

Componentes de fomento (fornecimento) energético: fazem parte desse grupo as fontes externas, as baterias etc.

2. Recursos computacionais

Firmware: é o conjunto de instruções operacionais programadas diretamente no microcontrolador.

Bibliotecas de trabalho: é o conjunto de funções que podem ser empregadas pelo programa principal ou suas funções.

Programa principal: é o conjunto de instruções que determinam o conjunto de operações a serem realizadas pelo robô para que cumpra a tarefa da qual foi incumbido.

3. Recursos organizacionais

Configuração estrutural: trata-se da organização e documentação dos recursos físicos e computacionais de tal forma que se constitua um robô e esse possa ser replicado. A configuração estrutural de um robô é tanto o robô propriamente dito, finalizado de maneira concreta e disponível para uso, quanto o objeto de conhecimento correspondente; todos os processos envolvidos para a sua construção devidamente documentados. Isso garante que, se danificado, possa sofrer manutenção e, se bem-sucedido na tarefa para a qual foi desenvolvido, possa ser difundido e replicado.

Configuração estratégica: trata-se da orientação estratégica atribuída a um robô para que se obtenham resultados específicos diante de contextos predeterminados. Faz parte da configuração estratégica, por exemplo, a definição e aplicação dos paradigmas de inteligência artificial e da teoria dos jogos. Isso garante que o robô possa ser desenvolvido para responder de forma mais efetiva e eficiente às requisições que lhe surgirem em sua missão.

3.3 COMO IDENTIFICAR UM ROBÔ

No dia a dia, vê-se ocorrer afirmações como as de que se faz uso de robôs na disseminação das informações falsas nas redes sociais digitais (*fake news*), que se está construindo um robô guindaste hidráulico em que a operação dele é comandada pelos alunos ou que existe a possibilidade de se introduzirem carros autônomos o mais breve possível na cidade de Wuhu, no leste da China.

Alguns desses robôs citados anteriormente não preenchem os requisitos da definição de robô, visto que que "um robô é um sistema autônomo que existe no mundo físico, pode sentir o seu ambiente e pode agir sobre ele para alcançar alguns objetivos" (Mataric, 2014, p.21).

Por exemplo, quando há a composição automática de textos sob a autoria de entidades computacionais, está se referindo a *bots* e não se está a tratar de robôs pelo fato de que é uma atuação que ocorre totalmente dentro do mundo virtual.

No caso de se fazer um mecanismo que necessita de alguma pessoa para que possa funcionar, não se trata de um robô que, por definição, deveria operar sozinho o mecanismo.

No caso do carro autônomo, trata-se de um robô, pois:

- É um sistema autônomo (atua independente de um operador).
- Existe no mundo físico (está nas ruas).
- Pode sentir o seu ambiente (detecta pessoas, obstáculos, sinais etc.).
- Pode agir sobre ele (locomove-se e navega nas ruas).
- Alcança alguns objetivos (transporta as pessoas de onde estão até os endereços do interesse delas).

3.3.1 POR QUE É PRECISO IDENTIFICAR UM ROBÔ?

Quando se tenta planejar atividades educacionais calcadas em robótica educacional é fundamental não deixar de ter em mente que robôs são produtos físicos dotados de mecanismos e, portanto, não há como se ter a robótica como um conteúdo plenamente contemplado somente no espaço das tecnologias digitais de informação e comunicação nem tampouco pode ser restrito à prática de construção de mecanismos.

O professor/educador deve abordar o que toca à computação com intuito de ensinar a prática da programação (bem como a informação e a comunicação) com vistas a agregá-la ao emprego da eletrônica dos controladores, sensores e outros componentes desta classe bem como ao da mecânica, visando construir um objeto que irá atuar sobre o mundo.

Enganar-se sobre o que é robô prejudica a aplicação da robótica como objeto de conhecimento próprio e mutila uma ampla lista de contribuições que essa área de conhecimento pode oferecer para a compreensão das demais.

Isso significa que o professor/educador, ao tratar de robótica educacional, precisa ter um plano de aula que, ao abordar a informação e a comunicação pelas tecnologias digitais, agregue a prática da programação e, ao abordá-la, mostre como se programaria um elemento físico autônomo para que ele pudesse realizar suas tarefas no mundo físico.

De igual maneira necessita mostrar que essa programação estará, para ser empregada na robótica, embarcada num outro componente que se assemelha ao computador, mas não é um, é um controlador que terá sensores e motores para administrar.

Todos esses elementos tratados anteriormente estarão em um corpo físico, um sistema mecânico capaz de estruturar esses componentes e realizar os movimentos com os quais o robô expressará os seus propósitos. Por isso, convém ao professor /educador propor a construção de mecanismos, mas deverá seguir além em seu plano de aula.

Diferentemente da maior parte das tecnologias digitais de informação e comunicação, os robôs expressam-se sobre o mundo real através dos seus movimentos e, talvez, essa seja a principal razão para que seja fundamental identificar um robô diante de todos os demais objetos que compõem o ambiente, pois, por serem criados para alcançar a autonomia, as crianças precisarão ser educadas para conviver com eles, compreendendo, de fato, a sua tecnologia.

3.3.2 DO QUE TRATA A ROBÓTICA EDUCACIONAL?

A robótica educacional não pode se abster de lidar com aquilo que lhe empresta a essência do nome, sob o risco de não aplicar conhecimento algum da área com que se intitula.

Portanto, a robótica educacional trata de robôs (conforme já se conhece a definição) e a maneira com que aborda esse tema pode ser distinta, conforme a proposta curricular ou o planejamento pedagógico se dispõem a fazê-lo.

Se estiver inserida no currículo, pode estar a serviço de temas gerais transdisciplinares, em que robôs ou dispositivos robóticos a serem desenvolvidos pelas crianças contribuem para a conquista de competências pertencentes ao que está nos descritores de habilidades e competências esperadas para outros componentes curriculares.

A robótica educacional pode, todavia, ser inserida no currículo como uma disciplina, voltada, portanto, para um plano formativo próprio, com o qual se vislumbra, para as crianças, os primeiros passos e as primeiras competências com os quais aprenderão sobre as tecnologias envolvidas com esta área de conhecimento e áreas afins.

Ademais, pode também ser colocada a participar de projetos de curta duração ou atividades específicas em que os robôs ou dispositivos robóticos são apresentados para divulgar as suas potencialidades diante de um problema específico, em torno do qual gravita o escopo desses projetos ou atividades.

Não dispor de interesse para vislumbrar o robô como elemento essencial da robótica educacional e, na prática, usurpar o seu nome apenas como um referencial prejudica a atividade pedagógica como um todo.

Dito isto, não se quer aqui deixar de valorar a extrema importância de se propor a leitura sobre robôs, de se estimular a participação das crianças em jogos educativos com esse tema, de se construir mecanismos e autômatos, nem de se sugerir a redação ou a contação de histórias. O que se quer é fazer dessas importantes estratégias ferramentas para que o aluno avance e conquiste as competências curriculares, compreendendo o que de fato é um robô e quais são as suas potencialidades, tornando-o apto a participar de um percurso formativo para adquirir competências dessa área de conhecimento, tal qual se propõe fazer com a computação.

A robótica educacional reúne quatro importantes diretivas: o pensamento computacional, o pensamento crítico, o pensamento sistêmico e o *design thinking*.

O professor/educador deve investir os seus esforços orientado por essas diretivas e, portanto, deve conhecê-las em profundidade.

Assim, a robótica educacional é mais do que um tema, é uma proposta ambiciosa de se abordar tais diretivas, de fazer as crianças conquistarem competências que também fazem parte dessa área de conhecimento e de fazer ver que um robô, como um elemento autônomo, também necessita de suas competências para atuar no mundo.

Ao lidar com a robótica educacional, o professor/educador tem, portanto, a tarefa precípua de preparar as crianças para se capacitarem a ponto de estarem aptas a desenvolver as competências dos seus robôs

3.4 AS COMPETÊNCIAS DE UM ROBÔ

3.4.1 O QUE É COMPETÊNCIA?

De imediato, a referência às competências de um robô pode não ser claramente compreendida e, muitas vezes, na própria prática da educação, a definição de competência pode ficar difusa diante de outras definições.

Aqueles que lidam com a educação empregam os termos habilidade, competência, capacidade e saberes cotidianamente. Todos são conceitos que, na educação, de formas diferentes, estão correlacionados ao conhecimento e ao aprendizado.

Em particular, a habilidade do aluno é observada e passível de avaliação, quando ele está motivado a resolver um problema específico que se lhe antepõem e atua de maneira conveniente, identificando, transformando e compreendendo.

A identificação é a categoria básica de habilidades prevista pela BNCC, em que se situam o reconhecimento e a reprodução de fatos, textos, imagens e tabelas. Essas habilidades podem ser descritas por verbos como: observar, indicar, representar, apontar, identificar e localizar.

A transformação é a categoria de habilidades prevista pela BNCC em que se situam as operações mentais relativas à transformação, interpretação e integração de dados.

Essas habilidades podem ser descritas por verbos como: ordenar, medir, calcular por estimativa, compor e decompor, classificar, seriar e conservar;

A compreensão é a categoria de habilidades prevista pela BNCC em que estão envolvidos diferentes processos de raciocínio, permitindo, diante de problemas, a antecipação e articulação de cenários, o diagnóstico e a prescrição, a elaboração argumentativa e a conclusão a partir dela.

Essas habilidades podem ser descritas por verbos como: avaliar, analisar, julgar, criticar, concatenar causas e efeitos, explicar e argumentar, justificar, concluir e prognosticar.

Cabe à escola favorecer o desenvolvimento de habilidades por meio do emprego dos saberes abordados no currículo e submetendo o aluno a enfrentar problemas apresentados de forma didática, uma maneira de abordar problemas que permita explorar as habilidades a que se pretende favorecer: isso pode ocorrer ao se apresentar a imagem das letras que se pretende fazer o aluno identificar e reconhecer e sugerir atividades lúdicas que explorem essa habilidade, por exemplo.

Segundo a BNCC, competência é definida como a mobilização de conhecimentos (conceitos e procedimentos), habilidades (práticas, cognitivas e socioemocionais), atitudes e valores para resolver demandas complexas da vida cotidiana, do pleno exercício da cidadania e do mundo do trabalho (A Base (mec.gov.br) Acesso em: 7 ago. 2023)

No dia a dia, a competência é a efetividade da atuação para resolver um problema situacional ou algum problema que seja uma adaptação de uma situação real.

Para maior clareza da definição de competência é importante que se compreenda que um problema situacional é aquele que ocorre na realidade, muitas vezes inesperadamente, e que, para ser resolvido, a pessoa terá de se amparar numa grande combinação de habilidades.

Às vezes, um problema situacional parece tão complexo que se faz necessária uma adaptação daquela situação real em que foi identificado; é preciso, então, fazer um recorte desse problema complexo, de tal maneira que se exiba apenas uma parte da situação com intuito de facilitar a compreensão do tema escolhido. No estudo de física, mais especificamente em mecânica dos corpos sólidos, muitas vezes o problema de colisões é apresentado desprezando-se o fenômeno de atrito, para que se possam tirar algumas conclusões, ainda muito relevantes, do problema.

O indivíduo, nessa circunstância, para poder resolver o problema, tem de articular as habilidades que possui, ensejando, assim, uma sequência de passos em que essas habilidades estão conjugadas.

As competências ocorrem no momento em que se constitui esse processo que resultará na solução do problema situacional: um indivíduo atirado ao mar poderá mostrar condições de se movimentar de forma que consiga nadar e será considerado com competência para tal ou se afogará.

Evidentemente, haverá meios de se avaliar a competência apresentada e, no caso daqueles que estão aptos a nadar, haverá os que serão mais rápidos no trajeto, outros que irão mais longe nele e até os que nadam de maneira muito rudimentar.

3.5 COMO IDENTIFICAR AS COMPETÊNCIAS DE UM ROBÔ

No caso do robô, a competência pode ser, resumidamente, o que ele tem capacidade de fazer, etapa a etapa, no decorrer de sua atuação para o cumprimento da missão. A competência é, pois, cada um dos processos da atuação que precisará realizar para poder concluir as tarefas de que foi incumbido.

O professor, o engenheiro, o leigo, todos podem enumerar as competências de um robô, observando em sua atuação o que precisa fazer para poder concluí-la com êxito.

Dessa forma, pode-se apresentá-la elencando cada ação praticada pelo robô, por exemplo:

Início

1) Detecta uma linha preta contínua no chão.
2) Segue o percurso definido pela linha preta no chão.
3) Detecta uma figura de quadrado preenchido por cor verde, disposta horizontalmente no chão.
4) Fica em repouso em relação ao chão quando detecta a figura de quadrado preenchida por cor verde, disposta horizontalmente no chão.

Fim

O professor das primeiras séries terá melhor resultado se apresentar as competências do robô por uma narrativa no âmbito de uma história infantil, por exemplo:

O robô que era bombeiro, como todos vocês sabem, teria de seguir a trilha de óleo deixada no caminho de concreto que havia sido percorrido pelo caminhão. No caminhão, o tambor de óleo estava rompido e, por isso, o óleo preto escorreu na estrada, formando uma linha preta sobre o o piso claro na estrada de concreto.

O robô deve seguir a linha preta de óleo, com intuito de, quando alcançar o caminhão, alertar o seu motorista de que há um problema no veículo.

Entretanto, se o caminhão se embrenhar pela mata o robô não poderá segui-lo, pois corre o risco de ficar atolado em algum lamaçal.

Cabe ao professor indagar quais seriam as competências que o robô teria de ter para executar o que se propõe na narrativa: como o robô pode seguir o trajeto do caminhão? Como o robô pode evitar entrar na floresta?

Dessa forma, o professor, depois de encenar a narrativa, deve resumir para os alunos os fatos que constituem problemas a serem vencidos pelo robô e que serão as competências exigidas para que ele cumpra a missão dele.

Conforme o exemplo apresentado, o professor deverá mostrar que:

Início

1) O robô terá de seguir a trilha de óleo, uma linha preta sobre o chão claro. Para tanto, deverá detectar a linha preta para poder segui-la.

2) O robô, chegando na beira da mata, não poderá entrar nela. Para tanto, deverá parar o movimento quando identificar a área verde.

Fim

O conceito de competências aplicado aos robôs é muito útil por algumas razões, como as listadas abaixo:

1) Ajuda a destrinchar o escopo do robô, mostrando quais são as competências solicitadas durante a missão que irá realizar: um robô que tenha de seguir uma linha no chão para chegar ao local de interesse precisa ter a competência de detectar a linha para orientar-se por ela.

2) Ajuda a estabelecer quais são os componentes necessários para a construção de um robô com as competências preestabelecidas: um robô que tenha de seguir uma linha no chão para chegar ao local de interesse precisa ter, dentre outros componentes, sensores reflexivos de luz ou infravermelho.

3) Ajuda a estimar o grau de complexidade envolvido na confecção do robô proposto: um robô que tenha de seguir uma linha no chão plano, liso e horizontal para chegar ao local de interesse é mais simples do que um robô que tenha de fazer o mesmo, devendo, porém, durante o percurso acessar e vencer uma rampa inclinada em 30°, ascendendo por ela a um piso superior do cenário.

4) Ajuda a planejar o custo e o prazo para a execução do projeto que contemple a construção de um protótipo de robô.

5) Ajuda o professor a identificar os saberes escolares envolvidos no projeto de construção do robô que irá executar uma missão em um determinado cenário, permitindo avaliar a efetividade pedagógica das atividades envolvidas e planejar as melhores estratégias didáticas para fazer um bom uso do projeto em questão.

Exemplo prático para alunos das últimas séries do Fundamental I!

Visitando um cenário em que o robô atua:

Em 2011, o robô brasileiro Hipérion participou da Robocup ocorrida em Istambul e lá sagrou-se campeão no desafio de resgate.

Para tratarmos das competências apresentadas pelo robô durante a atuação na arena 4a, vamos, em princípio, fazer uma primeira visualização do vídeo (https://vimeo.com/89449309), para podermos compreender a missão pretendida no cenário em questão.

Depois de observar o vídeo de desempenho do robô, os alunos, sob a orientação do professor/educador, poderão:

1) Descrever o cenário (o que corresponde a satisfazer a pergunta: onde o robô atuou e como são as condições do local onde atuou?).
2) Elaborar a narrativa estabelecendo a sequência de passos observados na atuação do robô como base de composição do enredo (o que corresponde a satisfazer a pergunta: o que o robô fez e como isso foi realizado passo a passo?).
3) A partir da descrição do cenário e da narrativa, estimar o escopo da missão do robô (o que corresponde a satisfazer a pergunta: o robô foi construído para fazer o quê?).

Essa atividade permite que se componha um texto a partir de:

Pergunta	**Resposta**
Onde o robô atuou e como são as condições do local onde atuou?	No local em que o robô atuou havia dois pisos horizontais: o piso superior era menor e interligado com o inferior por uma rampa de acesso... *(completar)*
O que o robô fez e como isso foi realizado passo a passo?	O robô entrou no cenário de operações pelo piso inferior, orientando-se por uma linha preta... *(completar)*
O robô foi construído para fazer o quê?	O robô, ao entrar no cenário pelo piso inferior, deverá buscar um objeto-alvo que deverá ser depositado num nicho predeterminado. Para isto, deverá se orientar por uma linha preta, onde houver esta linha, e... *(completar)*

É importante frisar que o texto que se vê nesta tabela corresponde a satisfazer o público universitário e, portanto, não será esta linguagem que deverá ser empregada para incitar os alunos das primeiras séries a completar as respostas.

O professor/educador deverá considerar que a linguagem deverá estar adaptada à faixa etária dos alunos e, portanto, deverá refazer o texto para deixá-lo compreensível a eles.

Atenção: nesta etapa, os alunos não devem se ater a:

1) Descrever o robô (o que corresponde a satisfazer a pergunta: como o robô está construído, quais são os seus componentes e como funciona a sua programação?).

2) Descrever os componentes do robô (o que corresponde a satisfazer a pergunta: quais são as especificações de cada componente empregado na construção do robô?).

3) Descrever a programação do robô (o que corresponde a satisfazer a pergunta: quais foram os algoritmos empregados na programação do robô?).

Você vai à prática!

Visitando um cenário em que o robô está a atuar

O mesmo robô brasileiro teve a sua atuação registrada em vídeo em outra rodada, durante a Robocup 2011.

Agora, observando o vídeo (https://vimeo.com/89357396), o objetivo é identificar as competências do robô em questão.

Perguntas e reflexões

Um mesmo problema e várias formas de resolver? Como caracterizar a competência?

Nos vídeos mostrados, o robô contorna o obstáculo garrafa PET de duas maneiras distintas: na primeira ele contorna pelo lado direito e na segunda pelo lado esquerdo. Um aluno mais atento pode perguntar ao professor a razão de um mesmo robô, empregando um mesmo programa, ter apresentado duas ações distintas para o mesmo caso. Seriam duas competências que o robô possui e que, conforme são ativadas pelo programa, induzem a uma resposta distinta?

Que tal pensarmos neste assunto e, depois de conversarmos com os nossos pares, chegarmos a uma conclusão?

3.6 HUMANOS E ROBÔS ERRAM E APRENDEM

3.6.1 POR QUE É PRECISO PREPARAR OS OLHOS DA CRIANÇA PARA ENXERGAR MELHOR UM ROBÔ?

Todos os dispositivos tecnológicos são vistos, de pronto, pela sua aparência e pela maneira com que apresentam ao usuário as funcionalidades de que dispõem, ou seja, todos os produtos são planejados para apresentar pregnância ou affordance.[3]

[3] *Affordance* (em inglês) ou pregnância (em português) é a qualidade de um objeto que dá ao indivíduo que ainda não o conhece a identificação de sua funcionalidade sem que seja necessária qualquer explicação prévia.

Em função de uma natural busca imediata de poder usufruir da utilidade dos dispositivos digitais, os usuários deles não demonstram qualquer interesse em saber como são construídos, como eles foram previamente programados ou qual é a estrutura ou ajuste do seu mecanismo com o qual funcionam para conseguir satisfazer as necessidades dos seus proprietários.

E isto pode ser arriscado em algumas situações!

Pois bem, quando se sai para passear à noite, é aconselhável sair de casa com roupas claras, pois, ao se atravessar a rua, um motorista poderá ver melhor a pessoa que atravessa a rua nessas condições.

Sabe-se disso tanto pela experiência prática quanto por se conhecer como funciona a sensibilidade da retina e, justamente por conta desse conhecimento a respeito da sensibilidade da retina, as placas de trânsito são confeccionadas com letras brancas sólidas em fundo verde ou letras pretas em fundo amarelo.

Também é conhecido, por parte dos transeuntes que buscam um passeio ao cair da noite, que as pessoas precisam aprender as normas de condução do veículo para poder dirigi-lo: sabem, portanto, que, ao atravessarem a rua na faixa de pedestre e sendo avistadas pelo motorista, ele fará a frenagem do carro. Dessa forma, estar com uma roupa clara ajuda a evitar um atropelamento!

Distinguir as competências de um robô é compreender como ele atuará diante dos fatos a que estará sujeito e, quando for o caso, ajudá-lo a não causar um acidente.

Aprender a analisar as competências de robôs, além de contribuir para a preparação daqueles que trabalharão diretamente com o desenvolvimento da robótica, também deve fazer parte da formação da criança que será o futuro cidadão que compartilhará o seu espaço com eles.[4]

Uma maneira de conseguir perscrutar os limites das competências de um robô é testá-lo, simulando as situações em que irá atuar.

A boa notícia é que os jogos são formas lúdicas de colocar em prova as competências dos robôs em cenários típicos em que poderiam atuar.

Perguntas e reflexões

Saber das competências de navegação de um carro autônomo pode ajudar os motoristas a evitar as colisões com eles?

No caso de um pedestre com uma bicicleta que atravessou fora da faixa e foi atropelado por um carro autônomo do Uber, vindo a falecer em razão desse acidente,

---

[4] Ver como a robô Sophia responde à pergunta sobre a sua capacidade de aprender: https://www.youtube.com/watch?v=pt75iOKy2To. Acesso em: 2 jul. 2023.

qual foi a competência comprometida desse automóvel autônomo? Caso o pedestre conhecesse as competências do veículo, isto o ajudaria a prevenir o acidente?

3.7 JOGOS PARA ROBÔS E HUMANOS

É inegável o benefício dos jogos e brincadeiras para o desenvolvimento das crianças e o professor/educador das primeiras séries lida com isso cotidianamente, relacionando muitos jogos aos objetivos pedagógicos e obtendo, por conta disso, um maior engajamento das crianças para o conteúdo didático.

Dessa forma, ao se sugerir uma atividade ou projeto de robótica educacional, cujos objetivos pedagógicos estão descritos no planejamento pedagógico, o professor/educador pode inserir esta atividade ou este projeto dentro de um jogo que requeira o mesmo rol de competências.

Uma das estratégias para reunir o aprendizado de robótica a todos os demais componentes curriculares é propor jogos com alguma atuação de mecanismos ou de dispositivos robóticos simples.

Para tal, serve de exemplo a atividade proposta na página 277: *O caso do Slide Skate Park: um exemplo de criação de desafio de competição* ou, de forma similar, poderá o professor construir uma rampa de papelão e propor uma corrida entre carrinhos artesanais estruturados por palitos de sorvete e papelão. Nessas oportunidades, consegue-se estimular o emprego da régua e da fita métrica, por parte dos alunos, como instrumentos balizadores para verificar se a construção dos carrinhos satisfaz os critérios propostos.

Dentre a ampla variedade de jogos que podem ser criados combinando a robótica educacional e outros saberes escolares, há os jogos destinados à participação direta dos robôs, os quais são particularmente importantes por serem o fundamento das competições de robôs que ocorrem em muitos lugares do mundo.

Estes jogos são criados para colocar à prova um grupo predeterminado de competências dos robôs participantes e apresentam um edital de regras que serve como uma convocatória aos interessados em construir um protótipo de robô para enfrentar o desafio.

Existem muitos desafios que são tradicionais e populares entre professores e alunos de robótica que participam de competições, nas quais se exige que os robôs os solucionem de maneira autônoma. Algumas modalidades deste tipo de desafio são: os de resgate, os de confronto, os de futebol, os de corrida etc.

3.7.1 O QUE É UM JOGO?

Os jogos podem ser considerados, em sua origem, como um derivado da organização social do trabalho humano e, por consequência, constituem-se como um tipo de representação do mundo real (Elkonin, 1998, p.38), para a qual há a atribuição de valor para as escolhas dos participantes, tornando-os comparáveis por meio de pontos ou elementos simbólicos acumulados, após uma sequência determinada de escolhas durante o jogo.

Para as crianças, em particular, os jogos configuram-se como a porta de entrada para o espaço social e, em especial, para o processo de desenvolvimento da compreensão simbólica do cabedal histórico-cultural de sua comunidade.

É, portanto, uma oportunidade lúdica de combinar o aprendizado de tarefas com o desenvolvimento de habilidades sociais.

De fato, segundo Elkonin (1998), o jogo é uma atividade que responde às demandas da sociedade a que pertencem as crianças e da qual, quando adultas, serão membros ativos.

O jogo pode ser considerado, em termos de sua prática social, portanto, sob o prisma dos que vão se engajar e participar dele, conforme Huizinga (1991), como atividade lúdica, sob incerteza e acaso, realizada de modo voluntário em evasão da vida real perfeitamente delimitada tanto espacial quanto temporalmente.

Por outro lado, sob o ponto de vista da criação de um jogo, em função das características que o tornam elegível dentre os demais da mesma categoria, Crawford considera que quatro elementos fundamentais devem estar presentes nos jogos:

1) Representação: realizada de forma simplificada e subjetiva da realidade em um ambiente completo e autossuficiente constituído por regras explícitas, interação, conflito e segurança.
2) Interação: estabelecida entre a representação e os atores inseridos no jogo em que as alterações provocadas pelos jogadores podem ser por eles verificadas.
3) Conflito: decorrente do fato de que todos os jogadores, qualquer que seja a quantidade deles, buscam os seus objetivos de forma concorrente, buscando sobrepujar possíveis obstáculos inerentes à proposta do jogo.
4) Segurança: oriunda da garantia de que as consequências se dissociam das ações, pois trata-se apenas de uma representação.

3.7.2 O QUE É UM JOGO PARA ROBÔS?

Um jogo para robôs, no qual eles devem assumir o papel de jogadores autônomos, é um sistema formal, finito, fechado e definido por regras que devem tanto delimitar as condutas aceitáveis quanto estabelecer os critérios de avaliação da atuação dos robôs.

Nele, por meio das ações dos robôs e superando os possíveis obstáculos ou situações impeditivas à sua progressão, os robôs participantes devem partir de um estado inicial do sistema com intuito de alcançar o estado final preestabelecido como objetivo.

Considerando-se que o robô jogador é ele mesmo um sistema integrado com objetivo de estabelecer o melhor resultado possível ao atuar no jogo, além das competências com que o robô pode contar, será também uma vantagem competitiva o emprego oportuno e tempestivo de um rol de estratégias bem-sucedidas.

Isso significa que o grupo que constrói um robô para um desafio deve prepará-lo para ter as competências que servirão às estratégias de solução que o grupo vislumbra serem as melhores para o jogo, e não o contrário, como se poderia ingenuamente imaginar: não será criado um super-robô, caso haja a chance de se fazer um robô simples que com uma boa estratégia resolva o problema.

Por isso, muitas vezes, quando o professor/educador lista previamente os objetivos pedagógicos almejados através de um jogo para robôs, poderá não alcançar êxito para alguns desses objetivos por conta do curso de trabalho percorrido pelo grupo de alunos, pois, tal qual fariam para obter o melhor resultado para uma avaliação, preparando-se com foco apenas naquilo que, mais provavelmente, será cobrado nela, farão o mesmo com o robô, desenvolvendo-o para otimizar os seus resultados com a minimização de seus esforços através de uma estratégia para tal.

De fato, o protagonismo discente poderá, em virtude de sua inventividade, frustrar o caminho formativo previamente estabelecido pelo docente: o aprendizado dos alunos por meio de desafios a serem resolvidos por robôs é menos disciplinado, ainda que possa ser mais robusto em experiências.

Certamente, a tarefa de buscar meios de construir um robô capaz de participar de um jogo é uma estimulante maneira de desenvolver competências através do raciocínio heurístico.[5]

Aliás, a abordagem heurística é comumente empregada tanto nos planos de desenvolvimento de protótipos de robôs quanto na solução de problemas computacionais.

Trata-se de abordar aquilo que tem uma solução desconhecida experimentando diferentes estratégias de resolução isoladas ou combinadas como: atacar o problema, reiteradamente, pela tentativa e erro, buscar soluções recursivas, buscar reduzir o problema para um problema mais simples, dividir o problema em problemas menores, pensar na solução de um problema semelhante ou análogo, fazer uma relação semântica com auxílio de outras linguagens como desenhar um esboço, produzir uma tabela ou diagrama, procurar um modelo, estudar casos especiais para analisar a possibilidade de generalização ou manter o problema em limites conhecidos, buscar escrever uma equação ou operação, trabalhar o problema de trás para diante etc.

É inevitável dizer que resolver problemas exige a criatividade de inventar soluções ao que se costuma considerar como realização de abordagens heurísticas.

Conforme Polya, a "Heurística moderna procura compreender o processo solucionador de problemas, particularmente as operações mentais, típicas desse processo, que tenham utilidade" (Polya, 1994, p. 86)".

---

5 Raciocínio heurístico é o raciocinar não com um fim rígido, mas com um final razoável e provisório cujo propósito é descobrir a solução do problema atual. Heurístico contrasta-se com algoritmo. Não há procedimento fixo que, se seguido passo a passo, garante o sucesso na condução da tarefa (Gonçalves, 2006, p. 7).

Um aspecto a ser considerado, em se propondo a construção de protótipos de robôs para as crianças, é que, deixando-as livres para praticar as suas iniciativas, sob o ponto de vista de uma abordagem heurística do problema, não há como esperar que a solução seja alcançada em um prazo rígido.

Contudo, o professor/educador pode colaborar e instigar as crianças a buscar o caminho da solução pelas sugestões do processo de quatro fases proposto por George Polya, conforme transcreve Gonçalves (2006, p. 7):

Compreensão do problema

a) Você pode relatar o problema com suas próprias palavras?

b) O que é procurado?

c) Que informações você obtém do problema?

d) Que informação, se existe, está faltando ou não é necessária?

e) Você poderá estimular a resposta?

Elaboração de um plano

a) Você já resolveu um problema semelhante a esse antes? Já viu um problema semelhante ou análogo que lhe poderia ser útil?

b) Organize suas informações numa tabela, gráfico ou diagrama.

c) Procure um modelo – que simetrias ou relações você pode ver?

d) Trabalhe no problema por partes.

e) Procure um problema mais simples.

f) Tente escrever uma sentença matemática.

g) Use tentativa e erro.

Execução do plano

a) Execute o seu plano de resolução verificando cada passo.

b) Resolva a sentença matemática.

c) Complete o seu diagrama. Tente determinar seu esquema.

d) Faça cálculos necessários.

Retrospecto (*looking back*)

a) Confira os resultados no problema original.

b) Há alguma outra solução? Há outra maneira de achar a resposta?
c) Você pode resolver outro problema semelhante a esse resolvido?
d) Você pode generalizar o problema? Por exemplo, você pode determinar o problema para os "n" pontos?
e) Você pode criar um problema semelhante a este que você resolveu? Mais fácil? Mais difícil?
f) Você pode usar esse problema para introduzir um conceito ou conteúdo matemático?

Para a atividade docente é muito importante analisar quais foram os raciocínios empregados pelos seus alunos para que pudessem ou não alcançar êxito na solução de cada problema encontrado na realização da atividade proposta em robótica educacional, bem como, para os alunos, o revisitar do problema, examinando a solução obtida, os argumentos e métodos empregados, faz aprender ainda mais sobre ele (Silva, 2021).

Parte 2
A EDUCAÇÃO E OS ROBÔS PARA ALUNOS DAS PRIMEIRAS SÉRIES

Os robôs podem ser motivo de especial atenção através de atividades independentes ou projetos realizados durante o turno escolar sem que seja demandada uma carga extra de trabalho tanto dos professores/educadores quanto das crianças.

Isso já ocorre em muitas escolas públicas ou privadas, nas quais os professores/educadores organizam os planos de suas aulas, contemplando a abordagem da robótica educacional durante os processos de alfabetização, letramento da matemática e das ciências e durante as muitas experiências de socialização típicas do ambiente escolar.

Perceber que a robótica educacional, durante as primeiras séries, é um meio de estimular o desenvolvimento das funções cognitivas superiores através de atividades simples e com recursos pouco dispendiosos é o primeiro passo para procurar entrelaçar a formação escolar do aluno ao percurso formativo do letramento digital indispensável para que ele possa exercer a cidadania neste século.

As rodas de conversa que relatam o cotidiano podem agregar tanto os muitos temas discutidos neste livro quanto debater os fatos tecnológicos atuais colhidos ainda frescos de noticiários e artigos que relatam a recente ocorrência deles: este livro traz aos olhos do professor/educador uma grande porção de temas em que poderá investir maior atenção e pesquisa, conforme a sua conveniência.

A contação de histórias pode, em algumas oportunidades, ser o caminho para fazer adentrar as narrativas com robôs no elenco temático de leitura, visto que, assim como se dá com todas as tecnologias emergentes, o gênero da ficção científica tem muito acolhimento das crianças em virtude de terem cada vez mais acesso aos dispositivos digitais de informação e comunicação.

Contudo, é na elaboração de atividades práticas de matemática que a robótica educacional transforma a realidade escolar em um ambiente propício ao processo de aprendizado heurístico, com a elaboração de hipóteses e a verificação de suas aplicações.

Dessa forma, as atividades e projetos com robótica educacional apresentados a seguir estão distribuídos de forma a primeiro encampar a alfabetização e a produção textual para depois ingressar no natural intercâmbio de conceitos que a matemática e as ciências podem ter com a construção e programação de protótipos de robôs.

Todas as propostas aqui descritas têm consigo referências às histórias exitosas de muitos professores e de crianças (hoje jovens adultas) que se dedicaram a realizá-las, o que credencia as atividades e projetos dessas propostas a serem empregadas como fonte inspiradora para novas experiências educacionais nas escolas.

CAPÍTULO 4

Desenhando robôs e cenários para robôs e outros personagens

A prática do desenho é relevante no processo formativo da criança para a robótica educacional.

A montagem do robô é uma complexa elaboração mental de difícil execução para se chegar na concretude de um protótipo. Ela necessita do amadurecimento cognitivo para que a criança consiga representar as partes que precisam ser integradas ao corpo principal do protótipo e, durante a execução, realizar as devidas sequências operativas para efetivamente alcançar o produto finalizado.

As primeiras séries estão no período cognitivo em que há predominantemente a representação icônica nos desenhos e, no emprego das peças, prevalece a substituição icônica à especificação funcional: um eixo de rodas é antes uma metralhadora ou uma espada ou qualquer outra representação[1] que seja útil para o contexto em questão.

Dessa forma, para as crianças, as peças já são eficazes por si mesmas, pois são, para elas, o que se atribui na narrativa que enunciam, não são partes, mas objetos inteiros prontos para assumirem a funcionalidade de outros que lhes interessam no momento.

Assim, no acordo tácito estabelecido em um grupo de crianças, um apontador e uma borracha podem representar um motor e um tanque de gasolina.

---

1 Como ícone, conforme a semiótica de Peirce (2010), faz-se necessário ao objeto possuir semelhança física com a ideia que representa.

Todavia, para a robótica educacional, a montagem mecânica só pode ser realizada quando as partes do mecanismo são integradas a partir da funcionalidade individual de cada uma delas. Nessa operação, compreendem-se as especificações individuais e apenas a combinação dessas partes transformam-nas em mecanismos organizadamente constituídos.

O desenho daquilo que as crianças supõem ser um robô é uma experiência muito útil para conhecer quais são os detalhes que decidem representar e o que eles significam para a funcionalidade dos robôs.

As crianças das primeiras séries divertem-se muito ao ver desenhos a que o professor/educador atribui serem pedaços de robôs representados na lousa, de tal maneira que elas possam também tentar fazer os seus desenhos das partes dos seus robôs e, no seguimento da aula, o desenho conjunto dessas partes.

Figura 4.1 Atividades de robótica com desenho para alunos da quarta série.
Fonte: arquivo pessoal do autor.

As crianças também podem desenhar os cenários, onde os robôs serão os personagens de uma narrativa de jogo.

Os jogos de percurso de tabuleiro podem ter os seus cenários desenhados de tal maneira que as crianças façam figuras referentes a cada casa do tabuleiro, oferecendo às crianças a experiência de participar de um jogo simples de RPG.

Na figura a seguir, o cenário do Viagem ao Centro da Terra, desenvolvido para protótipos reais de robôs, é transformado em tabuleiro para as crianças das primeiras séries:

Viagem ao centro da terra

6	7	8	9
5	20	21	10
4	19	22	11
2	17		13
1	16	15	14

ENTRADA

Figura 4.2 Tabuleiro para ser percorrido conforme os números obtidos através dos dados.
Fonte: arquivo pessoal do autor.

Figura 4.3 Desenho das crianças referente ao robô participante.
Fonte: arquivo pessoal do autor.

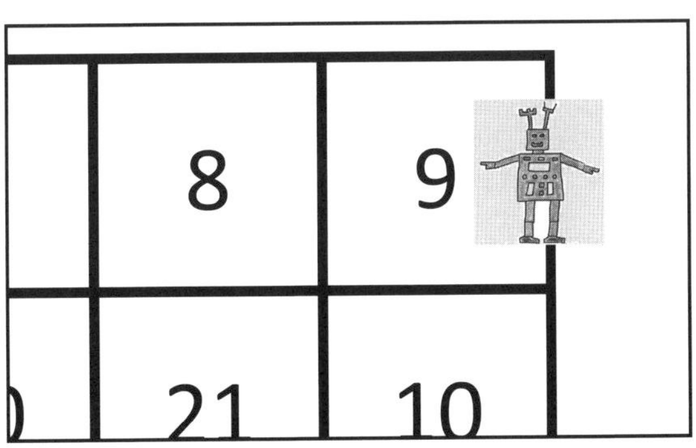

Figura 4.4 O robô na casa 9 do tabuleiro.
Fonte: arquivo pessoal do autor.

Figura 4.5 Desenho das crianças referente ao local da casa 9.
Fonte: desenho coletado pelo autor.

Nesta atividade, para cada casa numerada propõe-se que as crianças confeccionem um desenho correspondente de forma a relacioná-lo ao local ficcional onde estão a ocorrer aventuras a que o robô estará sujeito no imaginário delas.

O próprio robô é fruto do desenho das crianças que, tal qual um peão de tabuleiro, ao cair em uma determinada casa do tabuleiro, estará sujeito ao desenrolar da narrativa coletiva naquele nicho do cenário e, assim, será construída a saga de cada um dos robôs desenhos participantes da brincadeira: imagine-se que, ao ficar na casa 9, o destino do robô, personagem da ficção, ao se consultar o desenho do grupo referente à casa 9, seja deparar-se com uma abóbora que varre o bosque durante a noite.

Paralelamente, o professor/educador poderá reforçar a sequência dos números e propor aos alunos que respondam sobre os números faltantes.

Atividades dessa natureza são muito importantes para que a criança perceba que a atuação de um robô está intimamente relacionada ao ambiente em que se encontra e aos fatos que ali se desenlaçam.

A tridimensionalidade também pode ser explorada sobre a figura do cenário, à medida que as crianças amadurecem, se aí forem montadas casas de papelão ou bloquinhos para dar a aparência de ruas.

Em todos os casos, o professor/educador poderá ter como objetivo pedagógico a elaboração coletiva de narrativas e a construção textual, explorando o ensejo para realizar a prática da leitura e da escrita.

4.1 A PRÁTICA DO DESENHO

A prática do desenho é indispensável durante as atividades de robótica educacional atribuídas às crianças, pois serve como meio de representação tanto das ideações delas quanto de processos narrativos que constituem a base da apresentação dos desafios e dos jogos propostos como desencadeadores das atividades.

Além disso, o desenho serve para sinalizar o desenvolvimento da aprendizagem da criança.

Segundo Cohn (2012), a criança apresenta, desde o nascimento, um sistema básico para o desenho tal qual ocorre com a fala, com propriedades resilientes, ou seja, serão praticadas independentemente se ela for estimulada ou não.

Sheridan (2002, 2005, 2009), em sua Hipótese do Rabisco e da Teoria das Marcas, considera que o rabisco é uma necessidade do cérebro, a qual está predestinado a atender, e constitui-se como a gênese tanto do desenho quanto de outras literacias, por exemplo, da alfabetização.

O desenho é, portanto, um sistema de representação tal qual é o sistema da linguagem e, para se desenvolver, necessita da aquisição de esquemas que decorrem da acuidade perceptiva do que se vê e da constituição de esquemas gráficos adquiridos e armazenados na memória. Assim como ocorre com a linguagem, esses esquemas são convencionalizados pela cultura e decorrem da assimilação oriunda da interação do indivíduo com a produção gráfica coletiva.

Para a criança, ao rabiscar, por exemplo, modelam-se os sistemas neurais, com a autossincronização e autointegração dos gestos, por meio de estímulos às células especializadas do córtex visual.

Esta prática permite o desenvolvimento da habilidade de produção de linhas e formas e de discriminação dos limites da imagem, através da diferenciação da figura e do fundo.

As formas básicas, as garatujas, são as expressões básicas do ato de desenhar e podem ser comparadas aos balbucios que a criança pequena faz quando está inaugurando os atos de fala. Contudo, segundo Cohn (2012), para que a criança desenvolva o seu sistema de desenho é necessário que ela desenvolva esquemas gráficos, gradualmente, adquiridos a partir dos estímulos ambientais, reforçados e ampliados pela prática. Tais esquemas são armazenados e sistematizados na memória, para serem requisitados durante o ato de desenhar.

Os esquemas gráficos, segundo Cohn (2012), necessitam de que um vocabulário visual básico (linhas e formas) seja adquirido. Este léxico gráfico pode ser combinado em linhas e formas, gerando imagens através de regras sintáticas que são denominadas de sintaxe gráfica.

A exploração de linhas e formas, ainda que de maneira, a princípio, desordenada, mediante composições de pontos, linhas, círculos, espirais e outras formas, elementos básicos que podem decorrer de estruturas pré-existentes (geneticamente determinadas), contribui para o desenvolvimento gradativo da capacidade de organização dos elementos no desenho produzido.

Ademais, quando a criança olha para os seus rabiscos e atribui-lhes um significado, estabelece-se o princípio do processo de formação do pensamento simbólico, base do processo de leitura e escrita, e das várias literacias, como a matemática, a música, as artes e as ciências.

Em relação à escrita, os trabalhos de Dehaene (2012) estabelecem clara relação entre o processo de produção de desenhos e a formação das protoletras.

As protoletras, para a estrutura cognoscente cerebral, são formas elementares reconhecíveis que permitem a identificação de um objeto, independentemente de sua posição, tamanho, distância, iluminação ou orientação.

De acordo com Dehaene (2012), as protoletras se assemelham muito com as letras dos diversos alfabetos existentes, indicando que algumas dessas formas elementares estejam impressas em nossos genes, formando um léxico inato de formas, e que outras, a maioria delas, seriam decorrentes de aprendizagem pela interação do indivíduo com o mundo exterior e suas convenções.

Algumas pesquisas mostram que o desenho e a escrita compartilham as mesmas áreas de ativação cerebral motoras, sensoriais e cognitivas (Yuan; Brown, 2015), dentre elas as áreas consideradas próprias da escrita (Planton *et al.*, 2016).

É possível que o desenvolvimento do controle motor fino da mão e a maior destreza no uso do polegar opositor permitam às crianças partirem tanto do rabiscar para o desenhar e das letras em garatujas para o escrever quanto do mexer, despretensiosamente, nas peças para conseguir, efetivamente, integrá-las em um mecanismo.

4.1.2 PROPOSTA DE ATIVIDADE (EF01RE06>>EF01RE10; EF15AR04)

Desenhando as partes dos robôs: nesta atividade, as crianças recebem do professor/educador um conjunto de tiras largas de papel, em que cada tira contém um desenho individualizado de uma possível parte de um robô humanoide: cabeça, tronco, braços, pernas, mãos, olhos. Cada criança procurará reproduzir em forma e tamanho, em um desenho, cada uma dessas partes em pranchas diferentes (uma folha para o braço direito, outra para o esquerdo etc.).

De posse dos desenhos das partes: o professor/educador irá cortá-los, seguindo as bordas, e entregará de volta para cada criança o seu conjunto de partes, para que possa colá-las, em uma base de papel cartolina, agrupadas de maneira a formar o seu robô.

O mercado das partes: as crianças poderão negociar entre elas as partes de robôs, de maneira a poder mesclar as suas peças com as dos outros para formar o seu robô.

As partes extras feitas pelo professor/educador: o professor/educador poderá confeccionar partes em grande número e de formato variado para auxiliar na composição dos detalhes, como bocas, nariz e olhos.

4.2 A PRÁTICA DO DESENHO DE ROBÔS E DO CENÁRIO: COMO ENVOLVER A NOÇÃO DE ESCALAS

Uma forma de estimular crianças a inspecionar as formas dos objetos é, quando têm acesso às peças destinadas à prática de robótica educacional, propor que façam desenhos que representem essas peças no papel.

No primeiro momento, convém às crianças colocarem-se a criar com mais liberdade esta representação gráfica pedida, sem que estejam sujeitas a critérios de comparação com fotos ou representações gráficas produzidas através de técnicas de desenho (como no caso de se comparar o desenho da criança às ilustrações que constem de catálogos de peças).

Também não é recomendado que sejam feitas atribuições de valor ao desenho que possam reduzir a ludicidade dessa prática educacional.

O professor poderá contribuir com este processo, partilhando, na lousa, o seu desenho da peça em que todas as crianças estão, individualmente, a trabalhar a representação dela no papel: passo a passo, linha a linha, corrigindo, caso haja, os excessos, as formas equivocadas, sempre contando, por meio de uma narrativa relacionada à execução do desenho, o critério que faz seguir com o giz de uma determinada maneira e não de outra.

A roda, por exemplo, costuma ser um objeto de muito interesse para as crianças e que facilita a exploração do esquema básico do círculo e das formas mais gerais, as elipses.

O interessante deste processo que consta no desenho de uma simples roda é que a representação de um objeto que frequenta praticamente todos os mecanismos permite não apenas exercitar um esquema básico de desenho, mas, também, integrar as suas propriedades físicas do mundo real.

A roda, por conta de sua simetria, capacita-se a realizar rotações e, portanto, sustentar processos recorrentes que encantam as crianças.

Logo adiante, para esses alunos, modalidades do mesmo objeto serão motivo de atenção durante o estudo de ciências, como no caso da roda dentada, a engrenagem, a roldana etc.

Algumas vezes as crianças solicitam que o professor conduza a mão delas para que possam compreender o movimento a ser realizado durante um desenho. Isto é um ótimo processo para se ensinar como empunhar um lápis ou uma caneta e dosar o esforço durante o desenho, através de movimentos brandos e pausas.

Comparar o resultado do esboço com a peça usada como modelo para o desenho é uma oportunidade para que sejam reforçados os atributos relevantes dos esquemas básicos principais que devem constar da representação gráfica dela.

Figura 4.6 Prática de desenho vista lateral.
Fonte: arquivo pessoal do autor.

Figura 4.7 Prática de ilustração para 5ª série.
Fonte: arquivo pessoal do autor.

Figura 4.8 Desenho de peças com formas básicas.
Fonte: arquivo pessoal do autor.

Figura 4.9 Experimentando a interface de programação.
Fonte: arquivo pessoal do autor.

As atividades com desenho manual podem ser acompanhadas tanto de atividades de desenho por aplicativos digitais[2] quanto com a prática de programação por meio de compiladores/editores de blocos como os da LEGO e o Scratch. Esses aplicativos permitem visualizar os efeitos de comandos simples sobre os motores e, consequentemente, sobre as rodas.

Propor o desenho a partir de peças concretas oferece ao professor/educador a oportunidade de mostrar o significado das escalas, partindo da relação 1:1 (em que cada unidade de medida do objeto real está, igualmente, representada no papel, ou seja, se o diâmetro da roda real é de 4 cm, então o seu desenho também possui um diâmetro de 4 cm). Nesse momento, o professor/educador pode estimular a usar a própria peça como fôrma para o desenho e, inclusive, propor aos alunos o uso da própria mão para realizar o desenho, contornando-a, pacientemente, com o lápis, quando ela estiver devidamente sobreposta ao papel.

Ao fazer um desenho na lousa, o professor/educador pode mostrar o quão maior é o desenho em relação ao objeto real a que se refere o desenho, alterando a escala para, caso queira, oito vezes o tamanho real, o que seria expresso por 1:8, por exemplo.

Dessa forma, neste tipo de atividade, em que o desenho é baseado na representação de um determinado objeto real que serve a todos de modelo, tanto o professor/educador quanto as crianças têm em mãos o mesmo objeto.

Ao fazer referência a esse objeto, os que estão retratando-o, alunos e professor/educador, definem qual será a vista privilegiada através da qual farão o esboço do desenho, por exemplo, no caso da vista lateral, as rodas mostradas abaixo.

---

2 O Paint 3D e o Paint estão disponíveis em todas as versões do Windows 10, o que significa é possível criar desenhos em seu PC sem precisar instalar um aplicativo de terceiros.

Existem diversos aplicativos de desenho para Windows 10 que você pode usar gratuitamente. MediBang Paint é um aplicativo de desenho gratuito disponível para computadores Android, iOS e PC/Mac. O aplicativo facilita a criação de desenhos e gibis e é repleto de recursos como pincéis, fontes, fundos pré-fabricados e outros recursos. PAINT.NET ou Microsoft Fresh Paint são apenas alguns entre os incontáveis aplicativos de desenho que você pode usar para criar desenhos ou pinturas digitais sem ter que adquirir uma assinatura ou fazer um pagamento único. O SketchBook tem como principal mérito o fato de ser simples o suficiente para que mesmo usuários não familiarizados possam se divertir sem maiores complicações. Para saber mais: Os 12 melhores aplicativos para desenhar e pintar no celular/tablet Android ou iOS | XPPen (https://www.xp-pen.com/la-pt).

Figura 4.10 As formas básicas na lousa (professor).
Fonte: arquivo pessoal do autor.

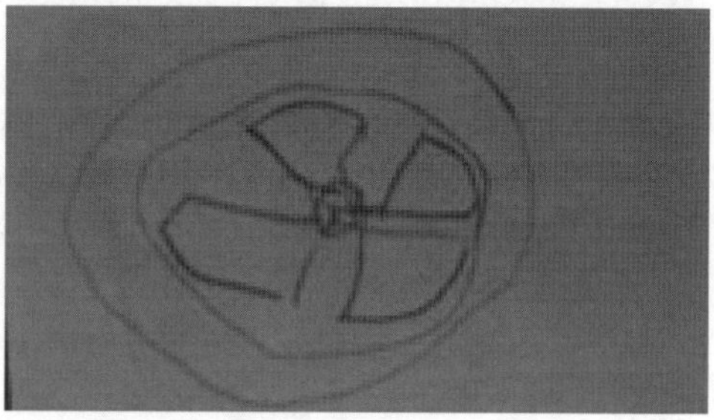

Figura 4.11 As formas básicas: caderno (aluno 3ª série).
Fonte: arquivo pessoal do autor.

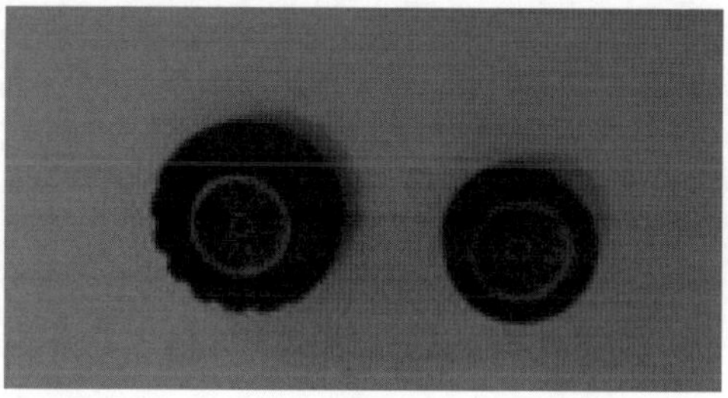

Figura 4.12 As peças de referência.
Fonte: arquivo pessoal do autor.

Por isso, dado que existe um referencial comum, todos podem se valer, gradualmente, de fotografias do objeto e do desenho para compará-las minuciosamente.

A comparação das figuras das fotos, ambas referindo-se ao mesmo objeto impresso em duas dimensões, poderá auxiliar o desenvolvimento da percepção visual dos detalhes dele e contribuir para o desenvolvimento dos esquemas de desenho e da sua sistematização na memória.

4.3 ALGUMAS CRIANÇAS SE INTIMIDAM EM DESENHAR: COMO VENCER AS DIFICULDADES?

No decorrer da infância, dão-se as primeiras influências do meio social sobre as crianças, estimulando as suas percepções e desenvolvendo as habilidades de expressão.

Trata-se de desenvolver o diálogo com o mundo, com representações socioculturalmente construídas e mediadas pelas várias formas de linguagem.

Os primeiros desenhos não são compostos sob a luz dos critérios sociais de leitura e, portanto, não há preocupação com as imagens produzidas, pois ainda não se estabeleceram nelas significados persistentes, por parte da criança pequena, com os quais possa projetar, de maneira sistemática, os seus pensamentos e valores.

Ainda que a criança pequena, ao desenhar, distinga o desenho que fez diante dos outros realizados pelas demais crianças e atribua a ele um significado, ainda não possui a consciência clara de que as linhas podem se constituir em formas esquemáticas para representar objetos e com isso possa avançar na apropriação simbólica da produção imagética.

Isso torna a produção dos primeiros esboços uma propriedade resiliente, de iniciativa natural da criança, alheia à solicitação do entorno e que não se submete aos critérios socioculturais.

Contudo, em uma fase mais avançada do seu desenvolvimento, a criança pode sentir-se desestimulada para a prática do desenho, mostrando alguns bloqueios quando convidada a fazer algum esboço.

Esse receio que a criança apresenta em ingressar na prática do desenho, quando essa prática é solicitada pelo professor/educador, pode ter origem na suposição de que estaria sujeita a alguma crítica.

Isso pode ser desencadeado durante o esboço dos primeiros traços do desenho, impedindo a fruição do processo.

A antecipação que a criança pode fazer de um julgamento desfavorável a respeito do seu desenho sugere que há, por parte dela, uma sensação de inferioridade diante dos desenhos dos demais colegas.

O estímulo do professor/educador e a sua contribuição direta, auxiliando a criança em suas dificuldades relacionadas à aquisição dos esquemas básicos de desenho, são fundamentais para reverter a inibição da criança.

Cuidar dos desenhos da criança tanto quanto se presta a atenção para a sua alfabetização corrige os efeitos de situações que, em algum momento, ainda que pouco perceptíveis, podem ter causado desconforto durante a prática do desenho e que, ao persistirem no decorrer de sua formação escolar, podem impedir o desenvolvimento de habilidades essenciais para as competências relacionadas ao desenho.

Essa progressão é corroborada pelo esquema de Rhoda Kellogg em que demonstra que todas as formas e figuras produzidas pelas crianças derivam de suas primeiras garatujas.

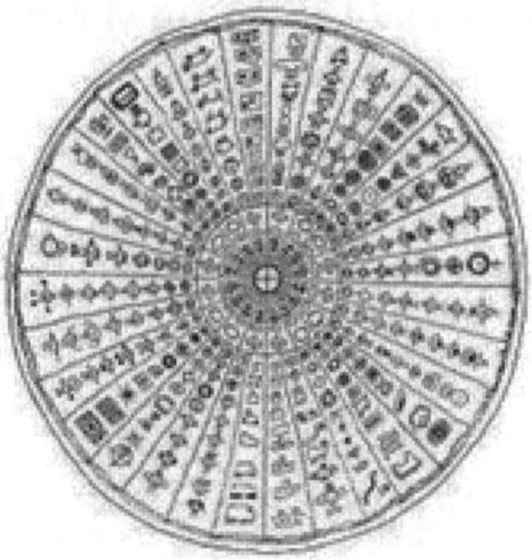

Figura 4.13 Esquema de Rhoda Kellogg (1969, p. 276).

A propositura de novas situações que explorem a criatividade da criança, nas quais exista o uso de diferentes materiais e técnicas de composição bem como a oportunidade de se investir na tridimensionalidade, no desenvolvimento da percepção da profundidade combinada ao comprimento e largura, pode auxiliar para o desembaraço das crianças na atividade do desenho, aguçando a sua curiosidade para os resultados destas novas experiências.

Nesse aspecto, além de servir para desinibir a criança, a construção de pequenos mecanismos e de maquetes simples beneficia a visão espacial e a sua integração com as operações táteis de manipulação dos objetos.

4.4 A UTILIDADE DO DESENHO COLETIVO PARA A PRÁTICA DA ROBÓTICA EDUCACIONAL

O desenho coletivo é uma prática muito útil para qualquer etapa formativa, aprimorando a fruição da narrativa visual dos traços e ajudando a prática colaborativa por meio de estratégia de antecipação da leitura do produto visual.

Para Educação Infantil, a BNCC estabelece, como requisitos antecessores ao Ensino Fundamental, que sejam cumpridos os direitos de aprendizagem e os campos de experiência da criança.

Nesta etapa formativa, a atividade do desenho coletivo está abrangida no campo de experiência "traços, sons, cores e formas", enquanto o processo colaborativo abarca outros dois campos: "o eu, o outro e o nós" e "escuta, fala, pensamento e imaginação".

Nessa atividade, a criança também executa o que rezam os campos "corpo, gesto e movimentos" e "espaço, tempo, quantidades, relações e transformações".

Evidentemente, há benefícios que se estendem aos alunos de outras séries quando estes têm a chance de realizar a atividade de desenho coletivo: o desenvolvimento de comportamentos favoráveis à colaboração como a valoração do agir coletivamente e da troca de ideias; o compartilhamento de objetos e o respeito à contribuição dos colegas.

Atividades com base no desenho coletivo podem ser um ótimo ponto de partida para as atividades da robótica educacional, tendo em vista tanto os benefícios que podem ser obtidos delas quanto a possibilidade de o professor/educador conhecer a dinâmica do grupo diante de uma tarefa lúdica de atuação coletiva.

Proposta de atividade (EF01RE01>>EF01RE06; EF01RE18; EF02RE11; EF15AR04; EF15AR05)

Dos desenhos aos animais fantásticos articulados (*animabots*)[3]:

Nesta atividade, no primeiro momento, as crianças são estimuladas a desenhar animais robóticos imaginários com bastão de cera no papel sulfite.

A seguir, em uma roda de conversa, podem contar sobre os animais robóticos que criaram em seus desenhos, dando nome a eles, e apresentá-los aos colegas.

No próximo passo, as crianças são convidadas a construírem esses animais com as peças estruturais de *kits* de robótica ou com material de papelão e palito de sorvete, anexando as peças de maneira que parte delas mantenha alguma liberdade de articulação com as demais, como ocorre com os membros do corpo, por exemplo.

Nessa etapa, estarão as crianças a transitar a sua inventividade entre o bidimensional e o tridimensional, recriando, portanto, os objetos dos seus desenhos sob novos paradigmas para que atendam as leis do mundo real, como a lei da gravidade, por exemplo, e permaneçam estáveis e eretos conforme era previsto no desenho.

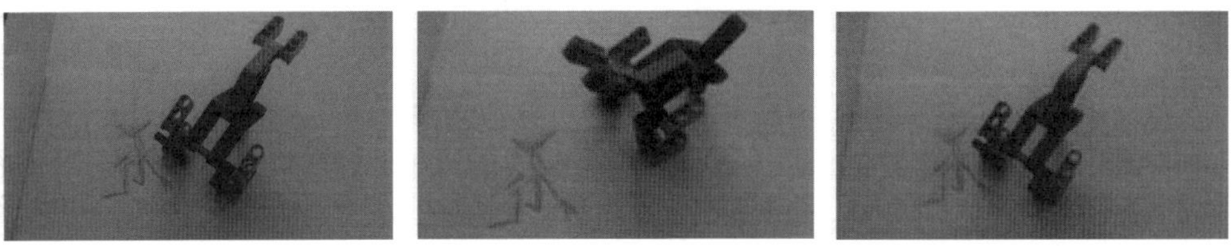

Figura 4.14 Em vários ângulos, *Dinomauro*, com peças de LEGO Mindstorms, produto da atividade do aluno Mauro, de 7 anos.
Fonte: arquivo pessoal do autor.

---

[3] Aqui três vídeos de animal robô do tipo hexapod: https://youtu.be/mcw_0cIyr9Y , https://youtu.be/yn3FWb-vQQ4 e https://youtu.be/vwlJxP_TqQw. Também há nesta classe que chamamos aqui de *animabots* (neologismo estabelecido neste livro para robôs que mimetizam a variação de seus formatos tal qual é realizada pelos seres vivos para se adaptarem ao ambiente e alcançarem o objetivo desejado) outros modelos em: https://youtu.be/93_QYlKq19o. Acesso em: 2 jul. 2023.

Por fim, as crianças poderão construir um cenário de um ambiente fantástico, onde todos estes animais robóticos estariam a coexistir.

Proposta de atividade (EF01RE01>>EF01RE06; EF01RE18; EF02RE11; EF15AR04; EF15AR05)

Dos animais fantásticos articulados (*animabots) às marionetes*:

Nesta atividade, as crianças e o professor/educador vão tentar transformar o seu *animabot* numa marionete. Esta não é uma tarefa fácil, porém é muito divertida: passar os fios nas partes móveis e ajustá-los numa cruzeta de maneira a poder movimentá-los de maneira razoavelmente independente é essencial para dar expressividade ao movimento da marionete.[4]

Figura 4.15 Marionetes com o Dinomauro.
Fonte: arquivo pessoal do autor.

Ainda que o resultado não fique profissional, esta é uma tarefa muito relevante para que a criança compreenda que, em um corpo extenso, o movimento de uma das partes modifica o estado de todas as demais: ao se tentar realizar um chute com a perna direita, a marionete toda poderá se inclinar para a esquerda, por exemplo.

[4] Ver vídeos sobre a construção de marionetes simples: https://youtu.be/XpJ5c_WJ0BI e https://youtu.be/jMTX5IFhShc. Acesso em: 2 jul. 2023.

Proposta de atividade (EF15RE11; EF01RE02>>EF01RE05; EF01RE18; EF02RE11; EF15AR04; EF15AR05; EF15AR21; EF01LP25; EF01LP26)

O laboratório de ressignificação de peças, partes de objetos e objetos:

Nesta atividade, as crianças e o professor/educador vão tentar usar uma coleção prévia de peças, partes de objetos e objetos que não tenham uma função preestabelecida (como no caso de peças de *kits* incompletos deixadas ao acaso, restos de brinquedos danificados, por exemplo) para atribuir-lhes novas funções e significados, reunindo-os fisicamente.

Com este novo objeto, fruto da inventividade construtiva e da criatividade, as crianças deverão ser estimuladas a estabelecer alguma narrativa que faça uso da presença deste objeto, com o que ficará tácita a ressignificação.

Esta é uma tarefa que se baseia na liberdade e na criatividade, de tal maneira que, caso os alunos fiquem à vontade com a proposta, muitas histórias poderão ser contadas com auxílio dos novos objetos.

Exemplos:

Figura 4.16 Planeta da bola mordida.
Fonte: arquivo pessoal do autor.

A bola mordida por um cachorro torna-se um planeta envolvido em grande devastação por conta de uma guerra interplanetária.

Figura 4.17 Júlio Boneco.
Fonte: arquivo pessoal do autor.

As peças da sobra de um *kit* LEGO incompleto transformam-se em Júlio Boneco, que vai para a escola aprender a ler.

CAPÍTULO 5

As atividades educacionais com jogos de cartas, de tabuleiro e a robótica

Os jogos destinados aos alunos das primeiras séries são naturalmente interdisciplinares por ser inevitável a integração entre a alfabetização e leitura, por exemplo, com a lógica e o raciocínio matemático. Contudo, o professor/educador deve conduzir a prática do jogo para chamar a atenção da criança para a compreensão daqueles objetivos pedagógicos planejados, evitando a dispersão dos alunos do trajeto formativo para a imersão apenas na ludicidade.

Cabe, portanto, considerar que o jogo é apenas um recurso pedagógico que deve combinar objetivos de ensino e objetivos de aprendizagem, favorecendo a aquisição de saberes, desenvolvimento de habilidades e conquista de competências.

Há algumas questões como a observação prévia do contexto de sala de aula para o planejamento do mecanismo efetivo do jogo, da temporização dele e da acessibilidade que o jogo precisa oferecer para suprir deficiências encontradas no grupo de alunos alvo.

Uma leitura prévia sobre o tema dos jogos na educação é fundamental para que se possa fazer um plano de ação para a introdução do jogo no plano de aula, não se esquecendo de que é conveniente realizar testes e ajustes antes da aplicação efetiva do jogo em sala de aula.

A escolha de um jogo deve ser realizada sob a perspectiva de que o público-alvo do jogo tem de se sentir motivado a participar dele, ser capaz de compreender o seu mecanismo e atuar plenamente sobre ele por meio de um acesso completo a sua jogabilidade.

Os professores/educadores podem contar com a documentação de jogos conhecidos para somá-los como fonte de inspiração para os seus próprios jogos.[1]

O registro audiovisual da prática dos jogos por parte dos alunos, com os devidos cumprimentos dos requisitos éticos e legais, é de suma utilidade tanto para uma posterior análise do processo e de seus resultados pedagógicos quanto para servir de consulta para outros professores educadores que poderão se inspirar neste material didático.[2]

Os jogos com objetivos educacionais[3] podem ser subdivididos em nove categorias, conforme os objetivos e as competências mobilizadas:

- Jogos tradicionais: são aqueles oriundos da experiência lúdica ancestral, transmitidos de geração em geração. Esses importantes produtos culturais que permitem às crianças terem conhecimento dos jogos praticados por seus pais e avós com aqueles seus contemporâneos podem se transformar em meios eficientes para uma abordagem multidisciplinar tanto do mecanismo do jogo quanto do conteúdo veiculado por ele com seus respectivos referentes curriculares.[4] Para Kishimoto (1993) "os jogos tradicionais, enquanto manifestação espontânea da cultura popular, têm a função de perpetuar a cultura infantil e desenvolver formas de convivência social" (p. 15). O professor/educador envolvido com a prática da robótica educacional deve interessar-se pelos jogos tradicionais, para reforçar os vínculos das crianças com a ancestralidade delas, reforçando à comunidade que as atividades nesta área não podem ser disruptivas para o bom convívio com o passado cultural. Nesta obra, há atividades que trabalham as danças populares de forma que o professor/educador possa propor a pesquisa cultural sob a forma de gincana.
- Os jogos de cooperação: são aqueles em que o objetivo central está em estimular a cooperação entre os alunos no processo de aprendizagem. Argyle (1991) aponta que "cooperar é atuar junto, de forma coordenada, no trabalho ou nas relações sociais para atingir metas comuns, seja pelo prazer de repartir atividades ou para obter benefícios mútuos" (citado por Lopes & Silva, 2009, p. 3).
- Aliás, a aprendizagem cooperativa é intrinsecamente mais complexa do que a competitividade ou individualista, porque exige que os alunos aprendam não só as matérias escolares (execução de tarefas), mas também as práticas interpesso-

1 Para o professor/educador consultar uma área de convívio e documentação sobre jogos educacionais: https://apps.univesp.br/brinquedoteca/sala-dos-professores/. Acesso em: 2 jul. 2023.

2 São exemplos deste tipo de registro: https://youtu.be/HeqWbklRGP0 e https://youtu.be/E9PQqTM0C60. Acesso em: 2 jul. 2023.

3 Há um grande número de exemplos de aplicação destes jogos educacionais não digitais que podem ser replicados e adaptados para que se faça a integração com a robótica educacional, como mostra Costa (2014).

4 Ver o exemplo do que é proposto para o jogo Shisima no vídeo: https://youtu.be/QHaAxLhgEoA. Acesso em: 2 jul. 2023.

ais e grupais necessárias para funcionar como parte de um grupo (trabalho de equipa). (Lopes & Silva, 2009, p. 18).

- Um exemplo de projeto de robótica educacional que exige a cooperação entre grupos diferentes de alunos, pela ação combinada de seus protótipos de robôs, é o desafio Cabo de Guerra 2 X 2.[5]
- Os jogos musicais: a expressão musical amplia o domínio da linguagem e a concatenação entre a musicalidade e a expressão verbal ressignifica o sentido da enunciação através das rimas, onde se põem os sons discriminados e há a contribuição à musicalidade. Com o propósito de ampliar as competências das crianças para se fazerem entender e melhor compreenderem o mundo ao seu entorno, o professor/educador deve explorar o caráter lúdico das palavras, retomando as músicas e criando variações da letra original. Os jogos musicais são o meio de se fazer descobrir o prazer da música e da sua realização nas suas mais variadas formas de expressão (como o canto, a dança). É notável o desenvolvimento de projetos e protótipos baseados na filosofia da robótica livre[6] com intuito de facilitar o aprendizado musical das crianças, tal qual ocorreu com o projeto Arduxylo, dispositivo robótico com 22 teclas em escala cromática da nota Dó à nota Lá da oitava seguinte, representando um xilofone Orff (Antunes, 2016, p. 50).
- Os jogos dramáticos: Rooyackers afirma que "num jogo dramático vive-se num mundo diferente do nosso e usamos a nossa imaginação para representar algo através das nossas ações" (2003, p. 15). Este tipo de jogo estabelece uma combinação entre a improvisação e a execução de um repertório comunicativo planejado antecipadamente, em que há o desenvolvimento da capacidade de composição e desenvolvem a expressão oral e física, dando vazão à fantasia da criança. Ainda que Rooyackers afirme que o jogo dramático venha consistir "em ações espontâneas, sem qualquer texto ou guião escrito, sem qualquer preparação ou ensaio" (2003, p. 66), para o benefício das competências de leitura e escrita é útil que haja uma referência textual escrita, a partir da qual as crianças possam extravasar com a criatividade discursiva. Neste sentido, na perspectiva de Reis, a expressão dramática ajuda a criança a "conhecer-se, a conhecer o meio circundante, a conhecer os outros" (2005, p. 14) e, em função disso, o projeto de teatro sugerido neste livro busca aliar os con-

---

5 Ver vídeo em que dois protótipos distintos criados por duas equipes diferentes têm de cooperar para rebocar um conjunto de dois objetos: https://www.youtube.com/watch?v=aCq6hOMvkDs (RoboLeague). Na prática presencial, com dois grupos e seus dois robôs contra dois grupos e seus respectivos robôs, pode ser visto neste vídeo: https://youtu.be/lLoiUh8srOw (ITR – International Tournament of Robots). As regras do desafio que inspirou os projetos podem ser vistas em: https://drive.google.com/drive/folders/1QWXdcaWHoXNj-fL6rsmJG9HxLGlBNZkr. Acesso em: 2 jul. 2023.

6 O *Robótica Livre* é uma metodologia educacional/pedagógica de uso de "sucata eletrônica" e artefatos eletrônicos para ensino de robótica.

ceitos basilares caros às construções de mecanismos simples à perspectiva de a criança expressar-se para si e para os outros por meio das marionetes.

- Os jogos lógicos e matemáticos: são jogos que servem tanto para estimular o gosto pela matemática quanto para facilitar a aprendizagem de objetivos pedagógicos perseguidos por esta disciplina, favorecendo o desenvolvimento de competências necessárias à resolução dos problemas desta área e colmatando as dificuldades dos alunos pela superação de seus erros durante a atividade lúdica proposta. Resumindo, o jogo é mais uma entre as muitas estratégias pedagógicas voltadas para a aprendizagem de matemática. De igual maneira, a prática de programação dos protótipos de robôs serve como estratégia para exercitar a lógica, através da redação de algoritmos e a análise de seus resultados pela atuação dos robôs.
- Os jogos de linguagem: estes jogos são realizados em ambientes estimulantes para o desenvolvimento de habilidades e competências relativas à expressão e à comunicação, que podem ser aplicados de maneira a se respeitar os ritmos de aprendizagem dos alunos. No caso do Ensino Fundamental I, o professor/educador envolvido com a prática da robótica educacional não pode se imiscuir da tarefa primordial da alfabetização e do letramento (conforme o que expõe Magda Soares ou apenas alfabetização como processo global de aquisição de todas as competências, como compreende Emilia Ferreiro). Existem competências basilares comuns à aprendizagem da robótica e da leitura e da escrita, por exemplo, as do desenho que precisam ser encampadas pelo professor/educador tanto no processo de alfabetização quanto no processo formativo para a construção de protótipos
- Os metajogos: qualquer jogo tem associado ao seu mecanismo o metajogo (https://commoncog.com/blog/to-get-good-go-after-the-metagame/), que de maneira genérica seria "*jogo sobre como se joga o jogo*". Dessa forma, Metagame, Hypergame, ou jogo sobre o jogo, é a abordagem ao jogo que transcende ou opera fora das regras prescritas do jogo, usa fatores externos para afetar o jogo, ou vai além dos supostos limites ou ambiente estabelecido pelo jogo. Nesse sentido, quando alunos e professores experientes em um determinado jogo ou desafio desenvolvem estratégias específicas para ampliar a probabilidade de obter resultados favoráveis, estão se iniciando em um metajogo, reduzindo a amplitude do rol de estratégias permitidas pelas regras do jogo a um subconjunto mais provável de ser explorado. No caso do desafio de sumô de robôs, por exemplo, a curva de aprendizagem dos que constroem os protótipos mostra que os mais experientes empregam, no produto, apenas dois sensores de presença, desprezando os sensores reflexivos de luz para detectar a delimitação da arena, pois não existe, praticamente, qualquer vantagem competitiva observável no emprego dos sensores de luz. Assim, atualmente, professores e alunos que estudam os vídeos e documentos deste desafio não instalam estes sensores nem gastam tempo programando o robô para eles, obtendo ótimos resultados. Contudo, em 2008, o robô Hipérion foi campeão da OBR, no nível do Ensino Fundamental, para o mesmo desafio, com

quatro sensores reflexivos de luz somados aos dois sensores de presença: resumindo, o robô Hipérion empregava, em 2008, seis sensores para obter o mesmo resultado que outros robôs obtiveram, alguns anos depois, com apenas dois sensores! *Metagaming* também pode se referir a um jogo que funciona para criar ou modificar as regras de um subjogo. Dessa maneira, podemos jogar um metajogo selecionando quais regras serão aplicadas durante o jogo em si. Em suma, quando os alunos procuram analisar os fatores que atuam ampliando as vantagens competitivas no jogo, estão a preparar-se para atuar em um jogo dentro do jogo. Por isso, não basta serem atingidos os objetivos pedagógicos, há de se ir além e instigar os alunos a compreender a exegese do mecanismo do jogo que praticaram.

- Os jogos digitais e seus gêneros: os jogos digitais foram em princípio associados aos simuladores e à diversão infantil. Atualmente, mais sofisticados, tecnológicos e desafiadores, eles têm crescente popularidade e ganham uma legião de fãs todos os anos, com eventos e campeonatos mundialmente famosos. Conhecê-los permite aos professores/educadores ajustarem as narrativas dos jogos que pretendem elaborar com aqueles com que seus alunos já têm contato.
- Jogos educacionais digitais.[7] Os seus tipos e características básicas também podem ser encontrados tanto nos jogos digitais básicos quanto nos sediados no metaverso:[8]
- JED, ou jogos de estratégia de abordagem sistêmica, exigem competências cognitivas do usuário, exigindo a elaboração de estratégias de otimização para maximizar o resultado, minimizando o consumo de recursos. Exemplos de jogos de estratégia: SimCity, Sin City Metaverse,[9] Minecraft.[10]
- JED, ou jogos de ação, exigem competências psicomotoras do jogador e, por isso, são sugeridos para auxiliar no desenvolvimento psicomotor da criança, desenvolvendo reflexos, coordenação motora e auxiliando no processo de pensamento rápido diante de uma situação inesperada.[11] Muitos deles estão expostos em projetos criados pelos próprios alunos a partir de Scratch.
- JED, ou jogos de aventura, caracterizam-se pela exploração e controle pelo usuário do ambiente a ser descoberto. Exemplo: jogos com base em RPG.

---

7 Para conhecer mais sobre os conceitos básicos envolvidos nos jogos educacionais digitais, pode-se consultar Falkembach (2007).

8 Para conhecer mais sobre os principais jogos sediados no metaverso no início de 2022, ver em: https://youtu.be/imkhtlBhk0M. Acesso em: 2 jul. 2023.

9 Para saber mais sobre o Sin City Metaverse: https://medium.com/alpine-capital-markets/welcome-to-the-sin-city-metaverse-a-virtual-play-to-earn-world-with-blockchain-integration-9d92b4148638. Acesso em: 2 jul. 2023.

10 Sobre o Minecraft no metaverso: https://mitsoftware.com/pt/metaverso-de-minecraft/. Acesso em: 2 jul. 2023.

11 Para compreensão completa dessa classe de jogos, no caso de se tratar de jovens adultos e mais velhos, há, dentre outros, os jogos: Doom, Fortnite, Counter Strike, GTA e Roblox.

- JED, ou jogos interativos, são baseados na interação provida pela internet com intuito de simular, treinar, educar e assessorar.
- JED, ou jogos lógicos de abordagem algorítmica, focam as competências cognitivas para elaborar estratégias centradas na sequência de passos diante de regras e cenários pré-estabelecidos. Exemplo: xadrez.

É fundamental que o professor/educador consulte exemplos documentados da prática destas várias modalidades de jogos para agir como curador delas quando for selecionar qual lhe é mais conveniente.

5.1 UM EXEMPLO COM JOGOS FÍSICOS DE CARTAS

Os jogos de cartas, por exemplo, são uma modalidade importante de jogos originalmente físicos que podem ser empregados com intuito de serem alcançados objetivos educacionais.

O jogo de cartas proposto aqui é físico, com 25 cartas em que cada carta tem em um de seus versos uma figura correspondente a um componente de um robô e uma palavra que a caracteriza, podendo este baralho ser empregado para crianças alfabetizadas ou não.

A produção das cartas pode ser feita tanto manualmente pelos próprios alunos com ajuda do professor quanto pelo professor com o emprego de aplicativos como o Magic Set Editor (https://magicseteditor.boards.net/).

Em qualquer caso, é conveniente que o professor use, inicialmente, um processo para cortar as cartas de maneira a terem um tamanho uniforme (servindo-se da guilhotina de papel, por exemplo) e, depois, faça um protetor das cartas antes do uso.

Para protegê-las pode usar, para cobrir as cartas de ambos os lados, uma folha de plástico transparente colante tipicamente usada para encadernação.

Cada jogador deverá ser provido, inicialmente, com um conjunto de cartas na sua mão, com as quais seguirá a orientação do jogo elaborado pelo professor.[12]

Podem ser objetivos de jogo:

- O acúmulo seletivo de peças com intuito de chegar a ter todas as peças necessárias para a construção de um determinado modelo de robô definido pela carta de modelos de robô sorteada.
- A criação de desenhos de robô inspirado nas peças descritas nas cartas recebidas.
- A aplicação do jogo da memória, contanto que haja a duplicidade das peças.

[12] Para o professor consultar outras mecânicas de jogos físicos de cartas: https://www.youtube.com/watch?v=uQVMKd13g0g. Acesso em: 2 jul. 2023.

Note-se que haverá, naturalmente, a cobrança da percepção espacial de simetria para distinguir partes equivalentes, mas de lados opostos, como se vê abaixo, indicadas em azul as partes com enantiomorfismo (com os adjetivos direito(a) e esquerdo(a)) e de preto as partes sem essa simetria.

- A aplicação de exercício de contagem, ao se atribuir a cada parte um determinado número de componentes, por exemplo, parafusos, motores etc., e cobrar dos alunos que informem o total de componentes existentes no conjunto de cartas que possuem, por exemplo.
- A identificação de palavras e letras pela leitura e escrita da palavra que está na carta e composição de frases para elas.

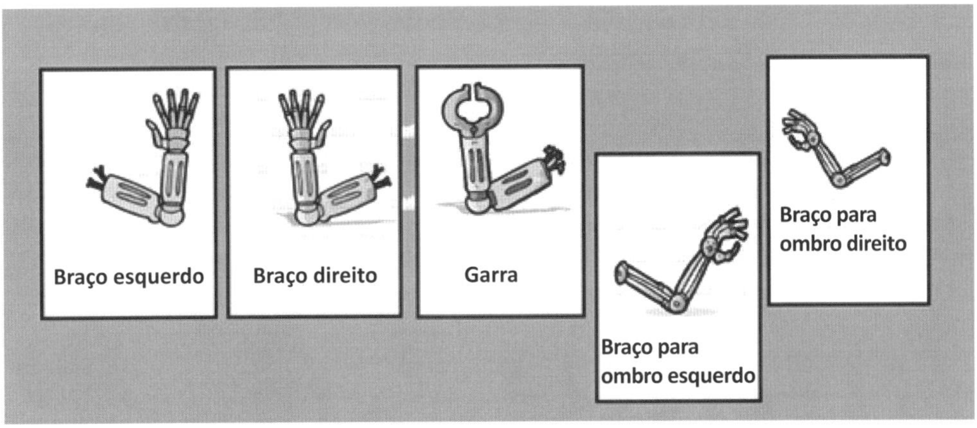

Figura 5.1 Inspiração para produção de cartas de jogo.

O professor pode se amparar em sites com o propósito de ampliar o número de cartas, os tipos de robôs e suas peças, como existem à disposição no Dreamstime. Por exemplo:

1) Dreamstime: https://pt.dreamstime.com/ilustra%C3%A7%C3%A3o-stock-o-grupo-grande-de-rob-diferente-parte-em-preto-e-branco-image81399125.

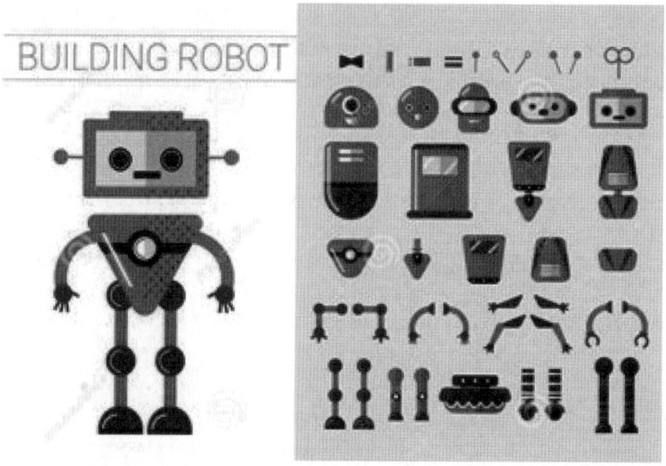

Figura 5.2 Exemplo de figuras oriundas de sites.

2) Dreamstime: https://pt.dreamstime.com/ilustra%C3%A7%C3%A3o-stock-v%C3%A1rios-rob-s-e-pe%C3%A7as-sobresselentes-para-seu-pr%C3%B3prio-rob-image81634916.

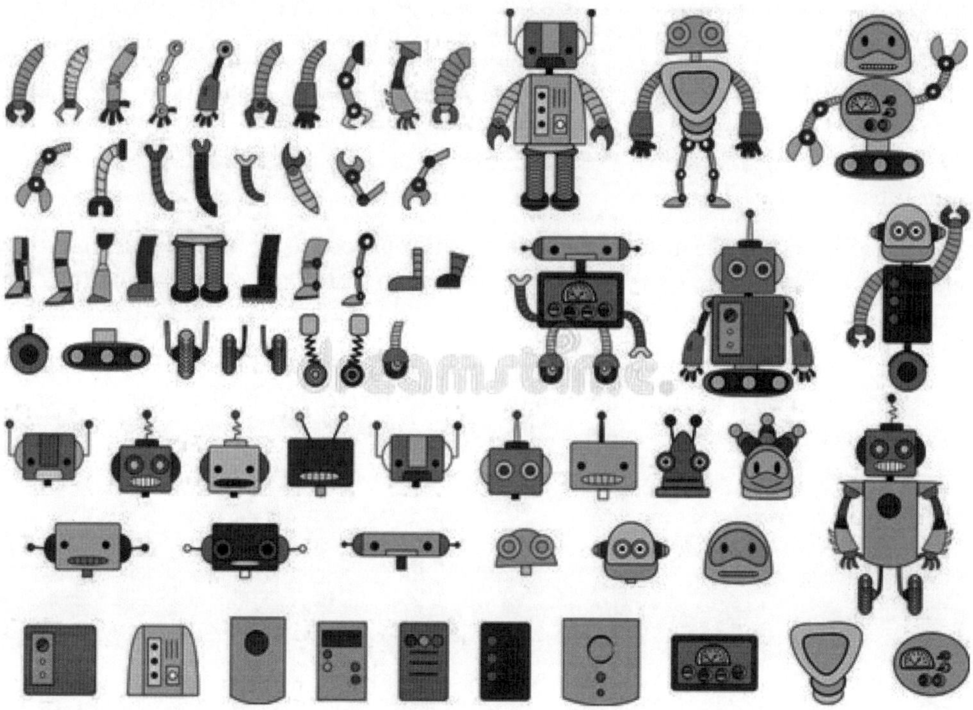

Figura 5.3 Exemplo de figuras oriundas de sites.

Há também a possibilidade de o professor/educador criar jogos digitais, seguindo, igualmente, a sugestão de que se respeitem os objetivos pedagógicos que se pretende perseguir.

Nesse caso, o professor/educador não necessita ter conhecimentos específicos de programação ou demais competências típicas da prática de design de jogos, bastando acessar plataformas que oferecem meios simplificados de construção de jogos digitais educacionais.[13]

Exercícios propostos

(Fácil – EF01RE06>>EF01RE10; EF05RE01; EF01MA01>>EF01MA06; EF01MA08; EF02MA05; EF02MA06; EF03MA03; EF03MA05; EF03MA06; EF04MA03; EF04MA04; EF05MA07>>EF05MA09; EF01CO02; EF01CO03) Na prova teórica de nível 2 da Olimpíada Brasileira de Robótica de 2014,[14] há um exercício que pode ser praticado com os alunos em atividade lúdica com este baralho.

(OBR 2014 Nível 2) Roberto, o robô, precisa contar seus parafusos. Para isso, procurou seu manual de instruções e descobriu a tabela abaixo.

Figura da questão 2, prova teórica de nível 2, OBR 2014.

Quantos parafusos Roberto tem ao todo em seu corpo?

a) ( ) 42 parafusos

b) ( ) 58 parafusos

c) ( ) 47 parafusos

d) ( ) 40 parafusos

e) ( ) 46 parafusos

13 Para saber mais há o vídeo: https://youtu.be/o2rmtGlN2Vg. Acesso em: 2 jul. 2023.

14 Ver em: https://www.obr.org.br/wp-content/uploads/2015/04/Prova_OBR2014_Nivel2.pdf. Acesso em: 2 jul. 2023.

(Médio – EF01RE01; EF01RE03; EF05MA15) Na segunda questão da prova de nível I do ENATER 2018,[15] há a solicitação para que o aluno discrimine o número de partes/componentes necessários para executar uma determinada tarefa.

Robô de sumô de robôs.

*(ENAT*ER 2018 Nível I) Qual é o menor número de motores que um robô deverá possuir para disputar o desafio de sumô?

a) 1.

b) 2.

c) 3.

d) 4.

e) 5.

(Fácil – EF01RE06>>EF01RE10; EF05RE01; EF01LP27; EF01LP30; EF01MA01; EF01MA02) Neste exercício, os alunos são convidados a resolver um jogo de palavras cruzadas, através das instruções a seguir.

Horizontais:

1) Quando um carro é veloz, então ele é...
2) Muito grande no feminino.
3) Contrário de esquerda.
4) Parte de um avião.
5) Objeto redondo.
6) Tipo de ferramenta que é uma chave.

[15] Disponível em: https://drive.google.com/drive/folders/1YJ86dOIJfkFF0X7z9HAC4lGnRQTRCP49. Acesso em: 2 jul. 2023.

7) Oposto de mole.

8) Objeto em que se fixam rodas e engrenagens.

Verticais:

1) __

2) ROBÔ

3) Ferramenta para cavar a terra.

4) Objeto de borracha que envolve a roda.

5) Tipo de roda dentada.

6) É uma parte redonda que gira em torno de um eixo.

7) Cor azulada.

8) Peça feita em matéria dura, sulcada em espiral, que pode prender um objeto no outro.

9) __

10) Oposto de velho.

11) __

12) Parte do chapéu que protege os olhos da luz do sol.

Palavras cruzadas

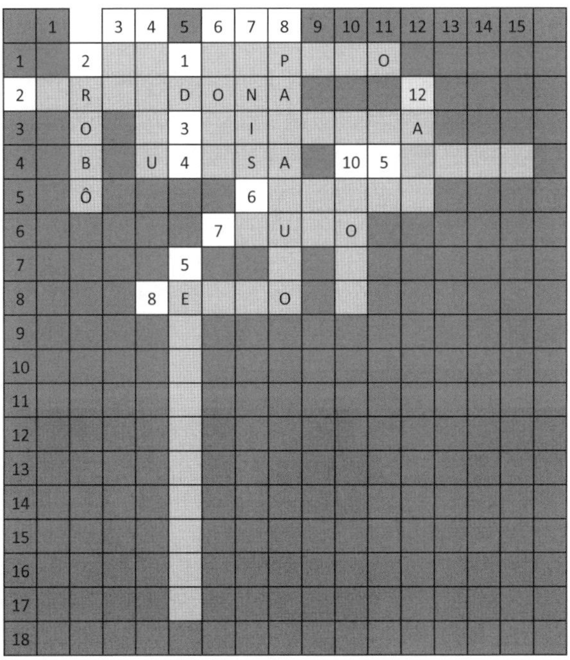

Figura 5.4 Palavras cruzadas.

(Fácil - EF01RE06>>EF01RE10; EF05RE01; EF01LP27; EF01LP30; EF01MA01; EF01MA02) Neste exercício, os alunos são convidados a procurar palavras que se referem a objetos, atitudes e vestimentas do laboratório de robótica.

D	A	F	F	K	Q	S	P	L	A	N	O
U	R	O	L	D	A	N	A	Q	S	T	Z
A	O	B	J	E	T	O	R	O	U	P	A
A	D	A	A	L	I	S	A	C	A	X	Z
H	A	S	T	E	E	6	F	U	C	E	A
R	S	W	R	T	Y	Q	U	L	O	Y	Y
R	L	U	V	A	Y	C	S	O	R	C	C
T	Y	I	A	R	O	F	O	S	D	A	E
T	A	E	K	Q	Z	X	W	R	A	S	P

Figura 5.5 Caça-palavras.

Jogo proposto

(Fácil - EF01RE02; EF01RE04; EF01LP06; EF03LP05; EF01CO01>>EF01CO03; EF02CO01; EF03CO02; EF03CO03) Neste jogo, os alunos serão convidados a consultar os dicionários e aplicativos que tiverem à disposição para conhecer a definição de algumas peças que compõem os robôs e foram listadas pelo professor na lousa. Depois de se informarem sobre elas no dicionário, irão até um pacote que o professor/educador deixará disponível aos alunos, em que as peças estão juntas e misturadas, e, ao identificá-las, farão a separação delas. Vence o jogo o grupo que resolver primeiro todas as etapas do jogo.

Enunciado a ser apresentado para as crianças:

A Compra de peças para as aulas de robótica

Um saco de diferentes peças foi adquirido em um saldo, mas só poderá ser útil para as atividades de robótica se os alunos conseguirem separar as peças conforme o tipo delas.

Lista de peças que, após a devida consulta do verbete no dicionário,[16] caso estejam no saco de peças, deverão ser separadas pelos alunos e informada a quantidade de cada tipo delas:

- engrenagens, total de engrenagens identificadas e separadas;
- eixo, total de eixos identificadas e separados;
- roda, total de rodas identificadas e separadas;
- pneu, total de pneus identificados e separados;
- lagarta (rastro ou esteira), total de lagartas identificadas e separadas;
- polia, total de polias identificadas e separadas;
- polia dentada, total de polias dentadas identificadas e separadas;
- corrente para polia dentada, total de correntes identificadas e separadas.

Sugestão de dicionários físicos para consulta:

Figura 5.6 Exemplos de dicionários.

[16] Recomenda-se, para esta atividade, o uso de dicionários destinados a esta faixa etária, que costumam ser ilustrados. Nem todos os verbetes serão encontrados em um único dicionário, por isso convém o professor oferecer vários dicionários, bem como acesso a aplicativos quando, após as consultas, o verbete não estiver acessível nos meios físicos. Exemplos de dicionários: Bicho Esperto – Meu Primeiro Dicionário Ilustrado de Língua Portuguesa; Dicionário Aurélio Mirim, Dicionário Aurélio Ilustrado, Dicionário Saraiva Infantil, Dicionário Visual de Bolso 3 em 1.

Proposta de atividade (EF01RE19; EF01RE20; EF02RE10; EF03RE11; EF04RE12; EF05RE12; EF01LP02>>EF01LP10; EF01LP13; EF01LP17; EF01LP18; EF01LP20; EF01LP21; EF02LP18; EF03LP11; EF03LP16; EF03LP21; EF04LP13; EF05LP09; EF05LP12)

Regras de conduta para o bom convívio durante as atividades de robótica: nesta atividade, as crianças recebem do professor/educador a orientação para sugerirem condutas individuais e coletivas para que se possa resumi-las em uma lista de regras de conduta para o bom convívio; lista essa que será, posteriormente, impressa em um cartaz a ser afixado na parede da sala de aula. A proposta visa a coletar frases simples, claras e úteis, em que o professor/educador poderá ajustar o caráter de cada norma de maneira a ser propositiva, injuntiva ou imperativa (procedural – aos modos deste paradigma de programação[17]). Esta atividade permite que, durante o período letivo, as regras possam ser alteradas, democraticamente, em periódicas consultas à coletividade discente e, com isso, novos cartazes possam ser impressos e afixados, substituindo os desatualizados.

Proposta de atividade (EF01RE06>>EF01RE13; EF02RE06; EF05RE01; EF05RE02; EF01LP10; EF02LP10; EF35LP12; EF04LP03; EF04LP23; EF05LP02; EF05LP22; EF01CO01>>EF01CO03; EF02CO01; EF03CO02; EF03CO03)

Organizando o próprio dicionário ilustrado: nesta atividade, as crianças recebem do professor/educador um conjunto de tiras largas de papel, em que cada tira contém uma palavra referente à robótica, e são estimuladas a dispô-las em ordem alfabética, colando as tiras em um papel sulfite com a marcação do local onde deverão ser afixadas. Em um segundo momento, ao lado de cada tira colada no papel, a criança fará, para cada palavra, um desenho que represente o significado dela, transformando-a em verbete do dicionário ilustrado.

O professor/educador poderá ampliar o escopo da atividade, solicitando que as crianças consultem um dicionário e escrevam o significado de cada uma das palavras ao lado de cada desenho.

---

[17] É muito interessante criar uma lista de carácter procedural, mostrando aos alunos como seria uma possível instrução para o computador. Para conhecer mais sobre paradigmas de programação, ver: https://blog.geekhunter.com.br/quais-sao-os-paradigmas-de-programacao/. Acesso em: 2 jul. 2023.

Proposta de atividade (EF01RE06>>EF01RE13; EF02RE06; EF03RE17; EF03RE18; EF05RE01; EF05RE02; EF01LP10; EF02LP10; EF35LP12; EF04LP03; EF04LP23; EF05LP02; EF05LP22; EF01MA09; EF05CO01)

Listando e organizando o material de uso dos alunos: nesta atividade, cada criança recebe do professor/educador uma folha de papel, em que fará a lista dos materiais de uso na aula de robótica, e será estimulada a, depois de escrever o nome de todas elas, dispô-las em ordem alfabética. Em um segundo momento, reunidos todos os alunos, cada aluno vai informando ao professor a sua sequência, para que ele faça, na lousa, uma lista única das peças.

O professor/educador poderá reproduzir a lista final e fixá-la no mural da sala de aula.

CAPÍTULO 6

Diversão e aprendizado através das máquinas mais simples!

Ao se qualificar uma máquina de simples, como se faz, por exemplo, com alavancas, roldanas e outras, é de se imaginar que o adjetivo simples esteja relacionado à facilidade de se compreender o seu funcionamento. Contudo, há de se sopesar que a humanidade alcançou o conhecimento pleno (conceitual e de aplicações para as máquinas simples) após milhares de anos,[1] o que demonstra que as máquinas simples são saberes que necessitam de um plano cuidadoso de apresentação para as crianças.

O conhecimento delas é fundamental para a prática da robótica educacional durante toda a Educação Básica, pois são os elementos de composição das máquinas compostas com que podem ser construídos os mecanismos dos projetos escolares.

---

1 Os cientistas renascentistas consideravam seis tipos de máquinas simples (que são dispositivos cuja propriedade é alterar a força efetiva sobre o objeto-alvo em direção e/ou sentido e/ou intensidade): alavancas, roscas, planos, inclinados (do que se depreende a cunha também), polias (fixas e móveis), rodas e eixos (do que se depreende as engrenagens e correias). Ainda que a humanidade tenha surgido há milhares de anos, a alavanca, por exemplo, foi motivo de estudo por Arquimedes apenas no século III a.C.

6.1 UM EXEMPLO DE ATIVIDADE PEDAGÓGICA COM O EMPREGO DE MÁQUINAS SIMPLES

A corrida em uma rampa inclinada[2]

A rampa inclinada é uma boa maneira de começar a mostrar o efeito controlado da força peso nos objetos. Preparar objetos para deslizarem sobre uma rampa inclinada é, como se fosse possível, trazer o escorregador para dentro da sala de aula e transformá-lo no item principal de um laboratório.

O objetivo desta atividade é apresentar os efeitos de uma rampa inclinada em diversos materiais distintos, incluindo-se o emprego de rodas e eixos ao final da prática pedagógica.

Na primeira parte da atividade, o professor/educador pode trazer uma placa plana e lisa para fazer escorregar vários materiais, iniciando a experiência pela variação do ângulo de inclinação para o mesmo material. Para tanto, pode propor que as crianças apostem se o item vai ou não escorregar para a inclinação da rampa proposta.

Na segunda parte da atividade, o professor/educador pode deixar a rampa na mesma inclinação e sugerir materiais distintos para ver se eles escorregam de maneira igual.

Note-se que é um experimento típico para a aprendizagem do conceito de atrito, cuja temática será fundamental para os estudos de física durante toda a Educação Básica.

APRENDA A FAZER ESSA INCRÍVEL PISTA DE PAPELÃO (DIY DE PAPELÃO)

O professor/educador pode propor aos alunos que tragam carrinhos não motorizados de casa ou incluir no plano de aula a confecção de carrinhos de papelão para serem colocados na pista.

[2] Disponível em: https://sites.google.com/view/odesafioviagemaocentrodaterra/viagem-ao-centro-da-terra. Acesso em: 2 jul. 2023.

COMO FAZER CARRINHO COM PAPELÃO

Durante esta atividade, quando voltada para os alunos das últimas séries do Ensino Fundamental I, o professor/educador poderá fazer ver a origem dos materiais, categorizando-os como naturais e artificiais e mostrar que, para que se obtenham os materiais artificiais, é necessário fazer o uso de ferramentas que, muitas vezes, são construídas por máquinas simples.

6.1.1 OUTROS EXEMPLOS DE MÁQUINAS SIMPLES

É muito útil mostrar à criança exemplos de máquinas simples por meio de ferramentas comuns de se encontrar no cotidiano familiar.

A alavanca, por exemplo, pode ser exemplificada pelos alicates e quebradores de nozes e, para crianças pequenas, o professor pode se munir de alicates de plástico.

A rosca, por seu lado, pode ser apresentada por parafusos e chaves de fenda de plástico. Também de plástico, podem ser apresentados aos alunos rodas, eixos e roldanas.

Exercícios propostos

(Fácil - EF01MA01>>EF01MA06; EF02MA05; EF02MA06; EF03MA03; EF-03MA05; EF03MA06; EF04MA03; EF04MA04; EF05MA07>>EF05MA09) (Prova teórica da OBR – Nível 0 de 2015) Para as crianças das primeiras séries do Ensino Fundamental I, recomenda-se propor exercícios que desenvolvam as habilidades de contagem.

Um robô travesso foi montado com 40 peças. Enquanto corria, sofreu um acidente e perdeu 19 peças. Com quantas peças ele ficou?

a) ( ) 10.

b) ( ) 15.

c) ( ) 27.

d) ( ) 21.

e) ( ) 3.

(Fácil - EF01RE06>>EF01RE10; EF05RE01; EF01LP27; EF01LP30) (Prova teórica da OBR – Nível 0 de 2015) Para as crianças das primeiras séries do Ensino Fundamental I, recomenda-se propor exercícios que desenvolvam as habilidades de leitura e escrita.

Prova teórica de nível 0, OBR 2015.

Proposta de atividade (EF01RE01; EF01RE06>>EF01RE13; EF01RE18; EF02RE01; EF02RE06; EF05RE01; EF05RE02; EF15AR04; EF01LP10; EF02LP10; EF35LP12; EF04LP03; EF04LP23; EF05LP02; EF05LP22)

Conectando as partes para formar o todo: as crianças podem ser estimuladas a fazer o seu próprio desenho de um robô, de maneira a colocar coerentemente, juntos, ao menos cinco destes itens descobertos no exercício 2. Em um segundo momento, após a confecção do desenho, o professor/educador poderá solicitar aos alunos que façam a legenda escrita dessas partes empregando setas que liguem a parte do desenho ao nome a que se refere.

6.1.2 PEÇAS DIFERENTES PARA SÉRIES DISTINTAS!

Durante o período de formação das crianças no Ensino Fundamental I, os materiais com que são feitas as peças, os seus formatos, a densidade e a massa de cada uma delas são características que precisam ser analisadas pelo professor/educador antes de colocá-las à disposição delas, e, ainda que use *kits* de robótica e que estes tenham o indicativo de idade adequado, cabe ao professor/educador averiguar se, na prática concreta e particular que faz uma criança em sala de aula, existe a possibilidade de ofensa à saúde.

Esta é a razão pela qual é sugerida a realização de atividades de artes, já tão íntimas das experiências de sala de aula, para a confecção de peças e ferramental para a prática da robótica, de tal maneira que permitam complementar os componentes necessários para a montagem de mecanismos e robôs, ajustando os materiais produzidos às especificidades do escopo das atividades.

Um exemplo de atividade de produção de materiais com reciclagem

Fazendo papel com material deixado para reciclagem.

Esta é uma atividade importante para que as crianças saibam que a reciclagem é um processo de recuperação e emprego de produtos descartados para servirem de matéria-prima para a produção de um novo produto.

O papelão foi o material sugerido para a rampa e para os carrinhos e sobre este material será apresentada uma maneira de confeccioná-lo por reciclagem.

A catação, a moagem para se obter a pasta de celulose e a fabricação propriamente dita são os processos envolvidos para se realizar a reciclagem de papel.

É por meio da seleção dos materiais adequados que se obtém a matéria-prima para fazer a pasta de celulose. Constituem materiais ideais para o trabalho escolar de reciclagem de papel as sobras de papéis típicos do uso escolar, desde que não estejam com sujeira orgânica ou sobras de alimentos.

Os pedaços de papel devem ser cortados em pedaços regulares e deixados num recipiente prontos para uso.

O professor/educador com o recipiente de aparas de papel em mãos deve recorrer à lista dos outros materiais que irão ser necessários para a produção do papel reciclado: Mais dicas aqui: Papier Mâché – Recicla!!!: Os Vários Tipos de Papel e a receita da MASSA!!!! (papiermacherecicla.blogspot.com)

Materiais:

- Bacia rasa.
- Bacia funda.
- Liquidificador.
- Água.
- 1 colher de sopa.
- Amido de milho.
- Desinfetante.
- Jornais.
- Panos.
- Peneira grande.

Procedimento:

1) Coloque os papéis cortados na bacia rasa.
2) Cubra o papel com água.
3) Deixe de molho por um dia pelo menos.
4) Coloque a mistura de papel e água no liquidificador.
5) Adicione mais três partes de água além daquela já colocada no copo do liquidificador.
6) Para cada litro de água, adicione 8 colheres de amido de milho e 20 gotas de desinfetante.
7) Acione o liquidificador a ponto de deixar homogênea a massa.
8) Coloque a mistura na bacia funda com água até a metade.
9) Misture bem.
10) Coloque a peneira pela lateral da bacia e vá até o fundo com ela. Depois suba lentamente, sem incliná-la, formando uma camada de papel sobre a peneira.
11) Coloque a peneira sobre um jornal em alguma superfície e passe a mão sob a peneira inclinada para escorrer a água. Vá trocando de jornal até que não fique mais molhado.
12) Com o jornal embaixo da peneira, cubra-a com um pano e aperte para secar a superfície. Vá trocando de pano até que não esteja mais molhado.
13) Agora, vire a peneira sobre o jornal seco e bata para que a folha formada se solte.
14) Cubra com outro jornal e deixe por um dia.
15) Prense a folha produzida com a ajuda de livros pesados e grandes. Para incrementar ainda mais o projeto, o professor pode produzir materiais com os alunos a partir do papel reciclado, seja para a escrita, como agendas, seja para as peças das atividades de robótica e, nesse caso, pode-se acrescentar gesso em pó à massa para tornar o resultado mais rígido.

6.1.3 A ATIVIDADE PRODUTIVA HUMANA E A SUSTENTABILIDADE PLANETÁRIA

Durante as tarefas escolares em que se alocam recursos para a confecção de algum produto, é muito apropriado que se aborde a questão do emprego das matérias-primas disponíveis no planeta nas atividades produtivas humanas e o ciclo para que o que é produzido possa ser degradado pela natureza, retornando ao estado original.

Esta também deverá ser a conduta a ser adotada durante a confecção de peças e partes para uso na prática da robótica educacional.

Há três aspectos que o professor/educador precisa abordar: 1. quando a sociedade retira recursos materiais e energéticos de seus locais de origem para que possa obter resultados de suas atividades, o que é elaborado não permanece no local de produção, é destinado a muitos outros pontos do planeta, para ser usufruído e, dali, quando não mais tiver valor econômico, é conduzido a outros lugares, para ser descartado, ou apenas abandonado nas redondezas de onde foi empregado; 2. existem produtos que têm um ciclo de degradação por longo período de tempo, permanecendo na natureza durante muitos séculos sem que possam ser reduzidos a componentes úteis e disponíveis para outros ciclos da natureza; 3. existem produtos tóxicos ou perigosos que agem contra a vida nos ambientes em que são depositados.

Isso significa que quanto mais desenvolvida e tecnologicamente avançada for a sociedade, mais capacidade de usar recursos da natureza ela terá e maior será a responsabilidade, a ser assumida, de fazer um destino sustentável dos produtos de suas atividades.

O professor/educador pode apresentar os itens abaixo, referentes aos problemas ambientais de alcance mundial:

Problemas globais do meio ambiente[3]:

- O aquecimento global, as mudanças climáticas e a redução da biodiversidade.
- O desmatamento e a degradação do solo.
- A poluição atmosférica e das águas.
- O acúmulo de resíduos e a contaminação do solo.
- A difusão dos microplásticos.

Para pensar...

De que maneira a produção de papel reciclado pode reduzir os problemas globais do meio ambiente?

Educação ambiental para a sociedade 5.0[4]

Atitudes simples que podem garantir a sustentabilidade planetária.

---

3 São problemas ambientais globais as questões que representam riscos para a manutenção da vida no planeta.

4 Sociedade 5.0 foi expressão foi cunhada em 2017 no Japão, durante a exposição comercial mundial dos serviços de telecomunicação digital e tecnologia da informação, quando o primeiro-ministro japonês Shinzo Abe apontou que a sociedade estava ingressando em um novo caminho para centrar todos os recursos científico tecnológicos em torno do bem-estar humano, ao que também se referia a sustentabilidade planetária.

- Repensar: atuar para rever as práticas em relação ao meio ambiente, em termos do consumo de produtos e do descarte dos resíduos.
- Recusar: recusar a aquisição de bens que não são necessários e evitar o consumir pelo *status* de poder consumir, adquirindo apenas aquilo que realmente é necessário e, de preferência, de empresas preocupadas com o meio ambiente.
- Reduzir: reduzir significa poupar, visando a poupança dos recursos naturais, evitando, por exemplo, o uso indiscriminado da água potável.
- Reutilizar: utilizar novamente alguns objetos em bom estado que seriam descartados. Quando danificados, para que os objetos possam ser usados novamente, podem ser necessários o reparo[5] ou a remanufatura.[6]
- Reciclar: trata-se do reaproveitamento de um produto de modo que ele se torne matéria-prima para a fabricação de outro objeto. Reciclar é um processo importante, ao ajudar na redução da quantidade do lixo gerado, sendo observada a condição de se reduzir no processo a utilização dos recursos naturais. Entre os materiais que podem ser reciclados estão: o papel, o plástico e o alumínio.

Para pensar...

Quando são utilizados motores de impressoras descartadas como peças de robótica na escola, trata-se de uma atitude em benefício da sustentabilidade planetária?

Projetos com sucatas...

A professora Débora Garofalo foi premiada em 2018 por ensinar alunos a utilizar o lixo coletado nas ruas para transformar em soluções para problemas da comunidade e, dentre muitos outros prêmios, em 2019, foi a primeira professora sul-americana a estar entre os top 10 do Global Teacher Prize. Em seu site

---

5 O reparo é algo bem mais simples e está mais inserido no nosso cotidiano. Nele, não há a intenção de se desfazer do produto, quando ele apresenta problemas ou está danificado. Nessa situação, buscamos o conserto do equipamento que sofreu pequenas avarias.

6 Quando dizemos que um produto foi remanufaturado, significa que ele precisou passar por um processo industrial de remanufatura, ou seja, as peças ou componentes danificados foram substituídos por novos ou recuperados dentro dos padrões de qualidade exigidos no projeto do produto novo e realizado dentro das instalações do fabricante original, ou por alguma empresa autorizada. A remanufatura também consome recursos durante o processo, como energia, água e recursos naturais, além de embalagem e transporte para o retorno dos produtos. Por isso é um processo que também deve levar em consideração os aspectos ambientais em que está inserido.

(https://deboragarofalo.com.br/robotica-com-sucata/), promove projetos e soluções pedagógicas com emprego de sucata.[7]

Para fazer a sala de aula invertida...

Existem maneiras de que todos os ciclos produtivos possam estar integrados? O que é economia circular?

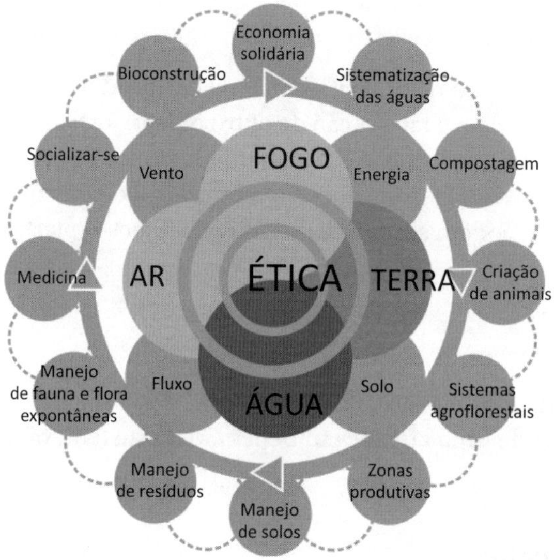

Figura 6.1 Esquema sobre economia circular.
Fonte: Creative Commons.

Exercícios propostos

(Médio – EF01RE22; EF02RE22; EF03RE23; EF04RE24; EF05RE23; EF01MA15; EF02MA17; EF03MA17>>EF03MA19; EF04MA20; EF04MA26; EF05MA19; EF05CI01) Para as crianças das últimas séries do Ensino Fundamental I recomenda-se propor exercícios que possam expandir o que foi praticado em sala de aula e, abaixo, sugere-se uma questão sobre roldanas.[8]

---

7 A sucata consiste em materiais recicláveis que sobraram da fabricação e consumo do produto, como peças de veículos, materiais de construção e materiais excedentes. Ao contrário dos resíduos, a sucata tem valor monetário, especialmente metais recuperados, e materiais não metálicos também são recuperados para reciclagem.

8 Veja vídeos sobre o tema: https://www.youtube.com/watch?v=LiBcurlaqcg e https://youtu.be/LSfNYpCprw4. Acesso em: 2 jul. 2023.

Ao puxar a corda, a criança tem a intenção de:

Figura 6.2 Ilustração do enunciado da questão.

a) ( ) Baixar o pacote.

b) ( ) Levantar o pacote.

c) ( ) Balançar o pacote.

d) ( ) Deixar o pacote onde está.

(Médio - EF01RE22; EF02RE22; EF03RE23; EF04RE24; EF05RE23; EF01MA15; EF02MA17; EF03MA17>>EF03MA19; EF04MA20; EF04MA26; EF05MA19; EF-05CI01) Para as crianças das últimas séries do Ensino Fundamental I recomenda-se propor exercícios que possam expandir o que foi praticado em sala de aula e, abaixo, sugere-se uma questão sobre roldanas.

Na situação a seguir, em que o garoto e o pacote foram colocados, separadamente, na balança e os resultados da balança estão retratados no desenho, o que é possível prever, se deixarem o pacote parado para que o garoto segure a corda?

Figura 6.3 Ilustração do enunciado da questão.

a) ( ) Baixar o pacote.

b) ( ) Levantar o pacote.

c) ( ) Balançar o pacote.

d) ( ) Deixar o pacote onde está.

Para organizar as ideias...

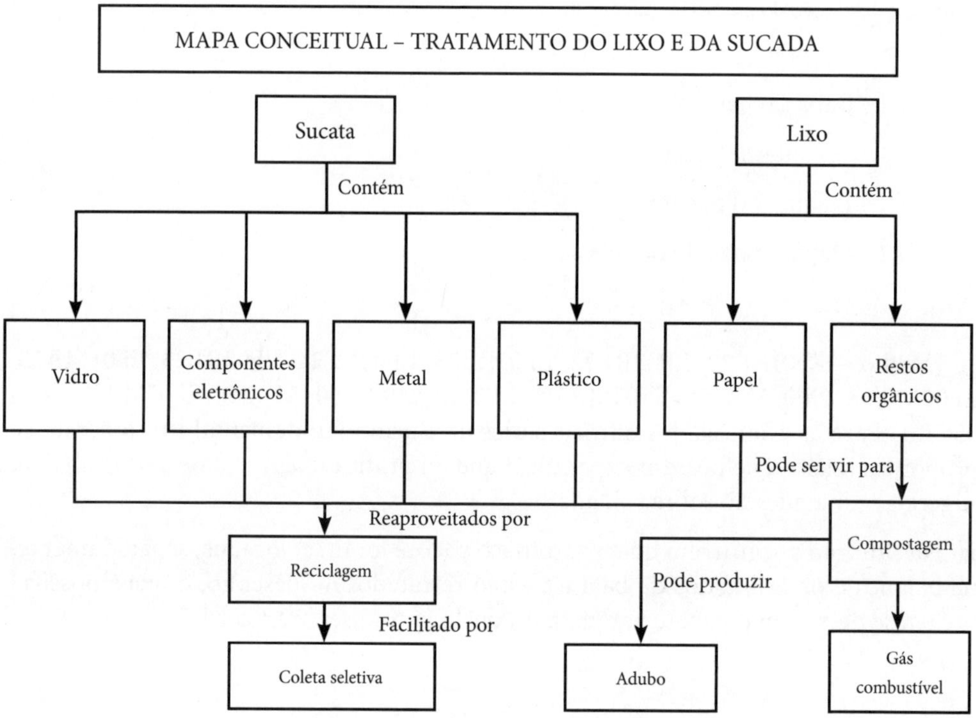

Figura 6.4 Mapa conceitual sobre sustentabilidade ambiental.

CAPÍTULO 7

Aprendendo com a construção de autômatos

A construção de mecanismos é essencial para a prática da robótica e, por tal razão, escolher atividades em que os objetos possam ter movimentos é muito importante para que os alunos estabeleçam a relação entre o elemento motor e o efetuador, como no caso do motor e das pinças da garra, por exemplo.

O professor/educador pode, conforme a maturidade de seus alunos, mostrar exemplos de máquinas simples em catapultas, tesouras, abridor de garrafas, saca-rolha etc.[1]

Para que os alunos possam se divertir com este assunto, o professor pode estabelecer uma competição de catapultas de mola ou de elástico produzidas pelos alunos, tomando como objetivo fazer o lançamento, o mais longe possível, de uma mesma borracha escolar com as várias catapultas produzidas.

São exemplos de catapultas para se fazer com os alunos:

[1] Disponível em: https://pt.khanacademy.org/science/7-ano/desenvolvimento-tecnologico/maquinas-simples/v/usos-de-maquinas-simples-no-cotidiano. Acesso em: 2 jul. 2023.

Exercícios propostos

(Difícil - EF01RE22; EF02RE22; EF03RE23; EF04RE24; EF05RE23; EF01MA15; EF02MA17; EF03MA17>>EF03MA19; EF04MA20; EF04MA26; EF05MA19; EF-05CI01) Como explicar o movimento destes objetos: a catapulta e o *trebuchet*?

(Difícil - EF01RE22; EF02RE22; EF03RE23; EF04RE24; EF05RE23; EF01MA15; EF02MA17; EF03MA17>>EF03MA19; EF04MA20; EF04MA26; EF05MA19; EF-05CI01) Como armazenar energia para produzir um movimento de um objeto?

(Difícil - EF01RE22; EF02RE22; EF03RE23; EF04RE24; EF05RE23; EF01MA15; EF02MA17; EF03MA17>>EF03MA19; EF04MA20; EF04MA26; EF05MA19; EF-05CI01) Citar formas de armazenamento de energia.

7.1 EXERCITANDO AS FUNÇÕES COGNITIVAS PARA FAVORECER A CONSTRUÇÃO DE MECANISMOS

Antes de todas as práticas em que houver a construção de um mecanismo, convém ao professor preparar alguma atividade que estimule a visão espacial dos alunos.

Um exemplo é a exibição de uma série de fotos com uma mão aberta escolhida como motivo, em que o objetivo é decidir se a mão que se mostra na imagem é a da mão esquerda ou a da direita.

CAPÍTULO 8
Construindo o primeiro mecanismo

8.1 TEATRINHO DE MECANISMOS, AUTÔMATOS E ROBÔS

O teatro é uma arte coletiva em todas as fases de produção. Mesmo durante a concepção do texto para a dramaturgia, as falas indicadas para o narrador e para as personagens durante a prática da leitura dramática tornam implícita a presença do público.

A leitura dramática dos textos teatrais, a encenação de peças e outras atividades ligadas à dramaturgia já estão integradas às práticas escolares, tornando-se esse um ambiente próprio para se fazer a integração com a robótica educacional.

Na atualidade, há um crescente número de empreendimentos teatrais que empregam a robótica e a inteligência artificial para diversificar as possibilidades cênicas e introduzir novas formas de abordar os conflitos da experiência humana.[1]

Novas situações decorrentes de potencial relação humano-robô são identificadas e aprofundadas para o teatro, como se vê no caso de *Hataratu Watashi* (eu trabalhador), de 2008, projeto teatral do dramaturgo Oriza Hirata, da Seinendan Theater Company, em conjunto com o Dr. Hiroshi Ishiguro, pesquisador em robótica e diretor do laboratório de robótica inteligente da Universidade de Osaka, em que a trama reúne um casal de humanos, Yuji e Ikue, e seus dois empregados robôs, Takeo e Momoko.

---

1 Disponível em: https://arisa.com.br/~saulo/aulas/Publicacoes/Zambiasi_Pinheiro_-_IIColoquioFita_2015_ temp.pdf e https://seer.ufrgs.br/cena/article/view/81900. Acesso em: 2 jul 2023.

Na peça, enquanto Yuji e Ikue sofrem o impacto da morte da filha, Takeo (um robô) vai se abatendo, aparentando uma perda de motivação pelas suas tarefas.

Essa situação torna o suporte mútuo humano máquina um elemento tensivo relevante da trama.

Nesse espetáculo, os atores humanos, Hiroshi Ota e Minako Inoue, interpretam o casal Yuji e Ikue:

> Um robô tem a capacidade emocional para animar e ser animado? E como ele pode ter falta de vontade de trabalhar e viver quando ele está expressamente programado para isso? Assim como as máquinas, também os seres humanos são feitos para trabalhar. Então o que acontece com a psique quando a capacidade física ou emocional para viver e trabalhar vai embora? (Hamaker, 2013)

Este projeto é a fonte de inspiração para o exemplo teatral sugerido para a aplicação no ambiente escolar do Ensino Fundamental I.

Se, em *Hataratu Watashi,* o robô pode perder a motivação para exercer as suas tarefas, em *O Robô Apavorado por Fantasmas*, o robô pode simplesmente se negar a fazê-las e, inclusive, buscar o emprego que mais lhe interesse.

Dessa forma, a ideia é mostrar, de forma bem-humorada, o que pode acontecer se o robô quiser se desvincular do seu emprego e exercer o papel de trabalhador livre.

A robótica educacional pode, quando empregada junto a um projeto de teatro de animação, ajudar a controlar os movimentos dos elementos do cenário, dos personagens e da sincronia deles com os efeitos sonoros e a dinâmica da iluminação.

Nesse caso, a proposta é empregar um teatro de animação para a encenação da peça e poder explorar mecanismos simples que ajudem a fazer movimentos dos personagens.

O teatro de animação é um gênero teatral que utiliza objetos, sombras, bonecos e máscaras para representar pessoas, animais ou ideias abstratas, ou seja, é uma maneira de contar histórias ou ideias através do emprego de elementos animados para constituir o ato teatral.

Nesse exemplo, escolhemos o teatro de marionetes, pois o controle de seus movimentos mais simples pode ser realizado com alguns mecanismos básicos.

Trata-se de uma arte ancestral, que pode, continuamente, incorporar novas tecnologias e materiais, contanto que se tenha uma clara compreensão dos princípios mecânicos e estruturais que a norteiam.

A marionete de fios é composta por três elementos estruturais: 1. o boneco animado; 2. os fios de comando, que comunicam ao boneco os gestos e ações pretendidas pelo animador; 3. o comando ou cruzeta, onde estão instalados os fios e que será o atuador sobre eles.

8.1.1 COMO PLANEJAR A REALIZAÇÃO DA PEÇA O ROBÔ ASSOMBRADO POR FANTASMAS

O primeiro passo a ser considerado no planejamento é a contextualização da temática para as crianças com a apresentação de livros, vídeos e histórias em quadrinhos com personagens robôs (muitas sugestões estão apresentadas nas partes deste livro: Robôs na Literatura Infantil; Robôs nas Histórias em Quadrinhos; Robôs nos Filmes e Peças de Teatro; Robôs nos Jogos).

O que avaliar: 1. As crianças mostraram interesse pelo tema? 2. Quais foram os itens preferidos?

O segundo passo é escolher um dos filmes sugeridos e apresentá-lo às crianças. Essa atividade deve ser seguida de uma roda de conversa, para que as crianças possam discutir sobre o que é um robô e como ele pode estar integrado à sociedade humana.

O que avaliar: 1. Como as crianças se comportam quando as demais estão falando sobre as suas recordações da história? 2. Elas concordam ou acrescentam algo com o que foi exposto pelas demais? 3. Como cada uma se expressa em relação a isso? 4. Quais mudanças nas brincadeiras, oriundas da roda de conversa e do filme assistido, puderam ser detectadas?

O terceiro passo é apresentar a proposta de criar uma peça de teatro de marionetes e o tema da peça, mostrando o que são marionetes e vídeos de como construir um teatro de marionetes.

O que avaliar: 1. Como as crianças identificam os materiais necessários para a construção do teatro? 2. Como elas desenham os personagens e tentam reproduzir o diálogo proposto? 3. Existem alterações propostas pelas crianças ao diálogo inicialmente definido para a peça?

O quarto passo é ajustar a peça com a participação das crianças e suas sugestões para o diálogo, escrevendo o texto na lousa e fazendo cópias para todas as crianças.

O que avaliar: 1. Como as crianças identificam as frases e as palavras no texto da peça? 2. Como elas fazem a leitura dramática do texto?

O quinto passo é definir os materiais a serem usados para o cenário e os personagens.

O que avaliar: 1. Como as crianças colaboram para a seleção dos materiais a serem usados no projeto? 2. Elas conseguem elencar os materiais e fazer uma lista por escrito?

O sexto passo é fazer a confecção dos bonecos e do cenário.

O que avaliar: 1. Como as crianças colaboram para a confecção do cenário? 2. Elas conseguem compreender os mecanismos das marionetes?

O sétimo passo é fazer as encenações preparatórias.

O que avaliar: 1. Como as crianças colaboram durante os trabalhos de preparação? 2. Elas conseguem dividir tarefas e responsabilidades?

O oitavo passo é escolher figurino e trilha sonora, para que todas as crianças possam estar de acordo com o tema da peça (com vestimentas, adereços e fantasias referentes a fantasmas e robôs), conseguindo-se integrá-las de forma lúdica à atividade.

O que avaliar: 1. Como as crianças colaboram durante os trabalhos de preparação? 2. Elas conseguem dividir tarefas e responsabilidades?

O nono passo é encenar a peça de teatro.

O que avaliar: 1. Como as crianças mostram estar comprometidas com a atividade? 2. Elas conseguem ter empatia com as personagens?

O décimo passo é a realização de uma roda de conversa depois da encenação da peça de teatro.

O que avaliar: 1. Qual é a opinião de cada criança sobre o projeto realizado?

Os materiais

Existem muitos tutoriais sobre a montagem de cenários e bonecos de marionetes, contudo, há de se complementar a lista de materiais apresentados nestes tutoriais com o que será necessário para a confecção dos mecanismos que contribuem para os movimentos desejados dos personagens e de outros elementos do cenário, por exemplo, das cortinas.

Nessa sugestão, há espetos de churrasco sem as pontas e palitos de sorvete para as cruzetas e, dependendo do grau de complexidade pretendido, motores, pilhas e um controlador, caso o professor/educador queira incrementar o projeto.

Figura 8.1 Marionete de fantasma.
Fonte: Faz Fácil.

Para uma orientação básica de como fazer uma marionete de fantasma:

https://www.fazfacil.com.br/artesanato/marionete-fantasma-halloween/.

8.2 CONTANDO E CANTANDO A NARRATIVA

O texto que se segue é a sugestão de texto-base para a atividade, a partir do qual o professor/educador pode, com os seus alunos, realizar adaptações ou sugerir um novo texto-base para a sua peça.

O ROBÔ APAVORADO POR FANTASMAS

Narrador:

Um casal de fantasmas publicou na sua rede social uma proposta de emprego para quem se interessasse em cuidar de sua grande casa assombrada.

O robô Carlos Walter Modelo Z.K. recebeu um aviso sobre esse emprego pelo seu aplicativo de mensagens.

Pouco tempo atrás, ele foi fabricado e, ainda novinho em folha, foi contratado por um ótimo patrão que era viúvo.

Dois meses se passaram e o seu antigo patrão teve de ir morar com os filhos na Nova Zelândia.

Assim, Carlos Walter tornou-se um robô desempregado que, em algumas semanas, poderia ser recolhido de volta para a fábrica, e isso não lhe parecia ser um bom futuro!

Agora, com este anúncio, uma luz de esperança acendeu em um de seus *leds*, pois, no anúncio, dizia que um casal sem filhos precisava de alguém para manter a casa e atender os hóspedes.

O robô Carlos Walter ajeitou o cabelo e foi para a entrevista.

A peça começa com a abertura das cortininhas e na sala de entrada já estão o casal de fantasmas e o robô Carlos Walter conversando.

Começa a peça...

Fantasminha Rosa: Pode entrar, senhor robô, fique à vontade, eu sou Rosa e este é meu marido White Fantasminsky.

Carlos Walter: Sou Carlos e li que vocês querem um robô para cuidar da casa e atender as visitas. Aqui estão as minhas referências.

Carlos mostra um papel que tem na mão direita.

Fantasminha Rosa: Humm, são ótimas referências! Esta é a nossa sala de entrada...

Carlos Walter: A sala é bem grande e parece que ficou muito tempo sem ninguém para cuidar. Tem muito pó!

Fantasminha Rosa: É só um pouquinho...

A Fantasminha mexe na cadeira e uma nuvem de pó entra no palco.

Carlos Walter: Atchim! Atchim! Eu tenho muita rinite. Cof...

Fantasminha Rosa: Como? Um problema no rim?

Carlos Walter: Atchim! Atchim! Não é no rim. É no nariz.

Fantasminha Rosa: Um robô com rinite, mas isso é possível? Nunca vi um robô com nariz...

Carlos Walter: Eu sou um modelo novo: Z.K. Olha aqui o meu narigão!

Carlos aponta o nariz e todos fazem silêncio.

Fantasma White: Precisaremos muito de alguém que possa servir os nossos convidados do jantar de amanhã.

Fantasma White dá uma volta e fala baixo como se fosse falar um segredo.

Fantasma White: (sussurrando) Precisaremos de alguém para atender o Drácula e o Frankstein que virão com as suas esposas. (em voz alta) Você é a pessoa ideal para isto!

Carlos Walter: Servir a janta para o Frankstein, tudo bem! Já o Drácula nada feito!

Fantasma White: Como assim? Respeite o senhor Conde Drácula!

Carlos Walter: O Drácula é um encrenqueiro! E mais, passou um calote num robô dentista amigo meu!

Fantasminha Rosa: Humm. Você pode então arrumar só os móveis da casa?

Carlos Walter: Colocar tudo em ordem... Cadeiras no lugar e...

Carlos é interrompido pela Fantasminha Rosa

Fantasminha Rosa: Não, não e não. Tem de deixar tudo como está. Precisa, sim, tirar algumas lâmpadas para deixar mais escura a sala.

Carlos Walter: Não colocar tudo em ordem? Cadeiras de ponta-cabeça e jantar na sombra... Humm...

Fantasminha Rosa: Claro! Somos fantasmas... Se não fosse assim, como esta casa poderia ser uma casa assombrada?

Carlos Walter: Fantasmas!? ...

Silêncio

Carlos Walter: Humm... Zoinhonhõe... Meu programa de emprego diz que se existem mais do que dois motivos de insatisfação eu não poderei aceitar o emprego.

Fantasminha Rosa: Mas aqui tudo é fantástico!

Fantasma White: Quais são os problemas?

Carlos Walter: Para ficar claro vou ler o relatório: Razão 1... Tenho rinite e aqui é um pó só! Razão 2... Não vou servir o conde caloteiro!...

Fantasma White: Então só são dois problemas! (diz White interrompendo Carlos)

Carlos Walter: Zoem... Razão 3... Tenho um medo danado de fantasmas! Xô, casa assombrada!

Fecham-se as cortinas.

Termina a peça...

Proposta de atividade (EF15RE10; EF04GE10; EF05GE08; EF05GE09)

Investigando novas paisagens e culturas: onde fica a Nova Zelândia? É distante do Brasil? Como é lá? Que bichos há lá? O professor/educador pode propor aos alunos que descrevam no mapa-múndi como ir do Brasil à Nova Zelândia e informem, observando o mapa, por quais locais escolheriam passar. Como poderiam os alunos registrar fotos e vídeos com vistas aéreas das belas paisagens que poderiam encontrar no percurso? Aliás, como funcionam os drones para produção de fotos e vídeos? O que fazer para lidar com eles?[2] O professor/educador pode fazer uma roda de conversa com as crianças sobre esses temas, mostrando imagens e vídeos sobre esses tópicos. Depois disso, as crianças podem ser estimuladas a fazer desenhos sobre os assuntos tratados.[3]

Proposta de atividade (EF15RE01; EF15RE02; EF15RE03; EF15RE04; EF35LP24; EF35LP29

Refletindo sobre a atuação dos atores na peça de teatro: eu compreendi o que está no texto da peça? Quais são os personagens? Quais são as características de cada personagem? O jeito de falar de cada personagem é diferente? Por quê? O jeito de falar do robô deve ser sempre igual durante toda a peça? Ele deve ter uma fala robótica, mesmo ele sendo muito avançado? Os gestos do personagem precisam estar

---

2 Sobre as regras de uso de drones: https://viagemeturismo.abril.com.br/manual-do-viajante/drone-tudo-o-que-voce-precisa-saber-para-viajar-com-o-seu/. Acesso em: 2 jul. 2023.

3 Um belo projeto que contempla estratégias para que os alunos conheçam outros lugares do mundo: http://portal.sme.prefeitura.sp.gov.br/Main/Noticia/Visualizar/PortalSMESP/Professor-da-CEU-EMEF-Jose-Saramago-ganha-segundo-lugar-no-Premio-Professor-em-Destaque. Acesso em: 2 jul. 2023.

sincronizados com a fala? O professor/educador pode fazer uma roda de conversa com as crianças sobre esses temas, mostrando imagens e vídeos sobre esses tópicos. Depois disso, as crianças podem ser estimuladas a repetir as falas dos personagens.[4]

Proposta de atividade (EF15RE01>> EF15RE04; EF15RE12>>EF15RE14; EF35LP03; EF35LP04; EF35LP24; EF35LP29; EF01HI06; EF02HI02; EF02HI10; EF03HI11; EF03HI12)

Refletindo sobre o tema da peça de teatro: o professor/educador pode solicitar aos seus alunos que opinem sobre qual é o tema desta peça de teatro. Poderão, por exemplo, focar a natureza dos personagens, sendo, no caso, um casal de vampiros e um robô; ressaltar o sentimento do robô em relação ao casal; frisar que a busca de uma vaga de trabalho é a motivação que reúne o casal e o robô para originar a cena.

A atividade necessita, para alcançar profundidade, a participação interativa entre professor/educador e alunos, favorecendo a apresentação, por parte do professor/educador, de informações de textos teatrais alternativos que possam estimular a discussão coletiva, comparando, assim, como o tema da peça pode ser abordado de maneira distinta pelas diversas peças trazidas para a pauta na roda de conversa.

Se, por exemplo, os alunos atribuírem à busca de uma vaga de trabalho por parte do robô o *status* de elemento temático mais relevante, pode o professor apresentar, como contraponto para discussão, um resumo da peça *RUR: Robôs Universais de Rossum de Karel Capek.*[5]

Proposta de atividade (EF15RE01>> EF15RE04; EF15RE09; EF15RE12>>EF15RE14; EF15AR04; EF15AR05; EF15AR24; EF35EF05; EF05EF06)

Refletindo sobre a perspectiva de participar de jogos com os robôs: o professor/educador pode solicitar aos seus alunos que opinem sobre qual modalidade de jogo gostariam de participar, considerando-se que tenham robôs como participantes no papel de parceiros ou de competidores. Nesse caso, o professor pode solicitar que os alunos consultem a respeito de robôs que disputam jogos entre si ou com humanos e propor que façam desenhos a respeito do tema. O professor/

---

4 Para conhecer mais sobre a criação de vozes sintéticas com o auxílio da IA: https://veja.abril.com.br/tecnologia/fala-humana-ja-pode-ser-replicada-por-robos-risco-de-fraudes-preocupa/. Acesso em: 2 jul. 2023.

5 O texto desta peça já foi recomendado neste livro; há, aqui, contudo, um vídeo da encenação dela em Nova York: https://youtu.be/-t_oI37K1B8 porhttps://www.youtube.com/results?search_query=The+Players+Theatre&sp=EiG4AQHCARtDaElKUVIwUEtwSlp3b2tSb2VMMXEyRXlvdUE%253D. Acesso em: 2 jul. 2023.

educador poderá fazer uso de alguns *links* de vídeo para instigar os alunos a investigar mais sobre o assunto:

Vídeo de participação do Prof. Dr. Felipe Martins durante a demonstração do robô jogador de tênis de mesa na Robocup 2021: https://youtu.be/cwuOXXM5s_c.

Vídeo de robôs jogando futebol disponível no canal É Incrível Saber!: https://youtu.be/gu0nDVibeUw.

Vídeo de robôs de wrestling Robot Pro-Wrestling Dekinnoka!30 – Saaga VS Yogoroza: https://youtu.be/N_xTvZCvuQ4.

8.3 FICHA TÉCNICA DO PROJETO

A ficha técnica tem a intenção de reunir, em um documento resumido, as informações sobre a justificativa pedagógica, o público-alvo, a relação dos recursos necessários e o tempo mínimo que a execução do projeto requisita.

Pode ser considerado pelo professor/educador como um texto útil para contribuir com a elaboração do planejamento pedagógico e conveniente para solicitar o fomento necessário para a condução do projeto.

8.3.1 GOSTOU DO PROJETO? SEGUE A FICHA TÉCNICA DELE PARA AUXILIAR NO PLANEJAMENTO PEDAGÓGICO

Introdução e justificativa do projeto: o teatro é expressão artística, produto culturalmente estabelecido, que acompanhou, em seus primórdios, a prática de rituais e de cerimoniais por meio de danças coletivas e passou a ganhar corpo próprio ao interpretar a ação e incorporar o diálogo. Segundo Margot Berthold (2001, p. 1), "*do ponto de vista da evolução cultural, a diferença essencial entre formas de teatro primitivas e mais avançadas é o número de acessórios cênicos à disposição do ator para expressar sua mensagem*". Fazer compreender o teatro como forma de expressão que compõe tanto o leque das artes do corpo quanto da dramaturgia e valorizá-lo como importante ente sociocultural é a principal razão de se propor às crianças que elaborem uma apresentação teatral por fantoches com auxílio de dispositivos robóticos.

Recursos destinados ao projeto: a *configuração minimal* (composição funcional mínima e suficiente de peças já testada) para cada protótipo de manipulador de fantoche que se queira construir para este projeto escolar é: 1 microcontrolador, 1 cabo USB, 3 motores DC (baixa rotação e alto torque ou com caixa de redução), 1 sensor para detectar presença (de toque, de infravermelho, de ultrassom), 4 cabos para a conexão dos motores e do sensor ao microcontrolador, 1 suporte de bateria//pilhas com baterias//pilhas, peças estruturais a serem escolhidas que variam conforme o plano de construção do protótipo, 1 computador, *notebook* ou *tablet* para a programação do microcontrolador, 1 recarregador de baterias//pilhas.

Aquisição de recursos destinados ao projeto: todos os *kits* de robótica apresentados na página 290 deste livro possuem na sua composição mais simples os elementos necessários e até mais do que suficientes para a construção de um protótipo bastante simples, todavia competente, restando, apenas, agregar ao conjunto de peças e componentes um computador e um cabo para fazer conexão entre este computador e o microcontrolador. De outra maneira, o professor/educador poderá escolher o Arduino como microcontrolador e adquirir os motores e sensores no mesmo fornecedor, para poder usufruir da garantia de que possam integrar o mesmo conjunto no protótipo a ser montado.

Público-alvo: crianças das primeiras séries podem usufruir deste desafio com a elaboração de uma programação para que os motores empregados nas cruzetas tenham acionamento em sincronia com os marcos determinados para maximizar a expressividade teatral dos fantoches. As crianças das últimas séries podem fazer com que os sensores, ao detectarem um objeto-alvo, alterem o comportamento da cruzeta: se ele detecta o objeto alvo em determinada posição do cenário, pode movimentar o manete de forma a obter o movimento da marionete que é conveniente para a cena.

Tempo estimado de duração deste projeto: este projeto necessita de doze horas para a construção do teatro e de seus componentes, ao que deverão ser acrescidas seis horas para os preparos dedicados à encenação pública (recomendável) e duas horas para o seu encerramento com a reunião dos alunos para as avaliações (recomendável).

Existe um modelo para montar? Existem muitos tipos de protótipos de teatro de fantoches ou marionetes já publicados em artigos e vídeos, que podem servir de inspiração ao professor/educador e aos seus alunos. Sugere-se que, para ter o máximo aproveitamento pedagógico do projeto, não se parta de um modelo pronto de dispositivo para controle da cruzeta e de outros elementos do teatro (como para abertura e fechamento das cortinas, por exemplo), mas sim que ele decorra da prática coletiva de criação, passo a passo, visto que o texto teatral e a composição cênica produzem resultados distintos, conforme a leitura e o interesse de cada grupo de crianças.

A prática do teatro de fantoches na escola é uma ação dialógica do processo de produção ao momento da encenação, como mostram Blois e Barros (1967).

Transdisciplinaridade e interdisciplinaridade: nesse projeto, para cada série do Ensino Fundamental I, todos os professores envolvidos com os grupos e interessados pelo projeto podem identificar os saberes curriculares que poderão ser mobilizados nas atividades correlatas ao projeto. Partindo da disciplina de Artes, há inevitável concurso da Língua Portuguesa, da Matemática, de Ciências, de História e Geografia, como será demonstrado adiante.

Habilidades e competências envolvidas conforme a BNCC: (EF15LP10), (EF15LP11), (EF15LP12), (EF35LP10), (EF35LP18>>EF35LP30), (EF15AR01), (EF15AR02),

(EF15AR03), (EF15AR04), (EF15AR05), (EF15AR06), (EF15AR16), (EF15AR18), (EF15AR19>>EF15AR22), (EF01MA11), (EF01MA12), (EF01MA15), (EF01MA16), (EF02MA16), (EF02MA19), (EF03MA17>>EF03MA23), (EF04MA16), (EF04MA20>> EF04MA22), (EF05MA14), (EF05MA15), (EF05MA19), (EF01CI01>>EF01CI03), (EF02CI01), (EF02CI02), (EF03CI01), (EF05HI01), (EF05GE02), (EF05GE05), (EF15RE01>>EF15RE16).

CAPÍTULO 9
Construindo o primeiro robô

9.1 DANÇA COM ROBÔS

A dança cuja coreografia é realizada conjuntamente por humanos e robôs é uma prática artística muito complexa, pois tanto a posição relativa entre os seus corpos precisa ser continuamente averiguada para evitar colisões como as partes de seus corpos devem desempenhar os movimentos, seguindo a sincronia que é determinada pela coreografia.

Em 07/09/2018, o bailarino Fredrik “Benke” Rydman subiu ao palco da Casa da Cultura e Teatro Municipal de Estocolmo (Kulturhuset Stadsteatern) para realizar uma coreografia com o robô IRB6620.

Os espectadores da coreografia apresentada com a parceria de Rydman e do robô IRB6620 ficaram impressionados com a alta qualidade da apresentação.[1]

Mais recentemente, os robôs Spot da Boston Dynamics foram apresentados realizando uma coreografia por meio um vídeo no Youtube.[2] Nesse caso, os robôs Spot apresentaram-se sem a companhia humana e foi proposto um desafio à popular banda de *k-pop* BTS:

---

1 Disponível em: https://youtu.be/m9oPe9CsUpI. Acesso em: 2 jul. 2023.

2 Disponível em: https://youtu.be/7atZfX85nd4. Acesso em: 2 jul. 2023.

> A popular banda de k-pop BTS está sempre no topo das paradas, seja entre os assuntos mais comentados nas redes sociais, seja em seus vídeos super populares de dança no YouTube. Agora, parece que a *boy band* coreana terá um desafio e tanto pela frente: enfrentar os robôs da Boston Dynamics em um concurso para ver quem tem a melhor ginga. (Disponível em: https://canaltech.com.br/inovacao/robos-da-boston-dynamics-desafiam-bts-para-concurso-de-danca-em-novo-video-188524/. Acesso em: 15 abr. 2022).

O público para este tipo de produção artística parece cada vez maior e o vídeo postado em 29/07/2021 corrobora tal afirmação, pois, em março de 2022, já possuía mais de 3 milhões de visualizações.[3]

O carnaval brasileiro mostra que apresentações realizadas pelas escolas de samba em grandes cenários com milhares de espectadores já contam com a presença da robótica em suas performances.[4]

No ambiente escolar, a dança de robôs e humanos tem consenso entre os educadores quanto a sua contribuição para a conquista de um amplo espectro de competências através do seu emprego durante as atividades letivas.[5]

3 Ver a coreografia realizada pelos robôs Atlas e SpotMini em: https://youtu.be/fn3KWM1kuAw.

4 Ver em: https://canaltech.com.br/entretenimento/5-escolas-de-samba-que-trouxeram-a-tecnologia-para-a-avenida-160873/. Acesso em: 2 jul. 2023.

5 Ver em: http://enpe.ptc.iftm.edu.br/index.php/enpe/article/download/74/40/321 (projeto Elas na Robótica, um projeto de pesquisa e extensão do EnPE-IFTM). https://repositorio.ufpb.br/jspui/bitstream/123456789/11541/1/Arquivototal.pdf (Visualidades interativas dos robôs paraibanos na Robocup Jr Dance Onstage), http://sistemaolimpo.org/midias/uploads/bf9b8c2b939db49d90152bb148d756f8.pdf (CHS Bellatrix Dance) e https://econtents.bc.unicamp.br/inpec/index.php/tsc/article/view/14868/9900 (Dança dos robôs: uma atividade no meio escolar que integra robótica e movimento *maker* na perspectiva da aprendizagem criativa). Acesso em: 2 jul. 2023.

Muitos projetos agregam a divulgação de danças folclóricas às práticas da robótica pedagógica, como nos eventos do TJR, no caso das equipes de alunos do Amapá que desenvolveram a dança de robôs e humanos para promover o Marabaixo ou os alunos do Maranhão em relação ao Bumbá com o *Roboizinho,* ou até na Robocup de 2014, em que uma equipe mesclada de alunos de São Paulo e Pernambuco apresentou-se com o ritmo do Forró.[6]

9.1.1 COMO PLANEJAR A CRIAÇÃO DE UMA COREOGRAFIA DE HUMANOS E ROBÔS

Quando o professor decide iniciar os planos de aula com este projeto, é conveniente que leia algum edital que o ajude a estabelecer o escopo do projeto. Um exemplo de edital é o Caderninho do Aluno oferecido pelo TJR.[7]

O primeiro passo a ser considerado no planejamento é a escolha da temática e do estilo da música pelas crianças, empregando, para isso, a apresentação para elas de outras encenações de coreografias realizadas por crianças e robôs.

Alguns sites são muito ricos em material para consulta com vídeos e documentações de projetos escolares com este objetivo, por exemplo, os sites do TJR[8] e da Robo-League.[9]

O que avaliar? 1. As crianças mostraram interesse pelo tema? 2. Se sentiram desembaraçadas para planejar uma coreografia com robôs? 3. Quais foram as músicas preferidas?

O segundo passo é escolher um canal ou um aplicativo onde se pode aprender coreografias relacionadas às músicas escolhidas.

Três canais são muito populares para aprender e praticar coreografias: Fit Dance, Cia Daniel Saboya, Mete Dança.

De igual maneira, isso pode ser feito com aplicativos, por exemplo: Just Dance Now, Dance Party, Pocket Salsa.

Caso exista uma disciplina ou curso extracurricular de dança na escola, poderá ser solicitada uma colaboração, para que as crianças possam ter mais segurança na sua apresentação, visto que os pequenos robôs têm, por suposto, menos competências para uma atuação mais complexa.

---

6 Disponível em: https://vimeo.com/102407636?embedded=true&source=vimeo_logo&owner=24706173. Acesso em: 2 jul. 2023.

7 Disponível em: https://drive.google.com/drive/folders/1ilYBgvGExfvuBfMFxBcs6jR8YZUGwB1O. Acesso em: 2 jul. 2023.

8 Disponível em: http://torneiojrobotica.org/TJR-Torneio-Juvenil-de-Rob%C3%B3tica/. Acesso em: 2 jul. 2023.

9 Disponível em: http://roboleague.org/DC/. Acesso em: 2 jul. 2023.

O que avaliar: 1. Como as crianças se comportam quando as demais estão opinando sobre as sugestões propostas? 2. Elas concordam ou acrescentam ao que foi exposto pelas demais? 3. Como cada uma se expressa em relação a isso? 4. Quais mudanças nas brincadeiras a partir da escolha da coreografia puderam ser detectadas?

O terceiro passo é preparar a divisão de tarefas: os que vão dançar, os que vão montar os robôs, os que vão programar os robôs, os que vão escolher os adereços e figurinos, os que vão fazer o papel de avaliadores para todas as sessões de treino dos humanos e dos robôs quando realizados conjuntamente.

O que avaliar: 1. Como as crianças identificam os materiais necessários para a realização de todas as tarefas? 2. Como elas elaboram as etapas da coreografia?

O quarto passo é definir as características dos robôs a serem construídos.

O que avaliar: 1. Como as crianças identificam as partes dos robôs?

O quinto passo é definir a programação dos robôs e a maneira como será realizada a sincronia entre os robôs e os humanos.

O que avaliar: 1. Como as crianças colaboram para a definição da coreografia dos robôs?

O sexto passo é fazer a confecção dos demais elementos do cenário.

O que avaliar: 1. Como as crianças colaboram para a confecção do cenário?

O sétimo passo é fazer as encenações preparatórias.

O que avaliar: 1. Como as crianças colaboram durante os trabalhos de preparação? 2. Elas conseguem dividir tarefas e responsabilidades?

O oitavo passo é escolher figurino e os adereços definitivos, para que todas as crianças possam estar de acordo com a composição dos participantes da coreografia (com vestimentas, adereços e fantasias referentes a fantasmas e robôs), conseguindo-se integrá-las de forma lúdica à atividade.

O que avaliar: 1. Como as crianças colaboram durante os trabalhos de preparação? 2. Elas conseguem dividir tarefas e responsabilidades?

O nono passo é encenar a coreografia da dança.

O que avaliar: 1. Como as crianças mostram estar comprometidas com a atividade?

O décimo passo é a realização de uma roda de conversa depois da encenação da coreografia da dança.

O que avaliar: 1. Qual é a opinião de cada criança?

Figura 9.1 Faça balões para que as crianças escrevam as suas opiniões a respeito do projeto
Fonte: Faz Fácil

9.1.2 O PARADIGMA BÁSICO DOS ROBÔS DE DANÇA E SUAS CONSEQUÊNCIAS ESTRUTURAIS

Os robôs de dança são objetos verticalizados por conta de seu propósito de se apresentar ao público. São capazes de se movimentar em relação ao piso e ter partes dele que se movimentam em relação ao próprio corpo.

Disso, decorrem algumas consequências:

1) O equilíbrio do robô é de suma importância: o robô não pode tombar de forma alguma durante a sua performance.
2) Os robôs de dança costumam ser construídos de forma que, em relação ao seu eixo de simetria longitudinal, o número e o tipo de peças que estão de um lado é o mesmo que estará do outro.
3) O movimento de suas partes em relação ao corpo deve ser adequado para não danificar ou fatigar a estrutura do robô ou as suas peças.
4) O robô deve ter meios de orientação espacial, para não sair da área do palco durante a sua apresentação.
5) O robô não pode colidir com os demais robôs nem com os seres humanos.
6) Deve haver uma relação semiótica entre a sequência de movimentos e a execução da música.

9.1.3 O EQUILÍBRIO DO ROBÔ É DE SUMA IMPORTÂNCIA

O primeiro passo para que o professor/educador consiga explicar o conceito é mostrar como identificar o centro de massa na prática.[10]

[10] Se um corpo (extenso) estiver em repouso, o ponto chamado de centro de massa é aquele em que, se uma força for ali aplicada, provocará um movimento retilíneo sem que haja quaisquer rotações. O centro gravitacional ou baricentro é o centro de massa que estará sujeito à força peso.

Uma forma de mostrar como identificar o *centro de massa* é buscar o ponto no corpo pelo qual, se suspendermos o corpo, ele não irá girar em nenhuma direção.

O professor/educador precisa encontrar exemplos como o de sustentar a régua no seu ponto médio (na região que está na metade do comprimento da régua) e correlacionar esta experiência com o que ocorre com o boneco João Bobo.

É importante mostrar para as crianças que a base do robô deverá concentrar a maior parte da massa em relação ao resto do corpo, para ajudar a evitar que o robô tombe durante a apresentação.

O professor/educador deve comentar que, quanto mais alto for o robô, convém aumentar a área da base de sustentação dele, usando para isso uma analogia com o cone de sinalização:

Figura 9.2 A distribuição de massa em um robô de dança deve proporcionar um centro de massa próximo ao solo e a extensão da base deve ser maior do que a parte superior do robô.
Fonte: arquivo pessoal do autor.

Note-se, no exemplo anterior, que a base da estrutura do robô de dança que servirá para erguer o corpo de uma boneca é maior do que a parte superior e concentra a maior quantidade de massa, tal qual ocorre no cone de sinalização.

Figura 9.3 Equipe de dança no TJR etapa Paraíba.
Fonte: arquivo pessoal do autor.

Figura 9.4 Equipe de dança na CBR 2013.
Fonte: arquivo pessoal do autor.

Figura 9.5 Mavis e as crianças no palco durante a LARC 2016.
Fonte: arquivo pessoal do autor.

9.1.4 OS ROBÔS DE DANÇA SÃO GERALMENTE SIMÉTRICOS

Os seres humanos e uma imensa quantidade de animais são dotados de antimeria ou assimetria bilateral.[11]

Os robôs de dança precisam ter definido um plano a partir do qual se estabeleça a assimetria bilateral em sua estrutura.

[11] Na antimeria, o plano mediano divide o corpo em duas metades, direita e esquerda, semelhantes na forma e função.

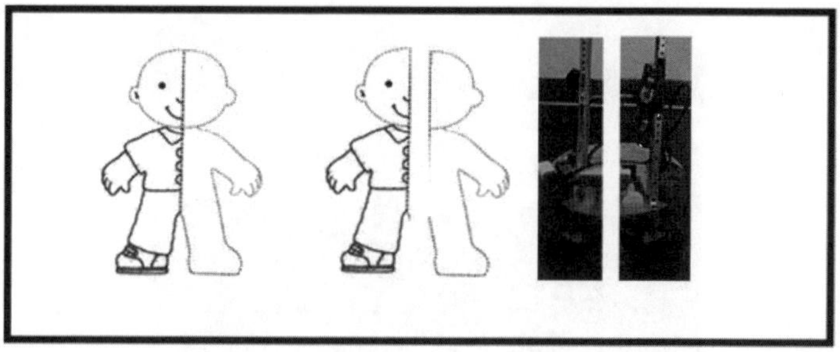

Figura. 9.6 Exemplo de antimeria aplicada à estrutura do robô de dança.
Fonte: arquivo pessoal do autor.

Uma outra forma de mostrar uma propriedade de assimetria bilateral é fazer com que as crianças desenhem a mão direita e a mão esquerda usando as próprias mãos como moldes e, a seguir, solicitar que elas tentem sobrepor as figuras que são enantiomorfas entre si.

O mesmo problema será tratado no momento da construção do robô, que, se tiver a montagem do braço direito, precisará que se monte o esquerdo, ou ainda, se a mão direita tiver uma luva, a esquerda deverá ter a luva esquerda para completar o par.

9.1.5 O MOVIMENTO RELATIVO DAS PARTES DO CORPO

O professor/educador precisa solicitar a atenção das crianças para os movimentos realizados pelos seres que se pretende retratar nos robôs de dança, para que os mecanismos não executem movimentos que não correspondem ao que se vê na realidade.

A cabeça de um humano não faz a rotação completa em torno do pescoço nem a perna gira no quadril como uma roda no eixo de um carro, por exemplo: isso significa que existem limites para os movimentos, o que está relacionado aos graus de liberdade daquela articulação.

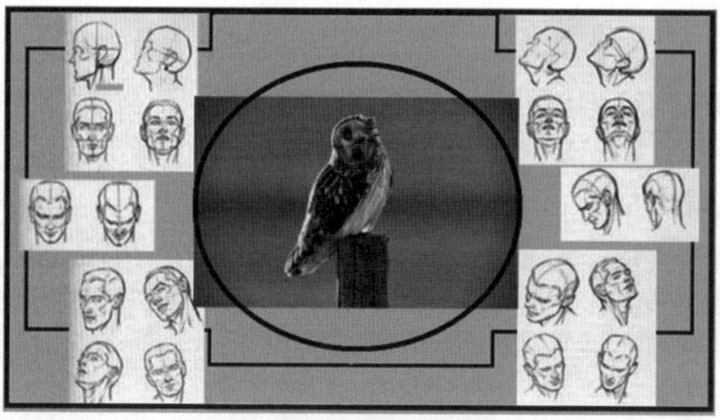

Figura 9.7 Comparação entre os graus de movimento da cabeça humana com a da coruja.

Humanos e corujas têm movimentos para a cabeça que são diferentes em amplitude e nos eixos de rotação, resultando em expressões corporais completamente distintas.

A construção equivocada dos robôs pode resultar em autoagressão, quando uma das partes encontra outra no caminho de seu movimento: um braço que trava o seu movimento ao colidir com o outro braço é um exemplo de movimento inadequado.

Nos robôs de dança, alguns dos movimentos dos membros superiores podem ter a ação combinada com o movimento de translação do robô em relação ao piso e surpreender a todos os espectadores fazendo o robô, inadvertidamente, tombar.

Se isso acontecer com o robô para algum momento da coreografia, imediatamente, todos os responsáveis pelo robô deverão buscar reduzir, gradativamente, a amplitude dos movimentos dos membros superiores até que o robô, durante a execução desta parte da coreografia, pare de tombar: as quedas não são convenientes para a integridade estrutural de um robô, podendo quebrar as suas peças.

9.1.6 COMO FAZER PARA O ROBÔ NÃO SAIR DO PALCO

A navegação de um robô no ambiente, de tal maneira que ele consiga visitar corretamente os espaços de seu interesse sem que se perca ou realize um percurso desnecessário, exige que o robô tenha condições de consultar um referencial que seja acessível durante todo o trajeto a ser executado.

No caso dos robôs de dança, o cenário é um piso plano e os robôs poderão ter a companhia de outros objetos dotados ou não de movimentos em relação a esse piso. Isso significa que, quão mais complexa seja a coreografia, mais difícil é, para o robô de dança, estabelecer os limites do palco a partir dos componentes cênicos.

Dessa forma, é grande a possibilidade de um robô de dança que executa grandes percursos translacionais sair dos limites do palco e não retornar.

No caso de robôs criados por crianças, costuma-se empregar a estratégia de desenho, ou seja, as crianças fazem, no piso do palco, o desenho do percurso a ser realizado pelo robô durante a coreografia com fita isolante e fazem uma programação em que o robô repetirá os movimentos predefinidos até o final de sua apresentação, empregando o desenho da fita como gabarito. Quando a programação estiver compatível com o movimento esperado para o robô, não será necessária a marcação feita no chão, pois o robô seguirá as instruções do programa sem tomar qualquer outra informação do ambiente.

Uma tática associada à estratégia de desenho é empregar trajetos curtos para minimizar a probabilidade de o robô evadir do espaço a ele reservado na coreografia (https://escolafirjansesi.com.br/escolasesi/blog/alunos-da-escola-firjan-sesi-participam-de-torneio-juvenil-de-robotica).

As funções básicas de navegação do programa com estratégia de desenho são: seguir para a frente, seguir para trás, virar para a direita, virar para a esquerda e pausa. Para realizá-las, o robô precisará minimamente de dois motores

Pode-se evitar a evasão do robô em relação ao espaço a que deveria se ater durante a coreografia de outra maneira, colando-se uma fita isolante preta (considerando-se o piso claro) no piso de tal maneira que com ela se faça uma figura fechada, dentro da qual se quer ver o robô constrito durante a apresentação. O robô, então, deverá contar com, ao menos, um sensor reflexivo de luz voltado para o chão e a sua programação deverá priorizar, continuamente, o teste de o sensor ter ou não detectado a linha escura, para retornar à posição anterior, caso tenha detectado.

O professor/educador precisa saber que essa é uma solução muito precária, podendo redundar em erros irreversíveis na navegação do robô. Isso ocorre quando o seu sensor reflexivo de luz do robô, ao chegar à beira marcada com a fita, acidentalmente, não a detecta, o que fará com que o robô siga adiante e possa sair do palco.

As funções básicas de navegação do programa com estratégia de desenho são: seguir para a frente, seguir para trás, virar para a direita, virar para a esquerda e pausa.

As condicionais devem ter: se o sensor detectar a linha, então execute a função inversa que estava em execução, caso contrário (o sensor não detectar a linha) continue o programa coreografia.

Para realizar essa programação, o robô precisará minimamente de dois motores e um sensor reflexivo de luz.

Figura 9.8 Ilustração de robô montado para detectar a linha preta no piso e, com isso, poder, por exemplo, evitar que venha a se evadir de um palco circundado por esta marcação.
Fonte: ilustração do autor.

Para uma melhor solução, poderão os alunos, empregando dois sensores reflexivos de luz, fazer com que o robô de dança siga uma linha preta colocada no piso claro ou vice-versa (estratégia de seguidor de linha).

Como os ajustes que as crianças conseguirão fazer para esta estratégia são precários (não há sentido de se fazer a explicação de controle PID para crianças), é fundamental que o professor/educador que pretenda empregar com os seus alunos a estratégia de seguidor de linha para o robô de dança faça um percurso em que a linha tenha alterações suaves de direção.

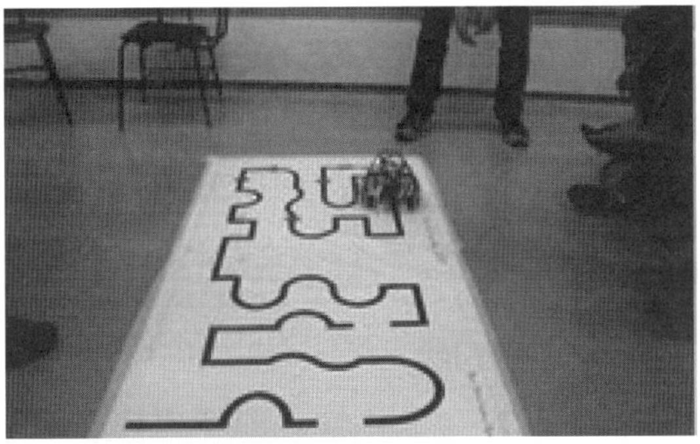

Figura 9.9 Percurso complexo para robô seguidor de linha.
Fonte: arquivo pessoal do autor.

Figura 9.10 Percurso simples para robô seguidor de linha.
Fonte: arquivo pessoal do autor.

9.1.7 COMO FAZER PARA O ROBÔ NÃO COLIDIR COM OS DEMAIS DANÇARINOS

Para as crianças é mais fácil criar uma coreografia em que os movimentos em relação ao chão dos robôs tenham uma extensão bem mais curta do que a dos humanos, fazendo com que a tarefa de ter de se desviar para evitar os choques entre humanos e robôs esteja sob responsabilidade dos humanos.

Caso se pretenda que os robôs de dança tenham algum tipo de detecção de obstáculos, há um elenco de sensores que podem auxiliar nesse processo de detecção, que estão apresentados a seguir, conforme a complexidade da programação exigida. Para esse tipo de detecção há os sensores de toque, reflexivos de ultrassom, reflexivos de infravermelho, laser e de imagem.

O emprego do sensor de toque tem a vantagem de ser mais simples e menos custoso que o uso de qualquer outro sensor da lista, contudo, pela própria natureza, para detectar o obstáculo tem de colidir com ele, o que é desaconselhável para uma situação de dança em que se quer evitar o choque entre os dançarinos.

Outros sensores que não os de imagem têm a desvantagem de não permitir, com facilidade, a detecção da trajetória do objeto que tem movimento relativo em relação ao robô, mas tem a vantagem de detectá-lo à distância e oferecer condições para que se saiba a distância relativa entre o robô e o outro objeto com o qual se quer evitar a colisão.[12]

Robô Valéria se agacha para pegar a bola ao detectá-la com um sensor reflexivo de ultrassom (Robocup Áustria 2009).

Os sensores de câmera são aqueles que podem informar mais sobre os objetos: suas trajetórias e sobre o contexto em que estão. Contudo, a complexidade do processamento de imagem oferece um custo extra em termos computacionais, fazendo com que o robô gaste um tempo maior para deliberar a ação que precisa realizar, o que pode tornar incompatível o seu uso com a sua movimentação na dança.

Essas são as razões para se propor uma redução nas ambições das crianças quando se trata da detecção que os robôs podem fazer da realidade que os cerca durante a coreografia.

9.1.8 TRANSFORMANDO A DANÇA DA SALA DE AULA EM UM ESPETÁCULO DE ENTRETENIMENTO ESCOLAR

Inúmeros fatores estão associados ao sucesso de uma apresentação de dança de robôs e humanos.

O primeiro fator é o engajamento dos alunos, pois isso combina a dedicação ao projeto a um caloroso acolhimento da plateia, que é composta também pelos alunos envolvidos com a produção.

---

12 Na apresentação da equipe Double T, a robô Valéria, em função de ter um sensor de ultrassom capaz de detectar a presença da bola, ao detectá-la, pega-a e ergue-a durante a coreografia. Disponível em: https://youtu.be/xIsWqHYZPnk. Acesso em: 2 jul. 2023.

Esse primeiro fator está interligado ao segundo fator, que é a boa escolha da música, atendendo o gosto dos alunos envolvidos, pois quando se faz uma enquete sobre a música que se pretende coreografar, a votação dos alunos direciona a escolha para a canção que melhor os representa naquele momento, com a qual se sentirão melhor apresentando-se numa coreografia. A música escolhida pelos alunos já traz consigo a inspiração para a coreografia em si, que é o terceiro fator.

Escolher bem a coreografia significa saber englobar, com naturalidade, no processo de seu planejamento e de sua execução, a presença dos movimentos dos robôs e a composição da aparência deles.

O último fator é composto pelos adereços, os figurinos e demais elementos cênicos que irão facilitar a expressividade produzida pela atuação do grupo.

9.1.9 OS MATERIAIS PARA OS ROBÔS

Para a construção de robôs destinados a uma coreografia de dança é necessário material de robótica, como motores, sensores, controladores e peças estruturais.

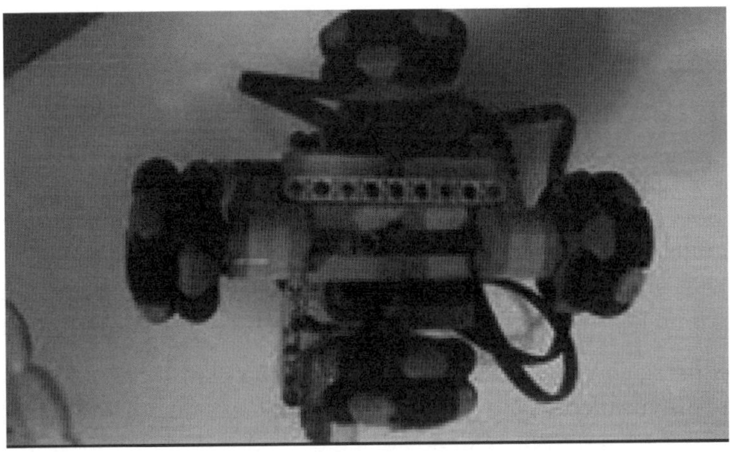

Figura 9.11 Estrutura de robô para movimentar-se em todas as direções de um plano horizontal.
Fonte: arquivo pessoal do autor.

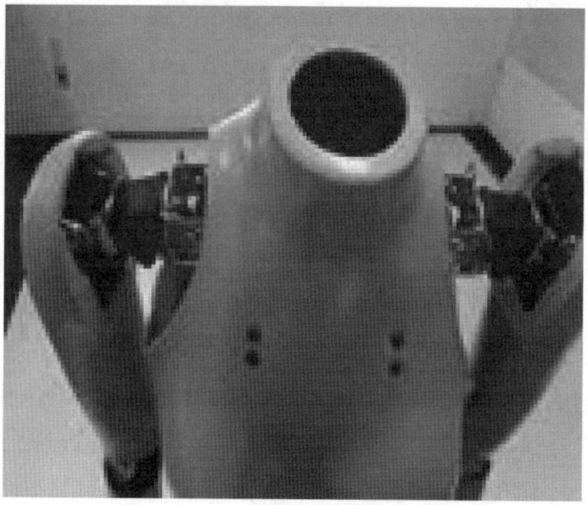

Figura 9.12 Estrutura da articulação dos braços da robô Mavis.
Fonte: arquivo pessoal do autor.

Antes de listar os materiais básicos para fazer uma árvore de produto prévia para cada robô,[13] o professor/educador deve empregar um esboço básico de cada protótipo proposto pelos alunos e o seu papel na coreografia.

Construir um robô de dança exige que, além do material típico da robótica, haja um plano de trabalho de artes para a confecção de todos os elementos típicos que compõem a produção de uma coreografia de dança.

Para compor rostos e máscaras para os robôs, por exemplo, o professor/educador pode aproveitar as orientações sobre a técnica de fazer papel reciclado e ajustá-las para fazer o papel machê (do francês *papier maché*, cujo significado é papel picado, amassado e esmagado), que é resultado de uma massa feita com papel picado embebido na água, coado e depois misturado com cola, gesso ou farinha.[14]

Recomenda-se ao professor/educador fazer uma planilha com todos os produtos a serem confeccionados e, a partir dessa lista, fazer uma listagem com todos os materiais básicos a serem providenciados e deixados de forma organizada para o manuseio dos alunos no decorrer do projeto.

---

[13] Árvore de produto é a expressão técnica utilizada para designar uma estrutura que apresenta os níveis relevantes de agregação de determinado produto. Dessa forma, em se tratando de um robô, pode-se ter na árvore do produto um esquema que mostra todas as suas partes, com todos os seus componentes, conforme serão agregados para formar o todo.

[14] Ver mais sobre estas técnicas em: https://www.viladoartesao.com.br/blog/como-fazer-um-boneco-de-papel-mache-passo-a-passo/ e https://leiloesvitoria.com.br/peca.asp?ID=4801150. Acesso em: 2 jul. 2023.

9.2 CAMINHANDO PELO PERCURSO DA PROGRAMAÇÃO

O desenvolvimento da programação de um protótipo de robô deve ser considerado como um ponto relevante do planejamento pedagógico, pois não há como se compreender a robótica sem a computação e, ademais, a exploração do pensamento computacional é um dos ganhos educacionais esperados durante esta prática.

Ao professor/educador cabe, portanto, fazer uma avaliação prévia dos diferentes aplicativos para edição e compilação de programas, considerando a usabilidade de cada um deles diante do público-alvo escolar, série a série.

Caso o professor/educador ainda não tenha muita intimidade com a prática da programação, é recomendável iniciar a sua caminhada formativa pelo simples acionamento dos motores, usando uma linguagem de blocos.

Essa simples tarefa, no âmbito prático da robótica, contém, ainda que de maneira imperceptível, um comando e um condicional, pois, ao acionar-se um motor, também se predetermina uma limitação a essa ação, seja por se estipular antecipadamente uma extensão do movimento (um número de rotações, por exemplo), seja por se definir uma duração do seu efeito (um período temporal).

Dessa forma, no caso de se tratar de um único bloco (de NXC ou SCRATCH – S4A, por exemplo) em que se está apto a programar o acionamento de um motor A, por exemplo, o que se está a dizer para o controlador é que há um motor a se energizar, mas há também, conjugado, algum dispositivo que ou permite contabilizar o número de rotações ou fornece dados temporais. Se não fosse assim, o motor não teria motivo algum para extinguir o seu movimento inicial e o comando de fazê-lo funcionar não encontraria parada.

Isso significa que, no contexto da robótica educacional praticada por crianças, é fundamental que os motores sejam especialmente construídos com sensores de rotação acoplados (encoders). Assim, se o comando for para que o motor faça quatro rotações, a cada rotação realizada o sensor de rotação conectado ao eixo do motor envia um sinal para o controlador que fará o somatório de vezes em que o sinal foi enviado e, ao atingir quatro vezes, deixará de energizar o motor.

Também as linguagens, com as quais se pode programar o controlador, precisam conter uma rica variedade de bibliotecas e funções, pois, caso contrário, as crianças não conseguirão ir muito adiante com a prática da programação e pouco poderão fazer além de girar uma hélice ou uma roda, controlando externamente o comportamento do motor, com interrupções realizadas pela ação humana.

Sim, fazer mover um motor[15] é divertido, porém lidar com os números naturais para determinar um condicional limitante de movimento dele é mais edificante

---

[15] Aqui está se empregando o termo motor indiscriminadamente para motor e servomotor. No caso dos *kits* de robótica, os atuadores costumam ser do tipo servomotor; em contraste com os motores contínuos que giram indefinidamente, o eixo dos servomotores possui a liberdade de apenas cerca de 180° graus (360° em alguns modelos) mas são precisos quanto à sua posição.

em termos educacionais: estabelecer no bloco de programação que o motor A fará um movimento limitado a três rotações significa que, ao se energizar o motor, haverá um sinal do sensor acoplado para cada volta do eixo e que um dispositivo computacional estará contabilizando esses sinais, somando um a um, avisando, a cada adição, o subtotal ao programa que, ao ser informado de que a contabilização está no número 3, fará parar o movimento do motor.

Note-se que toda esta narrativa dedicada à explicação do processo é muito útil para a preparação das crianças, em termos de se desenvolver o pensamento computacional, e ignorá-la, em favor de a criança contentar-se em apenas ativar um simples ícone de programação, agiliza a ação, mas é pouco eficiente ao desenvolvimento das habilidades intelectuais associadas.

Tendo em vista que o professor/educador alertou, oportunamente, as crianças sobre o significado de um bloco de comando de acionamento de motor, esclarecendo o papel do respectivo ícone, poderá seguir para os ícones destinados às repetições e às condicionais sem causar estranheza para as crianças, transcrevendo em pseudocódigo o que está codificado na linguagem de programação e vice-versa.

Talvez perceber isso seja a garantia de que todos os próximos passos sejam dedicados a um caminho claro e seguro com objetivo de alcançar a feitura de programas mais e mais ambiciosos.

Há de se alertar, também, que o nível de precisão efetivamente alcançada pelos motores em seus movimentos não decorre apenas da determinação prévia de uma limitação temporal ou de rotações com maior número de algarismos depois da vírgula, como se, instruindo-se, no programa, de 3,123456 rotações (em graus, seria três vezes 360 graus somado a 0,123456 vezes 360 graus), houvesse uma resposta exata correspondente, quando, de fato, talvez aquele motor em questão só possa estar posicionado em 3,0; 3,5; 4,0 (e assim por diante) rotações, por exemplo.

Escolher adequadamente os motores e os sensores permite ao professor/educador fazer um planejamento pedagógico realista para o que pretende oferecer ao aprendizado das crianças. Assim, se quer lidar com os números decimais, mostrando os diferentes efeitos que podem produzir, no robô, números diferentes entre si por questão de décimos ou centésimos, os motores têm de apresentar uma precisão adequada.

O professor/educador, diante da atividade ou do projeto escolhido, necessita ter atenção se no rol dos atuadores escolhidos estarão servo motores limitados de 0 a 180 graus ou com alcance de 360 graus para instruir os alunos, para informar os alunos antes da montagem de seus robôs e de sua programação.

A prática da dança de robôs é, pois, a oportunidade ideal para combinar a prática da programação baseada no controle simples do acionamento de motores, limitando-os a atuar por períodos predeterminados, com a sincronização dos movimentos para dar a expressividade necessária a uma coreografia.

Vale lembrar que as crianças estão habituadas a ver a locomoção de carros com base em motor à combustão, nos quais há apenas um motor e a mudança de direção decorre do manuseio do volante, ou seja, ao girar o volante no sentido horário o carro segue para a direita e, caso o sentido seja anti-horário, seguirá para a esquerda.

Contudo, no caso de robôs que empreguem rodas para se locomover, haverá um motor responsável pelo movimento da roda efetuadora à direita e outro responsável pelo movimento da roda efetuadora à esquerda.

A programação destinada a guiar o robô em sua navegação no cenário deve levar em conta que seguir em linha reta, para um robô simétrico longitudinalmente, significa acionar os motores de modo a produzir, simultaneamente, o mesmo tanto de rotações de mesmo sentido nos dois motores, durante o intervalo de tempo em que forem acionados. Qualquer outra atividade dos motores produzirá algum tipo de rotação no robô.

Pode-se concluir que se faz funcionar um robô de dança, associando-se os controles das condicionais às repetições expressas nos *loopings* do programa para acionar os motores.

Para estimular as crianças a praticarem a programação e desenvolverem-se ainda mais, o professor/educador poderá fazer intercalar as atividades da robótica com pequenas sessões de programação desplugada, bem como com sessões práticas de Logo,[16] Superlogo,[17] Scratch[18] e Scratch JR,[19] conforme os objetivos pedagógicos pretendidos.

Ficha técnica do projeto

A ficha técnica tem a intenção de reunir, em um documento resumido, as informações sobre a justificativa pedagógica, o público-alvo, a relação dos recursos necessários e o tempo mínimo que a execução do projeto requisita.

Pode ser considerado pelo professor/educador como um texto útil para contribuir com a elaboração do planejamento pedagógico e conveniente para solicitar o fomento necessário para a condução do projeto.

---

16 Para saber mais sobre LOGO: https://pt.wikipedia.org/wiki/Logo. Acesso em: 2 jul. 2023.

17 Para saber mais sobre SUPERLOGO: https://www.nied.unicamp.br/biblioteca/super-logo-3-0-para-windows-7-a-10/. Acesso em: 2 jul. 2023.

18 Para saber mais sobre SCRATCH: https://scratch.mit.edu/; e exemplos produzidos pelo prof. Dr. João Alberto Arantes do Amaral: https://scratch.mit.edu/studios/31626384. Acesso em: 2 jul. 2023.

19 Para saber mais sobre SCRATCH JR: https://www.scratchjr.org/. Acesso em: 2 jul. 2023.

9.2.1 GOSTOU DO PROJETO? SEGUE A FICHA TÉCNICA DELE PARA AUXILIAR NO PLANEJAMENTO PEDAGÓGICO

Introdução e justificativa do projeto: a dança é expressão artística, produto culturalmente estabelecido, que acompanha a humanidade desde os seus primórdios. Fazer compreender a dança como forma de expressão que compõe o leque das artes do corpo, dependente, por suposto, das competências atinentes aos movimentos corporais, e valorizá-la como importante elo sociocultural é a principal razão de se propor às crianças que elaborem uma coreografia para que elas e robôs possam dançar juntos.

Recursos destinados ao projeto: a *configuração minimal* (composição funcional mínima e suficiente de peças já testada) para cada protótipo de robô que se queira construir para este projeto escolar é: 1 microcontrolador, 1 cabo USB, 2 motores DC (baixa rotação e alto torque ou com caixa de redução), 1 sensor para detectar presença (de toque, de infravermelho, de ultrassom), 3 cabos para a conexão dos motores e do sensor ao microcontrolador, 1 suporte de bateria//pilhas com baterias//pilhas, as peças estruturais a serem escolhidas, que variam conforme o plano de construção do protótipo, 1 computador, *notebook* ou *tablet* para a programação do microcontrolador, 1 recarregador de baterias//pilhas.

Aquisição de recursos destinados ao projeto: todos os *kits* de robótica apresentados na página 256 deste livro possuem na sua composição mais simples os elementos necessários e até mais do que suficientes para a construção de um protótipo bastante simples, todavia competente, restando, apenas, agregar ao conjunto de peças e componentes um computador e um cabo para fazer conexão entre este computador e o microcontrolador. De outra maneira, o professor/educador poderá escolher o Arduino como microcontrolador e adquirir os motores e sensores no mesmo fornecedor, para poder usufruir da garantia de que possam integrar o mesmo conjunto no protótipo a ser montado.

Público-alvo: crianças das primeiras séries podem usufruir deste desafio com a elaboração de uma programação dos passos definidos apenas pela sequência temporal de acionamento dos motores em sincronia com os marcos de expressividade da música. As crianças das últimas séries podem fazer com que os sensores, ao detectarem um objeto-alvo, alterem o comportamento do robô: se ele se dirigia para a frente e detecta uma criança dançando diante dele, pode, por exemplo, parar ou retroceder, conforme estiver determinado na sua programação.

Tempo estimado de duração deste projeto? Este projeto necessita de doze horas para a construção de cada protótipo de robô e de seus componentes, ao que deverão ser acrescidas seis horas para os preparos dedicados à encenação pública (recomendável) e duas horas para o seu encerramento com a reunião dos alunos para as avaliações (recomendável).

Existe um modelo para montar? Não sendo motivo de exagero, existem milhares de protótipos deste tipo de robô já construídos e publicados em artigos e vídeos, que podem servir de inspiração ao professor/educador e aos seus alunos. É altamente recomendável que, para ter o máximo aproveitamento pedagógico do projeto, não se parta de um modelo pronto de protótipo de robô, mas sim que ele decorra da prática coletiva de criação, passo a passo, visto que, por exemplo, até a escolha da música e da coreografia merece uma particular atenção no processo, pois está intimamente ligada aos gostos particulares de cada grupo de crianças.

Transdisciplinaridade e interdisciplinaridade: nesse projeto, para cada série do Ensino Fundamental I, os professores envolvidos com os grupos, de imediato, podem identificar os saberes curriculares que serão mobilizados nas atividades correlatas ao projeto. Partindo da disciplina de Artes, há inevitável concurso da Língua Portuguesa, da Educação Física e da Computação, como será demonstrado adiante.

Habilidades e competências envolvidas conforme a BNCC : (EF15LP10), (EF35LP11), (EF02LP15), (EF15AR08>>EF15AR15), (EF35EF09>>EF35EF10), (EF15RE01>> EF15RE16), (EF15CO01>>EF15CO09).

CAPÍTULO 10
Os planos individuais e seus registros

10.1 ESTABELECER OS PASSOS DO PERCURSO FORMATIVO

Ainda que o trabalho seja realizado em grupo, cada criança tem o seu próprio percurso formativo durante o desenrolar de um projeto. Cada criança tem as suas próprias questões diante das situações que se lhe apresentam no ambiente escolar e, portanto, há de se considerar os objetivos que são norteados pela sua curiosidade.

Quando o aluno tem o protagonismo, este *status* não se dá apenas para trabalhar à sua maneira diante de uma proposta coletiva, mas também e, sobretudo, estabelece-se nele um posto de comando para que destine os seus esforços para saciar a sua curiosidade.

Preparar as crianças para registrarem sob o seu ponto de vista o seu trabalho e os objetos que constroem ou destroem é permitir que possam revisitar os seus atos pregressos e, igualmente, vê-los valorados pela sua família e pelos seus amigos.

Por isso, não convém proibir essas atitudes que promovem o uso de celulares e *tablets* para fazer vídeos e fotos das tarefas que compõem o projeto, bem como do seu entorno: o emprego dessas poderosas ferramentas de registro poderá conduzir a confecção de uma narrativa ao modo do gênero diário de bordo tão importante para as investigações científicas.

Muitos professores consideram os seus apontamentos oficiais como registros suficientes para relatar a atividade, mas, se esses registros existem para que haja uma justificativa da atividade pedagógica no meio social dos que fazem a gestão da educação, há pouco, através deles, que se aproveite para os alunos autores da atividade pedagógica.

O professor/educador deve considerar que, passados alguns anos depois de se apresentar um projeto ao público escolar, para os alunos e suas famílias relacionados com a execução dele ficarão as fotos e os vídeos que poderão deleitar as memórias e, para a escola, um monte de dados, necessários, sim, mas que, na prática, pouco contribuem para fazer reviver o auge desses projetos. Cabe, portanto, estimular a atividade de registro ao modo de ser usufruída pelo estudante durante todo o seu percurso escolar e, por que não dizer, por toda a sua vida. Aliás, muito do que se apresenta neste livro decorre desta atividade pouco burocrática, mas decisiva quando se pretende mostrar o que foi feito, como foi feito e o que se pode fazer a partir dessas informações.

10.2 ESTABELECER AS MODALIDADES DE REGISTROS

Quando se planeja a atividade ou o projeto, é tarefa do professor/educador estabelecer qual será o repertório de documentos de registro que serão incumbidos os alunos de fazer e, para isso, não se deve ater a eles como simples processos de avaliação.

A atividade de registro é, por si mesma, uma atividade com objetivos pedagógicos próprios em que os alunos relatam os procedimentos realizados e mostram as suas reflexões a respeito deles e de seus produtos.

Como um documento textual produzido em sala de aula, esta é uma oportunidade de conduzir os alunos a fazer dialogar as imagens registradas durante as tarefas do projeto e os textos verbais a elas referentes que possuem finalidade elucidativa sobre o que essas imagens representam no desenrolar do projeto: trata-se de estimular os registros para que seja possível a construção de textos complexos, dotados de várias linguagens, de navegabilidade e de interatividade, com fotos e legendas, vídeos e podcasts, enfim, todas as formas de se veicular as informações.

O professor/educador poderá aproveitar o ensejo para mostrar aos alunos das últimas séries do Fundamental I alguns modelos textuais que se referem à prática de projetos como o diário de bordo[1] e o relatório final de atividades.

Um exemplo de atividades de registro em dança

O desafio de registro em multimeios

No TJR, há o desafio denominado Registro Multimidiático

> que privilegia a composição textual, desde a elaboração de pauta e roteiro até a edição e finalização audiovisual. Por esse motivo é um desafio muito relevante tanto para a formação escolar quanto para sustentar as boas práticas de projeto, sistematizando as informações dele decorrentes (Caderno de Apoio – Desafio Registro Multimidiático, 2020, p. 24).[2]

---

[1] Também poderá mostrar o aplicativo que pode auxiliar a elaborar um diário de bordo escolar em: e-diariodebordo.com.br. Acesso em: 2 jul. 2023.

[2] O documento está em: https://drive.google.com/file/d/1fnhJAO5oKQDJkYfQTbd26zn9QQIyIPkt/view?usp=drive_link. Acesso em: 2 jul. 2023.

Com este mesmo propósito, visa-se a produzir uma documentação audiovisual sobre as atividades realizadas pelos grupos durante a construção de um protótipo de robô para apresentação em dança.

O vídeo editado como um produto final deverá ter valor artístico próprio e servir para promover tanto a atividade realizada desde o seu início quanto incitar todos que o vejam a assistir à apresentação pública da encenação da coreografia.[3]

O professor/educador poderá estabelecer alguns tópicos como mais relevantes a serem retratados. Abaixo há alguns exemplos que poderão ser adotados:

O registro da experiência de um indivíduo diante de um projeto:

https://youtu.be/8xUpayyiIaI

O registro dos progressos de uma equipe em seu projeto:

https://vimeo.com/177612100

O registro das atividades de diversas equipes de uma mesma instituição:

https://www.youtube.com/watch?v=hrXyhq3JyBc

O registro da participação de diversas comunidades escolares em um evento:

https://www.youtube.com/watch?v=-8GMMx4mZYM

Conhecendo melhor as técnicas de realização de vídeos:

https://youtu.be/aNwaXtUL1fU

https://www.youtube.com/watch?v=1CdLhVO5haE

https://www.youtube.com/channel/UCF-BwHq7uPzwxHY-cHwBPYw

---

3 Segundo Bévort e Belloni "... as mídias fazem parte da cultura contemporânea e nela desempenham papéis cada vez mais importantes, sua apropriação crítica e criativa, sendo, pois, imprescindível para o exercício da cidadania. Também é preciso ressaltar que as mídias são importantes e sofisticados dispositivos técnicos de comunicação que atuam em muitas esferas da vida social, não apenas com funções efetivas de controle social (político, ideológico...), mas também gerando novos modos de perceber a realidade, de aprender, de produzir e difundir conhecimentos e informações. São, portanto, extremamente importantes na vida das novas gerações, funcionando como instituições de socialização, uma espécie de "escola paralela mais interessante e atrativa que a instituição escolar, na qual crianças e adolescentes não apenas aprendem coisas novas, mas também, e talvez principalmente, desenvolvem novas habilidades cognitivas, ou seja, 'novos modos de aprender', mais autônomos e colaborativos, ainda ignorados por professores e especialistas (Porcher, 1974; Perriault, 2002; Belloni & Gomes, 2008; Belloni *et al.*, 2007; Belloni, s/d)", em: *Educ. Soc.*, Campinas, v. 30, n. 109, p. 1083, set./dez. 2009. Disponível em: https://drive.google.com/file/d/1X3a4XBKRFD1dePmz9AJKYCPTY5mDfhqM/view?usp=sharing. Acesso em: 2 jul. 2023.

Exercícios propostos

As questões a seguir pretendem relacionar a prática da robótica educacional ao conteúdo de matemática das últimas séries do Ensino Fundamental I.

Ana, Pedro, Bruna e Gabriel formaram um grupo para apresentar, na feira de ciências da escola, um manequim de robô humanoide vestido com figurino típico dos bailarinos que participam de uma dança tradicional da região.

Os alunos participantes do evento visam a divulgar os conhecimentos de ciências e das novas tecnologias, para o que, segundo Bruna, o manequim de robô poderia entreter o público, bem como angariar fundos para financiar os recursos necessários aos projetos de robótica da escola a serem realizados durante o ano letivo.

Para conseguirem adquirir o manequim com economia, averiguaram formas de comprar as partes dele em diferentes fornecedores.

Após sucessivas cotações de preço, Ana organizou as informações colhidas em uma tabela, como está abaixo:

Parte do manequim	Preço	Fornecedor
Cabeça	R$ 50,00	Zipdois
Cabeça	R$ 30,00	%tz
Cabeça	R$ 35,00	Ska3
Tronco	R$ 40,00	Zipdois
Tronco	R$ 40,00	%tz
Tronco	R$ 45,00	Ska3
Braço, antebraço e mão	R$ 20,00	Zipdois
Braço, antebraço e mão	R$ 25,00	%tz
Braço, antebraço e mão	R$ 15,00	Ska3
Perna e pé	R$ 30,00	Zipdois
Perna e pé	R$ 15,00	%tz
Perna e pé	R$ 40,00	Ska3

(Médio – EF01RE06>>EF01RE10; EF04RE01; EF04RE02; EF01RE01; EF01RE02; EF01MA08; EF01MA09; EF01MA21; EF02MA05>>EF02MA08; EF02MA22; EF03MA05>> EF03MA07; EF03MA26; EF03MA27; EF04MA25; EF05MA0>>EF05MA09; EF04LP19; EF04LP20; EF04LP24; EF05LP23; EF01CO01>>EF01CO03; EF02CO01; EF02CO02; EF03CO02; EF03CO03; EF05CO04) Podendo combinar as partes de diferentes fornecedores, qual será o preço mais em conta do manequim completo?

a) ( ) R$ 120,00.

b) ( ) R$ 130,00.

c) ( ) R$ 140,00.

d) ( ) R$ 155,00.

e) ( ) R$ 160,00.

(Médio – EF01RE06>>EF01RE10; EF04RE01; EF04RE02; EF01RE01; EF01RE02; EF01MA08; EF01MA09; EF01MA21; EF02MA05>>EF02MA08; EF02MA22; EF03MA05>> EF03MA07; EF03MA26; EF03MA27; EF04MA25; EF05MA06>>EF05MA09; EF04LP19; EF04LP20; EF04LP24; EF05LP23; EF01CO01>>EF01CO03; EF02CO01; EF02CO02; EF03CO02; EF03CO03; EF05CO04) Podendo combinar as partes de diferentes fornecedores, qual é a diferença entre o preço mais caro que poderia ser pago para a compra do manequim e o menor preço obtido pela conta realizada na questão anterior?

a) ( ) R$ 95,00.

b) ( ) R$ 100,00.

c) ( ) R$ 105,00.

d) ( ) R$ 110,00.

e) ( ) R$ 115,00.

(Fácil – EF01RE06>>EF01RE10; EF04RE01; EF04RE02; EF01RE01; EF01RE02; EF01MA08; EF01MA09; EF01MA21; EF02MA05>>EF02MA08; EF02MA22; EF03MA05>>EF03MA07; EF03MA26; EF03MA27; EF04MA25; EF05MA06>>EF05MA09; EF04LP19; EF04LP20; EF04LP24; EF05LP23) Se o valor que os alunos pretendem angariar para o projeto de robótica é de R$ 2000,00 e o evento receber 200 pessoas, qual deverá ser o valor do doação em dinheiro com o qual cada pessoa deverá contribuir igualmente para que se alcance o valor desejado?

a) ( ) R$ 5,00.

b) ( ) R$ 10,00.

c) ( ) R$ 15,00.

d) ( ) R$ 20,00.

e) ( ) R$ 25,00.

(Médio - EF01RE06>>EF01RE10; EF04RE01; EF04RE02; EF01RE01; EF01RE02; EF01MA08; EF01MA09; EF01MA21; EF02MA05>>EF02MA08; EF02MA22; EF03MA05>>EF03MA07; EF03MA26; EF03MA27; EF04MA25; EF04MA27; EF05MA06>>EF05MA09; EF04LP19; EF04LP20; EF04LP24; EF05LP23) Também para o fomento do projeto de robótica educacional, as crianças do grupo Robô Catatau coletaram as doações em dinheiro de tal maneira que o resultado final obtido para as doações foi publicado no mural para que toda a comunidade escolar pudesse ter conhecimento. Analisando as informações através do gráfico de barras a seguir, qual foi o valor total arrecadado?

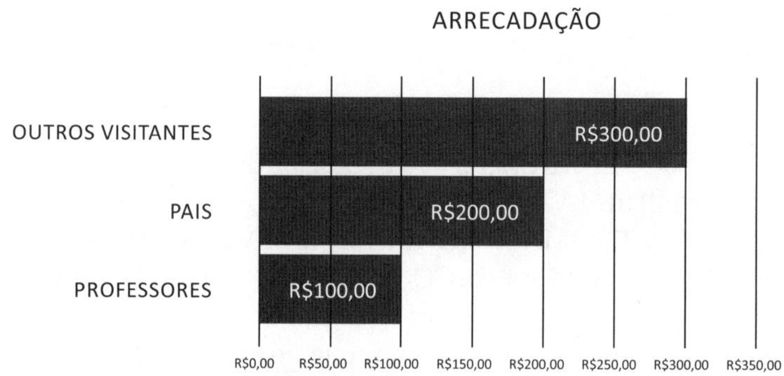

Figura 10.1 Ilustração do enunciado da questão.

a) ( ) R$ 100,00.

b) ( ) R$ 150,00.

c) ( ) R$ 200,00.

d) ( ) R$ 300,00.

e) ( ) R$ 600,00.

(Difícil - EF01RE06>>EF01RE10; EF04RE01; EF04RE02; EF01RE01; EF01RE02; EF01MA08; EF01MA09; EF01MA21; EF02MA05>>EF02MA08; EF02MA22; EF03MA05>>EF03MA07; EF03MA26; EF03MA27; EF04MA25; EF04MA27; EF05MA06>>EF05MA09; EF04LP19; EF04LP20; EF04LP24; EF05LP23) Cinco grupos de alunos de outra série escolar fizeram, cada um deles, um gráfico de setores para apresentar a mesma informação do gráfico de barras divulgado no mural da escola, porém apenas um dos gráficos estava correto para ser reproduzido no site da escola. Qual é o gráfico correto?

a) ( )

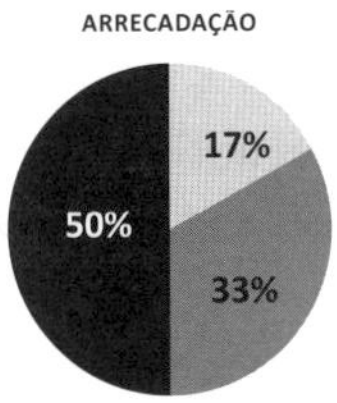

d) ( )

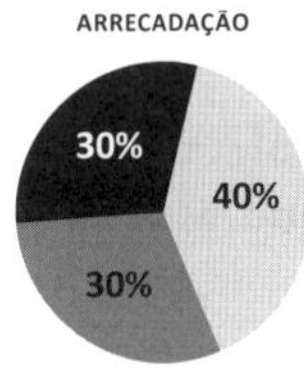

b) ( )

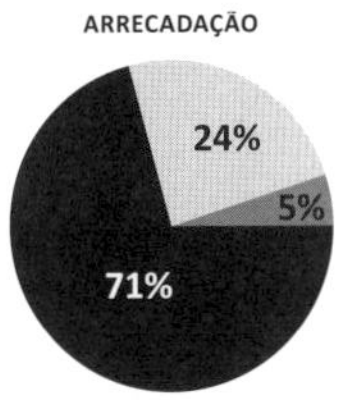

e) ( )

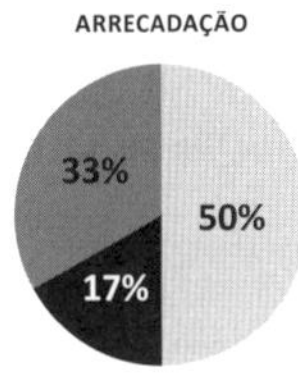

c) ( )

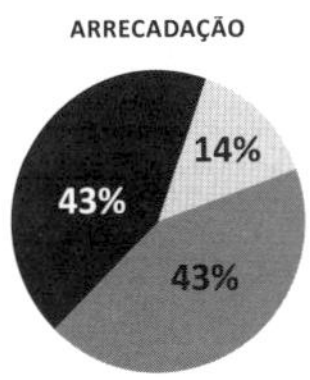

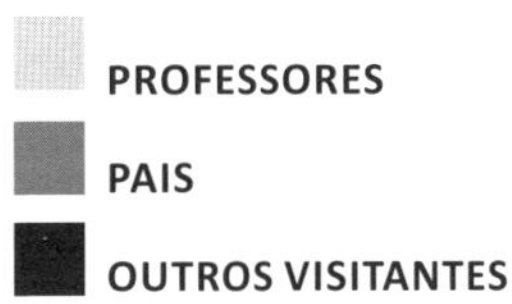

(Fácil - EF01RE06>>EF01RE10; EF04RE01; EF04RE02; EF01RE01; EF01RE02; EF04LP19) (ENATER 2017 - Nível I) O enunciado abaixo oferece informações que deverão ser utilizadas para a questão.

Robôs humanoides

Há uma razão pela qual as pessoas demoram para aprender a andar, falar e ser produtivas. Apesar do nosso grande cérebro, todas essas tarefas são muito difíceis. Os seres humanos têm muitos dias, meses e anos para adquirir habilidades e conhecimentos; os robôs, em geral, não. Por meio de processo de desenvolvimento de robôs humanoides complexos, com sofisticados sensores e atuadores biomiméticos, o campo da robótica está, enfim, conseguindo estudar o controle do robô humanoide. Com isso, os robôs humanoides vêm ganhando respeito de seu equivalente biológico nesse processo (Mataric, 2014, p. 339)

Detalhamento do problema para a questão

Os alunos foram chamados a identificar as partes a serem empregadas na construção de um robô humanoide. Seguem as partes escolhidas pelos alunos.

I - Rodas;

II - Braços;

III - Pernas.

Questão

1) Assinale, dentre as alternativas a seguir, a alternativa que contenha as escolhas que, isoladamente ou combinadas entre si, são corretas para a construção de um robô humanoide.

a) Escolhas I, II e III são corretas.

b) Escolhas I e II são corretas.

c) Escolhas I e III são corretas.

d) Escolhas II e III são corretas.

e) Nenhuma das alternativas anteriores é correta.

(Médio – EF01RE06>>EF01RE10; EF04RE01; EF04RE02; EF01RE01; EF01RE02; EF01MA08; EF01MA09; EF01MA21; EF02MA05>>EF02MA08; EF02MA22; EF03MA05>>EF03MA07; EF03MA26; EF03MA27; EF04MA25; EF05MA06>>EF-05MA09; EF04LP19; EF04LP20; EF04LP24; EF05LP23; EF01CO01>>EF01CO03; EF-02CO01; EF02CO02; EF03CO02; EF03CO03; EF05CO04) Uma fábrica de robôs humanoides recebeu um lote de peças: 6 cabeças, 8 troncos, 4 pares de braços e antebraços, 6 pares de mãos e 3 pares de pernas. Com esse lote, a fábrica conseguirá construir quantos robôs humanoides completos?

a) ( ) 6.

b) ( ) 5.

c) ( ) 4.

d) ( ) 3.

e) ( ) 2.

(Médio – EF01RE06>>EF01RE10; EF04RE01; EF04RE02; EF01RE01; EF01RE02; EF01MA08; EF01MA09; EF01MA21; EF02MA05>>EF02MA08; EF02MA22; EF03MA05>>EF03MA07; EF03MA26; EF03MA27; EF04MA25; EF05MA06>> EF05MA09; EF04LP19; EF04LP20; EF04LP24; EF05LP23; EF01CO01>>EF01CO03; EF02CO01; EF02CO02; EF03CO02; EF03CO03; EF05CO04) A fábrica de robôs humanoides que havia recebido um lote de peças: 6 cabeças, 8 troncos, 4 pares de braços e antebraços, 6 pares de mãos e 3 pares de pernas, recebeu um segundo lote de peças: 3 cabeças, 8 troncos, 5 pares de braços e antebraços, 2 pares de mãos e 3 pares de pernas. Com os dois lotes a fábrica conseguirá construir quantos robôs humanoides completos?

a) ( ) 10.

b) ( ) 9.

c) ( ) 8.

d) ( ) 7.

e) ( ) 6.

(Difícil - EF01RE06>>EF01RE10; EF04RE01; EF04RE02; EF01RE01; EF01RE02; EF01MA08; EF01MA09; EF01MA21; EF02MA05>>EF02MA08; EF02MA22; EF03MA05>>EF03MA07; EF03MA26; EF03MA27; EF04MA25; EF05MA06>> EF05MA09; EF04LP19; EF04LP20; EF04LP24; EF05LP23; EF01CO01>>EF01CO03; EF02CO01; EF02CO02; EF03CO02; EF03CO03; EF05CO04) A fábrica de robôs humanoides que havia recebido um lote de peças: 6 cabeças, 8 troncos, 4 pares de braços e antebraços, 6 pares de mãos e 3 pares de pernas, recebeu um segundo lote de peças: 3 cabeças, 8 troncos, 5 pares de braços e antebraços, 2 pares de mãos e 3 pares de pernas. Entretanto, os funcionários detectaram que três mãos do lado direito apresentaram defeito. Com todos estes fatos, a fábrica conseguirá construir quantos robôs humanoides completos?

a) ( ) 9.

b) ( ) 8.

c) ( ) 7.

d) ( ) 6.

e) ( ) 5.

(Difícil – EF01RE06>>EF01RE10; EF04RE01; EF04RE02; EF01RE01; EF01RE02; EF01MA08; EF01MA09; EF01MA21; EF02MA05>>EF02MA08; EF02MA22; EF03MA05>>EF03MA07; EF03MA26; EF03MA27; EF04MA25; EF05MA06>> EF05MA09; EF04LP19; EF04LP20; EF04LP24; EF05LP23; EF01CO01>>EF01CO03; EF02CO01; EF02CO02; EF03CO02; EF03CO03; EF05CO04) A fábrica de robôs humanoides tem, entre os seus clientes, donos de lojas de roupas que pretendem usar esses robôs como manequins na vitrine. Contudo, quando um robô destes está de pé, ele só consegue suportar até 5 kg de roupas. Se um casaco de meia estação pesa 2 kg, uma camisa pesa 1 kg, uma calça pesa 2 kg, o cinto e os sapatos pesam 2 kg, qual será a peça de roupa a ser deixada fora da exposição na vitrine, considerando-se que o manequim deverá ser vestido nas peças básicas, não podendo deixar parte alguma do corpo desnudada, sem que seja o rosto?

a) ( ) Casaco.

b) ( ) Calça.

c) ( ) Camisa.

d) ( ) Cinto e sapatos.

e) ( ) O manequim estará com todas as peças.

Figura 10.2 Exemplos de manequins.

Veja um robô manequim.

Para pensar...

Preparando o figurino: para conseguir definir o figurino do manequim (traje usado por um personagem de uma produção artística no contexto de dança, cinema, teatro ou vídeo) referente à dança tradicional da região, o grupo de alunos ficou de pesquisar, com os familiares, as danças tradicionais praticadas por eles. Dessa maneira, anotaram as respostas que foram dadas às perguntas: *Quais eram os nomes das danças?*; *Quando elas surgiram?*; *Quem praticava estas danças?*; *O que elas representavam para os que participavam da apresentação delas?*; *Como eram as vestes usadas e quais eram os nomes das peças de roupa?* Para este exercício/atividade, as crianças podem tomar, como inspiração, o exemplo apresentado nesta reportagem:

https://g1.globo.com/ap/amapa/noticia/2021/12/30/projeto-do-ifap-de-robos-que-dancam-marabaixo-vence-competicao-internacional.ghtml.

Proposta de atividade (EF15RE01; EF15RE03; EF15RE04; EF15AR08>>EF15AR12; EF15AR24; EF15AR25; EF03HI07; EF05HI05; EF02GE02; EF12EF11; EF12EF12;EF35EF09>>EF35EF12)

Competindo com passos típicos de danças populares: Quais são as danças populares brasileiras conhecidas pelos alunos da sala de aula? Qual é a origem delas? Alguma equipe de alunos já elaborou uma coreografia para o robô inspirado em alguma delas? O professor/educador pode fazer uma roda de conversa com as crianças sobre esses temas, mostrando imagens e vídeos sobre esses tópicos. Depois disso, as crianças podem ser estimuladas a fazer croquis de figurinos e esboços de robôs inspirados nos assuntos tratados.[4] Disponível em: https://vimeo.com/102407636.

Proposta de atividade (EF15RE01; EF15RE03; EF15RE04; EF15AR08>>EF15AR12; EF15AR24; EF15AR25; EF03HI07; EF05HI05; EF02GE02; EF12EF11; EF12EF12;EF35EF09>>EF35EF12)

Dança robótica: é um estilo de dança que sugere um robô ou um manequim dançando. O estilo remonta a meados do século XX, mas ganhou fama depois que Michael Jackson usou este tipo de dança ao executar Dancing Machine com seus irmãos e, já durante sua carreira solo, em músicas como Smooth Criminal.[5]

A proposta desta atividade é sugerir aos alunos que experimentem alguns passos desse estilo de dança, pratiquem e depois expliquem a razão de os passos escolhidos darem a impressão de serem executados por robôs. A seguir estão relacionados *links* de vídeos que servirão de inspiração para as crianças.

- A Melhor Dupla De Dança Robótica Do Mundo (best robot dance) - YouTube;
- https://youtu.be/THAHZO_CQGA;
- https://youtu.be/wt_nbTRzYrk;
- https://youtu.be/kWNbSvSHu3U.

---

[4] Um belo projeto que contempla estratégias para que os alunos conheçam outros lugares do mundo: http://portal.sme.prefeitura.sp.gov.br/Main/Noticia/Visualizar/PortalSMESP/Professor-da-CEU-EMEF-Jose-Saramago-ganha-segundo-lugar-no-Premio-Professor-em-Destaque. Acesso em: 2 jul. 2023.

[5] Ver mais em: https://en.wikipedia.org/wiki/Robot_(dance). Acesso em: 2 jul. 2023.

O DESAFIO VIAGEM AO CENTRO DA TERRA

O desafio Viagem ao Centro da Terra[6] se dá num cenário impresso sobre um *banner* que, para a atividade proposta, deverá estar colocado sobre um suporte plano, liso e horizontal.

Nesse *banner*, está figurado um circuito em espiral para ser percorrido pelo robô.

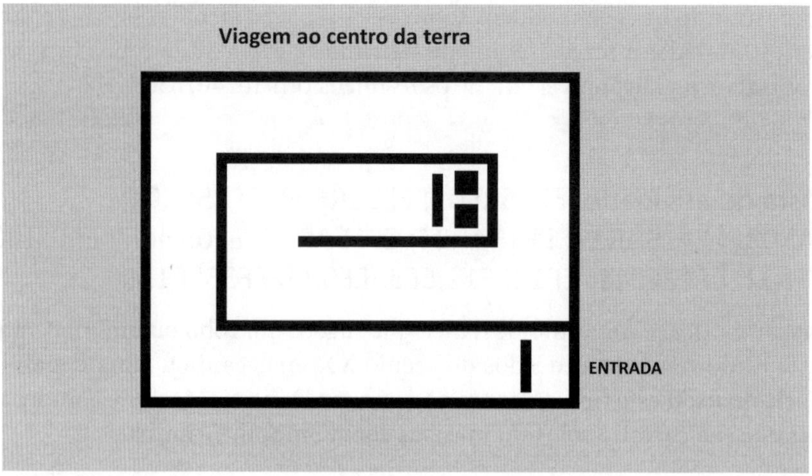

Figura 10.3 Vista do cenário do desafio Viagem ao Centro da Terra com dois cubos pretos no centro do labirinto.

Nele, "o robô deve seguir, estritamente, o caminho, a partir da posição externa de entrada, até o centro da espiral, onde deverá capturar um objeto alvo, e, a partir desse momento, retornar com o objeto para a posição de partida".[7]

A criação desse desafio ocorreu em 2008, como um percurso de labirinto unicursal para protótipos de robôs, onde há apenas um único caminho para o centro e, de maneira análoga, para a sua saída a partir do centro.

Para este desafio, há tanto soluções simples, ainda que pouco confiáveis, quanto soluções mais sofisticadas, e isso permitiu que o desafio pudesse ser explorado, para atividades pedagógicas, seja por alunos com pouca ou nenhuma experiência em computação ou robótica, seja por alunos experientes. Em 2009, esse desafio foi proposto pelo TJR na sua primeira edição.

---

6 Para conhecer mais sobre o desafio e as publicações a respeito dele: https://sites.google.com/view/odesafioviagemaocentrodaterra/viagem-ao-centro-da-terra. Acesso em: 2 jul. 2023.

7 Caderno de Apoio do Desafio Viagem ao Centro da Terra em: https://drive.google.com/file/d/1m_vo4zSOXlirkShTqZ7ikvVJfP1idBxB/view?usp=sharing. Acesso em: 2 jul. 2023.

A aplicação de critérios de avaliação comparativa dos robôs, que é a espinha dorsal do jogo,[8] elemento-chave de que se utilizam as competições de robôs, pode contribuir para instigar os alunos mais experientes a procurar soluções cada vez melhores, mais eficazes e eficientes que as antecessoras.

Ao introduzir a problemática deste desafio, o professor/educador pode fazer a representação do caminho empregado pelos personagens de Júlio Verne para se atingir o centro da Terra e retornar à superfície ou fazer referência a outras histórias baseadas em percurso como *João e Maria*, *O Senhor dos Anéis*, trazendo à baila, inclusive, outros personagens e objetos para compor a narrativa.

O fato de a missão do robô basear-se na narrativa da obra de Júlio Verne permite ao professor conjugar os trabalhos com a leitura de um texto bastante difundido e ainda hoje empregado como leitura paradidática na escola, tornando-se uma vantagem para contextualizar o ambiente em que se deve desenrolar a missão do robô a ser construído: de um lado, facilita a integração da atividade de robótica a outras atividades desenvolvidas em outras disciplinas e, de outro, incita os alunos a buscar uma solução que quiçá poderia ser realmente útil em algum momento no futuro da humanidade.

Proposta de atividade (EF15RE03; EF15RE05; EF02RE14; EF01MA01; EF01MA05; EF02MA01; EF02MA11; EF04MA01; EF05MA01; EF04CO01)

Os jogos de percurso são jogos com base em trilhas simples nas quais os jogadores são representados por peões, pedras ou pinos que se movimentam de acordo com o número obtido nos dados[9] até a casa final. Para participar, é preciso conhecer as regras e saber respeitar a vez de jogar de cada. Na Educação Infantil, por exemplo, os percursos desses jogos podem auxiliar o trabalho didático seja com a sequência numérica seja para enredar narrativas dinâmicas e divertidas, quando cada casa guarda uma pequena história associada a ela.

Para esta proposta de atividade, o professor/educador precisa fazer a impressão do tabuleiro do desafio Viagem ao Centro da Terra em um tamanho menor e propor que as crianças o ajudem a quadricular a imagem e preenchê-la com os números, conforme está na Figura 1.81.

No exemplo a seguir, para ajustar a figura com casas de tamanhos iguais, formaram-se quatro pontes com números não apresentados 3, 12, 18 e 23, para que, quando o peão for para essas pontes, siga adiante, ou seja, se no princípio o jogador tirar 3 nos dados, irá para a casa 4.

---

8 As regras e os seus critérios constitutivos têm importante papel pedagógico próprio, como propõe o texto da publicação do PCN – Matemática, página 35: "Os jogos com regras têm um aspecto importante, pois neles o fazer e o compreender constituem faces de uma mesma moeda".

9 Sobre jogos de dados: Qual é a origem do jogo de dados? | Ver em: https://super.abril.com.br/mundo-estranho/qual-e-a-origem-do-jogo-de-dados. Acesso em: 2 jul. 2023.

Ganha o jogo quem chegar primeiro ao objetivo com o número exato dos dados para o número de casas a serem percorridas, ou seja, se o peão estiver na casa 21, só ganhará o jogo se tirar 2 (usando a ponte para chegar no objetivo) ou 3. Caso tirar mais do que 3, irá ao objetivo e voltará o número de casas restante, ou seja, da casa 21 com o número 5 dos dados, ficará na casa 22.

O professor/educador poderá usar as pontes em outras partes do cenário e perguntar ao aluno, quando o seu peão ficar sobre ela, de que número se trata aquela ponte, para que ele possa passar por ela; caso não saiba, permanece no lugar de origem.

Aproveitando a oportunidade, caso os alunos estejam desenvolvendo as habilidades relacionadas à Computação na grade curricular, o professor/educador poderá referir-se ao tabuleiro como uma matriz (estrutura de dados), referindo-se ao conteúdo de cada casa do tabuleiro como o conteúdo de uma célula correspondente na matriz M:

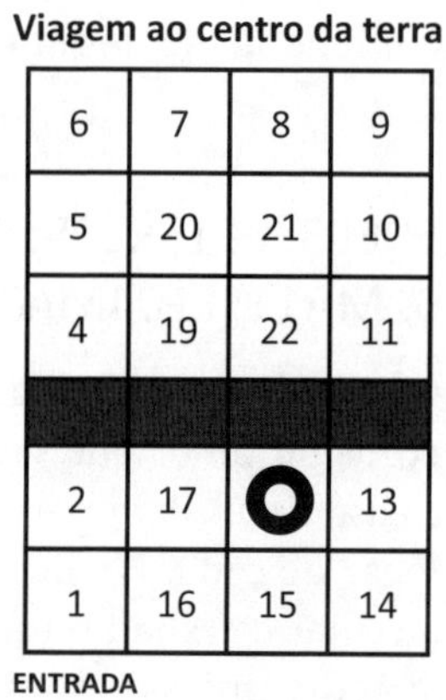

Figura 10.4 Tabuleiro do VCT para percurso com pinos.

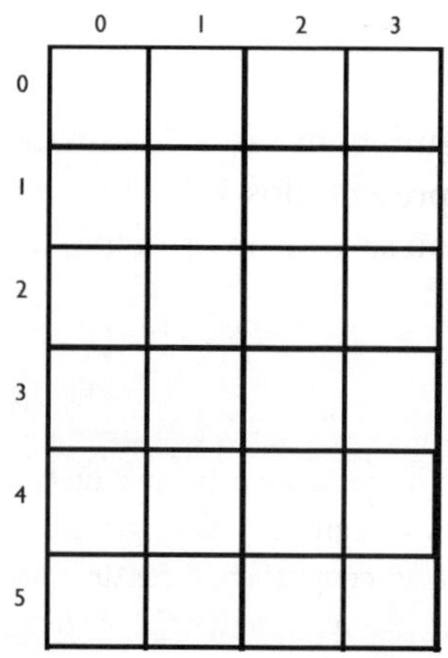

M∞ = 6; M∞ = 8; M∞ = 8

Os alunos poderão ajudar a completar o quadro com a informação do conteúdo de cada célula da matriz

Figura 10.5 Esboço de uma matriz 6X4, capaz de representar o tabuleiro ao lado.

Para conhecer mais sobre jogos de percurso: https://avisala.org.br/index.php/assunto/tempo-didadico/jogos-de-percurso-contribuicoes-para-o-ensino-da-matematica-na-educacao-infantil/.

Para pensar...

Os labirintos são cenários de percurso em que a meta é, ao entrar neles, conseguir sair, seja esgotando todas as alternativas seja empregando-se alguma estratégia heurística. Oferecer problemas de labirintos para que as crianças possam buscar alguma estratégia é uma maneira divertida de estimular soluções criativas. Um exemplo é o enigma do Labirinto Konigsberg proposto por Euler, que pode ser explorado para as crianças das últimas séries do Ensino Fundamental I, pelo aplicativo: https://apps.univesp.br/labirinto-de-konigsberg/

10.3 OS ROBÔS EXPLORADORES E A IMPORTÂNCIA DELES PARA A INVESTIGAÇÃO CIENTÍFICA

São muito comuns situações como a proposta pelo desafio Viagem ao Centro da Terra, em que, desconhecendo as características particulares do ambiente e sem um mapa completo sobre o terreno de operação, é necessária uma intervenção sobre os elementos constituintes desse cenário.

Ir às profundezas do oceano ou a outro planeta com intuito de investigar e fazer coleta de resíduos ou objetos têm desafios análogos entre si e também com aqueles outros que se submetem os que se aventuram a adentrar em uma mata densa ou uma caverna cujos percursos internos não são conhecidos.

Os perigos inerentes a essas situações não podem ser estimados e, por essa razão, robôs exploradores formam uma classe de indivíduos muito importante na robótica, destacando-se por enfrentar labirintos, espaços abertos sem acesso constante a referências para localização, áreas inóspitas aos humanos etc.

Figura 10.6 Foto do Perseverance.
Fonte: NASA/JPL-Caltech.

Perseverance, por exemplo, é o robô explorador da NASA que está em operação na superfície de Marte desde 18/02/2021.

Em Marte, o robô tem a missão de procurar vida antiga, coletar amostras, estudar a geologia e o clima de Marte e, através dos dados obtidos, contribuir para a preparação, por parte da agência espacial, para uma futura viagem tripulada.

Proposta de atividade (EF15RE05; EF15R09; EF15RE10; EF02RE14; EF01CI11; EF01CI 03; EF01CI04; EF05CI11>>EF05CI13)

Investigando novas paisagens em Marte: onde fica Marte? Quão distante está da Terra? Esta distância será diferente daquelas que se encontram entre os pontos extremos de países como o Brasil ou Angola ou, ainda, outro país? Existe vida lá? Como é o clima lá e quantos dias compõem o ano em Marte? Como é o solo em Marte? O professor/educador pode mostrar aos alunos tanto diagramas do Sistema Solar quanto simuladores das órbitas dos planetas no Sistema Solar (como http://www.astronoo.com/pt/artigos/posicoes-dos-planetas.html). Fazer as perguntas e ajudar os alunos a investigar online para poder respondê-las é a meta desta atividade, mostrando, sempre que possível, o quão importante é ter robôs exploradores[10] para auxiliar a investigação em Marte.

---

[10] Robôs exploradores são importantes tanto para atuar em ambientes internos de prédios (https://youtu.be/_HpWIhFFD54) quanto para, em outros planetas, realizar tarefas, auxiliando o ser humano, ainda que venham a enfrentar problemas inesperados. Acesso em: 2 jul. 2023. (https://www.youtube.com/watch?t=1737&v=P_D5mMtYXsQ&feature=youtu.be). Acesso em: 2 jul. 2023.

CAPÍTULO 11

Apresentação do escopo por meio da narrativa (missão)

O escopo de um projeto descreve o objetivo, a maneira, os recursos e o prazo da execução. Este projeto de robótica educacional visa construir um protótipo de robô que percorra o labirinto sem evadir-se dele a ponto de chegar ao centro e voltar.

Caso o professor/educador queira ampliar o escopo do produto[1] (protótipo de robô) poderá fazer com que o robô seja capaz de capturar um cubo localizado no centro do labirinto e levá-lo consigo para depositá-lo na entrada do labirinto.

O professor/educador, enquanto curador de conteúdos e atividades para os seus alunos, deve fazer o escopo do produto se adequar tanto aos conhecimentos prévios dos alunos quanto aos eixos pedagógicos que pretende seguir.

De fato, muitas vezes um pequeno acréscimo nos requisitos, como partir de um protótipo apto para realizar a navegação do ambiente e transformá-lo a ponto de que possa também capturar um objeto, pode se tornar um obstáculo intransponível para um determinado grupo de alunos e, para outro, um objetivo factível e motivador.

O escopo do projeto pode ser apresentado através de uma narrativa que conte como o robô deverá cumprir a sua missão, representando com o movimento da mão sobre o cenário quais serão os passos do robô em seu percurso.

---

1 Escopo do produto é o que está definido em suas especificações funcionais e técnicas, o que relaciona a sua aplicação ao ambiente e às circunstâncias para os quais é confeccionado.

Proposta de atividade (EF15RE05; EF02RE14; EF35LP01; EF35LP02>>EF03LP05; EF35LP12; EF35LP26; EF35LP29)

Adequação da narrativa: ao visitarem o site da Editora Universidade Federal de São Carlos (ver em: https://edufscar.com.br/viagem-ao-centro-da-terra-509500017?search=viagem%20ao%20centro) com intuito de saber mais sobre o livro *Viagem ao Centro da Terra*, professor e alunos encontram a seguinte descrição:

> "Quando o professor Lidenbrock encontrou um velho manuscrito islandês perdido em uma loja de livros usados em Hamburgo, imaginou que faria um mergulho profundo na crônica dos príncipes nórdicos da Idade Média. Perdido dentro do livro, porém, havia um bilhete de um cientista do século XVI que prometia a possibilidade de uma exploração a profundidades inimagináveis: em uma breve mensagem criptografada, Arne Saknussemm afirmava ter descoberto uma rota para o centro da Terra. Junto com seu sobrinho Axel e seu guia islandês Hans, o professor embarca em uma expedição secreta na qual, camada por camada, os primórdios da vida no planeta são revelados com a maestria e riqueza de detalhes características de Júlio Verne. Publicado em 1864, quando a geologia dava os primeiros passos como ciência reconhecida e respeitada, *Viagem ao centro da Terra* ensinou a toda uma geração que a grande aventura da vida está escrita bem debaixo de nossos pés, e até hoje continua exercendo fascínio sobre leitores e espectadores de todas as idades."

A atividade dirigida aos alunos da quinta série requer dos alunos, em um primeiro momento, que consigam, coletivamente, mostrar o que compreenderam do texto da sinopse do livro que está no site e, a seguir, façam uma adaptação dessa sinopse para um enredo ambientado na nossa época.

11.1 QUAIS OUTRAS INFORMAÇÕES O PROFESSOR/EDUCADOR DEVE COMPARTILHAR COM OS ALUNOS

Os recursos necessários para que a execução do projeto seja possível (custo do projeto) devem ser averiguados antes de seu início para que não ocorra como quando já está se batendo a massa do bolo no liquidificador e, na hora de colocar as cinco gemas, abre-se a geladeira e não há qualquer ovo ali.

O conjunto de materiais a serem empregados em um robô que deve navegar por um labirinto de piso plano, liso, branco e horizontal, cujo percurso é delimitado lateralmente por linhas pretas, deve consistir, no mínimo, de bateria, dois motores, um controlador, dois sensores reflexivos de luz, cabos de conexão e peças estruturais.

Esta configuração de componentes determinada para o problema em questão que se supõe ser composta pela quantidade mínima de recursos é denominada de configuração minimal[2] e conhecê-la é muito importante para que o professor/educador

2 Configuração minimal é a maneira conhecida com que se consegue confeccionar um protótipo para um determinado propósito com o menor número de componentes ou com o menor custo possível. Por ser um estado transitório que pode, portanto, ser alterado, pois o que se

possa planejar tanto a alocação do material necessário para os grupos de alunos quanto o custo de aquisição dele.

Note-se que, quando se acrescenta aos objetivos do protótipo de robô a captura de um cubo no centro do labirinto, a configuração minimal torna-se mais custosa do que a apresentada anteriormente, tendo de ser acrescentado um sensor para detecção a distância do cubo.[3]

De igual maneira, o professor/educador deve ter ajustado o prazo de execução do projeto ao seu planejamento pedagógico, sem o que não haverá uma execução a contento.

Escopo, custo e prazo são os pilares que sustentam o conceito de projeto, mas há de se ter em mente que este é um projeto educacional e, portanto, deve respeitar o eixo pedagógico que sistematiza os saberes e os objetivos pedagógicos para que sejam contemplados em todas as tarefas que compõem o projeto.

Alguns professores preocupam-se principalmente em cumprir a atividade pelo ponto de vista dos objetivos pedagógicos.

Contudo, é importante ressaltar que supor que se possa alcançar os objetivos pedagógicos a despeito de se ver fracassar o escopo do projeto é uma infeliz interpretação desta modalidade de metodologia ativa que faz o professor/educador se contentar em ver os alunos trabalharem ainda que não que consigam obter um resultado satisfatório na conclusão do produto, exatamente aquilo que os motivou a despender os esforços.

11.1.1 APRESENTAÇÃO DO ESCOPO ATRAVÉS DO CENÁRIO (REGRAS)

Enquanto que a apresentação do escopo por meio da narrativa centrada na missão serve para que os participantes do projeto compreendam, em termos gerais, a natureza básica do protótipo, sob o ponto de vista de seus objetivos principais, a apresentação do escopo, tendo como base o comportamento do protótipo em cada situação prevista no cenário, faz ver quais deverão ser as competências que o robô deverá possuir para suplantar os empecilhos a que estará sujeito, respeitando as regras que definem as restrições a que ele terá de se submeter.

Quando o professor/educador afirma que o robô não poderá ultrapassar a linha preta, os alunos compreendem que a posição dos sensores deverá ser tal que se detecte a linha antes de que qualquer outra parte do robô tenha invadido a linha: tal informação será o fundamento de alguma especificação técnica do robô. Por isso, a apresentação do escopo através do cenário, no esmiuçar das regras, é fundamental para se compor o escopo do produto (do

---

conhece no momento não impede que se encontre outras configurações ainda menos custosas, é empregada para esta configuração a qualidade de *minimal* ao invés de mínima.

[3] Como se vê no vídeo https://youtu.be/jmQIiSM5rQs, a solução encontrada para se obter o resultado esperado surpreende ao não necessitar de um terceiro motor, como se poderia supor, pois o robô leva consigo o cubo, carregando-o dentro de si, fazendo com que o cubo escorregue pelo piso liso. Acesso em: 2 jul. 2023.

protótipo do robô) ou, em outras palavras, é durante esta explicação do desafio que os alunos deverão tomar nota de como deverá ser construído e programado o robô.

11.1.2 OS EIXOS DE ATIVIDADES

Por ser um desafio criado e proposto pelo TJR, há um cuidado especial, através do material didático que acompanha a descrição do desafio, para que o professor/educador possa nortear as atividades que estão pressupostas no desenvolvimento do protótipo. Nele estão sugeridos quatro eixos de atividades:

...o responsável pela orientação dos trabalhos poderá organizar o seu desenvolvimento em quatro eixos condutores de atividades que requerem pesquisa tanto em fontes de conteúdo quanto em laboratório, a saber:

1) *O eixo do projeto: construção do escopo, avaliação e organização dos custos, definição e estruturação dos prazos. O objetivo desse eixo é desenvolver e avaliar a capacidade produtiva da equipe, o seu desempenho para obter um produto capaz de oferecer satisfação às necessidades decorrentes do fulcro do problema.*
2) *O eixo do produto: construção do protótipo, avaliação do seu desempenho, inferência de melhorias e novas aplicações. O objetivo desse eixo é desenvolver e avaliar a capacidade da equipe em obter uma solução para o problema e determinar as suas limitações, perspectivas de aplicação atuais e futuras tanto do produto quanto dos conhecimentos nele envolvidos em seu desenvolvimento.*
3) *O eixo dos objetos de conhecimento: desenvolvimento da documentação, classificação dos fatos, fenômenos e seus modelos teóricos, criação de objetos de aprendizagem capazes de servir à difusão de conhecimento. O objetivo desse eixo é desenvolver e avaliar a capacidade da equipe de delimitação da validade das premissas e a determinação das especificações técnicas e funcionais do produto, desenvolver e avaliar a capacidade de produção de textos que exponham o projeto ou o produto de maneira pormenorizada ou sob enfoque geral, respeitando-se a conformação de gênero relativa ao contexto enunciativo a que se destina.*
4) *O eixo da sociedade: desenvolvimento de critérios para avaliação do impacto social do projeto, do produto e dos objetos de conhecimento adquiridos. O objetivo desse eixo é desenvolver e avaliar a capacidade da equipe de empregar ou construir instrumentos de análise que abordem a extensão das transformações decorrentes da pesquisa proposta e dos produtos dela decorrentes. (Silva, 2020, p. 16)*

No caso de se fazer aplicação deste projeto para alunos do Ensino Fundamental I, o professor deve se debruçar com especial atenção sobre as atividades do eixo do produto e do eixo dos objetos de conhecimento, buscando trabalhar com os alunos para que alcancem a suficiência de seu robô, enquanto, concomitantemente, possam compreender e documentar como isso foi possível, estabelecendo hipóteses e registrando como elas foram comprovadas.

Caso o projeto venha a ser apresentado de tal maneira que se possa apresentar os motivos pedagógicos de sua escolha, caberá ao professor/educador e seus alunos organizarem as experiências colhidas durante o desenrolar do projeto e, subsidiados por elas, dedicarem-se para cumprir o eixo da sociedade, mostrando, ao final da apresentação, os impactos que poderão advir de suas pesquisas.

Em se tratando desta faixa etária, deve ser de responsabilidade do professor/educador o provimento das ações que determinam o percurso do eixo do projeto, tornando-se responsável absoluto para que o projeto tenha êxito.

11.1.3 ESTRATÉGIAS DE SOLUÇÃO RECOMENDADAS PARA O ENSINO FUNDAMENTAL I

Para os alunos do Ensino Fundamental I, recomenda-se adotar como critério de escolha de atividade ou projeto a seleção orientada pela simplicidade do algoritmo e pela minimização dos recursos empregados na montagem do protótipo.

Dessa forma, o professor pode limitar o escopo do desafio quando quiser oferecê-lo para os alunos das primeiras séries, tornando-o um desafio restrito ao cumprimento do percurso de ida ao centro e volta à posição de partida.

A estratégia básica para este desafio é a estratégia de desenho, tal qual já foi explorada anteriormente neste livro, para o caso da dança de robôs.

A essência envolvida nesta estratégia consiste em fazer com que o robô se locomova a partir do conhecimento prévio que os responsáveis pela construção do robô têm do cenário. Dessa maneira, a programação abarca apenas instruções que permitam ao robô navegar às cegas no cenário.

Em outras palavras, a programação estará restrita a uma sequência de comandos destinados aos motores, como ocorre em um roteiro pormenorizado de percurso de viagem ou como se houvesse a sequência de instruções de um aplicativo de uso GPS para se chegar a algum lugar pelas vias públicas.

Neste caso, a configuração minimal do protótipo poderá se resumir a dois motores, bateria, controlador, cabos de conexão e poucas peças estruturais em que rodas, pneus e eixos estão considerados.

Esta estratégia tem contra si o fato de que, ao não estar atrelada à consulta a qualquer referencial do cenário, caso o robô venha a sair do rumo durante a sua viagem, não terá como identificar o erro de percurso e, consequentemente, não fará a correção necessária.

Outra estratégia, um pouco mais complexa, emprega as linhas laterais como fonte de informação, e será denominada aqui como estratégia de orientação pelas paredes.

Nesse caso, o robô não vem previamente instruído com toda a sequência de movimentos que deverá realizar para chegar ao objetivo, ele fará as deliberações conforme venha a receber os sinais dos sensores. Esses sinais servirão ao programa para corrigir a navegação do robô.

Ora, se o sinal do sensor der entrada no programa representando que a linha preta foi detectada, o programa deverá fazer com que o motor de interesse seja acionado para evitar que o robô ultrapasse essa linha.

Mais concretamente, se o sensor direito der o sinal referido acima, então o motor direto terá de ser acionado para que o robô faça um desvio para a esquerda do seu trajeto.

Nesse caso, a configuração minimal do protótipo deverá contar com dois sensores reflexivos de luz ao que se propunha para a estratégia de desenho, ou seja, deverão ser somados aos dois motores, à bateria, ao controlador, aos cabos de conexão e às poucas peças estruturais em que rodas, pneus e eixos estão considerados.

11.2 SOBRE A PROGRAMAÇÃO DESTE DESAFIO

11.2.1 PROGRAMAÇÃO DA ESTRATÉGIA DE DESENHO

Caso o robô disponha de dois motores, a estratégia de desenho consiste em fazê-los realizar o mesmo número de rotações para que sigam em linha reta ou fazer com que um dos motores produza um número de rotações maior do que o outro para fazer conversão para a direita ou para a esquerda.

A tarefa das crianças é determinar o número de rotações que definirá a trajetória correta do robô, trecho a trecho, e ir colocando como uma sequência de passos, como estão no exemplo abaixo.

Faça 6 rotações através dos motores (A e B); primeiro trecho retilíneo.

Faça 0,4 rotação através do motor A; conversão de 90 graus à direita.

Faça 4 rotações através dos motores (A e B); segundo trecho retilíneo.

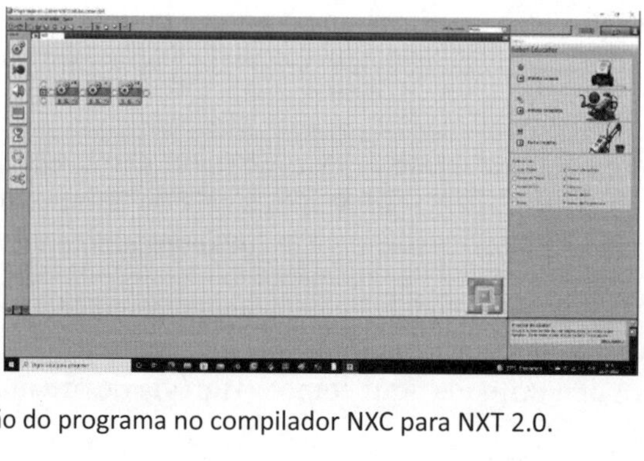

Figura 11.1. Visualização do programa no compilador NXC para NXT 2.0.

É importante notar que, ainda que o código elaborado em português estruturado tenha sido transcrito para o NXC como está na figura acima, a maneira como deve ser feita a transcrição está sujeita ao compilador (programa que transforma a instrução em linguagem de máquina para ser executada pelo controlador).

Existem vários tipos de aplicativos compiladores que podem estar vinculados ao controlador em uso. Notem-se as diferentes interfaces de alguns deles:

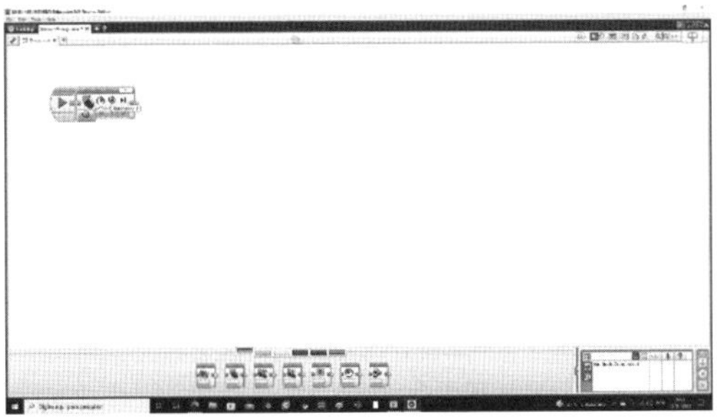

Figura 11.2 Compilador para EV3.

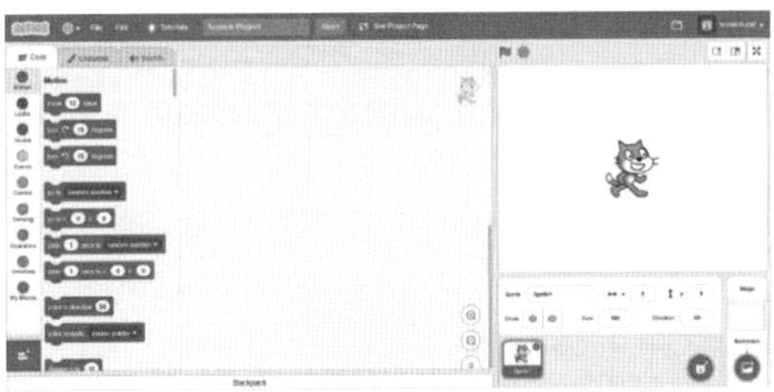

Figura 11.3 Compilador Scratch para Arduino.

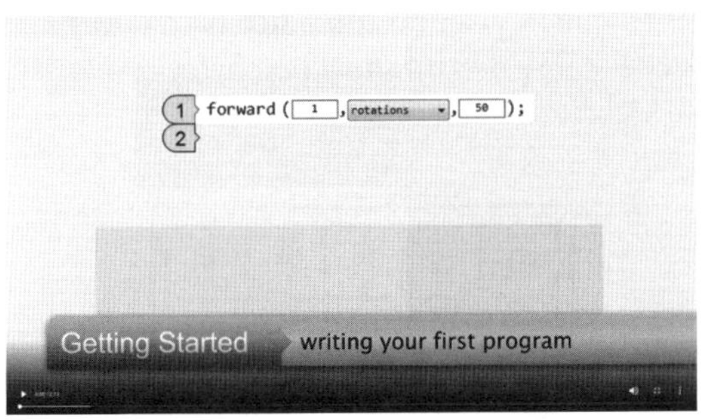

Figura 11.4 Compilador para VEX IQ.
Fonte: Disponível em: http://curriculum.cs2n.org/vexiq/lesson/A-3FirstProgram1.html).

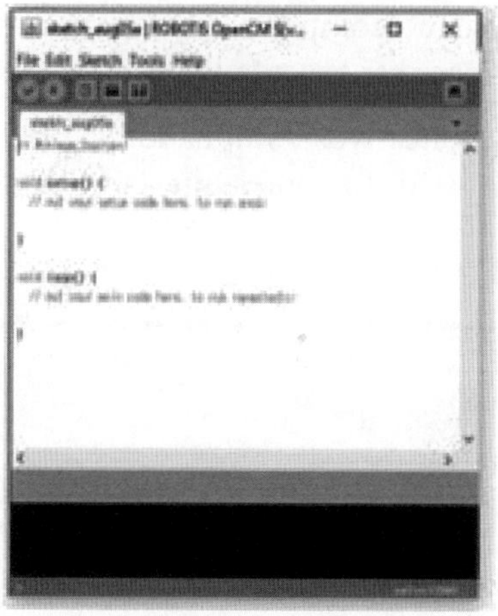

Figura 11.5 Compilador para OPEN CM Robotis.

Dessa forma, convém que o professor analise a solução proposta pelos alunos, elaborando um pseudocódigo (em português estruturado) na lousa ou projetando-o com um *datashow*, para que possam refletir sobre os efeitos esperados de sua execução no comportamento do robô, praticando, assim, uma computação desplugada. Posteriormente, caberá ao professor ensinar como transcrever o pseudocódigo redigido para produzir o código correspondente na linguagem da interface de edição do compilador em uso.

Com este procedimento, o aluno aprende, simultaneamente, a programar e a codificar na linguagem que será usada.

Ilustrando a estratégia 1

Imagine que Joaninha queira visitar o zoológico para poder avistar um sagui e, antes de ir, tome as informações sobre o caminho a percorrer com o seu amigo Gabriel.

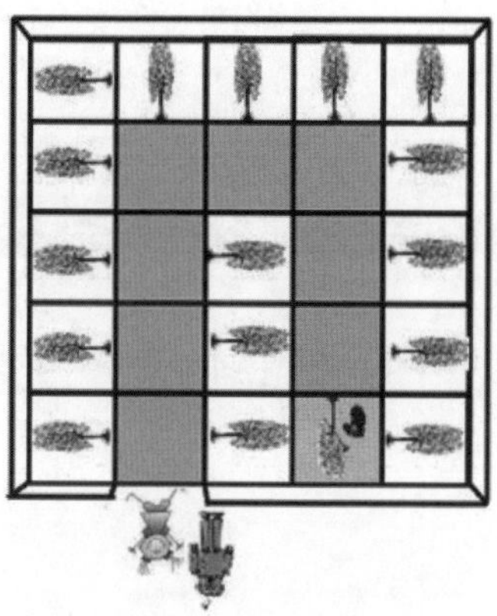

Figura 11.6 Representação do cenário.

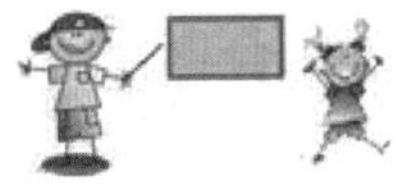

Figura 11.7 Desenho dos personagens humanos.

Gabriel, conhecendo o zoológico, sugere que:

1) Na entrada do zoológico, siga em frente por quatro quarteirões (quadradinhos).
2) No quarto quarteirão, vire à direita.
3) Siga em frente por dois quarteirões.
4) No segundo quarteirão, vire à direita.
5) Siga em frente por dois quarteirões.
6) Pare, pois o sagui estará na sua frente.

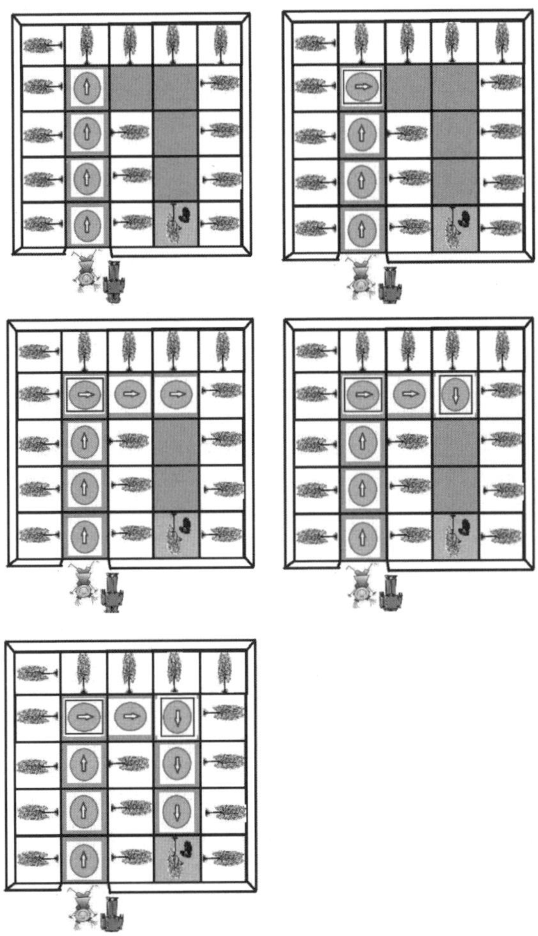

Figura 11.8 Sequência de cinco quadros referentes às orientações a serem seguidas para se alcançar o objetivo, observando-se o cenário sob a vista superior.

Conforme se nota nas figuras anteriores, Joaninha caminhou por oito quarteirões e executou seis instruções (comandos). Caso o robô tenha prestado atenção e gravado a sequência de comandos, poderá fazer o mesmo que Joaninha e, para isso, nenhum dos dois terá de prestar atenção nas árvores para conseguir chegar ao sagui.

11.3 PROGRAMAÇÃO DA ESTRATÉGIA DE ORIENTAÇÃO PELAS PAREDES

Caso o robô disponha de dois motores e dois sensores lateralmente dispostos na frente do robô, a estratégia de orientação pelas paredes consiste, numa proposta básica, em fazê-lo realizar um teste em cada sensor antes de deliberar o número de rotações para cada um dos motores.

A tarefa das crianças é determinar o número de rotações de cada robô que promoverá o ajuste da trajetória do robô toda vez que ao menos um sensor envie um sinal correspondente à linha preta. Este algoritmo, ainda em sua formulação básica, pode ser formulado como está exposto no trecho abaixo:

Receba as informações do sensor direito e do sensor esquerdo.

Se o sensor direito detectar preto e o esquerdo detectar branco, faça 0,1 rotação pelo motor direito; correção para esquerda.

Se o sensor esquerdo detectar preto e o direito detectar branco, faça 0,1 rotação pelo motor esquerdo; correção para direita.

Se os dois sensores detectarem branco, faça 0,1 rotação pelos motores direito e esquerdo; segue na mesma direção e sentido.

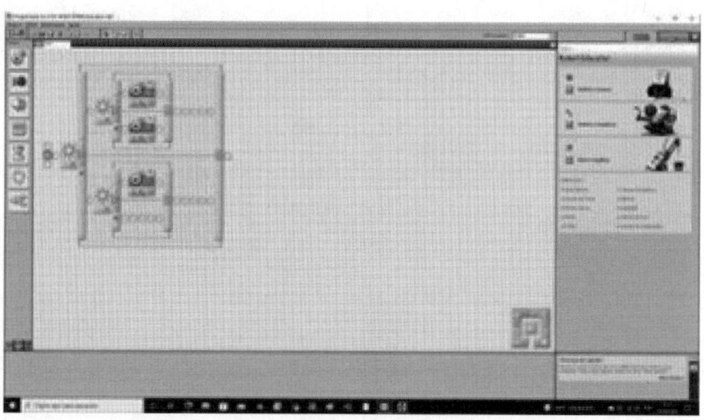

Figura 11.9 Visualização deste programa no compilador NXC para NXT 2.0.

Note-se que, neste algoritmo simplificado, os ajustes são constantes e, por ser uma solução parcial, ainda não há deliberação para o caso de dois sensores informarem, igualmente, sinais relativos à linha preta (o que poderia significar que o robô atingiu a linha que fecha algum dos trechos retilíneos).

Ilustrando a estratégia 2

Imagine que Joaninha queira visitar o zoológico para poder avistar um sagui e, sem ter um conhecimento prévio do *layout* do zoológico, queira chegar ao espaço destinado ao sagui.

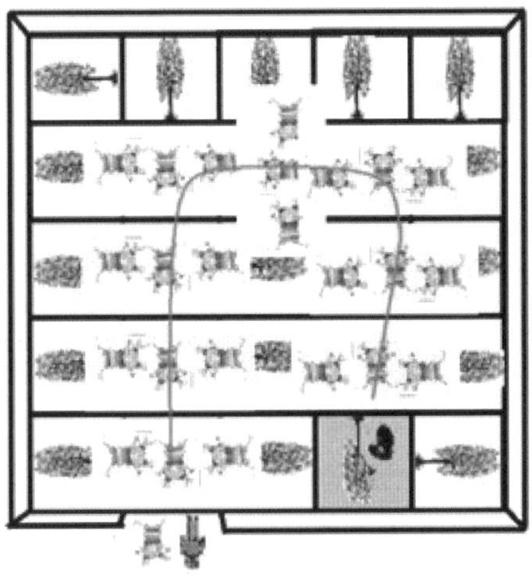

Figura 11.10 Apresentação esquemática da nova estratégia.

É importante notar que, desconhecendo o caminho, Joaninha deverá, sempre que puder, conferir se o percurso para onde se dirige está livre de árvores e, só depois de notar a ausência de árvores, seguir em frente.

Caso o quarteirão adiante esteja ocupado por árvores, deverá mudar de direção, para um dos lados, direito ou esquerdo e retomar a estratégia.

Se à frente, à direita e à esquerda forem constatadas árvores, só restará para a Joaninha voltar-se para o caminho de onde veio e ir por ele.

No caso do exemplo, Joaninha descobre o percurso que a levará ao Sagui e, seguindo esse algoritmo, diante do espaço reservado a ele, sem poder avançar, voltará ao início pelo mesmo caminho pelo qual chegou.

Para pensar...

Imagine que Joaninha programe o robô a partir desta última estratégia e peça para que ele entre nesse zoológico (representado a seguir), em que há o espaço dos saguis e o espaço dos leões. Será que o robô conseguirá visitar os dois espaços usando esse algoritmo?

Se depois de visitar os dois espaços e, ainda no segundo espaço a visitar, começar uma grande tempestade sobre o zoológico, como preparar um algoritmo para o robô fazer o menor percurso possível para sair do zoológico (visto que ficar perto de árvores é muito perigoso quando existem raios)?

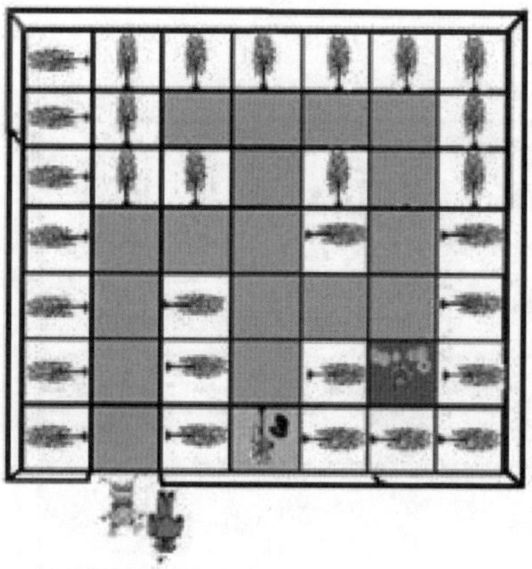

Figura 11.11 Esquema do cenário da atividade sob a vista superior.

Proposta de atividade (ET15RE03; EF15RE05; EF01RE03; EF01RE19; EF01RE15; EF02RE13; EF02RE14; EF04RE11; EF03LP11; EF03LP14; EF03LP16; EF04LP13; EF05LP09; EF05LP12; EF01MA01; EF02MA02; EF01MA05; EF01MA08; EF01MA11; EF01MA12; EF02MA05; EF02MA09; EF02MA12; EF02MA13; EF03MA05; EF03MA06; EF03MA09; EF03MA12; EF04MA03>>EF04MA05; EF04MA16; EF04CO01)

Escolhendo o caminho no par ou ímpar: que tal propor um jogo de tabuleiro com dados em que os alunos terão de seguir o caminho da Joaninha e o robô, usando pinos para representar a sua posição?

O primeiro jogador rola o dado e caminha pelo tanto de casinhas do número tirado no dado e, caso chegue a uma bifurcação, sendo número par aquele que havia saído no dado, então continua à esquerda, do contrário, continua à direita.

Se chegar a um fim de linha, retorna com o tanto que restar a andar pelo que havia saído no dado.

O espaço do sagui é considerado final de linha.

Os espaços do leão e do sagui só serão computados como visitados caso o pino do jogador tenha passado diante deles

Depois de passar pelo segundo espaço o jogador terá, logo em seguida, de perguntar ao jogador seguinte se deseja um número par ou ímpar. Quando o jogador seguinte tiver informado a sua escolha, o jogador da vez deverá informar a todos um número de sua vontade de 1 a 6 que esteja de acordo com a escolha designada (par ou ímpar) pelo jogador seguinte e, a seguir, rolar o dado.

Se o número tirado nos dados atender a aposta feita pelo jogador seguinte (por ser par ou ímpar), ele poderá andar uma casa com o seu pino, antes da sua vez na rodada.

Ganhará o jogo o primeiro jogador que, somando o número escolhido ao valor obtido no dado, consiga exatamente o número de casas que faltam para chegar à saída; caso não consiga, permanecerá no mesmo lugar e esperará a próxima rodada para tentar novamente.

Objetivo do jogo: visitar os dois espaços e sair do zoológico.

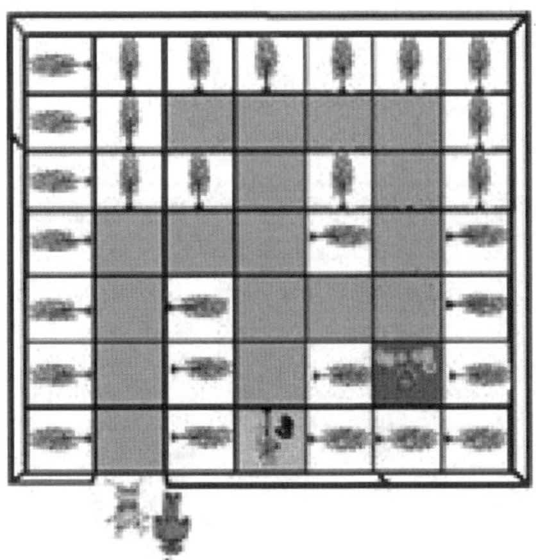

Figura 11.12 Esquema do cenário sob a vista superior.

Figura 11.13 Elementos do mecanismo do jogo: os dados e os pinos.
Fonte: iStockphoto.

Proposta de atividade (ET15RE03; EF15RE05; EF01RE03; EF01RE19; EF01RE15; EF02RE13; EF02RE14; EF03RE13; EF04RE11; EF04RE14; EF03LP11; EF03LP14; EF03LP16; EF04LP13; EF05LP09; EF05LP12; EF01MA01; EF02MA02; EF01MA05; EF01MA08; EF01MA11; EF01MA12; EF02MA05; EF02MA09; EF02MA12; EF02MA13; EF03MA05; EF03MA06; EF03MA09; EF03MA12; EF04MA03>>EF04MA05; EF04MA16; EF04CO01)

Criando o próprio jogo de tabuleiro: Gabriel, Bruna, Renato, Mariana, Raul e Ramon decidem criar um jogo de tabuleiro a partir de uma representação quadriculada da vista superior do cenário com sete linhas e sete colunas e ilustraram com os elementos como está a seguir. Proponha para as crianças da sua sala de aula que, em grupos de seis, criem o tabuleiro a partir de uma narrativa colhida numa leitura coletiva e elaborem as regras para o jogo.

Depois, basta distribuir os jogos entre os grupos e será superdivertido! Qualquer dúvida sobre as regras, basta consultar os inventores do jogo, que estarão na mesa ao lado!

Exemplo de cenário: Gabriel, Bruna, Renato, Mariana, Raul e Ramon deixaram este tabuleiro na escola.

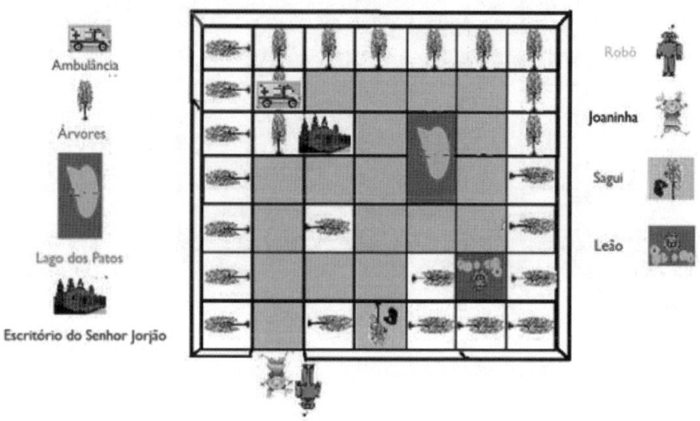

Figura 11.14 Esquema do cenário da atividade.

Fontes de imagens: https://pixabay.com/pt/vectors/cabana-em-pinheiros-colori-1294291/, https://pixabay.com/pt/vectors/ambul%C3%A2ncia-autom%C3%B3vel-automotivo-6071161/

Proposta de atividade (ET15RE03; EF15RE05; EF01RE03; EF01RE19; EF01RE15; EF02RE13; EF02RE14; EF03RE13; EF04RE11; EF04RE14; EF03LP11; EF03LP14; EF03LP16; EF04LP13; EF05LP09; EF05LP12;

EF01MA01; EF02MA02; EF01MA05; EF01MA08; EF01MA11; EF01MA12; EF02MA05; EF02MA09; EF02MA12; EF02MA13; EF03MA05; EF03MA06; EF03MA09; EF03MA12; EF04MA03>>EF04MA05; EF04MA16; EF04CO01)

Criando e descrevendo o próprio jogo de tabuleiro em coordenadas cartesianas: Gabriel, Bruna, Renato, Mariana, Raul e Ramon decidem criar um jogo de tabuleiro a partir de uma representação quadriculada da vista superior do cenário com sete linhas e sete colunas e ilustraram com os elementos como está a seguir. Proponha para as crianças da sua sala de aula que, em grupos de seis, criem o tabuleiro a partir de uma narrativa colhida numa leitura coletiva e elaborem as regras para o jogo.

Tarefa 1: cada grupo, depois de criar o seu tabuleiro, fará a relação das casas em que estão colocados: ambulância; árvores; lago dos patos; escritório do senhor Jorjão; o sagui e o leão, através de uma legenda com as respectivas coordenadas.

Regra de movimentação do pino: o jogador só poderá movimentar o pino para a casa determinada pelo resultado dos dados se souber informar, corretamente, a posição em que o pino deverá ficar, por meio do par ordenado correspondente à posição segundo o sistema referencial cartesiano adotado. Caso não consiga acertar a representação da nova posição do pino pelo referido par ordenado, o jogador deverá aguardar a sua próxima vez para fazer uma nova jogada.

Depois, basta distribuir os jogos entre os grupos. Qualquer dúvida sobre as regras, basta consultar os inventores do jogo que estarão na mesa ao lado!

Exemplo de cenário: Gabriel, Bruna, Renato, Mariana, Raul e Ramon deixaram este tabuleiro na escola.

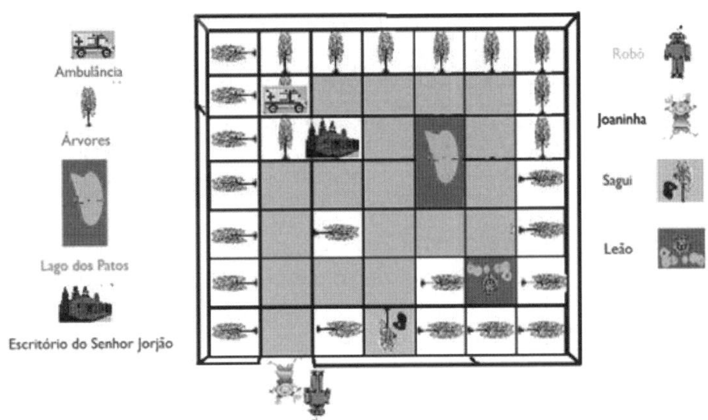

Figura 11.15 Esquema do cenário da atividade.

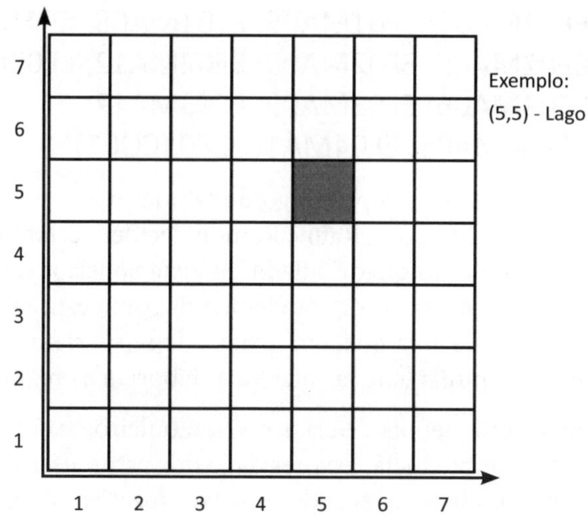

Figura 11.16 Referencial quadriculado no primeiro quadrante e a representação do objeto situado no cenário por um par ordenado.

O professor/educador poderá, a título de exemplo, desenhar, na lousa, um cenário típico do jogo e um sistema cartesiano de referência ao lado (em que cada casa é representada por um par ordenado (x,y), relacionando, através de uma legenda, os objetos do tabuleiro e suas posições no sistema de referência.

11.4 PROGRAMAÇÃO DA ESTRATÉGIA DE ORIENTAÇÃO PELAS PAREDES PARA CAPTURA DE OBJETO

Caso o robô disponha de dois motores, dois sensores lateralmente dispostos na frente do robô e um sensor para detecção do objeto-alvo, a estratégia de orientação pelas paredes para a captura do objeto consiste, numa proposta básica, em fazê-lo realizar um teste no sensor de detecção do objeto e, caso não o encontre, realizar um teste em cada sensor de luz antes de deliberar o número de rotações para cada um dos motores.

Caso tenha detectado o objeto, então deverá acoplar e capturar o objeto, girando, depois, 180 graus para ficar em posição de iniciar o retorno pelo labirinto.

11.5 TESTANDO E MELHORANDO O ROBÔ

Todas as atividades relacionadas com o desafio Viagem ao Centro da Terra podem buscar o aprimoramento de estratégias ou melhoria dos ajustes.

No primeiro caso, os alunos podem identificar estratégias melhores, em que o índice de acertos do robô ou a confiabilidade dele é maior, sendo a confiabilidade a maneira como se comporta o índice de acertos; por exemplo, o robô é mais confiável se o índice é alto e permanece assim do que se, infelizmente, por alguma razão oculta, era alto, porém, inadvertidamente, passa a ser baixo.

Testar um protótipo de robô é a única maneira de compreender e estimar a probabilidade que ele tem de atingir o seu objetivo, comparando, inclusive, com outras soluções de outros protótipos.

É muito importante que o professor/educador compreenda que a busca por novas estratégias e a sucessiva melhoria dos ajustes são atividades com grande apelo heurístico e, muitas vezes, a comparação entre as soluções precisa ser de natureza puramente estatística.

Viagem ao Centro da Terra é um tipo de desafio que pode ser aplicado a todas as séries do Ensino Fundamental I, sendo abordado com ferramental gradativamente mais complexo até que, na última série, os alunos possam realizar uma análise de fundamento estatístico através dos dados coletados durante as séries de testes de seus robôs, contribuindo, assim, para se trabalhar os saberes curriculares de matemática.

Dessa forma, em última instância, além de os alunos identificarem eventos aleatórios, eles conseguirão adquirir noções de probabilidade e de determinação de espaço amostral de um evento, estimando se os resultados são igualmente prováveis ou não. Os alunos também poderão comparar coleções de dados e serem capazes de selecionar conclusões válidas, dispondo-os em tabelas e gráficos, bem como expondo as conclusões através de textos a respeito.

Ficha técnica do projeto

A ficha técnica tem a intenção de reunir, em um documento resumido, as informações sobre a justificativa pedagógica, o público-alvo, a relação dos recursos necessários e o tempo mínimo que a execução do projeto requisita.

Pode ser considerado pelo professor/educador como um texto útil para contribuir com a elaboração do planejamento pedagógico e conveniente para solicitar o fomento necessário para a condução do projeto.

11.6 GOSTOU DO PROJETO? SEGUE A FICHA TÉCNICA DELE PARA AUXILIAR NO PLANEJAMENTO PEDAGÓGICO

Introdução e justificativa do projeto: a temática da exploração do ambiente é bastante sedimentada na prática de investigação científica e na produção literária. Fazer conhecer a literatura, apresentando as novas formas de exploração de locais desconhecidos ou inóspitos, pela ação de robôs, é o fundamento deste projeto.

Recursos destinados ao projeto: a *configuração minimal* (composição funcional mínima e suficiente de peças já testada) para o protótipo de robô explorador destinado a este desafio é: 1 microcontrolador, 1 cabo USB, 3 motores DC (baixa rotação e alto torque ou com caixa de redução), 1 sensor para detectar presença (de toque, de infravermelho, de ultrassom), 2 sensores de luz ou infravermelho, 6 cabos para a conexão dos motores e do sensor ao microcontrolador, 1 suporte de bateria//pilhas com baterias//pilhas, as peças estruturais a serem escolhidas variam conforme o plano de construção do protótipo, 1 computador, *notebook* ou *tablet* para a programação do microcontrolador, 1 recarregador de baterias//pilhas.

Aquisição de recursos destinados ao projeto: todos os *kits* de robótica apresentados na página 290 deste livro possuem, na sua composição mais simples, os elementos necessários e até mais do que suficientes para a construção de um protótipo bastante simples, todavia competente, restando apenas, para completar o conjunto de recursos necessários ao projeto, agregar ao conjunto de peças e componentes já mencionados um computador e um cabo para fazer conexão entre este computador e o microcontrolador. O professor/educador também poderá escolher, ao invés de *kits*, o Arduino como microcontrolador e adquirir os motores e sensores no mesmo fornecedor, para poder usufruir da garantia de que possam integrar o mesmo conjunto no protótipo a ser montado.

Público-alvo: crianças das primeiras séries podem usufruir deste desafio com a elaboração de uma programação dos motores de maneira simplificada, em que o percurso seja predeterminado. As crianças das últimas séries podem fazer com que os sensores de luz detectem as bordas do caminho e o robô ajuste-se, caso seja necessário, e, ao detectar o objeto-alvo, faça o recolhimento dele.

Tempo estimado de duração deste projeto? Este projeto necessita de doze horas para a construção do protótipo do robô e o desenvolvimento da sua programação, ao que deverão ser acrescidas seis horas para os preparos dedicados aos testes e ajustes (recomendável) e duas horas para o seu encerramento com a reunião dos alunos para as avaliações (recomendável).

Existe um modelo para montar? Existem muitos artigos e vídeos sobre este desafio, que podem servir de inspiração ao professor/educador e aos seus alunos. Sugere-se que o professor/educador estude mais sobre o desafio no site dedicado a ele[4] e nos vídeos dos protótipos em ação na plataforma da RoboLeague.[5]

Transdisciplinaridade e interdisciplinaridade: nesse projeto, para cada série do Ensino Fundamental I, os professores envolvidos com os grupos, de imediato, podem identificar os saberes curriculares que serão mobilizados nas atividades correlatas ao projeto. Partindo da disciplina de Língua Portuguesa, há inevitável concurso da Matemática e de Computação, como será demonstrado adiante.

---

[4] Ver em: https://sites.google.com/view/odesafioviagemaocentrodaterra/viagem-ao-centro-da-terra. Acesso em: 2 jul. 2023.

[5] Ver em: http://roboleague.org/VCT/. Acesso em: 2 jul. 2023.

Habilidades e competências envolvidas conforme a BNCC: (EF35LP01>>EF35LP09), (EF35LP12), (EF35LP20>>EF35LP22), (EF35LP25), (EF35LP26), (EF35LP29), (EF01MA11) , (EF01MA12), (EF01MA15), (EF01MA16), (EF01MA17), (EF01MA19), (EF02MA13), (EF02MA16), (EF02MA17), (EF02MA19), (EF03MA12), (EF03MA17>>EF03MA19), (EF03MA22), (EF03MA23), (EF04MA16), (EF04MA22), (EF05MA14), (EF05MA15), (EF05MA19), (EF15RE01>>EF15RE16), (EF15CO01>>EF15CO09).

Exercícios propostos

(Desafio-EF05RE24;EF01LP17;EF01LP20;EF04LP20;EF04LP24;EF03MA26>>EF03MA28; EF04MA26>>EF04MA28; EF05MA06) Experimentando a estatística na prática: as crianças podem obter informações de uma população de interesse a partir de uma amostra dela.

Uma professora pegou os nomes de seus alunos de uma sala em que faria um sorteio de um livro e colocou cada nome em uma tira de papel, inserindo todas as tiras num saco.

Diferentemente dos sorteios comuns, decidiu que, para aumentar a emoção, tiradas as tiras de papel, a última tira é que informaria a criança ganhadora do livro.

Das quarenta tiras, completamente misturadas, que começaram dentro do saco de pano, as dez primeiras tiras retiradas referiam-se a sete meninas e três meninos. A partir dessa informação é plausível supor que (assinale as alternativas que considere corretas):

- Haja mais meninas na sala de aula.
- É mais provável que uma menina ganhe o livro.
- Nas dez tiras retiradas a seguir, o número de tiras com nomes de meninas seja maior do que o número de tiras com nomes de meninos.

(Desafio - EF05RE24; EF01LP17; EF01LP20; EF04LP20; EF04LP24; EF03MA26>>EF03MA28; EF04MA26>>EF04MA28; EF05MA06) Experimentando a estatística na prática: as crianças podem obter informações de uma população de interesse a partir de uma amostra dela. Os alunos podem usar, por exemplo, uma amostragem de dados dos testes do seu robô, para estimar as características do comportamento esperado dele.

Um grupo de alunos foi responsável pela construção do robô Bolinha para fazer o percurso do desafio Viagem ao Centro da Terra e decidiu anotar os resultados dos dez primeiros testes do robô executando o percurso de ida. As anotações resultaram na tabela abaixo:

Quadro 11.1 Tabela de valores das variáveis empregadas no enunciado

Teste	Tempo gasto no percurso (segundos)	Evasão da pista (sim ou não)
1	120	N
2	118	N
3	121	N
4	119	N
5	122	N
6	121	N
7	120	N
8	124	N
9	125	S
10	140	S

Qual foi a média de tempo necessário para a realização do percurso do robô, considerando-se os cinco primeiros testes?

a) ( ) 120 s.

b) ( ) 121 s.

c) ( ) 122 s.

d) ( ) 123 s.

e) ( ) 124.

(Desafio – EF05RE24; EF01LP17; EF01LP20; EF04LP20; EF04LP24; EF03MA26>>EF03MA28; EF04MA26>>EF04MA28; EF05MA06) Experimentando a estatística na prática: as crianças podem obter informações de uma população de interesse a partir de uma amostra dela. Os alunos podem usar, por exemplo, uma amostragem de dados dos testes do seu robô, para estimar as características do comportamento esperado dele.

Considerando-se os resultados dos dez primeiros testes do robô executando o percurso de ida, apresentados na tabela anterior, como podem ser compreendidos os dados do décimo teste? Assinale a(s) alternativa(s) com baixa probabilidade de representar a realidade.

- Eles podem ser consequência da queda de carga da bateria; convém trocar as pilhas.
- Eles podem ser consequência de algum problema mecânico; convém conferir a estrutura e os mecanismos do robô.

- Eles podem ser consequência de algum problema nos sensores; convém conferir a integridade dos sensores do robô.
- O décimo teste está dentro do esperado, levando-se em conta os resultados dos 5 primeiros.

Jogo proposto

(Fácil – EF15RE03>>EF15RE16; EF15CO01>>EF15CO09 – indicado para qualquer série)

Para que os alunos compreendam melhor como é o funcionamento de um algoritmo para orientação de percurso, o Jogo do Aluno Robô é uma maneira lúdica de mostrar como o robô processa as instruções de um programa seguindo a execução de cada uma delas, conforme estão dispostas na lista.

Criança robô

Uma criança se propõe a ser o robô e a outra é o seu programador. O objetivo da dupla é atingir um ponto da sala de aula, partindo da porta de entrada da sala.

O programador deverá usar apenas as instruções conforme o padrão que se segue:

- Andar (número) passos para a frente.
- Andar (número) passos para trás.
- Virar à direita.
- Virar à esquerda.

O professor anotará na lousa todas as instruções realizadas pela dupla até que o robô chegue ao lugar predeterminado.

Ganha o jogo a dupla que executou a operação empregando o menor número de instruções.

Exercícios propostos

(Desafio – EF01RE06>>EF01RE12; EF03RE22; EF04RE07; EF04RE23; EF04RE23; EF05RE08; EF05RE09; EF05RE11; EF05RE22; EF05RE24; EF01LP17; EF01LP20; EF04LP20; EF04LP24; EF03MA26>>EF03MA28; EF04MA26>>EF04MA28; EF05MA06) Na prova de nível 1 do ENATER de 2019[6], há dois exercícios que podem ser praticados com os alunos para ajudar a sistematizar conhecimentos oriundos da atividade prática.

---

6 Ver em: https://drive.google.com/file/d/1c5KcwEhvXpY-JE9k9VFfNKaGnF6fiC2W/view?usp=sharing. Acesso em: 2 jul. 2023.

O enunciado a seguir oferece informações que deverão ser utilizadas para as questões 1 e 2.

Robôs exploradores: Viagem ao Centro da Terra

"O desafio Viagem ao Centro da Terra do TJR é um exemplo de percurso desenhado através de linhas pretas, as quais o robô não pode sobrepujar. A riqueza desse desafio consiste em fazer com que a distância total a ser percorrida durante a tarefa, ida e volta, portanto, seja da ordem de 12 m numa área de apenas, aproximadamente, 2 metros quadrados. Nesse percurso o robô deve estar apto a detectar as linhas pretas, corrigindo a direção de seu movimento para não atravessar essas linhas e, na metade desse percurso, tem de detectar o objeto, capturá-lo e levá-lo até a posição inicial" (Texto de apresentação do desafio aos árbitros no TJR – etapa de São Paulo em agosto de 2015).

Em resumo: "De forma completamente autônoma, o robô deve seguir, estritamente, o caminho, a partir da posição externa de entrada, até o centro da espiral, onde deverá capturar um objeto alvo, e, a partir desse momento, retornar com o objeto para a posição de partida" (texto retirado do Caderno de Apoio publicado em www.torneiojrobotica.org).

DETALHAMENTO DO PROBLEMA PARA AS QUESTÕES 1 E 2 (PONTUAÇÃO: ALTERNATIVA CORRETA = 1 PONTO; DEMAIS ALTERNATIVAS = 0 PONTO)

Considere que o robô seja construído com dois sensores reflexivos de cor dispostos na parte dianteira.

Questão 1

Assinale a alternativa que não represente um fator de ruído a ser considerado.

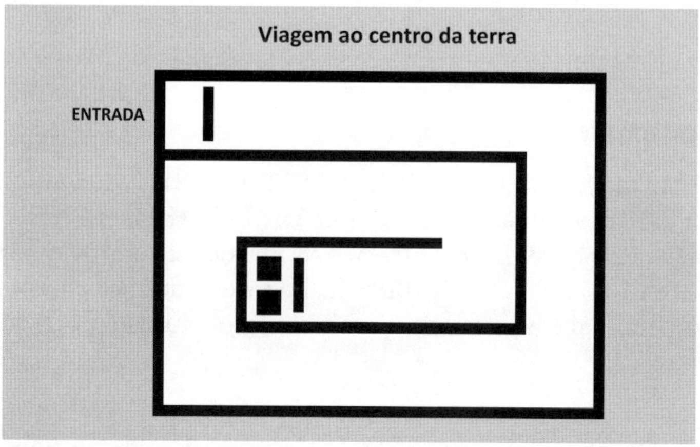

Figura 11.17 Ilustração do enunciado.

a) A linha preta ser brilhante.

b) Excesso de luz no ambiente.

c) Bateria com baixa carga.

d) Intervalo de frequências de cor mal definido.

e) Nenhuma das anteriores.

Questão 2

Desafio (EF04RE07; EF02MA05; EF02MA06; EF02MA16; EF03MA05; EF-03MA06; EF03MA17>>EF03MA23; EF04MA03>>EF04MA05; EF04MA16; EF-04MA20; EF04MA22; EF05MA07>>EF05MA09; EF05MA15; EF05MA19) Considere o esquema a seguir como referente ao cenário do desafio Viagem ao Centro da Terra. Considere que um robô percorra o circuito, a cada segundo, uma distância de 2 cm para realizar a ida e a volta. (Fonte: Governo Federal Ministério da Educação Secretaria de Educação Tecnológica Instituto Federal de Educação, Ciência e Tecnologia De Rondônia).

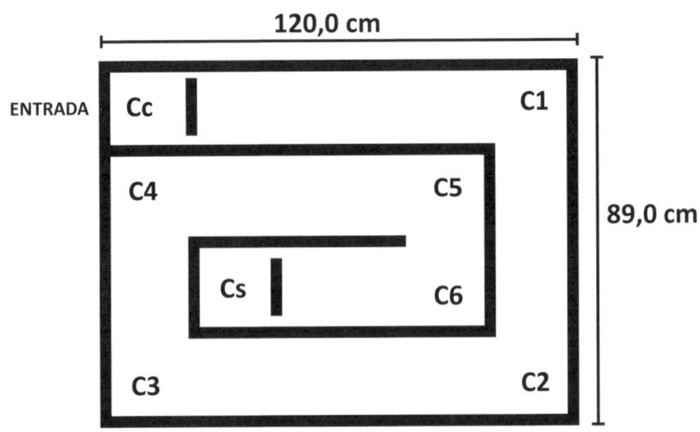

Figura 11.18 Ilustração do enunciado.

a) O robô fará o percurso entre 100 s e 120 s.

b) O robô fará o percurso entre 70 s e 80 s.

c) O robô fará o percurso entre 140 s e 160 s.

d) O robô fará o percurso em mais de 180 s.

e) O robô fará o percurso em menos de 60 s.

Questão 3

Difícil (EF04RE07; EF02MA05; EF02MA06; EF02MA16; EF03MA05; EF03MA06; EF03MA17>>EF03MA23; EF04MA03>>EF04MA05; EF04MA16; EF04MA20; EF04MA22; EF05MA07>>EF05MA09; EF05MA15; EF05MA19) Na prova de nível 1 da Olimpíada Brasileira de Robótica de 2019[7], há um exercício (questão 7) que pode ser praticado com os alunos para ajudar a sistematizar conhecimentos oriundos da atividade prática.

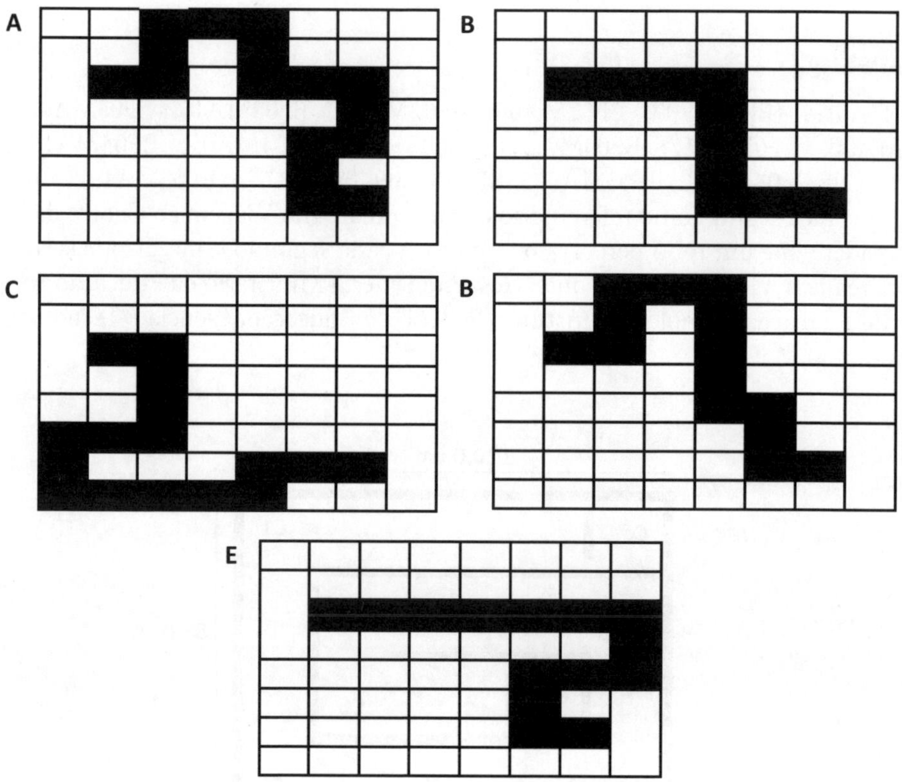

Figura 11.19 Ilustração do enunciado.

a) ( ).

b) ( ).

c) ( ).

d) ( ).

e) ( ).

---

[7] Ver em: https://www.obr.org.br/provas/OBR2019_Nivel1.pdf. Acesso em: 2 jul. 2023.

Questão 4

Difícil (EF04RE07; EF02MA05; EF02MA06; EF02MA16; EF03MA05; EF03MA06; EF03MA17>>EF03MA23; EF04MA03>>EF04MA05; EF04MA16; EF04MA20; EF-04MA22; EF05MA07>>EF05MA09; EF05MA15; EF05MA19) Na prova de nível 1 da Olimpíada Brasileira de Robótica de 2021[8], há um exercício (Questão 9) que pode ser praticado com os alunos para ajudar a sistematizar conhecimentos oriundos da atividade prática.

O robô Estevão precisa consertar o seu chassi, e para isso, precisa de uma chave de fenda. Qual o conjunto de passos o Estevão deve executar para alcançar a chave de fenda sem que atravesse as paredes pretas?

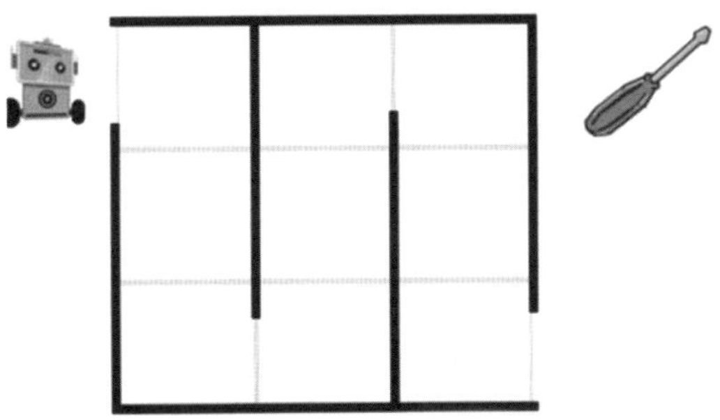

⇧ Mover para frente

⇨ Fazer uma volta de 90° para direita

⇦ Fazer uma volta de 90° para esquerda

MARQUE A ALTERNATIVA CORRETA

a) ⇧⇨⇧⇧⇦⇧⇦⇧⇧⇨⇧⇨⇧⇧⇦⇧

b) ⇧⇦⇧⇧⇨⇧⇨⇧⇧⇨⇧⇨⇧⇧⇦⇧

c) ⇧⇨⇧⇦⇧⇦⇧⇧⇦⇧⇦⇧⇦⇧

d) ⇧⇨⇧⇧⇨⇧⇨⇧⇦⇧⇦⇧⇧⇦⇧

e) ⇧⇨⇧⇦⇧⇦⇧⇧⇦⇧⇦⇧⇧⇨⇧⇧

Figura 11.20 Ilustração do enunciado.

8 Disponível em: https://www.obr.org.br/wp-content/uploads/2021/11/OBR2021_NIVEL1.pdf. Acesso em: 2 jul. 2023.

Questão 5

Desafio (EF01RE06>>EF01RE10; EF04RE01; EF04RE02; EF01RE01; EF01RE02; EF01MA08; EF01MA09; EF01MA21; EF02MA05>>EF02MA08; EF02MA22; EF03MA05>>EF03MA07; EF03MA26; EF03MA27; EF04MA25; EF04MA27; EF05MA06>>EF05MA09; EF04LP19; EF04LP20; EF04LP24; EF05LP23) Na prova de nível 2 da Olimpíada Brasileira de Robótica de 2020[9], há um exercício (Questão 10) que pode ser praticado com os alunos para ajudar a sistematizar conhecimentos oriundos da atividade prática.

Carlos é professor do 5º ano do ensino fundamental e desenvolveu um robô para gerar questões de múltipla escolha para suas provas. Após aplicar as provas do 4º bimestre de 2020 geradas pelo robô, notou que os alunos obtiveram um bom desempenho. Suspeitando que o robô tinha uma preferência em escolher uma determinada alternativa como resposta correta, analisou todas as provas desenvolvidas pelo robô e encontrou a seguinte distribuição que relaciona a quantidade de questões com a sua respectiva resposta correta:

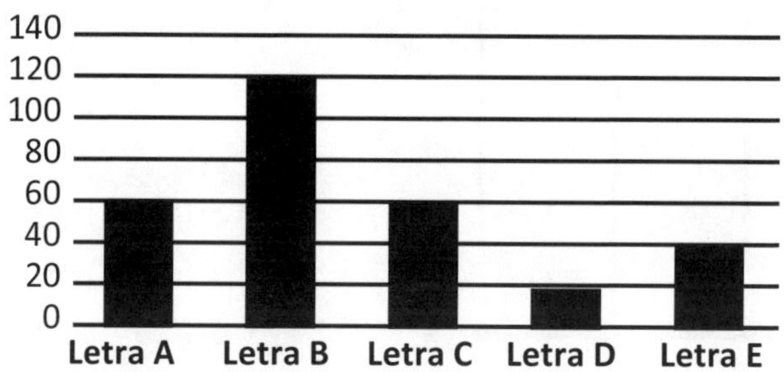

Figura 11.21 Ilustração do enunciado.

Qual opção o robô de Carlos mais escolheu para ser a "resposta correta" e quantas questões tiveram essa opção como resposta?

a) Letra A, como 60 questões.

b) Letra B, com 120 questões.

c) Letra C, com 60 questões.

d) Letra D, com 20 questões.

e) Letra E, com 40 questões.

---

[9] Disponível em: https://www.obr.org.br/provas/OBR2020_Nivel2.pdf. Acesso em: 2 jul. 2023.

Questão 6

Desafio (EF01RE06>>EF01RE10; EF04RE01; EF04RE02; EF01RE01; EF01RE02; EF01MA08; EF01MA09; EF01MA21; EF02MA05>>EF02MA08; EF02MA22; EF03MA05>>EF03MA07; EF03MA26; EF03MA27; EF04MA25; EF04MA27 ; EF05MA06>>EF05MA09; EF04LP19; EF04LP20; EF04LP24; EF05LP23)

Na prova de nível 2 da Olimpíada Brasileira de Robótica de 2018[10], há um exercício (Questão 3) que pode ser praticado com os alunos para ajudar a sistematizar conhecimentos oriundos da atividade prática.

Certo dia, na hora do recreio, um drone sobrevoou o pátio da escola. As crianças ficaram agitadas. Então a professora Bianca explicou que um drone é um veículo aéreo pilotado à distância por meio de um controle remoto. Ao voltar para sala de aula, a professora teve a ideia de fazer uma pesquisa com as crianças sobre quais lugares da cidade elas sobrevoariam se tivessem um drone. A professora organizou as respostas das crianças no gráfico abaixo:

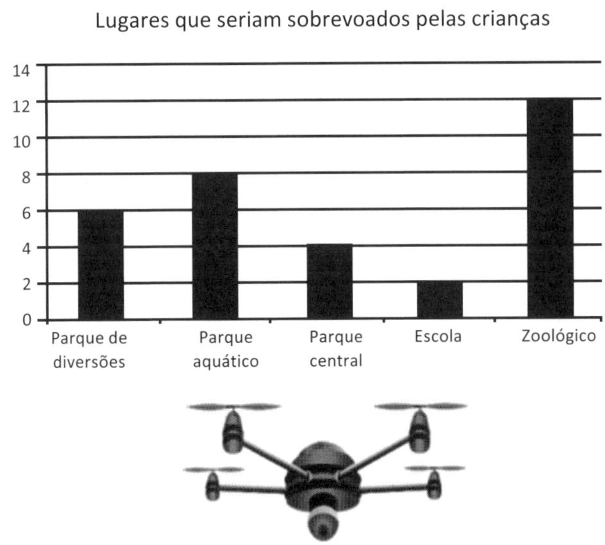

Figura 11.22 Ilustração do enunciado.
Fonte: Adaptado de Freepik.

Pela análise do gráfico, quantas crianças responderam à pergunta feita pela professora e qual seria o lugar mais sobrevoado se as crianças tivessem um drone, respectivamente?

a) 34 crianças: zoológico.
b) 32 crianças: zoológico.
c) 34 crianças: escola.
d) 32 crianças: escola.
e) 34 crianças: parque de diversão.

[10] Disponível em: https://www.obr.org.br/provas/OBR2018_Nivel2.pdf. Acesso em: 2 jul. 2023.

Questão 7

Desafio (EF01RE01; EF35LP03>>EF35LP06) No próximo exercício, comparando o protótipo produzido pelo grupo para o desafio Viagem ao Centro da Terra com a definição de robô, será possível decidir se o protótipo pode ou não ser considerado um robô.

Assinale os quadrados referentes às propriedades inerentes a um robô que o seu protótipo possui e, após o preenchimento, conclua se ele pode ser ou não considerado um robô.

Um robô é uma:

- Configuração física.
- Mecânica.
- Eletroeletrônica.
- Computacional.
- Estabelecida para desempenhar uma missão.
- De forma autônoma.
- Em um cenário pré-estabelecido.
- Esta configuração é documentada e replicável.

Em função das minhas anotações, o meu protótipo (assinale a alternativa que considere correta):

- É um robô.
- Não é um robô.

Questão 8

Desafio (EF04RE07; EF02MA05; EF02MA06; EF02MA16; EF03MA05; EF03MA06; EF03MA17>>EF03MA23; EF04MA03>>EF04MA05; EF04MA16; EF04MA20; EF04MA22; EF05MA07>>EF05MA09; EF05MA15; EF05MA19) No próximo exercício, considere o esquema de um robô locomovendo-se em um apartamento, conforme está indicado pelas setas vermelhas. No primeiro quadro, o robô sai do quadro verde e leva quinze minutos para superar cada cômodo (cada cômodo é indicado por um quadrado com uma seta vermelha). Quantos minutos leva para retornar ao quadrado verde?

Quadro 1 – Vista superior do apartamento com os comandos para o robô

Quadro 2 – Vista superior do apartamento com outros comandos para o robô

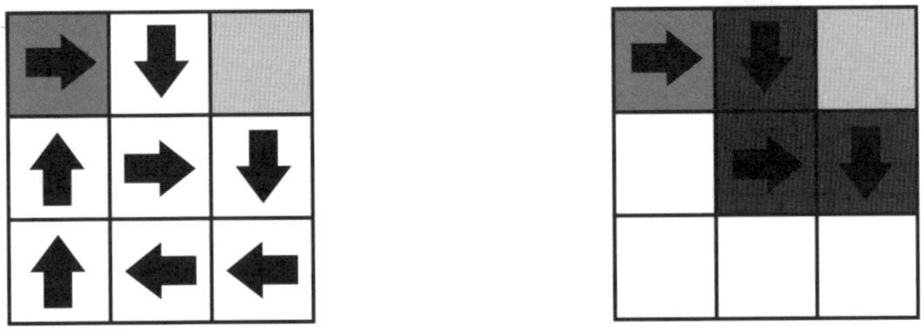

Figura 11.23 Ilustração do enunciado.

Questão 9

Desafio (EF04RE07; EF02MA05; EF02MA06; EF02MA16; EF03MA05; EF03MA06; EF03MA17>>EF03MA23; EF04MA03>>EF04MA05; EF04MA16; EF04MA20; EF04MA22; EF05MA07>>EF05MA09; EF05MA15; EF05MA19) Ainda sobre os quadros acima, considere o segundo quadro, onde está o esquema de um robô locomovendo-se em um apartamento, conforme está indicado pelas setas vermelhas nos quadros cinza. Considerando-se que as setas vermelhas são comandos de navegação que o robô recebe ao entrar no cômodo, existe alguma sequência de comandos para os cômodos em branco que faça o robô chegar ao cômodo azul?

Questão 10

Desafio (EF04RE07; EF02MA05; EF02MA06; EF02MA16; EF03MA05; EF03MA06; EF03MA17>>EF03MA23; EF04MA03>>EF04MA05; EF04MA16; EF04MA20; EF04MA22; EF05MA07>>EF05MA09; EF05MA15; EF05MA19) Para poder estimar qual seria a distância percorrida pela roda, se ela realizasse uma volta completa sobre o chão, João decidiu enrolar um barbante em torno do pneu do robô e depois esticá-lo sobre o chão. A ideia, segundo ele, "*era usar o barbante para acompanhar o círculo do pneu e depois colocar esticadinho, fazendo o comprimento dele em linha reta*".

Depois de estirar, sobre o chão, o barbante com o tamanho da curvatura de uma volta, o grupo pintou a borda lateral do pneu de abóbora e foi acompanhando o movimento dele sobre o barbante, para conferir se a ideia do João era certa, sem, contudo, registrar em vídeo. Ana, em algum momento, tirou uma foto e mostrou ao grupo, perguntando: onde será que estava o pneu quando foi realizada esta foto? Poderia o seu grupo ajudá-los, assinalando abaixo qual das posições representadas pelas letras abaixo seria a posição em que a roda estava no momento da foto?

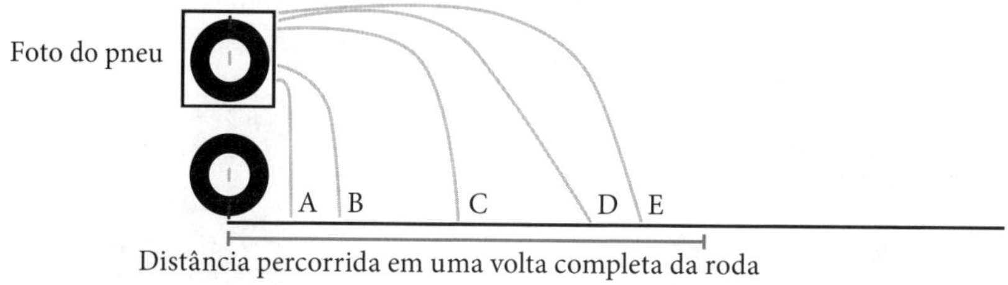

Figura 11.24 Ilustração do enunciado.

Questão 11

Desafio (EF04RE07; EF02MA05; EF02MA06; EF02MA16; EF03MA05; EF03MA06; EF03MA17>>EF03MA23; EF04MA03>>EF04MA05; EF04MA16; EF04MA20; EF-04MA22; EF05MA07>>EF05MA09; EF05MA15; EF05MA19) Como foi visto no exercício anterior, para poder estimar qual seria a distância percorrida pela roda se ela realizasse uma volta completa sobre o chão, João decidiu enrolar um barbante em torno do pneu do robô e depois esticá-lo sobre o chão. A ideia, segundo ele, "*era usar o barbante para acompanhar o círculo do pneu e depois colocar esticadinho, fazendo o comprimento dele em linha reta*".

Depois de estirar, sobre o chão, o barbante com o tamanho da curvatura de uma volta, o grupo mediu com uma régua o comprimento do barbante e constatou que era de 6 cm. Comparando com a distância total a ser percorrida pelo robô no primeiro trecho do desafio, os alunos concluíram que deveriam instruir o robô a realizar com os seus motores.

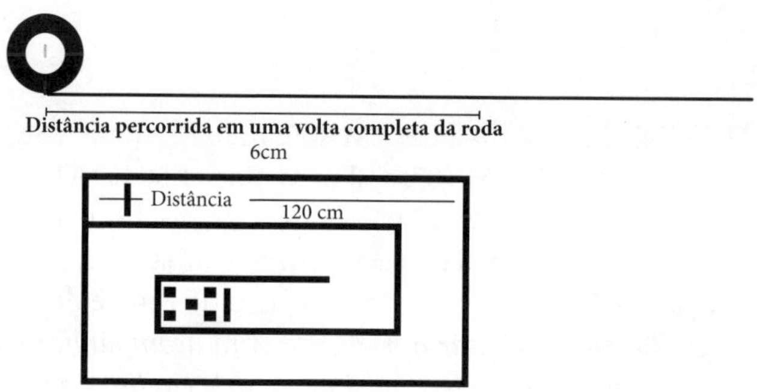

Figura 11.25 Ilustração do enunciado.

a) ( ) 10 rotações com intuito de percorrer em linha reta o trecho.

b) ( ) 15 rotações com intuito de percorrer em linha reta o trecho.

c) ( ) 20 rotações com intuito de percorrer em linha reta o trecho.

d) ( ) 25 rotações com intuito de percorrer em linha reta o trecho.

e) ( ) 30 rotações com intuito de percorrer em linha reta o trecho.

Questão 12

Médio (EF15RE14; EF03RE01>>EF03RE03; EF03RE07; EF03RE08; EF03RE13; EF-03CI09; EF05CI01>>EF05CI05; EF04GE11) No próximo exercício/atividade, inspirados na história de Viagem ao Centro da Terra de Júlio Verne, os alunos podem ser convidados a pesquisar sobre cavernas e/ou explorar uma caverna real, para compreender melhor sobre este tipo de formação geológica[11]. A partir dos conhecimentos angariados, os alunos poderão registrar as informações no quadro abaixo, conforme está na instrução.

Assinale os quadrados referentes às características de uma gruta.

Caverna, gruta ou furna é:

- Cavidade natural rochosa com dimensões suficientes para dar acesso a humanos.
- Originária de uma série de processos geológicos.
- Resultado de desenvolvimento horizontal ou vertical em forma de galerias e salões.
- Estudada pela espeleologia.
- Local que necessita de vistoria prévia para ter a visitação de público.
- Local em que robôs podem ajudar na investigação científica.

Para ajudar as pesquisas, são úteis para a consulta:

- https://mundoconectado.com.br/noticias/v/19726/boston-dynamics-utiliza-cao-robo-para-explorar-cavernas;
- https://youtu.be/qTW-dbZr4U8;
- https://canaltech.com.br/espaco/robo-esferico-pode-ser-usado-para-explorar-o-interior-de-cavernas-lunares-181749/

11.6 ORGANIZAÇÃO DO ESPAÇO PARA AS ATIVIDADES DE ROBÓTICA COM CRIANÇAS

11.6.1 A QUESTÃO EM TERMOS GERAIS

Há de se compreender que o espaço para atividades em que existe investigação é o espaço da experimentação.

Se a sala de aula for o espaço escolhido para a experimentação, o professor e o gestor da escola deverão ter atenção aos tipos de experiências que serão propostas, a sua

[11] Os professores e alunos poderão consultar sobre atividade pedagógica em cavernas em: https://aun.webhostusp.sti.usp.br/index.php/2021/07/08/pesquisador-do-igc-usp-desenvolve-trabalho-relacionado-com-o-tema-cavernas-dentro-de-escolas/. Acesso em: 2 jul. 2023.

natureza, a faixa etária dos alunos que estarão envolvidos nas atividades, a organização do espaço em termos de como será o movimento dos alunos e a acomodação deles. Tudo isso é importante para qualquer nível educacional, para o qual é oferecida a atividade, mas é essencial quando se trata de crianças pequenas, pois, para elas, a averiguação dos riscos deve ser realizada à exaustão: se as peças são adequadas à idade e à manipulação das crianças; se a sala de aula possui os móveis adequados para a atividade proposta; se há espaço físico adequado para que se realize a mediação de conflitos combinado ao espaço coletivo de realização das atividades com robótica.

A organização do espaço sede das atividades também está atrelada à quantidade de alunos e à quantidade de professores e educadores envolvidos na prática didática.

O fato de a atividade de robótica sugerida empregar cenários implica em fazer um plano prévio para o local onde será posicionado cada cenário e a relação do local onde estarão as peças, o espaço de operação das crianças e o espaço de operação dos professores educadores.

11.7 PRÁTICAS DA ROBÓTICA EDUCACIONAL EM ESPAÇOS AMPLOS OU ABERTOS

A vantagem dos espaços amplos ou até abertos para atividades de robótica decorre da possibilidade de favorecer a movimentação das crianças e professores com o propósito de realizar os testes dos robôs em vários cenários concomitantemente.

Serve, portanto, para a realização de competições, mostras e feiras de robótica em que muitos grupos têm de participar de um conjunto concatenado de apresentações de seus robôs ou dispositivos robóticos.

Conforme o tamanho do evento, é necessário publicar um cronograma prévio com os horários das atividades e, quando o público-alvo é composto por crianças, o local deverá ter sido motivo de vistoria para verificação de que pode abrigar crianças na faixa etária pretendida.

Os eventos destinados às crianças devem ter monitores acompanhando todos os grupos e, se possível, devem oferecer outras atividades concorrentes para que, caso elas queiram se distrair, possam fazê-lo.

Figura 11.26 TJR Etapa Petrópolis 2014.

11.8 *LAYOUT* DA SALA DE AULA

Cada atividade ou projeto pode requerer uma disposição distinta do mobiliário e dos equipamentos da sala de aula.

De fato, para as atividades de artes, por exemplo, as salas de aula possuem uma organização própria e já conhecida pelos alunos e professores. Todavia, quando o professor decide começar um projeto de robótica terá de ter, na sala, uma bancada para montagem dos protótipos, outra para dispor as peças e ferramentas, outra para ter o cenário onde se vai testar o robô, outra para se disporem os computadores para as tarefas do projeto, como as de programação.

Como os projetos propostos para crianças têm configurações minimais com poucos recursos alocados, a maior área da sala de aula deve ser ocupada para sediar o cenário e os espaços para movimentação das crianças.

O computador e as peças de montagem, adereços e elementos complementares podem ficar sobre a mesa do professor, para melhor controle do uso e para servir de espaço para mediação de possíveis conflitos.

Figura 11.27 Aplicação do desafio Viagem ao Centro da Terra no chão da sala de aula.

11.9 A PRÁTICA DA ROBÓTICA EDUCACIONAL NO NÍVEL DO CHÃO

As crianças das primeiras séries costumam fazer as suas brincadeiras diárias no nível do chão, de tal modo que, se o professor/educador puder colocar o cenário para a atividade escolhida estendido no piso da sala, será uma atitude normal para elas.

Todavia, os cenários de robótica constituídos de *banner* de lona precisam ser protegidos para que se evitem os riscos, arranhões e sujidade provocados pelos sapatos, o que pode ser evitado se o professor/educador solicitar aos alunos que, durante a atividade de robótica, eles tirem os sapatos, permitindo, assim, que possam praticar, inclusive, as suas ações sobre o cenário.

A prática no nível do chão, por conta da interação entre as crianças em seu espaço natural, torna-se uma oportunidade essencialmente lúdica de vivenciar a proposta pedagógica sugerida.

11.10 A PRÁTICA DA ROBÓTICA EDUCACIONAL NO NÍVEL DA BANCADA

A prática no nível da bancada transforma o robô ou dispositivo robótico em objeto de estudo, pois a relação entre a criança e sua atividade passa a estar organizada para que as peças e suas montagens estejam posicionadas à altura dos olhos e ao alcance das mãos.

Dessa forma, enquanto a prática está centrada no nível do chão, os movimentos do corpo da criança são balizadores de sua atividade de robótica educacional e ela se atém à noção da espacialidade; no caso da prática no nível da bancada, a ação do robô ou do dispositivo robótica torna-se o fulcro da atenção da criança.

Nesse caso, pode ser útil deixar as atividades de montagem e programação sobre uma bancada enquanto, sobre outra bancada, for estendido o cenário para os testes.

11.11 A PRÁTICA COMBINANDO OS NÍVEIS DO CHÃO E DA BANCADA

Muitas vezes, as crianças persistem sobre o cenário ainda que esteja estendido sobre mesas ou bancadas, e, para evitar acidentes, o professor/educador poderá deixar o cenário no nível do chão, organizando, portanto, a atividade de montagem e programação num espaço com bancadas, enquanto as crianças, quando tiverem de testar o seu robô, precisarão ir a outro espaço da mesma sala, no qual estará o cenário no chão.

Outro motivo para se trabalhar com o cenário no nível do chão é quando ele é constituído de madeira ou de outros materiais que podem não estar bem acomodados sobre uma bancada, evitando-se o risco de o excesso de carga afetar a bancada. Também é necessário cuidar que qualquer movimento ocorrido na bancada tenha o poder de desconjuntar o cenário.

11.12 O ESPAÇO DE MEDIAÇÃO DE CONFLITOS E A NATUREZA DELES

Para qualquer situação de conflito há necessidade de o professor/educador definir o espaço em que a mediação de conflitos ocorrerá durante as aulas, para que as crianças se dirijam a esse espaço para expor as suas necessidades e os motivos dos conflitos, evitando que, em alguns casos, destruam as montagens umas das outras, atirem as peças ou agridam-se.

Afastando-as do local onde se origina o conflito, o professor/educador pode procurar uma solução baseada no diálogo.

A experiência mostra que costumam ser três os fatores principais responsáveis pelo desencadeamento de conflitos entre as crianças: 1. A disputa pela primazia sobre as ideias; 2. A disputa pela primazia sobre as peças; 3. A disputa pela primazia sobre as ações.

1. A disputa pela primazia sobre as ideias

Estabelecer estratégias que vão definir o comportamento do robô ou idear como deverá ser a montagem não é fonte de conflitos quando cada aluno atua sozinho e é o único responsável pelo seu projeto.

Todavia, as propostas de atividades de robótica que sejam desempenhadas individualmente não são o que preconiza a robótica educacional, pois não favorecem o desenvolvimento das competências sociais voltadas para a colaboração.

Ao atuarem em grupos, as crianças querem fazer prevalecer suas ideias individuais e não possuem ainda a experiência de debater com os pares para que, após uma reflexão conjunta, seja definida uma ideia representativa da opinião do grupo. O professor/educador deve se fazer presente durante esta etapa da atividade, auxiliando na condução da conversa entre as crianças, com intuito de que todas elas possam participar e se sentir prestigiadas.

Assim, tentar de uma maneira proposta por uma criança e depois tentar de outra maneira sugerida por outra é uma forma de poder contemplar todas as ideias sem que qualquer criança seja excluída do processo educacional.

2. A disputa pela primazia sobre as peças

As peças tornam-se as ferramentas da imaginação das crianças tão logo o professor/educador inicia a atividade, disponibilizando-as aos alunos.

Para evitar que as crianças entrem em discussão por cada peça disponível, as peças só poderão ser manuseadas depois de se compreender o que se espera do que será feito com elas: se é uma maquete de casa, antes de se oferecer as peças é necessário separar os grupos, explicar a proposta, para, só então, disponibilizar as peças desta atividade e seguir as tarefas, orientando e mediando quaisquer que sejam as razões dos conflitos, negociando as trocas de peças entre as crianças e evitando as crises.

3. A disputa pela primazia sobre as ações

Muitas crianças usam o expediente de começar antes das demais as atividades propostas, inaugurando com as suas ações cada passo que o professor propõe ao grupo. Esta atitude, em geral, tem a intenção de estabelecer a liderança àquele que age mais rápido, impedindo aos demais a chance de participar igualmente da prática proposta.

O professor/educador deve retroceder o processo toda vez que um aluno "queima a largada", deixando os demais para trás, buscando estratégias de equilibrar o ritmo da participação dos alunos.

11.13 A PRÁTICA, TENDO O DESAFIO VIAGEM AO CENTRO DA TERRA COMO EXEMPLO

Para as crianças pequenas, o professor/educador pode explorar o desafio Viagem ao Centro da Terra no chão, compondo as atividades com a presença de um monte de outros objetos das crianças, como bonecos, carrinhos e blocos de construção.

Neste caso, as primeiras construções das crianças podem dispensar motores e outros componentes elétricos e eletrônicos e insistir na construção de veículos com papelão e outros materiais em que uma rampa inclinada se torna o natural propulsor para fazer os veículos adentrarem com alguma velocidade nos trechos retilíneos do cenário do Viagem ao Centro da Terra.

Com a crescente maturidade das crianças, a bancada será o melhor lugar para se colocar o cenário e fazer os protótipos de robôs funcionarem nesse cenário. Isso ajudará o professor a controlar as ações das crianças em um único espaço.

Mais adiante, a bancada servirá apenas para as montagens dos protótipos e para sustentar *notebooks*, *netbooks* ou *tablets* onde venham a ser realizadas as programações dos robôs. Nesta ocasião, o cenário poderá voltar ao chão, para dar mais mobilidade dos alunos ao local onde estará colocado.

11.13.1 CRIANDO UM DESAFIO NOVO, UMA ATIVIDADE OU PROJETO

Quando se inicia um planejamento pedagógico em que se intenciona utilizar um desafio novo, atividade ou projeto, cuja autoria decorra da negociação entre professor/educador e alunos, faz-se necessária, antes, a escolha de um tema geral.

É importante saber que o título do desafio, atividade ou projeto a ser colocado no planejamento pedagógico não é o tema, visto que ele é genérico e diz respeito a uma ou mais áreas de conhecimento. Para definir o título, o professor/educador já deverá ter investigado, com a participação dos seus alunos ou dos seus pares, o recorte do problema situacional do qual vai derivar a prática pedagógica. O nome do trabalho, deverá indicar o que vai fazer, como e onde, por exemplo, caso seja um jogo, jogo de cartas de imagens de robótica para atividades de memorização com alunos da segunda série.

Precisa determinar também os objetivos pedagógicos aos quais esta prática de aprendizagem com base em problemas e projetos estará sujeita e quais serão as metodologias ativas associadas a ela: se irá ocorrer através de jogos, de aprendizado por pares, de sala invertida etc.

11.14 ATRAVÉS DE JOGOS OU NÃO?

Muito do que se destina às crianças pode se integrar às atividades lúdicas, porém não há razão para não se explorar outras abordagens didáticas quando forem mais viáveis ou mais oportunas. Solicitar a atenção do aluno para que pondere sobre algumas questões específicas de temas já trabalhados ajuda a sistematizar o que, por exemplo, ele vivenciou durante um jogo pedagogicamente orientado e ainda não fez, convenientemente, as relações com conhecimentos anteriores.

Resumo: os jogos não substituem todas as práticas pedagógicas!

Nas práticas com base em desafios, atividades ou projetos, cuja dinâmica esteja sustentada em torno de jogos, os objetivos pedagógicos tornam-se intrínsecos à formulação do jogo em questão, norteando a sua concepção ou definindo o seu conteúdo ou durante os atos discentes ao jogar. Nesta dinâmica, os alunos são, concomitantemente ou não, participantes e público do jogo e, portanto, integrantes da dinâmica pedagógica realizando e observando a realização.

Nestes casos, é importante observar que o aluno deve ter prazer ao jogar, sentir-se bem ao ver os outros jogarem e, de igual maneira, sentir-se confortável ao expor-se aos outros. Em ambos, participante e espectador, ele estará descortinando, às vezes, por pontos de vista distintos, os saberes dos quais tratavam os objetivos pedagógicos estabelecidos no planejamento do professor/educador.

Ao aplicar um jogo, o professor/educador pode subdividir a prática em duas etapas: a etapa em que as crianças se propõem a jogar livremente e a outra etapa em que todos serão chamados a analisar as estratégias e os saberes escolares envolvidos no jogo, de tal maneira que compreendam os efeitos destes conhecimentos como vantagens competitivas. Nesta oportunidade, os saberes escolares tornam-se, verdadeiramente, saberes idiossincráticos, internalizados à sua maneira, por cada aluno através da aprendizagem significativa.

É, portanto, difícil criar jogos educacionais que sejam bem-sucedidos sem que se siga por um percurso de criação baseado na imersão no ambiente escolar de interesse e, ali, *in loco*, conhecendo as necessidades pedagógicas da prática curricular e os interesses e gostos do público-alvo.

A posteriori, será necessário um processo de ideação que inclua todos os participantes e os interessados, em muitos casos, resumindo-se, ao final, em encontros de professores e alunos para a coleta de sugestões.

Por fim, dá-se a etapa da prototipagem e dos testes, a prática do jogo em si, na qual se consolidam os desafios, as atividades ou projetos que se subsidiaram através do jogo.

11.15 A ELABORAÇÃO DE ATIVIDADES DE RE SOB O VIÉS DE UM JOGO

Geralmente, ao se referir a jogos educativos[12], pensa-se nos jogos destinados à prática lúdica dos alunos, todavia, há, conforme já se mostrou, um conjunto de jogos destinados ao protagonismo do robô, ou seja, caberá a ele obter a solução do problema ou superar a disputa em questão.

Ambos os tipos de jogos podem tratar do conteúdo relativo à robótica educacional em intersecção aos de outras disciplinas.

O professor/educador precisa dar-se conta de que os jogos em que os robôs são os participantes requerem a capacidade dos alunos para criar esses agentes e isso significa ter alunos com mais maturidade não apenas em relação aos saberes de robótica, mas, igualmente, aptos cognitivamente para compreender um inventário de regras mais extenso.

Pode ocorrer, por exemplo, que algumas crianças pequenas tenham pouca disposição a submeterem-se às regras de comportamento ou a aceitar as regras de percurso de um desafio como o Viagem ao Centro da Terra, enquanto outras as tenham compreendido e divirtam-se preparando um robô que seja competente para a missão descrita no desafio. Neste caso, outros jogos, voltados para a participação direta dos estudantes, serão mais adequados, até que eles consigam mostrar a maturidade necessária para ficarem nos bastidores enquanto presenciam os seus robôs (construídos por eles) jogarem.

Quando os jogos são desenvolvidos essencialmente para a prática dos alunos, ou seja, os robôs não são os jogadores, recomenda-se, conforme já se comentou, praticá-los em duas etapas: a primeira em que os alunos experimentam o mecanismo do jogo e uma segunda em que terão de refletir sobre esse mecanismo. De maneira análoga, pode-se realizar a prática dos jogos destinados aos robôs: de princípio os alunos fazem as suas primeiras abordagens para construir e testar o robô e, a seguir, repetidamente, o professor/educador e os alunos poderão realizar sessões de discussão para avaliar possíveis melhorias no projeto.

A criação de um desafio em que o robô é o agente vetor da solução segue etapas similares às de desenvolvimento de outros jogos e pode ocupar meses de trabalho.

Por isso, recomenda-se, ao professor/educador interessado em fazê-lo, que inicie esta atividade de criação com razoável antecedência em relação ao início do planejamento pedagógico.

Schuytema (2008, p. 12 e 13) divide o ciclo de desenvolvimento de jogos digitais, por exemplo, em três etapas: pré-produção, produção e pós-produção.

---

[12] Para conhecer mais sobre a criação de jogos educativos: https://www2.ifrn.edu.br/ojs/index.php/HOLOS/article/view/3298/pdf. Acesso em: 2 jul. 2023.

Essas etapas podem ser adaptadas ao desenvolvimento de desafios para robôs, por razão de esses desafios possuírem, na sua grande maioria, mecanismos de jogos.

Nesse caso, as etapas são descritas da maneira a seguir:

A pré-produção estabelece o conceito do jogo, ou seja, o roteiro, a narrativa e o guia de estilo do jogo em que se baseará o desafio. No caso do desafio Viagem ao Centro da Terra, por exemplo, trata-se de um problema de labirinto unicursal, em que o robô deverá visitá-lo completamente e recolher um objeto para trazê-lo ao ponto de partida da operação. A narrativa pode ser associada ao texto ficcional de Júlio Verne.

Como o jogador robô controla as ações de seu personagem no cenário universo complexo (para o robô) e bem definido com o objetivo de completar uma missão, este desafio pode ser considerado um tipo de RPG (Role-Playing Game).

Na etapa da produção, são elaborados os cenários e os personagens a serem assumidos pelo robô e se engendra a mecânica do jogo que constitui a maneira como o recorte do problema situacional será representado pelas regras e pela narrativa. No desafio Viagem ao Centro da Terra, por exemplo, o cenário impresso em um *banner* é estático e desconhecido por parte do robô (quando a estratégia usada pelo robô é baseada no emprego dos sensores para detectar o percurso). Nele, a pontuação decorre da realização do percurso sem penalidades e do recolhimento do objeto com a devida entrega no ponto de partida.

Na pós-produção, a partir da divulgação do desafio, agregam-se tanto conteúdo extra e detalhamento de regras quanto atualizações relacionadas à jogabilidade e aos novos níveis de dificuldade a serem incorporados. Para o desafio Viagem ao Centro da Terra, por exemplo, foram criadas, posteriormente, muitas versões do problema para cenários e situações mais complexas como Viagem ao Centro da Terra: O Labirinto Final, que pode ser acessado em: https://drive.google.com/file/d/1b4hQat_N-JJWZ1QZhRcUSk8NdJcC96xS/view.

No caso do desenvolvimento de um desafio para robôs, os envolvidos devem ter em mente que o objetivo é instigar os alunos a iniciar um projeto com o escopo de construir um protótipo de robô capaz de superar o desafio, contanto que se explorem os saberes predefinidos no planejamento pedagógico.

Ainda mais, se há interesse de propor uma competição entre os protótipos produzidos por várias equipes, amplia-se, consequentemente, a ambição do escopo do projeto, de tal forma que se passe a buscar atingir índices de desempenho dos protótipos melhores do que os dos demais concorrentes.

De forma análoga ao que se espera de um bom plano de aula, um desafio inédito a ser apresentado aos alunos necessita ser motivador, antes de tudo, com um enunciado claro, estabelecendo objetivos plausíveis diante da realidade que circunscreve as condições intelectuais e econômicas deles.

Recomenda-se que, antes de tentar elaborar um desafio inédito, o professor/educador aja como um curador de desafios já existentes para os quais existam muitos documentos pedagógicos a respeito e faça adaptações, caso veja necessidade, para depois experimentar elaborar um desafio de sua autoria.

A principal razão para tal sugestão é que desafios inéditos podem demandar soluções mecânicas e computacionais que não possuam quaisquer relatos prévios sobre o grau de dificuldade neles encontradas.

Um exemplo desta situação foi a proposta feita por um professor/educador para os alunos das últimas séries do Ensino Fundamental I para que criassem um dispositivo robótico para jogar bolas de papel em um cesto, simulando um produto capaz de retirar os resíduos de papel amassado da sala de aula e arremessá-los no cesto de lixo. Na proposta, o melhor dispositivo seria aquele capaz de acertar, dentre as cinquenta tentativas possíveis, a maior quantidade de vezes, arremessando a partir de uma distância predefinida.

Tendo um semestre para a conclusão do projeto, os testes finais foram desanimadores e, ainda que a proposta tivesse acirrado o espírito competitivo dos alunos, o interesse dos alunos declinou rapidamente à medida que não conseguiam chegar perto de resolver os problemas que surgiram durante a execução do projeto.

Proposta de atividade (EF03RE15; EF03RE16; EF04RE16; EF04RE17; EF05LP23; EF05LP24; EF02MA23; EF03MA26>>EF03MA28; EF04MA27; EF04MA28; EF04CO07)

Pesquisando os colegas a respeito dos jogos de preferência deles: nessa atividade, o professor/educador poderá solicitar aos alunos que façam uma enquete entre os colegas sobre os seus jogos prediletos, para que se prepare, ao final, uma tabela que compile os resultados obtidos.

O formulário da pesquisa poderá ser feito em conjunto por professores e alunos, empregando o Google Forms com *link* de acesso disponível para ser divulgado pelos alunos.

Em seguida o professor/educador poderá apresentar aos alunos vários tipos de infográficos através dos quais os dados poderão ser apresentados aos demais colegas nos murais da escola.

Coletando as informações e empregando as informações: o professor/educador deverá consultar as recomendações da Lei Geral de Proteção de Dados (LGPD), para aplicar corretamente a coleta de dados. Poderá empregar estas informações para a escolha de novos jogos e desafios a serem desenvolvidos pela comunidade escolar em questão, contanto que após o trabalho faça o devido descarte dos dados potencialmente sensíveis ou desnecessários.

11.16 A NATUREZA DE DESAFIOS PROPOSTOS SEM QUALQUER ELEMENTO DE DESIGN DE JOGO

Todos os desafios em robótica educacional são recortes de problemas situacionais do mundo real, cujos enunciados suscitam a exploração de temas do currículo escolar e requerem dos alunos a construção de uma solução através da atuação de um protótipo de robô.

A partir do enunciado de um desafio, os grupos de alunos estabelecem estratégias próprias e muitas vezes distintas para a definição de um projeto que os conduza à solução do desafio.

No caso dos desafios sem elementos de design de jogo, o propósito fica centrado no desenvolvimento do produto estabelecido pelo escopo do projeto, pois não haverá necessidade de se criar critérios de comparação entre os diferentes produtos da atividade proposta.

Dessa forma, os riscos ao bom andamento da execução do projeto para este tipo de desafio ficam bem delimitados, bastando uma análise prévia a respeito da adequação do prazo destinado, da presença dos recursos exigidos e da viabilidade do que está descrito no escopo, ou seja, se as competências e habilidades das crianças podem fazer frente aos problemas inerentes à temática escolhida.

Proposta de atividade (EF03RE15; EF03RE16; EF04RE16; EF04RE17; EF05LP23; EF05LP24; EF02MA23; EF03MA26>>EF03MA28; EF04MA27; EF04MA28; EF04CO07)

Pesquisando sobre as necessidades das famílias que poderiam ser resolvidas por robôs: nesta atividade, o professor/educador poderá solicitar aos alunos que façam uma enquete entre os seus familiares a partir da pergunta: se você pudesse comprar um robô para resolver uma necessidade do seu dia a dia, qual seria ela? A partir das respostas, que podem ser dirigidas, por múltipla escolha, ou não dirigidas, através de respostas curtas, será produzida uma tabela para compilar os resultados obtidos.

O formulário da pesquisa poderá ser feito em conjunto, professor/educador e alunos, empregando o Google Forms e tornando o *link* de acesso disponível para ser divulgado pelos alunos.

Em seguida, o professor/educador poderá apresentar aos alunos vários tipos de infográficos dos quais os dados poderão ser apresentados aos demais colegas nos murais da escola.

Coletando as informações e empregando as informações: o professor/educador deverá consultar as recomendações da LGPD, para aplicar corretamente a coleta de dados. Poderá empregar essas informações para a escolha de novos projetos voltados para a construção de protótipos de robôs a serem desenvolvidos pela comunidade escolar em questão, contanto que após o trabalho faça o devido descarte dos dados potencialmente sensíveis ou desnecessários.

11.17 O CASO DOS POTES CANTANTES: UM EXEMPLO DE DESAFIO COM ESCOPO DINÂMICO

Um caso que pode exemplificar bem um projeto sem contar com o mecanismo de jogo associado a ele, deu-se na ocasião do Dia das Mães de 2022, quando se propôs aos alunos de 9 anos que criassem, com o suporte da robótica, um produto que atendesse a necessidade de suas mães.

Para tanto, iniciaram uma pesquisa de opinião sobre o produto que melhor pudesse atendê-las em suas atividades.

Com o aumento da prática de *home office* foi constatada a dificuldade de as condições do ambiente de casa ajustarem-se ao trabalho. Também, nos locais de trabalho, evitou-se o compartilhamento de objetos, o que parece explicar o fato de que a maioria das respostas tenha se referido a lixeiras e potes de cozinha que abrissem e fechassem sem que fosse preciso tocar neles.

No princípio da atividade, o tema, em termos gerais, foi compreendido no âmbito da salvaguarda da saúde e serviu para que o professor/educador pudesse discutir sobre a prática de higiene (EF04CI08)[13] e mostrar que este produto proposto pela maioria das mães serve como um item capaz de melhorar a qualidade do ambiente de trabalho (o que corresponde ao objeto de estudo da ergonomia[14]).

Para a confecção de uma unidade do protótipo, o professor/educador sugeriu o emprego de: uma lata vazia de alumínio com tampa plástica (do tipo das latas de leite em pó) com capacidade média de armazenamento de 380 g do produto, um servo motor, um controlador, um sensor de presença, cabos conectores, pilhas em quantidade suficiente, fita crepe, peças estruturais (como eixo e elementos de fixação da tampa ao eixo) e um computador para se fazer a programação.

A programação, aliás, é simples: caso haja o sinal de presença por parte do sensor (como uma mão colocada na frente do sensor), o controlador fará o motor atuar de

---

[13] Na BNCC esta habilidade é descrita como: propor, a partir do conhecimento das formas de transmissão de alguns microrganismos (vírus, bactérias e protozoários), atitudes e medidas adequadas para prevenção de doenças a eles associadas.

[14] Ergonomia é a disciplina científica relacionada ao entendimento das interações entre seres humanos e outros elementos de um sistema; também é a profissão que aplica teoria, princípios, dados e métodos para projetar, por meio de tecnologia e desenho industrial, a fim de otimizar o bem-estar humano, as suas condições de trabalho e o desempenho geral de um sistema; estudo científico das relações entre homem e máquina, visando a uma segurança e eficiência ideais no modo como um e outra interagem.

maneira a abrir a tampa lentamente e depois fechá-la, realizando-se, então, um movimento temporizado.

Ocorreram transformações do escopo; à medida que foram sendo construídos os protótipos, surgiram questões estéticas.

Os alunos argumentaram que uma lata sem o rótulo comercial, somente texturada e prateada, não exerceria qualquer atração para as mães.

Esse fato fez com que, paulatinamente, as crianças buscassem soluções criativas para a decoração do protótipo.

Uma solução despretensiosa, tirada durante o fazer, foi de se aplicar papel vermelho em formato de lábios, de tal forma que o lábio superior de papel ficasse na borda da tampa que se move e o lábio inferior de papel fosse fixado na borda da lata.

As crianças, ao verem o pote simulando o movimento da boca, estimularam-se a fazer um figurino para o pote e iniciou-se uma nova etapa para o projeto, que passou a ter o título de *Os Potes Cantantes*, cujo propósito foi formar um conjunto de potes capazes de coreografar, com a abertura sincronizada das bocas, uma execução musical.

Pode-se concluir que existem experiências muito interessantes baseadas em atividades e projetos cujo escopo venha a comportar a possibilidade de transformações de percurso durante a sua execução. Nesses casos, a vivência conjunta de professor/educador e seus alunos durante o percurso didático confere à sensibilidade o papel de timão para que se navegue pelos mares definidos no planejamento pedagógico, desviando o grupo de situações pouco motivantes ou arriscadas e fazendo rumar para oportunidades ricas de novos estímulos para se beneficiar a aprendizagem.

11.18 O CASO DA DECORAÇÃO PARA HALLOWEEN: A ATIVIDADE QUE VIROU UMA COMPETIÇÃO INTERCLASSES

A comemoração do dia de Halloween é muito comum tanto em escolas de idiomas quanto em escolas bilíngues. Em 31 de outubro de 2019, um professor/educador responsável por um grupo de alunos numa escola de idiomas contou com a participação de outro professor dedicado à robótica educacional para propor aos alunos que fizessem a decoração da sala de aula que ocupavam com objetos dotados de dispositivos robóticos.

No princípio da atividade, a pesquisa sobre o significado do tema foi iniciada pelo professor responsável pelo ensino de língua inglesa, contextualizando a data festiva aos locais em que é comemorada.

O momento de criação de uma atividade de robótica educacional associada ao tema oriundo do planejamento pedagógico da disciplina de língua inglesa deu-se com o objetivo de criar objetos de decoração capazes de fazer movimentos estimulados pela presença das pessoas.

Bonecos com o formato de morcegos foram uma das escolhas para modelos de objetos de decoração da sala de aula.

Foram destinados para a construção de cada robô morcego os seguintes recursos: dois motores com ponte H (preparada pelo professor), um controlador (nesse caso, foi escolhido o Arduino UNO), cabos conectores, um sensor reflexivo de ultrassom, dois *leds* vermelhos (para os olhos do morcego), baterias LiPo, carregador de carga para a bateria e o computador para se fazer a programação.

A contribuição do professor de Artes permitiu que as crianças pudessem alcançar êxito em produzir uma aparência adequada ao robô morcego.

Outros elementos decorativos, como abóboras com rostos esculpidos, também foram produzidos pelos alunos, de maneira que se formou uma grande expectativa para a apresentação da sala para os demais colegas da escola no dia de Halloween.

Dessa forma, foi possível constituir, na sala de aula, uma vitrine viva sobre esta festa.

Figura 11.28 O protótipo de robô morcego.

Criando uma competição na comunidade escolar: outras turmas interessaram-se em realizar o mesmo projeto em suas salas e houve, portanto, uma febre de decoração de Halloween, a ponto de se planejar uma competição com uma premiação simbólica para a sala mais bem decorada.

Adaptando a mesma ideia para datas comemorativas de outras culturas é possível enriquecer o conhecimento a respeito de outros povos e seus costumes. Dessa forma, faz-se propício aproveitar o *Día de los Muertos* como um tema para atividades bilingues de português e espanhol, com a prática da robótica educacional e de Artes, em que se pode tratar dessa data muito importante do calendário mexicano.

Figura 11.29 Os objetos típicos do Dia dos Mortos.
Fonte: iStockphoto

Figura 11.30 Elementos escolhidos para construir protótipos de robôs para a decoração da sala de aula.
Fonte: istockphoto.

11.19 O CASO DO *SLIDE SKATE PARK*: UM EXEMPLO DE CRIAÇÃO DE DESAFIO DE COMPETIÇÃO

Em 2022, por conta da participação crescente de crianças de 6 a 8 anos nos eventos de robótica, houve a sugestão, dirigida à organização do TJR, para que fosse criado um desafio de robótica educacional pautado pelas habilidades a serem exercitadas pelos alunos das três primeiras séries.

Partindo-se, pois, de habilidades que estão colocadas a seguir, foram realizadas sessões de *brainstorm*, para se elencar propostas temáticas que conduzissem a um jogo educacional capaz de estimular competências que articulassem essas habilidades:

Quadro 11.2 Habilidades a serem exploradas na atividade proposta

(EF01RE23)	Estabelecer com os colegas parcerias para atuar conjuntamente e compartilhar os objetos de uso coletivo.
(EF01RE24)	Montar mecanismos simples.
(EF02RE01)	Realizar encaixes entre as partes integrando-as coerentemente.
(EF02RE02)	Diferenciar os materiais constitutivos dos objetos por meio das suas características como densidade, dureza, textura e outras propriedades mecânicas.
(EF02RE08)	Representar durante a prática de desenhos livres de robôs as partes necessárias para o seu funcionamento.
(EF02RE11)	Construir um mecanismo simples ou um dispositivo mecânico articulado, a partir de um esboço, aos moldes de desenho esquemático.
(EF02RE15)	Identificar a natureza dos obstáculos, as características dos empecilhos potenciais e os custos advindos da escolha de caminhos ou soluções a que estará sujeito um protótipo de robô a ser construído para atuar em um determinado cenário.
(EF02RE22)	Compartilhar o emprego de instrumentos, ferramentas e peças com os demais colegas, comportando-se de forma colaborativa.
(EF03RE09)	Descrever a funcionalidade de um mecanismo artificial ou natural através da observação acurada do seu funcionamento.
(EF03RE10)	Propor formas de reparar um mecanismo artificial ou natural através de recursos e conhecimentos de que dispõe.
(EF03RE17)	Identificar os recursos necessários e demais requisitos para um projeto cujo escopo é a produção de um protótipo de robô, relacionando-os com as possíveis fontes para aquisição.
(EF03RE24)	Cumprir com as suas responsabilidades preestabelecidas pelo grupo.

A escolha do tema, por parte da organização, recaiu na rampa inclinada e a construção de veículos de pequena escala que descessem por ela, para não depender da motorização dos protótipos. Assim, o desafio torna-se capaz de estimular as crianças ainda no início da prática em robótica educacional a participar do jogo, sem necessitar do emprego de recursos específicos para a construção dos protótipos.

A rampa descendente, como fator gerador de movimento dos objetos desse jogo, torna imprescindível, tanto como problema quanto como critério, a comparação de desempenho dos mecanismos colocados para descer pela rampa.

O problema de comparar o desempenho de objetos que descem uma rampa inclinada é ter de computar o tempo de descida e estabelecer um critério confiável para distinguir diferenças de resultados com precisão bastante limitada.

A solução para elaborar um mecanismo de jogo de fácil entendimento para as crianças foi fazer com que o percurso incluísse duas rampas dispostas simetricamente, uma descendente e outra ascendente, de tal forma que tivessem à mesma altura inicial e final.

O protótipo do cenário preparado para este desafio conta com uma pista plana e lisa de policarbonato branco leitoso de largura 15 m por 1,50 m de comprimento que, por ser flexível, é deixada com um perfil lateral com formato entre o parabólico e o da catenária com as duas rampas simétricas de mesma altura "H".

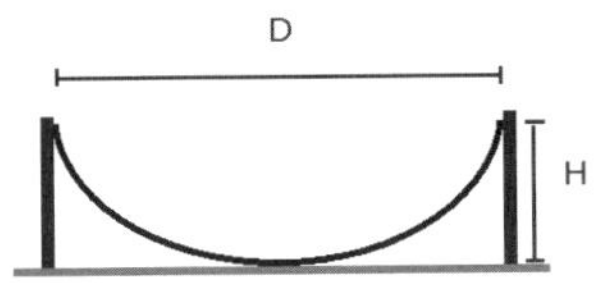

Figura 11.31 Vista esquemática lateral da rampa.

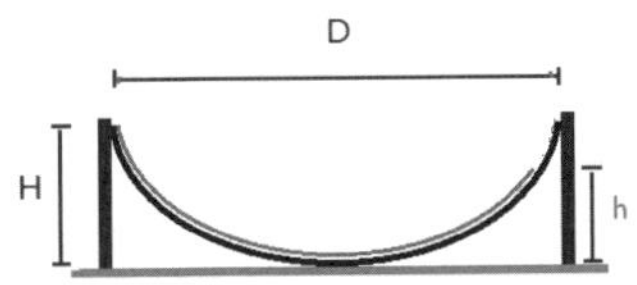

Figura 11.32 D: distância entre os pilares de sustentação; H: altura inicial; e H: altura máxima atingida no ramo ascendente.

Este problema tem uma solução esperada em que o objeto abandonado sobre a rampa descendente na altura H atinge a mesma altura na rampa ascendente, caso o sistema mecânico composto pelo objeto e a rampa seja conservativo.[15]

Resultados distintos daquele que seria correspondente a um sistema conservativo são representados por altura h na rampa ascendente, em que h < H.

---

15 Neste tipo de sistema, como o que se dá pela ação da força conservativa peso, a energia potencial do objeto abandonado Ep = mgH será transformada em energia cinética ao pé da rampa e, a seguir, será restituída em energia potencial Ep'= mgh, em que a conservação será atestada caso h = H.

Figura 11.33 Um exemplo de móvel construído para o protótipo de cenário do desafio construído pela organização do TJR e ao lado a rampa ascendente com as marcas para se aferir a altura alcançada na rampa ascendente (15 cm, 35 cm e 45 cm).

Quanto maior o valor de $\Delta = H - h$, maior terá sido a dissipação de energia mecânica ocorrida no sistema que será preponderantemente em decorrência dos fatores relativos ao comportamento mecânico do objeto (e suas partes, por conseguinte) que foi abandonado do alto da rampa descendente no início da prova.

Dessa forma, o critério natural para avaliar a melhor construção mecânica, no quesito de conservação de energia, é a altura máxima que o protótipo alcançou no ramo ascendente da rampa, pois quanto mais alto chegou, menor foi a energia mecânica dissipada por ele.

É natural compreender que, quanto maior o número de peças agregadas no protótipo, maior será a possibilidade de se dissipar a energia mecânica, por ocorrerem vibrações e por um maior número de elementos estarem sujeitos ao atrito, por exemplo.[16] Isso faz compreender que, em marcas iguais de altura máxima, o critério de desempate será dado pelo número de peças distintas agregadas para formar o protótipo em questão, ficando mais bem posicionado o protótipo com mais peças.

Sobre a pontuação: se o móvel sair da rota antes de atingir a altura máxima no ramo ascendente da rampa, será oferecida outra oportunidade que, se invalidada novamente, zerará a pontuação da rodada. Na competição presencial, a pontuação será dada conforme a altura máxima alcançada na rampa ascendente.

Os móveis aptos a competir deverão ter quatro rodas funcionais, largura máxima de 0,10 m, comprimento máximo de 0,15 m e altura máxima de 0,12 m, ou seja, deverá caber em uma caixa de paralelepípedo reto retângulo com essas medidas.

[16] Também há de se considerar o efeito da resistência aerodinâmica que prejudica o desempenho dos móveis com formato menos perfurante.

A massa é outro limitante para o móvel candidato a participar do desafio, pois o valor máximo permitido é de 175 g, sem que haja qualquer tolerância.[17]

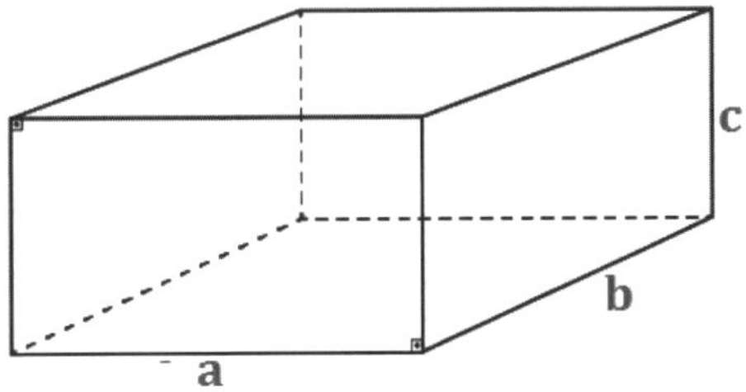

Figura 11.34 Desenho do paralelepípedo em que são representados os lados: a = 0,10 m; b = 0,15 m e c = 0,12 m.

O texto aqui apresentado é um resumo do que está nos sites: http://tjrmini.org/ e http://torneiojrobotica.org/TJR-MINI/ (torneiojrobotica.org).[18]

Figura 11.35 Fotos do primeiro protótipo de cenário construído pela organização do TJR, segundo o site do Instituto TJR.

---

[17] É importante que o professor/educador mostre que, em condições ideais do sistema conservativo, não há efeito direto entre a massa e a altura máxima atingida no ramo ascendente da rampa. Contudo, o efeito dissipativo da força atrito aumenta com o aumento da massa, o que merece atenção daqueles que vão construir o móvel e precisam diminuir a dissipação de energia (a força de atrito cinético é calculada com a fórmula: Fat = μc . Fn; Fat = força de atrito; μc = coeficiente de atrito cinético; Fn = força normal). A organização, por sua vez, optou por este valor limitante de massa para reduzir os potenciais efeitos vibratórios na pista decorrentes do movimento do móvel, que podem prejudicar o sistema como um todo.

[18] Ver a aplicação do desafio em: https://youtu.be/JATAlDgFd9Q. Acesso em: 2 jul. 2023.

Jogo proposto

(Fácil – EF15RE03>>EF15RE16 – indicado para qualquer série) Prova de arrancada[19] (Drag Racing): neste jogo, as crianças serão estimuladas a colocar motores em seus móveis e fazê-los disputar corrida em percurso retilíneo e plano.

O jogo consiste em colocar os dois móveis que disputarão a corrida, um ao lado do outro, na mesma linha de largada, de onde sairão a partir da imobilidade, e identificar qual deles atingirá primeiro a linha de chegada, vencendo, assim, a disputa.

Cada móvel deverá possuir quatro rodas funcionais, massa máxima de 1.500 g e caber em uma caixa de altura 15 cm e base retangular de largura de 14 cm e comprimento de 19 cm.

O objetivo de cada móvel neste jogo é, portanto, percorrer a sua raia da pista de 300 cm (cada raia tem largura de 50 cm) em linha reta e atingir a linha de chegada primeiro do que o concorrente.

A seguir está o esquema do cenário do jogo, a partir da vista superior:

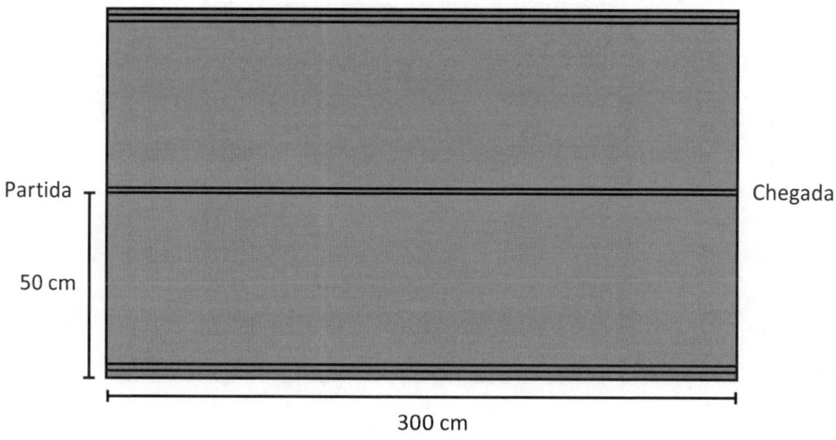

Figura 11.36 Vista de cima da pista com duas raias.

[19] Sobre o tema: "Prova de arrancada é um tipo de competição esportiva, uma forma de corrida praticada por veículos automotores na qual automóveis ou motocicletas, originais ou especialmente preparados completam um trajeto reto e nivelado no menor espaço de tempo, partindo da imobilidade". (Ver em: https://pt.wikipedia.org/wiki/Prova_de_arrancada. Acesso em: 2 jul. 2023.)

Proposta de atividade (EF15RE16; EF15RE11; EF02RE01; EF03RE09; EF03RE10; EF02CI01; EF02CI02; EF02CI04; EF03CI06; EF04CI04; EF-04CI05)

Pesquisando sobre as diferentes garras dos animais: nesta atividade, o professor/educador solicitará aos alunos que escolham um animal e pesquisem sobre como são as suas garras e o que esse animal consegue pegar com elas.

Ao final desta atividade, cada aluno vai propor construir uma garra, tal qual a do animal escolhido, definindo o material necessário para confeccioná-la.

Para essa oportunidade, o professor/educador poderá oferecer pedaços de papelão e fita crepe para que cada grupo de alunos experimente fazer um modelo que servirá para análise e comparação ante todos os demais produzidos, tomando-se como critério a sua efetividade, visto que, por exemplo, no caso de ser escolhido o urso, ele pode, através de sua garra, abrir maçanetas e segurar objetos.

Figura 11.37 O urso com um objeto nas patas dianteiras.

Figura 11.38 Um esquema das patas dianteiras do urso.

Um urso abrindo uma porta de carro.

Proposta de atividade (ET15RE03; EF15RE05; EF15RE16; EF15RE11; EF01RE03; EF01RE19; EF01RE15; EF02RE01; EF02RE13; EF02RE14; EF03RE09; EF03RE10; EF03RE13; EF04RE11; EF04RE14; EF02CI01; EF02CI02; EF02CI04; EF03CI06; EF04CI04; EF04CI05; EF03LP11; EF03LP14; EF03LP16; EF04LP13; EF05LP09; EF05LP12; EF01MA01; EF02MA02; EF01MA05; EF01MA08; EF01MA11; EF01MA12; EF02MA05; EF02MA09; EF02MA12; EF02MA13; EF03MA05; EF03MA06; EF03MA09; EF03MA12; EF04MA03>>EF04MA05; EF04MA16)

Os jogos de percurso com ingrediente robótico: para esta proposta de atividade, o professor/educador deve usar a impressão do tabuleiro do desafio Viagem ao Centro da Terra já produzida para a atividade da página XX já quadriculado e preenchido com os números.

Nesse caso, cada peão no tabuleiro representa um grupo de alunos que deverá providenciar a construção de uma garra sem motor para apanhar um copinho de plástico duro.

Abaixo, para ajustar a figura com casas de tamanhos iguais, formaram-se quatro pontes com números não apresentados 3, 12, 18 e 23, para que, quando o peão for para essas pontes, siga adiante, ou seja, se, no princípio o jogador tirar o número 3 nos dados, irá para a casa 4.

Ganha o jogo quem chegar primeiro ao objetivo com o número exato dos dados para o número de casas a serem percorridas, ou seja, se o peão estiver na casa 21, só ganhará o jogo se tirar 2 (usando a ponte para chegar no objetivo) ou 3. Caso tire mais do que 3, irá ao objetivo e voltará o número de casas restante, ou seja, da casa 21 com o número 5 dos dados, ficará na casa 22.

O professor/educador poderá usar as pontes em outras partes do cenário e perguntar ao aluno, quando o seu peão ficar sobre ela, de que número se trata aquela ponte, para que ele possa passar por ela; caso não saiba, permanece no lugar de origem.

O ingrediente robótico: para lançar os dados, o professor/educador proporá que cada grupo faça uma garra sem motor com intuito de pegar o copinho com o dado dentro, virá-lo, deixar o dado sobre a mesa e conseguir ficar com o copinho apreendido com a garra. Só terá validade, para poder andar com o peão no tabuleiro, se o dado tiver sido colocado sobre a mesa nessas condições. Caso contrário, a vez do grupo na rodada é passada ao próximo.

É importante deixar claro para os alunos que eles não poderão encostar nenhuma parte da mão no copinho durante a operação de movimentar o dado e colocá-lo sobre a mesa.

O conjunto de componentes do jogo:

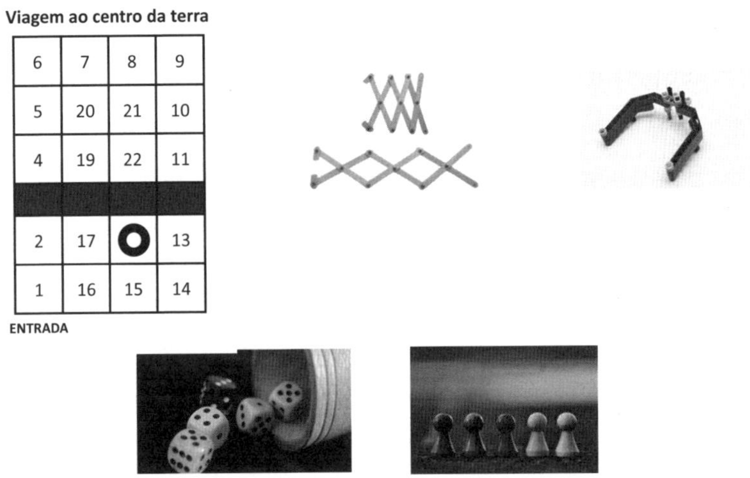

Figura 11.39 O tabuleiro e os demais componentes do jogo.

O professor/educador pode, para estimular os seus alunos, mostrar o vídeo abaixo, em que um robô móvel de resgate faz uso de uma garra para manipular uma lata de refrigerante.

Robô móvel pegando uma lata com a sua garra.

Proposta de atividade (EF15RE16; EF15RE11; EF02RE01; EF03RE09; EF03RE10; EF02CI01; EF02CI02; EF02CI04; EF03CI06; EF04CI04; EF04CI05)

Pesquisando sobre os diferentes bicos de aves na natureza.

Nesta atividade, o professor/educador solicitará aos alunos que tragam exemplos de bicos de aves e o tipo de alimento com que se nutrem na natureza. O objetivo é que consigam perceber a inter-relação do formato do bico e o formato e a consistência do seu alimento.

No início da atividade, deverão ser expostas as imagens das aves, dos seus bicos e dos seus alimentos na natureza.

Em seguida, o professor/educador mostrará casos em que houve a necessidade de se criar uma prótese para um bico ferido de ave, com intuito de mantê-la viva e saudável.[20]

[20] Conhecer mais sobre o tema em: https://socientifica.com.br/proteses-para-patas-e-bicos/#:~:text=Pr%C3%B3teses%20para%20patas%20e%20bicos%20proporcionam%20uma%20nova%20chance%20aos,minutos%20ap%C3%B3s%20ter%20sido%20aplicado, e um vídeo: https://youtu.be/8aMjqsVwIUU. Acesso em: 2 jul. 2023.

CAPÍTULO 12

Aquisição de recursos para robótica pedagógica: critérios pedagógicos e governança

A aprendizagem com base em desafios relativos à robótica educacional, as atividades ou os projetos nesta área requerem formação adequada dos professores e peças que possam ser manipuladas pelas crianças. Esses pré-requisitos dão a falsa impressão de que não há possibilidade de se implantar a robótica educacional em muitas escolas, ora por não acreditarem terem seus docentes a capacitação adequada ora por considerarem que não há como se ter peças e ferramentas para a realização dessa prática com poucos recursos financeiros. Contudo, trata-se de um equívoco.

12.1 ROBÓTICA EDUCACIONAL PARA TODAS AS ESCOLAS, SIM!

Muitos gestores questionam-se sobre a conveniência de oferecer este tipo de atividade ou projeto para as crianças, com base na relação custo-benefício. Não que duvidem dos benefícios já citados neste livro, mas por temor de não conseguirem estimar os custos associados à implantação da robótica nas práticas escolares.

Em geral, pessoas técnicas fazem visitas às escolas, durante o período de planejamento pedagógico, com o propósito de oferecer uma solução definitiva para a introdução da robótica pedagógica na Educação Básica. São representantes de empresas que comercializam materiais de uso para robótica educacional e ministram cursos de formação de professores para usar estes produtos que oferecem, cujas propostas induzem a acreditar que há um pacote formativo que pode ser implantado no espaço pedagógico e cultural da escola, como se faz com uma impressora nova dentro de uma secretaria.

Essa visão que se acostumou a associar com a robótica na escola costuma ser alvissareira para algumas instituições, mas causa legítimo receio para a grande maioria delas.

Esta hesitação fundamenta-se na óbvia razão de que o planejamento pedagógico, cuja responsabilidade é do corpo docente da escola, é antecessor tanto para a prática quanto para a aquisição de insumos que serão necessários para que ela ocorra. Não há qualquer razão para se apostar em soluções padronizadas como forma de satisfazer as peculiares necessidades do programa político pedagógico de uma instituição, como se fosse uma dieta genérica de *fast food* administrada para toda a população com intuito de ser um programa eficiente contra a fome.

Sem que se afirme aqui contra os pacotes de programas padronizados de implementação de robótica educacional ou sequer contra o *fast food*, porém, é preciso compreender que a prescrição de receitas deste tipo cabe a alguns casos, enquanto a grande maioria precisa buscar a sua própria proposta educacional.

Para fazê-lo, a escola deve, antes de se pensar nas peças, averiguar quais atividades seriam beneficiadas pelo ingresso da robótica educacional (sob o ponto de vista da construção de dispositivos robóticos e não apenas de maneira pró-forma).

É neste momento que se constata o material necessário e como ele deverá ser providenciado.

Muitas vezes os professores/educadores notam que algumas peças podem ser obtidas a partir de sucatas ou de objetos de baixo valor por terem sido descartados, no mercado de eletrônicos e, inclusive, podem ser produzidas durante a própria prática escolar.

Isso não significa, de maneira alguma, que os *kits* de robótica não tenham utilidade. São muito úteis, quando quem capitaneia o seu uso é o docente responsável pela elaboração do planejamento pedagógico e pela confecção dos planos de aula.

Iniciar pelo convívio estabelecido entre o professor e os seus alunos é diferente de se submeter à dinâmica que norteia a criação dos pacotes de robótica educacional pré-fabricados, em que primeiro está a lógica de negócio que organiza as peças nos *kits*, para depois otimizar o uso delas em atividades que não mostram intimidade alguma com as necessidades particulares de cada grupo de estudantes, de cada sala de aula e das suas comunidades escolares.

Se for para seguir o processo em que, intencionados em reelaborar as práticas pedagógicas, utilizando-as sem o abandono do rico repertório de suas experiências pessoais, os professores tenham proeminência na implantação da robótica educacional na escola, então, este é um projeto de grandes benefícios diante dos seus custos, cuja governança e transparência na aplicação dos recursos torna-se uma decorrência natural.

Nesse sentido, é de se esperar que todas as escolas tenham, em breve, atividades e projetos com robótica educacional, por mais precários que sejam os recursos, tendo em vista a presença da criatividade e dedicação inquestionável dos docentes que buscam e adaptam as soluções encontradas em várias fontes, por exemplo, na internet, para torná-las compatíveis às suas realidades escolares.

12.2 QUE PEÇAS ESCOLHER E COMO ADQUIRIR

A seleção das peças necessárias à prática da robótica educacional decorre do projeto ou atividade incluídos no planejamento pedagógico.

Em geral, já durante a elaboração do planejamento pedagógico, o professor/educador, ao refletir sobre qual atividade ou projeto poderá fazer parte do conteúdo didático, deverá realizar um prévio orçamento dos recursos para, inclusive, servir de critério de seleção de qual atividade ou projeto é mais viável.

Há bastante opções documentadas da realização de projetos com materiais de baixo custo (algumas delas já apresentadas neste livro) e que exigem uma pesquisa prévia relacionada à seleção dos locais em que serão recolhidos os insumos para o trabalho, bem como a maneira de transformá-los de matéria-prima em peças efetivas para a atividade de robótica educacional.

Muitas vezes isso significa realizar um encontro entre o escopo do projeto e os recursos disponíveis, o que, a despeito do que possa parecer à primeira vista, não sacrifica, de modo algum, a qualidade e o valor educacional do projeto.

De qualquer forma, as peças destinadas às atividades escolares de robótica, independentemente de sua origem, podem ser classificadas a partir do ciclo de vida que possuem.

Alguns recursos em robótica educacional são consumíveis, como as pilhas ou baterias não recarregáveis, outros degradam-se com o tempo, como elásticos e borrachas, outros, ainda, tornam-se obsoletos, como os controladores, por exemplo. Esses produtos, quando avaliada a sua aquisição, devem ser tratados de forma distinta dos componentes estruturais, cuja durabilidade é muito maior. Isso significa que rodas e eixos, por exemplo, têm um ciclo de vida mais longo do que os que se tornam obsoletos ou são consumíveis ou se degradam, e, por sua vez, precisam ser adquiridos numa frequência muito menor.

Esse aspecto mostra que, ao serem adquiridos *kits* de robótica, o adquirente deverá verificar se existe um mercado apropriado à aquisição dos seus componentes separadamente, de tal sorte que se possa adquirir peças de reposição com facilidade ou conseguir agregar as soluções mais modernas às mais antigas, evitando-se, a curto prazo, grandes prejuízos com pacotes e pacotes de *kits* de robótica fora de uso nas estantes da escola.

Outro ponto a ser considerado é a resistência do material, visto que, servindo às práticas de metodologias ativas, essas peças estarão em mãos dos alunos e não poderão ser frágeis a ponto de que qualquer manuseio possa comprometer o seu funcionamento.

O professor/educador deverá analisar cada um dos componentes elétricos e eletrônicos sob o ponto de vista da capacidade tanto de resistir a impactos quanto de impedir a inspeção direta dos alunos, colocando-os em risco pelo contato da parte elétrica do componente com a pele das mãos ou com a mucosa da boca.

Também deverá analisar cada um dos componentes elétricos e eletrônicos sob o ponto de vista da confiabilidade de suas especificações: ter sete sensores reflexivos de luz de baixa qualidade pode significar não ter nenhum para atender um projeto em que o protótipo pretendido precisa seguir uma linha por um longo percurso, ou, analogamente, ter um sensor reflexivo de ultrassom para detecção em um intervalo de 20 cm a 40 cm não será útil para satisfazer a necessidade em um caso em que o objeto-alvo deverá ser detectado a 10 cm.

Ater-se aos fatos relevantes para a atividade, definindo claramente qual é a estrutura do produto final (a árvore do produto), é a melhor maneira de se estabelecer os requisitos indispensáveis e as suas respectivas especificações técnicas para a execução do projeto ou das atividades. Trata-se de se submeter a responder, com sinceridade absoluta, a pergunta: com qual material, peças e ferramental os meus alunos vão conseguir construir o que se comprometeram a fazer nesta atividade ou neste projeto?

As peças terão de estar na quantidade correta, considerando-se que será necessária a reposição caso algo dê errado ou algum componente apresente mau funcionamento ou alguma estrutura quebre, mas, antes de qualquer análise numérica, o professor/educador, principalmente no caso dos componentes elétricos e eletrônicos, deve se certificar de que a qualidade do que se vai adquirir satisfaz a todos os requisitos de seu emprego.

A natureza, a quantidade e a diversidade das peças estruturais são outro aspecto a ser verificado quando se pretende contar com um *kit* de peças de robótica para as atividades e projetos. É necessário ir além e, para compreender o grau de versatilidade do que se pretende adquirir, observar a compatibilidade desses materiais com a coordenação motora dos alunos e a potencialidade de se mesclar essas peças com outras oriundas da produção escolar do Ensino Fundamental I, como papelão, palitos de sorvete, papéis dos vários tipos.

Como visto, conhecer o rol de atividades e projetos planejados para as várias séries e o número de grupos a serem atendidos é imprescindível para que se organize uma compra adequada, mesmo quando o que se pretende realizar sobre a robótica educacional seja menos intenso, implique em uma mera sequência de pequenas experiências.

Para o professor/educador que pretenda organizar um conjunto de critérios para avaliar os *kits* que queira comprar, convém pesquisar o que oferecem os fabricantes já mundialmente famosos. Para tal, cabe conhecer, dentre outros: os *kits* da LEGO, os *kits* da Vex Robotics, os *kits* da Fischertechnik e os *kits* da Robotis, pois todos estes pacotes de componentes de robótica educacional estão aplicados a inúmeros programas educacionais de robótica em diversos países, nos quais essa área de conhecimento já participa das atividades escolares há mais de duas décadas.

Em termos de peças avulsas, quando se pretende criar as suas próprias coleções de peças, o professor/educador poderá dispor das informações de produtos, para estabelecer comparações com o que lhe oferecem, dos catálogos extensos de produtos das marcas e dos muitos fornecedores de qualidade internacional, como: Pololu, Arduino, Genuino, Raspberry, Udoo, Mindsensors e Roboshop.

Há, na praça doméstica, fabricantes nacionais antigos e recentes que vêm buscando atender as necessidades das escolas nessa área educacional.

12.3 ADMINISTRAÇÃO DOS RECURSOS DESTINADOS À ROBÓTICA EDUCACIONAL

A administração dos recursos alocados para a prática da robótica educacional deve ser realizada pelo professor/educador em três frentes: a da requisição – durante a etapa da aquisição; a da distribuição – durante a etapa da destinação dos recursos para as turmas; a do emprego, armazenamento e controle – quando o material é deixado para o uso dos alunos, recolhido depois das atividades, organizado, conferido e armazenado

Esta administração trata das boas práticas para a garantir a manutenção tanto do valor econômico quanto do valor de uso e, portanto, atende tanto aos interesses da administração da instituição quanto aos interesses dos usuários do material, dando sustentabilidade ao que se propunha durante o período de planejamento pedagógico no que se refere à robótica educacional.

Durante a aquisição, uma averiguação cuidadosa para constatar se o que estava descrito no planejamento foi contemplado na compra, tendo-se especial atenção para as especificações técnicas dos itens, de tal maneira que se evite a combinação de produtos *premium* e econômicos no mesmo lote.

Nos *kits* de robótica mais econômicos, a confiabilidade dos itens tende a ser muito prejudicada para se poder oferecê-los a um preço mais econômico.

Ao fazer uma aquisição pautada em economia, o professor/educador terá dificuldade de fazer uma combinação efetiva com produtos de maior qualidade.

Também precisa compreender que, ao prestigiar uma empresa fabricante, estará, praticamente, descartando futuras aquisições de outra empresa com intuito de complementar o conjunto de peças já adquiridas.

Esta é uma etapa crucial no processo de governança escolar e jamais pode ser concretizada sem que tenha sido realizado, previamente, um planejamento pedagógico dotado de farta pesquisa sobre o assunto, pois uma aquisição mal realizada raramente poderá ter os seus efeitos nocivos revertidos.

A etapa da distribuição é essencialmente de natureza logística, visando a garantir que todas as turmas sejam igualmente assistidas. Isso significa que, conhecidos os tipos e as quantidades de peças necessários a cada grupo de alunos já definido e cadastrado na turma, o professor/educador fará com que esses recursos estejam prontos para serem usados nas atividades por cada um dos grupos, evitando-se, assim, uma fonte de conflitos.

Note-se que, de forma alguma, é feita uma alusão à distribuição individualizada de recursos, que é refutada por todas as razões já apontadas neste livro.

O armazenamento, organização e controle garantem que o processo sempre se reinicie sem problemas no próximo dia letivo.

É importante ressaltar que os extravios e os danos frequentes são fatos que podem aniquilar a prática da robótica educacional diante do que estava definido no planejamento pedagógico.

Quando isso ocorre, poderá ser aludida, por muitos, até de maneira leviana, a negligência do professor, para uma situação que pode ter decorrido de uma equivocada composição dos grupos, quiçá com um número exagerado de integrantes, ou de uma aquisição equivocada com produtos inadequados ou de baixa qualidade. Problemas como estes servem para reiterar a importância da primeira frente da administração de recursos.

Um exemplo do efeito da curva de experiência[1] sobre a escolha de peças

A evolução da disputa no desafio Sumô de Robôs[2]

O desafio Sumô de Robôs foi largamente difundido na Educação Básica brasileira por meio dos esforços do Prof. Dr. Jackson Matsuura, quando da inauguração da OBR em 2007, para a qual o Sumô de Robôs serviu de prova prática para as equipes participantes do certame.

Nesse desafio proposto aos alunos, cada robô deve, essencialmente, procurar levar o seu oponente para fora da arena circular, evitando evadir-se dela.

Quando a prova foi aplicada pela primeira vez, na OBR 2007, as equipes buscaram que o robô evitasse a evasão da arena com igual preocupação que dedicaram a prepará-lo para detectar o oponente com intuito de empurrá-lo para fora. Tal fato fazia com que todos os grupos de alunos tivessem em seus conjuntos de peças sensores reflexivos de luz para detectar a linha preta de delimitação da arena, ainda que deixassem de ter sensores de detecção de presença do robô oponente por serem raros e pelo fato de os alunos não conhecerem bem como realizar a programação necessária para esta configuração do protótipo.

Em 2008, na disputa do nível I, o robô Hipérion tinha instalados quatro sensores reflexivos de luz e dois sensores de detecção de presença reflexivos de infravermelho, com o que se tornou campeão do certame para este nível.

---

1 O conceito de curva de experiência diz respeito ao fato de que a repetição de uma tarefa ou processo conduz ao aumento das competências ou habilidades para a fazer; com isso a produtividade aumenta e o custo unitário diminui.

2 Sobre o desafio Sumô de Robôs: https://drive.google.com/file/d/1v0JmzRnrQB95zukviITGa2P-fXWESEzL/view?usp=sharing. Acesso em: 2 jul. 2023.

O robô Hipérion (protótipo de metal) na sua primeira aparição na OBR-SP 2008.[3]

Contudo, em 2009, uma equipe participante da primeira edição do TJR venceu o certame no Instituto de Matemática da USP, com uma severa mudança de estratégia: privilegiou a detecção rápida do oponente em detrimento de fazer o robô se defender em relação à saída da arena, tornando-se CTRL ALT DEL a primeira equipe campeã do TJR.[4]

Essa ousadia foi repetida inúmeras vezes a partir de então, podendo, hoje, o professor/ educador considerar, para cada protótipo voltado para este desafio, ter apenas um ou dois sensores de detecção de presença, dois motores, dois eixos, dois pneus, um controlador (caso o controlador seja um Arduino, então deverá somar um módulo de potência), bateria, cabos de conexão, peças estruturais, um computador para fazer a programação e uma pitada de criatividade, tal qual se viu nesta breve história.

Normalmente, o metajogo[5] reduz a quantidade de recursos necessários para a produção de protótipos de robôs destinados à solução de desafios, o que justifica um estudo inicial a esse respeito para que o professor/educador se aprofunde no tema, procurando saber mais da evolução das soluções do desafio escolhido, antes de dar início ao projeto com os alunos.

---

3 Equipe composta pelos alunos: Mariana Montenegro Terceros, Raul Dario Cabrera Tapia, Ramon Silva de Lima e Renato Ferreira Pinto Júnior.

4 Equipe composta pelos alunos: Liara Guinzberg, André Shimizu e Bruna Ianaconi Fusco.

5 Metajogo, hiperjogo ou jogo dentro do jogo é a maneira particular de se empregar as regras do jogo com intuito de se beneficiar ao máximo de vantagens competitivas. Esse tema é tratado no livro na parte dedicada aos jogos.

Exercícios propostos

(Médio – EF01RE06>>EF01RE12; EF03RE22; EF04RE07; EF04RE23; EF04RE23; EF05RE08; EF05RE09; EF05RE11; EF05RE22; EF05RE24; EF01LP17; EF01LP20; EF04LP20; EF04LP24; EF03MA26>>EF03MA28; EF04MA26>>EF04MA28; EF-05MA06) Numa competição de sumô de robôs pelo TJR (Etapa São Paulo, 2011), ocorreu uma grande disputa.

Ilustração do enunciado.

Veja o vídeo e opine sobre a razão de um robô detectar a presença do outro:

a) ( ) Os robôs têm sensor de toque.

b) ( ) Os robôs têm sensor reflexivo de luz.

c) ( ) Os robôs têm sensores de rotação.

d) ( ) Os robôs têm sensores reflexivos de ultrassom.

e) ( ) O acaso (ou a sorte).

(Médio – EF01RE06>>EF01RE12; EF03RE22; EF04RE07; EF04RE23; EF04RE23; EF05RE08; EF05RE09; EF05RE11; EF05RE22; EF05RE24; EF01LP17; EF01LP20; EF04LP20; EF04LP24; EF03MA26>>EF03MA28; EF04MA26>>EF04MA28; EF05MA06) Numa competição de sumô de robôs, em se tratando de robôs com a mesma massa, é mais provável perder o robô com:

a) ( ) Pneus mais aderentes e motores mais fortes.

b) ( ) Pneus mais aderentes e motores mais fracos.

c) ( ) Pneus menos aderentes e motores mais fortes.

d) ( ) Pneus menos aderentes e motores mais fracos.

e) ( ) Mais sorte.

(Médio - EF01RE06>>EF01RE12; EF03RE22; EF04RE07; EF04RE23; EF04RE23; EF05RE08; EF05RE09; EF05RE11; EF05RE22; EF05RE24; EF01LP17; EF01LP20; EF04LP20; EF04LP24; EF03MA26>>EF03MA28; EF04MA26>>EF04MA28; EF-05MA06) Numa competição de sumô de robôs, em se tratando de robôs com pneus iguais, é mais provável perder o robô com:

a) ( ) Mais massa (mais pesados) e motores mais fortes.

b) ( ) Mais massa (mais pesados) e motores mais fracos.

c) ( ) Menos massa (mais leves) e motores mais fortes.

d) ( ) Menos massa (menos pesados) e motores mais fracos.

e) ( ) Mais sorte.

Proposta de atividade (EF03RE01>EF03RE07; EF04RE11; EF04RE12; EF05RE16; EF35Lp01; EF35LP02; EF35LP12; EF35LP17; EFLP21; EF04LP03; EF04LP19; EF04LP21; EF02HI06>>EF02HI08; EF03HI05>>EF03HI07; EF04HI06; EF04HI10; EF04HI11; EF05HI01; EF05HI04; EF01GE02; EF02GE01; EF02GE02; EF35EF01>>EF35EF04; EF35EF13; EF35EF14)

Pesquisar a origem do sumô e criar uma linha do tempo deste esporte:

No primeiro passo desta atividade, o professor/educador explica, em termos gerais, as regras da disputa de sumô, podendo, inclusive, ilustrar o tema com vídeos.

Sobre as regras:

Dois oponentes colocam-se em uma arena circular e, no início da partida, cada um deles deverá disputar com o outro a sua permanência dentro da área interna dela.

O vencedor de uma luta de sumô é aquele que:

- for o primeiro lutador a forçar seu oponente para fora do ringue; ou
- for o primeiro lutador a forçar seu oponente a tocar o solo com qualquer parte do seu corpo que não a sola de seus pés.

Inspiração para a criação desta disputa entre os dois oponentes:

Duelo entre ursos da ilha de Hokkaido ou o mítico desafio entre os deuses Takemikazuchi e Takeminakata pelo controle das ilhas da costa de Izumo.

No segundo passo, as crianças recebem do professor/educador um conjunto de tiras largas de papel com fatos históricos a respeito da origem e prática do sumô, em que cada tira representa um fato e o período histórico em que ocorreu, conforme alguns exemplos abaixo:

- Além de seu uso como um duelo de força em combate, o sumô também foi associado a rituais xintoístas.
- O sumô profissional tem suas raízes no período Edo no Japão como uma forma de entretenimento esportivo. Os lutadores originais eram provavelmente samurais, às vezes ronins, que precisavam encontrar uma forma de renda. Os torneios profissionais de sumô atuais começaram no Santuário Tomioka Hachiman em 1684, e depois passaram a acontecer no Ekō-in, no período Edo.
- O sumô foi trazido ao Brasil pelos imigrantes japoneses no início do século XX. Já em 1914 aconteceu o primeiro campeonato, no interior de São Paulo. Em 1998 foi criada a Confederação Brasileira de Sumô, sendo que o Brasil sediou o primeiro Campeonato Mundial de Sumô disputado fora do Japão em 2000.[6]
- Ao contrário do que se pode pensar, no Brasil não são somente homens obesos que podem praticar o esporte. Mulheres e crianças também praticam o esporte, e o sobrepeso não é um pré-requisito no Brasil, ao contrário do Japão.[7]

Boas fontes de informação em português para o professor/educador indicar para os seus alunos são: https://www.brasilsumo.com.br/, https://super.abril.com.br/mundo-estranho/como-surgiu-o-sumo/, Infoescola e https://pt.wikipedia.org/wiki/Sum%C3%B4.

No terceiro passo, depois de criada uma linha do tempo relativa à história do sumô, o professor/educador poderá agregar a ela os fatos históricos referentes à imigração japonesa para o Brasil, solicitando dos alunos algumas imagens que possam aludir a esses fatos e uma impressão final do resultado do trabalho de pesquisa, para que ele possa ser exposto no mural da sala ou outro espaço escolar.

No quarto passo, o professor/educador deverá propor aos alunos que analisem as regras desta atividade esportiva e estabeleçam as características e estratégias para se desenvolver robôs que possam participar deste tipo de competição.

---

6 Fonte: https://www.infoescola.com/artes-marciais/sumo/. Acesso em: 2 jul. 2023.

7 Confederação Brasileira de Sumô. Disponível em: https://web.archive.org/web/20060214020637/http://portal.esporte.gov.br/snear/cdn/infoEntidades.jsp?identidade=116. Acesso em: 2 jul. 2023.

Figura 12.1 Lutadores de sumô.
Fonte: https://publicdomainvectors.org/pt/vetorial-gratis/Lutadores-de-sum%C3%B4-vintage/54990.html.

Proposta de atividade (EF03RE01>EF03RE07; EF04RE11; EF04RE12; EF05RE16; EF35Lp01; EF35LP02; EF35LP12; EF35LP17; EFLP21; EF04LP03; EF04LP19; EF04LP21; EF02HI06>>EF02HI08; EF03HI05>>EF03HI07; EF04HI06; EF04HI10; EF04HI11; EF05HI01; EF05HI04; EF01GE02; EF02GE01; EF02GE02; EF04GE10; EF35EF01>>EF35EF04; EF35EF13; EF35EF14)

Pesquisar a origem do huka-huka e criar uma linha do tempo desta luta:

No primeiro passo desta atividade, o professor/educador explica, em termos gerais, as regras da disputa de huka-huka, podendo, inclusive, ilustrar o tema com vídeos.

Huka-huka é um estilo de luta tradicional brasileiro oriundo dos povos indígenas do Xingu e dos indígenas Kamaiurá, constituindo-se em uma das modalidades esportivas disputadas nos Jogos dos Povos Indígenas.

A disputa inicia-se com a chegada do *dono da luta* diante dos oponentes ajoelhados no centro da arena. No momento em que o *dono da luta* chama os oponentes pelos seus nomes, eles iniciam a disputa, girando em círculo horário diante do oponente, até que se agarram, com intuito de levantar o adversário e derrubá-lo ao chão.

O professor/educador pode aproveitar a oportunidade para trazer um professor de Educação Física para apresentar aos alunos e comparar esta luta com outras artes marciais.[8]

O vencedor de uma luta de huka-huka é aquele que:

- Conseguir derrubar o oponente.
- Tocar com a mão atrás do joelho do oponente.

[8] Para poder se aprofundar no assunto: https://www.fc.unesp.br/Home/ensino/pos-graduacao/programas/mestradoprofissionalemdocenciaparaaeducacaobasica/produtoeducacionalleandro_final20.pdf. Acesso em: 2 jul. 2023.

Dá-se o empate quando os lutadores, depois de iniciada a luta, separam-se, deixando-se, pois, de se agarrar.

Ritual de preparação: antes da luta há a limpeza interna, a sangria e o banho de ervas e um jejum feito na noite que antecede a disputa.[9]

No segundo passo, as crianças recebem do professor/educador um conjunto de tiras largas de papel com fatos históricos e curiosidades sobre a prática do huka-huka, em que cada tira representa um fato e o período histórico em que ocorreu, conforme alguns exemplos abaixo:

- em 2012, o lutador Anderson Silva, peso médio, foi até o Xingu para aprender com os indígenas que originaram a arte marcial;
- em 1996, ocorreu a primeira edição dos Jogos dos Povos Indígenas com o objetivo de realizar a integração das diferentes tribos. O huka-huka é uma das modalidades praticadas nos jogos;
- no dia 11 de maio de 2022, durante o Projeto Global, houve uma competição de huka-huka em ambiente escolar.[10]

Há vídeos para o professor/educador sugerir aos seus alunos, como forma de consulta:

- https://youtu.be/2tqrs1Q_6v0. Acesso em: 2 jul. 2023;
- https://youtu.be/41DJ5XgKR3M. Acesso em: 2 jul. 2023;
- https://youtu.be/N0p69x_BaLA. Acesso em: 2 jul. 2023;
- https://youtu.be/aZswnq7C0XA. Acesso em: 2 jul. 2023.

No terceiro passo, depois de criada uma linha do tempo relativa aos fatos e curiosidades do huka-huka, o professor/educador poderá mostrar, por meio de mapas do Brasil, a localização dos povos indígenas citados na linha do tempo, solicitando dos alunos que experimentem construir um mapa dedicado a mostrar essas informações, para que seja exposto no mural da sala ou outro espaço escolar.

No quarto passo, o professor/educador deverá propor aos alunos que analisem as regras dessa atividade esportiva e estabeleçam as características e estratégias para se desenvolver robôs que possam participar desse tipo de competição. Que tal pôr a mão na massa e construir carrinhos com rampa na parte dianteira e fazer com que

---

9 Para saber mais sobre esta luta: https://sme.goiania.go.gov.br/conexaoescola/ensino_fundamental/educacao-fisica-luta-brasileira-e-indigena-huka-huka/. Acesso em: 2 jul. 2023.

10 Para saber mais sobre o evento: https://www.jornaldoisirmaos.com.br/noticia/17052022-campeonato-de-luta-indigena-huka-huka-movimentou-projeto-global. Acesso em: 2 jul. 2023.

colidam, frente a frente, de tal maneira que o que conseguir deslocar o oponente para cima é o vitorioso?[11]

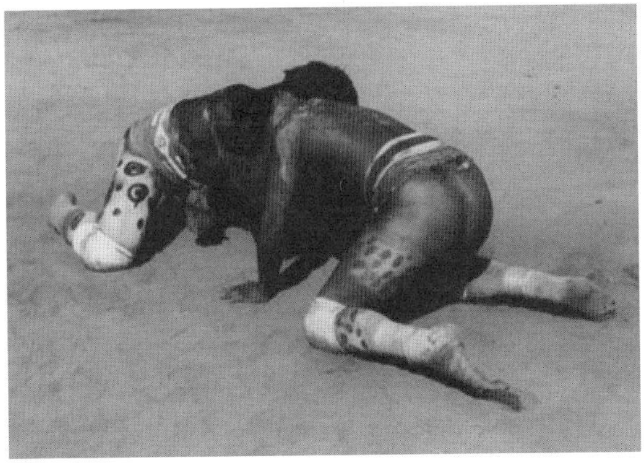

Figura 12.2 Lutadores de Huka-huka.
Fonte: https://commons.wikimedia.org/wiki/File:Huka_huka_fight_Kuarup_ceremony.jpg. Acesso em: 2 jul. 2023.

11 Conheça mais sobre o desafio huka-huka do TJR e da RoboLeague, em: http://torneiojrobotica.org/ e http://roboleague.org/. Acesso em: 2 jul. 2023.

CAPÍTULO 13

Aprendizagem através de desafios: competições de robótica

A aprendizagem com base em desafios decorre de se fazer de um problema situacional previamente escolhido o ponto de partida de um projeto a ser executado por um determinado grupo de alunos.

Dessa forma, o problema escolhido como ponto de partida costuma se originar de alguma situação inquietante e inédita para as pessoas que se defrontam com ela, e se fará desta circunstância que se apresenta como um desafio a ser superado um recorte da realidade para que se possa buscar uma solução.

Imagine-se que uma escola construída numa região rural não conte, regularmente, com a presença de seus alunos e muitos deles tenham a frequência tão prejudicada que não consigam acompanhar o curso. Este seria um problema situacional, e o recorte que pode ser feito desse problema decorre da averiguação dos fatores que concorrem para essa situação, como no caso de se constatar que o fator prevalente é a falta de transporte para os alunos.

Note-se que o desafio consiste em angariar, através de um projeto, um objeto (bem ou serviço) capaz de satisfazer essa necessidade constatada.

Dessa forma, é preciso, a partir de um problema situacional, estabelecer, de maneira clara, tanto a necessidade a ser satisfeita quanto os critérios de avaliação com os quais serão analisadas as soluções efetivamente apresentadas.

O desafio é, por natureza, um antecessor ao projeto, ou seja, o delineamento do escopo de qualquer projeto demanda que se apresente antes o desafio que se pretende enfrentar aos responsáveis pela instauração do projeto.

Durante o decorrer da execução do projeto, inúmeras questões relacionadas às atividades, às técnicas ou às tecnologias que envolvem saberes antepõem-se ao desenvolvimento de habilidades ou à conquista de competências e precisam ser resolvidas pontualmente.

A questão cuja resposta é a chave para a superação de problemas desta natureza é denominada questão-problema.

A aprendizagem baseada em desafios requer o ferramental da aprendizagem baseada em projetos e dos recursos intelectuais obtidos na prática baseada em problemas.

Assim o desafio é o fato motivador a partir do qual as pessoas podem avaliar a necessidade e a oportunidade de empreender os seus esforços para a execução de um projeto que tenha como escopo a entrega de um resultado (bem ou serviço) que satisfaça as necessidades percebidas numa determinada situação.

Nem sempre a necessidade satisfeita tem um valor percebido superior ao que se avaliou despender com os esforços e recursos no projeto. Nesse caso, o projeto não apresenta viabilidade econômica.

É crucial para o professor/educador que atua como tutor em metodologias ativas dessa natureza saber gerenciar as expectativas e os esforços para evitar que se instaure a desmotivação durante o decorrer do projeto ou a frustração ao final dele.

Por isso, os desafios escolares adotados pelos professores educadores devem ser motivo de curadoria, a ser realizada por meio de cuidadosa análise de sua documentação e do que se relata sobre eles na internet.

Os desafios escolares tradicionalmente costumam ser apresentados sob a forma de editais de concorrência, estimulando os alunos à criação de diferentes soluções capazes de atender diferentes abordagens dos problemas.

Quão mais próximo da realidade está o problema que é fulcro do desafio, maior é o grau de subjetividade dos critérios empregados para definir a melhor solução apresentada, pois, para os problemas reais, a satisfação das necessidades pode se dar com estratégias até então não previstas, cabendo estabelecer outros parâmetros para a diferenciação da adequação delas como qualidade, impactos e outros.

Se o desafio é despoluir um determinado rio, empregando um robô, há uma variedade muito grande de abordagens pelas quais os participantes do desafio poderão seguir para oferecer uma solução supostamente adequada. Haverá, certamente, um razoável grau de subjetividade para definir a melhor solução proposta.

Já no caso de se pretender despoluir uma piscina com um robô, uma série de fatores que são intervenientes no rio não estarão presentes na piscina, tornando o ambiente escolhido mais compreensível aos estudantes e aos avaliadores.

Por fim, caso a escolha do ambiente se restrinja ainda mais, como no caso de ser uma banheira de bebê o local a ser despoluído por um robô, haverá meios de tornar claros e objetivos os critérios de avaliação.

Também é fato que despoluir um rio pode se tornar um projeto em que a solução proposta possa ter de ser aplicada durante o tempo de existência de várias gerações humanas, tendo, inclusive, os critérios de avaliação completamente alterados durante esse período.

No caso de se atuar em uma piscina, poderá ser necessário um ano e, com isso, talvez a avaliação possa contribuir para a avaliação do ano letivo dos alunos.

É certo que a escolha de uma banheira como o local para sediar o problema do desafio é condizente com o espaço da sala de aula e poderá entreter os estudos dos alunos durante poucos meses para que, então, se discutam sobre os resultados obtidos por suas soluções.

Dessa maneira, propor desafios para a realidade planetária pode dissipar os esforços dos alunos na busca concreta de soluções, favorecendo a noção de que projetos escolares são principalmente fóruns de discussão para pouca ação prática. Não é esta abordagem que se pretende fazer aqui, pois as crianças gostam de narrativas em que possam atuar concretamente e verificar, na prática, a adequação das soluções por elas apresentadas.

Um exemplo de desafios criados de problemas situacionais

O desafio corrida de carros autônomos[1]

A questão de se estar a desenvolver projetos de carros autônomos como uma das soluções na matriz de transportes de pessoas e de carga torna o tema atual e relevante, seja por propor formas mais eficientes no setor de transporte, seja por implicar em realocação da força de trabalho que atua diretamente na condução dos veículos ou nos centros de gerenciamento de tráfego nos moldes de hoje para outros empregos.

Este também é um tema da matriz curricular do Ensino Fundamental I (EF02GE03); (EF05GE06).[2]

O ator dessa narrativa pedagógica é o robô, que deverá, para cumprir a sua missão, detectar sozinho tanto os limites do caminho a percorrer sem sair dele (a pista de corrida) quanto o outro carro autônomo também em movimento para evitar a colisão.

---

1 Para conhecer mais a respeito deste desafio: https://drive.google.com/file/d/1t1Pl2YfOJrQzuGCcr16pOGx-i7hBtExJ/view?usp=sharing. Acesso em: 2 jul. 2023.

2 Para que o professor/educador possa organizar a atividade tomando orientação com o programa de Geografia do Ensino Fundamental I: https://efape.educacao.sp.gov.br/curriculopaulista/wp-content/uploads/downloads/Anos%20iniciais%20EM/Habilidades%20essenciais_Anos%20iniciais_Geografia.pdf. Acesso em: 2 jul. 2023.

Este é um tipo de desafio cujo objetivo é incluir o adulto, o professor/educador ou responsáveis pela criança diretamente na execução do projeto. Trata-se, pois, de um projeto em que os membros do grupo de trabalho agem em colaboração e em cooperação, visto que é necessário montar um protótipo, em que a programação exige explanação do professor/educador ou algum dos responsáveis pela criança, diretamente na execução do projeto.

O robô pode ser construído com quaisquer peças e formatos e ter a programação desenvolvida a partir da estratégia previamente escolhida.

Veja um vídeo com a apresentação deste desafio: https://youtu.be/codkC8XFhpg.

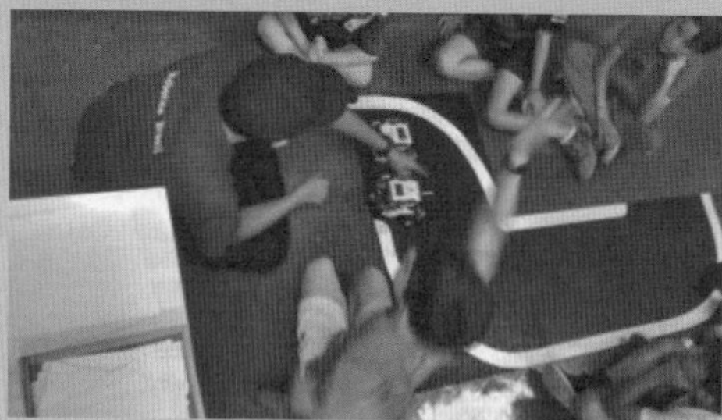

Figura 13.1 A prática do desafio na escola.

Figura 13.2 A disputa.

O desafio de robô bombeiro.

Em Portugal, o verão muito quente e seco faz a temporada ser muito propícia a incêndios, que podem ser muito devastadores. Em função disso, criou-se um desafio aos estudantes, para que desenvolvam um protótipo dotado da capacidade de, autonomamente, navegar por uma planta de edificação previamente desconhecida com intuito de ir a todas as dependências até que detecte a fonte de fogo e extinga a chama.

No Brasil, a atividade proposta para o robô bombeiro transcorre sobre um grande *banner* colorido que simula o topo de um edifício. Ali, a missão é chegar o quanto antes a um pequeno vaso (o objeto-alvo do problema) que está na beirada e impedir que um sagui (pequeno primata) solto derrube-o sobre os transeuntes que caminham na calçada.

Em Portugal, o escopo do projeto para que um robô detecte e apague as chamas em algum cômodo de uma pequena maquete de edificação adequa-se à formação de alunos que estão a ponto de frequentar a Universidade. No Brasil, a proposta de fazer o robô chegar antes do que o sagui no vaso adequa-se a crianças que estão nas últimas séries do Ensino Fundamental I. Para aumentar o encantamento da narrativa sobre as crianças, é utilizado, como cenário, o banner de 2,0 m x 2,0 m sobre o chão, permitindo que elas possam ficar sobre ele, construindo e testando o robô.[3]

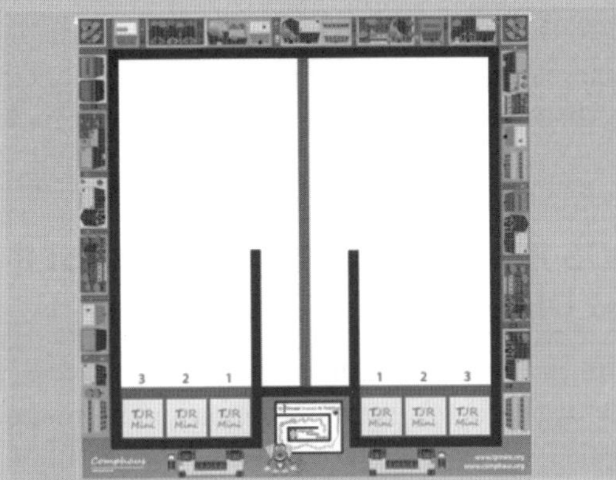

Figura 13.3 Vista superior do cenário do robô bombeiro do TJR.

13.1 APRENDIZAGEM COM BASE EM DESAFIOS: DEFININDO UM DESAFIO DE COMPETIÇÃO PARA AS AULAS

Os desafios para robótica educacional são, portanto, desafios desenvolvidos para que, através dos problemas suscitados, seja possível a exploração de temas do currículo escolar. Esses desafios são elaborados para serem resolvidos através da atuação de um protótipo de robô.

Embora o professor/educador decida desenvolver uma prática pedagógica baseada em desafios, isso não significa que se coloque, no horizonte dos alunos, a participação deles em competições.

A prática pedagógica com base em desafios consiste, basicamente, em coletar enunciados bem elaborados, referentes a problemas socialmente relevantes, para os quais será gerado um escopo de projeto a ser realizado pelos alunos.

A participação em competições é um segundo momento nesta operação pedagógica, que decorre de um comprometimento prévio entre os alunos em prol de buscarem

---

3 Para conhecer melhor este desafio: https://drive.google.com/file/d/1Y0ucUxsa0kLKkeywWAqIxvev8yPHBCit/view. Acesso em: 2 jul. 2023.

uma solução para o problema proposto que seja a melhor dentre todas as demais encontradas por outros grupos de alunos.

Muitas escolas optam por caminhos pedagógicos que privilegiam a colaboração e a cooperação em detrimento da competição, contudo, conforme já visto, isto não impede que, em seu ambiente, seja praticada a aprendizagem baseada em desafios e que, na maioria dos casos, os desafios escolhidos para a prática nessas escolas sejam os mesmos que são divulgados nas competições.

Por outro lado, as escolas que decidem participar de competições externas favorecem o intercâmbio de conhecimentos e experiências entre os seus alunos e os de outras instituições (escolas muitas vezes de localidades distantes), contribuindo para que haja o convívio de culturas distintas e prevaleçam, sempre, a tolerância e o respeito.

13.2 QUAIS SÃO OS REQUISITOS QUE DEVEM SER SATISFEITOS POR UM DESAFIO DE ROBÓTICA EDUCACIONAL

Um ponto muito importante a ser considerado pelo professor/educador é que um desafio, por derivar de um recorte de um problema situacional para o qual se buscam soluções factíveis, precisa ser visto em comunhão com o público-alvo: para que seja uma proposta pedagógica efetiva, os requisitos intelectuais necessários ao enfrentamento do desafio escolhido devem ser apropriados à maturidade cognitiva dos alunos e aos saberes escolares com que estão a lidar.

Também é importante compreender que o ator que, efetivamente, enfrentará o desafio, no caso da robótica educacional, é o protótipo de robô. Isso significa que, nessa atividade pedagógica, os alunos farão um percurso formativo que desembocará na apresentação de um protótipo de robô que tem por missão suplantar o desafio proposto.

Por isso, ao divulgar o desafio escolhido que norteará a construção de um protótipo de robô, é importante complementar qual é o público-alvo da atividade, como ao definir o desafio cabo de guerra:[4] convém agregar a série a que se está a propor, porque faz muita diferença, em termos de planejamento pedagógico, propor esse desafio aos alunos das duas primeiras séries do Ensino Fundamental I a destiná-lo aos alunos da quinta série.

A definição da faixa etária e o seu estágio escolar corresponde a estabelecer a chave com a qual se abrirá o mecanismo da fechadura que encerra o desafio. Dessa forma, é compreensível que o escopo de um projeto nessas condições, cabo de guerra e primeiras séries do Ensino Fundamental I, seja diferente de outro em que o binômio desafio-nível seja outro, como, por exemplo, cabo de guerra e alunos da última série do Ensino Médio.

Seguindo este exemplo concreto, a título de exemplo, a missão definida para o desafio cabo de guerra, ou seja, o recorte do problema situacional que se espera ver o

[4] A documentação deste desafio pode ser obtida em: https://drive.google.com/drive/folders/1QhHgxx6rNUPN3l-M68SeD4kGG6x96aNK. Acesso em: 2 jul. 2023.

desafio retratar para estimular, por parte dos alunos, que sejam encontradas soluções para ele, pode ser descrita como:

> O Cabo de Guerra de Robôs pode ser visto como um desafio típico para um robô autônomo que tenha como tarefa rebocar outro agente não colaborativo de uma plataforma circular limitada lateralmente e evitar ser retirado de sua plataforma de trabalho. (Caderno de Apoio Cabo de Guerra, p. 30. Disponível em: https://drive.google.com/drive/folders/1QhHgxx6rNUPN3l-M68SeD4kGG6x96aNK).

Ora, em que casos há, no mundo real, agentes não colaborativos a quem se queira rebocar?, podem questionar os alunos. O professor/educador, de imediato, poderá fazer menção a uma baleia encalhada na praia como exemplo, para a qual há a intenção de fazer retornar ao alto-mar. Entretanto, poderá elencar muitos outros exemplos, como a ação de resgate de pessoas ou animais que, indo arrastados, sob a ação de uma correnteza formada por um temporal, não conseguem colaborar para a sua retirada da água, ou caminhões com grandes cargas que, evadidos da estrada, estão parcial ou totalmente inoperantes e precisam ser rebocados para um local seguro.

Ao colocar um robô contra o outro, o desafio oferece a cada um deles a oportunidade de enfrentamento do ocaso típico da ação não colaborativa: um terá de puxar o outro, alterando, caso seja preciso, por conta de uma repentina mudança do estado de coisas, a sua maneira de fazê-lo, e vice-versa.

É importante perceber que o escopo do projeto destinado aos alunos das primeiras séries do Ensino Fundamental I é muito diferente daquele que se fará aos alunos da última série do Ensino Médio e, dentre outras razões, pode ser afirmado que, incontestavelmente, as peças, o ferramental e as técnicas empregadas por cada um desses níveis serão demasiadamente distintos, com resultados diversos. Espera-se, portanto, que o produto dos alunos do Ensino Médio seja mais complexo que o das crianças e, por isso, o escopo do produto proposto pelo professor/educador será diferente para cada nível.

Ainda que o desafio Cabo de Guerra seja um recorte de um problema-situacional relevante para que se busque uma solução no âmbito da robótica, resta ao professor/educador passar esse desafio pelo crivo dos requisitos básicos da operacionalidade de colocá-lo em sala de aula, os quais seriam:

Requisitos didático pedagógicos:

1) Permitir que os temas curriculares de interesse possam ser abordados por meio de um processo coerente de condução das atividades.
2) Ter um escopo pedagógico que possa ser apresentado em um enunciado claro.
3) Ter um escopo pedagógico passível de ser realizado.
4) Ser possível descrever, antecipadamente, cada um dos objetivos pedagógicos a serem alcançados.
5) Ser possível fazer compreender antecipadamente a maneira como os objetivos pedagógicos serão alcançados.

6) Ser possível fazer compreender, antecipadamente, quando e em quais atividades ou etapas do projeto cada objetivo pedagógico será abordado.
7) Ser possível fazer compreender, antecipadamente, a maneira como se fará a avaliação e quais serão as avaliações que a proposta contempla.
8) Permitir discriminar quais serão os documentos pedagógicos que serão produzidos durante a realização das atividades.

Requisitos formativos:

1) Atender o projeto formativo escolar, ao empregar conceitos, experiências e conhecimentos já vivenciados pelos alunos.
2) Estar ao alcance das competências já estabelecidas ou em condição de serem atingidas durante o processo.
3) Oferecer a oportunidade de maturação dos conceitos e conectá-los.
4) Estabelecer nexos com as demais práticas escolares.

Requisitos técnico gerenciais:

1) Ser um projeto de construção de protótipo de robô com escopo claro e aprovado pelos participantes.
2) Satisfazer o triplo vínculo: escopo, recursos, duração. Todos descritos e documentados antes do início do processo.
3) Ter o escopo do produto descrito e documentado.
4) Ter definidos os participantes e suas responsabilidades.
5) Ser possível descrever as etapas do projeto através de uma EAP (Estrutura Analítica de Projeto).
6) Ser possível descrever o produto através de uma árvore de produto.
7) Conceber, antecipadamente, uma configuração minimal do protótipo.
8) Ter definido um plano de comunicação interna e externa sobre o andamento do projeto.
9) Ter uma descrição das ferramentas de monitoramento do projeto.
10) Ser possível fazer compreender antecipadamente a maneira como se fará o acompanhamento da qualidade das interações entre alunos e entre grupos.
11) Ser possível fazer discriminar quais serão os documentos técnicos que serão produzidos durante a realização das atividades.
12) Permitir estabelecer uma atividade de comunicação sobre o projeto após o seu encerramento.

Requisitos estruturais:

1) Apresentar um cenário para atuação do robô com descrição clara, ou seja, informar as suas dimensões, os elementos que o constituem, os desenhos que nele constam, caso seja fruto de impressão, enfim, tudo o que interfere na ambientação do robô deve estar predefinido e informado aos que desejam participar da atividade.
2) Apresentar um conjunto de regras coeso e coerente.
3) Apresentar as condições de início e de finalização interconectadas por um processo narrativo ininterrupto para a atuação do robô.
4) O processo narrativo deve ser compreensível, contínuo e empolgante.
5) O cenário deve permitir a visualização clara e ininterrupta da atuação do robô.
6) Não oferecer riscos à saúde ou à integridade dos participantes e das instalações locais nem ao cenário.

Exercícios propostos

(FÁCIL - EF01RE06>>EF01RE12; EF03RE22; EF04RE07; EF04RE23; EF04RE23; EF05RE08; EF05RE09; EF05RE11; EF05RE22; EF05RE24; EF01LP17; EF01LP20; EF04LP20; EF04LP24; EF03MA26>>EF03MA28; EF04MA26>>EF04MA28; EF05MA06) Na prova do Nível I do ENATER de 2018,[5] há um exercício que pode ser praticado com os alunos que venham realizar um projeto baseado no desafio do cabo de guerra.

O cabo de guerra de robôs

Nessa disputa, dois robôs são presos um ao outro por um fio. Logo que é dado o sinal de início, eles deverão se puxar, tentando arrastar o oponente para o seu lado, até que ele caia para fora da arena.

Figura 13.4 Disputa de Cabo de Guerra de robôs[6]
Fonte: foto do Governo do Estado do Maranhão: divulgação TJR MA 2018.

---

5 Ver em: https://www.obr.org.br/wp-content/uploads/2015/04/Prova_OBR2014_Nivel2.pdf. Acesso em: 2 jul. 2023.

6 Ver em: https://www.youtube.com/watch?app=desktop&v=hQl44K-7itg

DETALHAMENTO DO PROBLEMA PARA AS QUESTÕES 5 e 6 (PONTUAÇÃO: ALTERNATIVA CORRETA = 1 PONTO; DEMAIS ALTERNATIVAS = 0 PONTO)

Questão 1

(ENATER 2018) Das alternativas abaixo, qual característica do robô não vai contribuir para a sua competitividade?

a) Boa aparência.

b) Pneus aderentes.

c) Motores mais potentes.

d) Robustez.

e) Baterias mais duráveis.

Questão 2

(Desafio – EF04RE07; EF02MA05; EF02MA06; EF02MA16; EF03MA05; EF03MA06; EF03MA17>>EF03MA23; EF04MA03>>EF04MA05; EF04MA16; EF04MA20; EF04MA22; EF05MA07>>EF05MA09; EF05MA15; EF05MA19) Numa competição de cabo de guerra de robôs, um robô percorre 2 cm para trás, puxando o seu oponente. Qual será o comprimento percorrido pelo outro robô?

a) 1 cm para trás.

b) 2 cm para frente.

c) 2 cm para trás.

d) 1 cm para frente.

e) Não se moveu.

Questão 3

(Desafio – EF04RE07; EF02MA05; EF02MA06; EF02MA16; EF03MA05; EF03MA06; EF03MA17>>EF03MA23; EF04MA03>>EF04MA05; EF04MA16; EF04MA20; EF04MA22; EF05MA07>>EF05MA09; EF05MA15; EF05MA19) Numa competição de cabo de guerra de robôs, um robô percorre 2 cm para trás a cada segundo, puxando o seu oponente. Considerando que, para poder atingir o objetivo, o robô deverá percorrer 30 cm, quanto tempo será necessário para terminar a prova?

a) ( ) 16 s.

b) ( ) 15 s.

c) ( ) 14 s.

d) ( ) 13 s.

e) ( ) 12 s.

Questão 4

(Desafio - EF01RE06>>EF01RE12; EF03RE22; EF04RE07; EF04RE23; EF04RE23; EF05RE08; EF05RE09; EF05RE11; EF05RE22; EF05RE24; EF01LP17; EF01LP20; EF04LP20; EF04LP24; EF03MA26>>EF03MA28; EF04MA26>>EF04MA28; EF05MA06) Numa competição de cabo de guerra de robôs pelo TJR – Etapa Paraíba –, ocorreu uma reviravolta histórica!

Ilustração do enunciado.

Veja o vídeo e opine sobre a razão da reviravolta.

a) ( ) Os pneus podem ter perdido a ranhura.

b) ( ) O vento mudou de direção e sentido.

c) ( ) O efeito da torcida.

d) ( ) A queda de carga das pilhas do robô que perdeu a partida.

e) ( ) O acaso (ou a sorte).

Questão 5

(Desafio – EF01RE06>>EF01RE12; EF03RE22; EF04RE07; EF04RE23; EF04RE23; EF05RE08; EF05RE09; EF05RE11; EF05RE22; EF05RE24; EF01LP17; EF01LP20; EF04LP20; EF04LP24; EF03MA26>>EF03MA28; EF04MA26>>EF04MA28; EF05MA06) Numa competição de cabo de guerra de robôs, em se tratando de robôs com a mesma massa, é mais provável perder o robô com:

a) ( ) Pneus mais aderentes e motores mais fortes.

b) ( ) Pneus mais aderentes e motores mais fracos.

c) ( ) Pneus menos aderentes e motores mais fortes.

d) ( ) Pneus menos aderentes e motores mais fracos.

e) ( ) Mais sorte.

Questão 6

(Desafio – EF01RE06>>EF01RE12; EF03RE22; EF04RE07; EF04RE23; EF04RE23; EF05RE08; EF05RE09; EF05RE11; EF05RE22; EF05RE24; EF01LP17; EF01LP20; EF04LP20; EF04LP24; EF03MA26>>EF03MA28; EF04MA26>>EF04MA28; EF05MA06) Numa competição de cabo de guerra de robôs, em se tratando de robôs com pneus iguais, é mais provável perder o robô com:

a) ( ) Mais massa (mais pesados) e motores mais fortes.

b) ( ) Mais massa (mais pesados) e motores mais fracos.

c) ( ) Menos massa (mais leves) e motores mais fortes.

d) ( ) Menos massa (menos pesados) e motores mais fracos.

e) ( ) Mais sorte.

Para pensar...

Considerando os documentos disponibilizados para o desafio cabo de guerra pelo TJR (https://drive.google.com/drive/folders/1QhHgxx6rNUPN3l-M68SeD4kGG6x96aNK) e o vídeo publicado em: https://youtu.be/RY-EsykxTNE, é possível dizer que este desafio, diante do público-alvo de sua escola, atende os requisitos para ser considerado um desafio de robótica educacional?

Proposta de atividade (EF03RE19; EF04RE21; EF05RE20; EF12LP04; EF12LP06; EF12LP10; EF12LP12; EF12LP15; EF12LP16; EF02LP13; EF02LP18; EF03CO08; EF04CO06)

Composição de cartazes para divulgar a abertura de inscrições de alunos nas equipes de robótica que participarão do desafio cabo de guerra.

Nesta atividade, o professor/educador solicitará aos alunos que façam cartazes convidando todos os interessados em participar do desafio cabo de guerra com a especial menção de que poderão competir com os seus robôs no final da temporada.

As crianças das primeiras séries podem preparar os cartazes em cartolina com palavras simples escritas e desenhos.

As crianças das últimas séries podem, com ajuda do professor/educador, confeccionar os cartazes com o uso de aplicativos.

13.3 UM RESUMO DAS BOAS PRÁTICAS PARA A ESCOLHA DE UM DESAFIO DE ROBÓTICA EDUCACIONAL

De maneira a se fazer uma pré-seleção de alguns desafios dentro de uma grande coleção deles (há, por exemplo, no TJR, vinte desafios disponíveis para a consulta[7]), recomenda-se alguns passos simples:

1) Fazer uma análise prévia do desafio, para só posteriormente apresentá-lo: fazer uma avaliação do encantamento que o tema poderia suscitar nas crianças.
2) Preparar uma documentação prévia para apresentação inicial: fazer uma avaliação do engajamento dos grupos diante da exposição do problema situacional.
3) Fazer uma análise de riscos, elencando todos os pontos fracos encontrados para o suporte do projeto, através da verificação da lista de requisitos: aquilatar o grau de criticidade que existe no pior cenário (ausência de recursos, desistência de alguns alunos e outros fatores que podem estar presentes nos cenários ruins).

Ao selecionar o desafio, o professor pode preencher um breve formulário sobre a natureza do desafio, para que conste o resultado de sua curadoria em seu relatório de apresentação da proposta pedagógica aos seus superiores e aos pais dos alunos.

O professor pode orientar-se pelo plano a seguir:

7 Veja mais sobre estes vinte desafios em: http://torneiojrobotica.org/Desafios-Presenciais/. Acesso em: 2 jul. 2023.

Desafio tradicional

São desafios tradicionais aqueles que são propostos há muitos anos, sazonalmente ou continuamente, com alterações que não ferem o escopo original.

Assinale o item para conferir se o desafio escolhido é tradicional:

- Possui uma vasta documentação sobre ele: artigos, registros de projetos já realizados, vídeos da atuação de robôs, comunicações acadêmicas sobre ele.
- Permite que se empreguem as experiências locais realizadas em ambientes escolares muito diversificados e, com elas, constitua-se um estudo de caso, com o diálogo entre este particular e o que já se apresenta na documentação acadêmico científica publicada.
- Há o conhecimento de experimentos bem-sucedidos baseados no desafio realizado por muitos professores e seus alunos em diferentes instituições e em diferentes contextos.
- Apresenta muitas variantes já aplicadas e uma ampla gama de experiências com plataformas, *kits* diversos já relatadas e acessíveis na internet.
- Apresenta ótima relação *recursos investidos/benefício pedagógico.*

Desafio novo

São desafios novos, usualmente denominados de demonstrativos, aqueles que são até então inéditos.

Assinale o item para conferir se o desafio escolhido é novo:

- Inaugura novas problemáticas e, por essa razão, por instigar a curiosidade a respeito da solução, estimula os alunos mais experientes.
- Permite que se empreguem as experiências locais e, com elas, constitua-se um estudo de caso, com enfoque nas primeiras impressões sobre a aplicação do desafio.
- Agrega fatos novos do cotidiano tecnológico ao ambiente escolar.

Desafio temático

São desafios temáticos, usualmente empregados em uma temporada específica, aqueles que são centrados em um tema gerador.

Assinale o item para conferir se o desafio escolhido é temático:

- Estabelece pontes com as práticas escolares e tópicos curriculares.
- Promove o entretenimento como ponto de partida para a abordagem dos conceitos escolares.

- Tem uma formatação predeterminada (com *kits*, plataformas, cenários e outros componentes previamente definidos em material didático) que reduz os riscos inerentes às atividades escolares destinadas ao projeto.
- É muito sistematizado, com manuais que informam o passo a passo para o professor/educador, como uma receita de bolo, oferecendo poucas ou nenhuma oportunidade de se criar adaptações locais, conforme as especificidades de cada sala de aula ou de cada escola.
- Condiciona a participação no evento que o promove ao uso de peças de uma marca específica de fabricantes de kits.

Alguns fatos devem ser levados em conta quando o professor/educador faz a sua escolha de desafio: 1. toda vez que os riscos são minorados drasticamente, para garantir a previsibilidade de suas atividades didáticas, a oportunidade de se realizar uma prática educacional inovadora também se reduz; 2. em geral, os desafios temáticos são mais bem acolhidos pelos ambientes escolares em que se praticam os chamados sistemas de ensino apostilados.

13.4 A PRÁTICA *MAKER* COM AS CRIANÇAS

Para o Ensino Fundamental I, colocar em prática o que é preconizado no movimento *maker* nada mais é do que fazer o bom emprego das orientações da BNCC.

Como se pode ver, quando se congregam as habilidades que se pretende desenvolver com as crianças, por meio de atividades propostas pelo professor/educador para trabalhar conteúdos didáticos de Artes, robótica educacional e outras disciplinas, estimula-se, naturalmente, o fazer por parte das crianças e propugna-se a participação coletiva para a solução de problemas.

As habilidades gerais a serem desenvolvidas pela disciplina de Artes,[8] apresentadas no quadro abaixo, podem servir de referência integradora para as demais disciplinas, quando o enfoque é criar a disposição de fazer coisas que respeitem o interesse e a curiosidade do aluno.

Certamente, torna-se estimulante para as crianças poder expor o resultado dessas atividades para a comunidade, levar os produtos confeccionados para apresentá-los em feiras culturais ou participar com eles em competições. Isso faz com que se transcenda o fazer de dentro da sala de aula para esferas sociais de maior alcance de público.

---

8 A relação das habilidades a serem desenvolvidas pela disciplina de Artes é extraída do texto da BNCC.

Quadro 13.1 Resumo de habilidades a serem exploradas em artes.

(EF15AR01)	Identificar e apreciar formas distintas das artes visuais tradicionais e contemporâneas, cultivando a percepção, o imaginário, a capacidade de simbolizar e o repertório imagético.
(EF15AR02)	Explorar e reconhecer elementos constitutivos das artes visuais (ponto, linha, forma, cor, espaço, movimento etc.).
(EF15AR03)	Reconhecer e analisar a influência de distintas matrizes estéticas e culturais das artes visuais nas manifestações artísticas das culturas locais, regionais e nacionais.
(EF15AR04)	Experimentar diferentes formas de expressão artística (desenho, pintura, colagem, quadrinhos, dobradura, escultura, modelagem, instalação, vídeo).
(EF15AR05)	Experimentar a criação em artes visuais de modo individual, coletivo e colaborativo, explorando diferentes espaços da escola e da comunidade.
(EF15AR06)	Dialogar sobre a sua criação e as dos colegas, para alcançar sentidos plurais. Cor e luz. Elementos da linguagem.
(EF15AR07)	Reconhecer algumas categorias do sistema das artes visuais (museus, galerias, instituições, artistas, artesãos, curadores etc.).
(EF15AR08)	Experimentar e apreciar formas distintas de manifestações da dança presentes em diferentes contextos, cultivando a percepção, o imaginário, a capacidade de simbolizar e o repertório corporal.
(EF15AR09)	Estabelecer relações entre as partes do corpo e destas com o todo corporal na construção do movimento dançado.
(EF15AR10)	Experimentar diferentes formas de orientação no espaço (deslocamentos, planos, direções, caminhos etc.) e ritmos de movimento (lento, moderado e rápido) na construção do movimento dançado.
(EF15AR11)	Criar e improvisar movimentos dançados de modo individual, coletivo e colaborativo, considerando os aspectos estruturais, dinâmicos e expressivos dos elementos constitutivos do movimento, com base nos códigos de dança.
(EF15AR12)	Discutir, com respeito e sem preconceito, as experiências pessoais e coletivas em dança vivenciadas na escola, como fonte para a construção de vocabulários e repertórios próprios.
(EF15AR13)	Identificar e apreciar criticamente diversas formas e gêneros de expressão musical, reconhecendo e analisando os usos e as funções da música em diversos contextos de circulação, em especial, aqueles da vida cotidiana.
(EF15AR14)	Perceber e explorar os elementos constitutivos da música (altura, intensidade, timbre, melodia, ritmo etc.), por meio de jogos, brincadeiras, canções e práticas diversas de composição/criação, execução e apreciação musical.

(EF15AR15)	Explorar fontes sonoras diversas, como as existentes no próprio corpo (palmas, voz, percussão corporal), na natureza e em objetos cotidianos, reconhecendo os elementos constitutivos da música e as características de instrumentos musicais variados.
(EF15AR16)	Explorar diferentes formas de registro musical não convencional (representação gráfica de sons, partituras criativas etc.), bem como procedimentos e técnicas de registro em áudio e audiovisual, e reconhecer a notação musical convencional.
(EF15AR17)	Experimentar improvisações, composições e sonorização de histórias, entre outros, utilizando vozes, sons corporais e/ou instrumentos musicais convencionais ou não convencionais, de modo individual, coletivo e colaborativo.
(EF15AR18)	Reconhecer e apreciar formas distintas de manifestações do teatro presentes em diferentes contextos, aprendendo a ver e a ouvir histórias dramatizadas e cultivando a percepção, o imaginário, a capacidade de simbolizar e o repertório ficcional.
(EF15AR19)	Descobrir teatralidades na vida cotidiana, identificando elementos teatrais (variadas entonações de voz, diferentes fisicalidades, diversidade de personagens e narrativas etc.).
(EF15AR20)	Experimentar o trabalho colaborativo, coletivo e autoral em improvisações teatrais e processos narrativos criativos em teatro, explorando desde a teatralidade dos gestos e das ações do cotidiano até elementos de diferentes matrizes estéticas e culturais.
(EF15AR21)	Exercitar a imitação e o faz de conta, ressignificando objetos e fatos e experimentando-se no lugar do outro, ao compor e encenar acontecimentos cênicos, por meio de músicas, imagens, textos ou outros pontos de partida, de forma intencional e reflexiva.
(EF15AR22)	Experimentar possibilidades criativas de movimento e de voz na criação de um personagem teatral, discutindo estereótipos.
(EF15AR23)	Reconhecer e experimentar, em projetos temáticos, as relações processuais entre diversas linguagens artísticas.
(EF15AR24)	Caracterizar e experimentar brinquedos, brincadeiras, jogos, danças, canções e histórias de diferentes matrizes estéticas e culturais.
(EF15AR25)	Conhecer e valorizar o patrimônio cultural, material e imaterial, de culturas diversas, em especial a brasileira, incluindo-se suas matrizes indígenas, africanas e europeias, de diferentes épocas, favorecendo a construção de vocabulário e repertório relativos às diferentes linguagens artísticas.
(EF15AR26)	Explorar diferentes tecnologias e recursos digitais (multimeios, animações, jogos eletrônicos, gravações em áudio e vídeo, fotografia, *softwares* etc.) nos processos de criação artística.

13.4.1 TIPOS DE COMPETIÇÕES DE ROBÓTICA

As competições de robótica são eventos em que o motivo da comparação de desempenho dos participantes é a prática da robótica.

Estão no elenco desses eventos desde aqueles que promovem a exposição do resultado de pesquisas nessa área de conhecimento em feiras, concursos e exposições, onde se faz uma premiação conforme um critério preestabelecido, até aqueles eventos em que os próprios robôs são os agentes que competem entre si.

Em feiras culturais escolares, projetos de robótica educacional podem ser apresentados com outros de outras áreas de conhecimento e, dependendo do que é determinado pelo evento, pode haver premiação para o projeto de maior destaque. Nesse rol de eventos, há os que são internos das escolas e há os que são externos, nacionais e até internacionais.

Na Feira Brasileira de Ciências (FEBRACE),[9] por exemplo, são apresentados anualmente projetos nas várias áreas das ciências, dentre eles alguns que versam sobre robótica.

A Mostra Nacional de Robótica (MNR)[10] é voltada para a aplicação da robótica com intuito de solucionar problemas do cotidiano, dando aos estudantes e pesquisadores dos Ensinos Fundamental, Médio, Técnico, Superior e de Pós-graduação a oportunidade de expor trabalhos relacionados às pesquisas que realizam.

No caso de competições de robôs, a disputa se dá através do desempenho dos robôs participantes. As competições podem ser diferenciadas entre si pelo grau de autonomia exigida dos protótipos de robôs em sua atuação nas provas em que competem e pela liberdade com se pode escolher as plataformas tecnológicas a serem empregadas na construção dos protótipos dos robôs.

O grau de autonomia do robô representa o quão independente é a atuação do robô para resolver os problemas, em outras palavras, se o robô é autônomo, os seus construtores humanos não podem contribuir, durante a sua atuação, para que ele resolva as provas que disputa.

Em relação às plataformas tecnológicas adotadas, existem competições que restringem a marca ou o tipo de material a ser empregado para a construção do protótipo do robô, outras não fazem restrição alguma.

Nas competições de robôs, existe um cenário onde ocorrerá a prova de desempenho e uma missão que será comum a todos os robôs participantes.

Antes da inscrição, a organização do evento divulga a descrição das propriedades e características permitidas para os robôs e as suas limitações estruturais (massa,

---

9 Para a FEBRACE, os estudantes devem estar cursando o 8º ou 9º ano do Ensino Fundamental, o Ensino Médio ou o Ensino Técnico durante o ano de anterior ao ano da sua realização. O evento é anual e a inscrição é gratuita. O site oficial é: https://febrace.org.br/. Acesso em: 2 jul. 2023.

10 O evento é anual e a inscrição é gratuita. O site oficial é: https://www.mnr.org.br/. Acesso em: 2 jul. 2023.

volume, componentes etc.). Também informa os objetivos a serem alcançados pelos robôs e as regras que devem ser respeitadas durante a sua atuação.

13.4.2 AS PRINCIPAIS COMPETIÇÕES DE ROBÓTICA PARA CRIANÇAS

As competições de robótica, portanto, não se resumem ao processo de comparação e classificação dos protótipos de robôs produzidos pelos alunos a partir do desempenho que demonstram diante do desafio a que se submeteram.

Pode-se afirmar que as competições são a maneira mais eficaz de se socializar o conhecimento e representam para todos os participantes uma chance de se engajarem em uma rede de relacionamentos no ambiente acadêmico científico.

Com o intuito de fomentar a inclusão, este texto dará especial atenção aos eventos cuja inscrição é gratuita e que são abertos para que estudantes de escolas, sejam elas públicas ou privadas, sediadas em qualquer parte do país, possam ingressar no certame e usufruir da experiência formativa que oferecem.

Além dos eventos de robótica já mencionados (FEBRACE e MNR), há as competições de robôs de abrangência nacional, com seleção das melhores equipes para participação em etapas internacionais, cuja inscrição é gratuita: OBR e TJR.

13.5 A OLIMPÍADA BRASILEIRA DE ROBÓTICA (OBR)

A OBR foi inaugurada em 2007, com intuito de estimular o interesse e promover a difusão de conhecimentos básicos sobre robótica. O evento é anual, com inscrição gratuita, e acolhe alunos da Educação Básica, a partir dos 6 anos de idade. Os interessados em participar podem se inscrever em duas modalidades: teórica, na qual o aluno participa de uma prova individual, e prática, na qual a participação é realizada por equipes de até quatro integrantes que deverão produzir e colocar o seu protótipo de robô para competir em uma prova prática destinada a robôs exploradores com navegação baseada, principalmente, na estratégia de seguir linha.

Há apenas um desafio proposto pela OBR: o resgate.

O conceito que norteia este desafio, ainda que haja algumas variações conforme a faixa etária e a etapa da competição, é:

> Em um ambiente hostil, muito perigoso para a saúde do ser humano, um robô virtual completamente autônomo programado pela equipe de estudantes recebe uma tarefa difícil: simular o resgate de vítimas sem a necessidade de interferência humana.
>
> (Manual de Regras e Instruções Regional/Estadual – Simulação – 2022, p. 16)

Os níveis etários estabelecidos para cada uma das duas modalidades são:

- *Teórica* – destina-se a estudantes do ensino básico, sendo disputada em seis níveis: o nível 0 (primeiro nível), para estudantes da primeira série do Ensino Fundamental brasileiro; o nível 1, para alunos do 2° e 3° anos; o nível 2, para alunos do 4° e 5° anos; o nível 3, para estudantes do 6° e 7° anos; o nível 4, para os alunos do 8° e 9° anos; e o nível 5, para alunos do Esino Médio e Técnico. Para todos os níveis, as provas abordam conteúdos transversais, como ciências, física, matemática, geografia, história e linguagens. As provas dos anos anteriores a 2022 podem ser acessadas em:

- *Prática presencial:* nessa modalidade, todos os inscritos submetem os seus protótipos a um único problema genérico, cujo grau de dificuldade varia conforme o nível etário. Nela, podem participar estudantes de Ensino Fundamental, Médio ou Técnico que tenham acesso a *kits* de robótica ou material para construção de robôs. O desafio consiste em construir e programar um protótipo de robô com o propósito de encontrar e resgatar supostas vítimas (pequenas esferas) em um cenário (uma maquete feita em madeira mdf) que procura retratar um ambiente atingido por um desastre. Os alunos do primeiro ao oitavo ano do Ensino Fundamental participam do Prova Prática de Nível 1; enquanto isso, os alunos do nono ano do Ensino Fundamental e das séries do Ensino Médio e Técnico participam da Prova Prática de Nível 2.

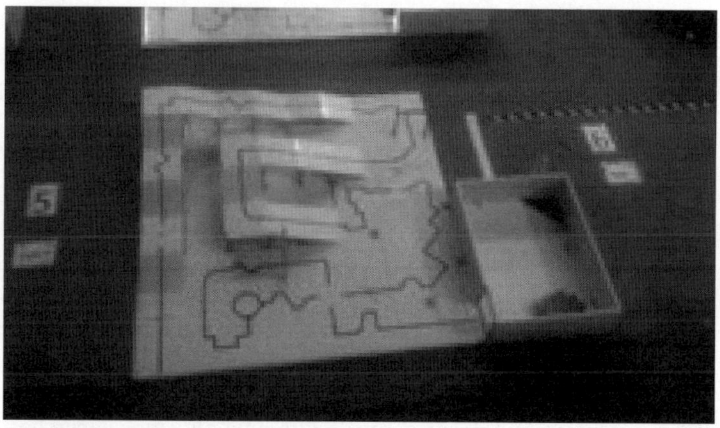

Figura 13.5 Exemplo de cenário da Prova Prática de Nível 2 (Robocup 2015 – Hefei – China).

Atenção: Para os alunos das primeiras séries do Ensino Fundamental, o denominado Nível 0 da Modalidade Prática Presencial oferece condições diferenciadas daquelas às quais se sujeitam as demais faixas etárias:

- Podem participar apenas estudantes do 1° ao 3° ano do Ensino Fundamental.
- Equipes neste nível participam apenas da etapa regional/estadual.
- Regras e premiação diferenciadas que podem ser consultadas em: https://www.obr.org.br/.

- *Prática virtual*: nessa modalidade, a missão caracteriza-se por realizar o resgate de vítimas de uma situação de desastre utilizando robôs virtuais em um ambiente simulado.[11]

As equipes devem ser compostas de dois a quatro estudantes e um professor ou técnico. Todos os estudantes devem pertencer a somente um dos níveis:

- Nível 1: para estudantes do 1º ao 8º ano do Ensino Fundamental.
- Nível 2: para estudantes do 8º e 9º ano do Ensino Fundamental e Ensino Médio ou Técnico.

13.6 O TJR – TORNEIO JUVENIL DE ROBÓTICA

O TJR – Torneio Juvenil de Robótica, instituto sem fins lucrativos, promove a competição homônima que surgiu em 2009 nos corredores do Instituto de Matemática da Universidade de São Paulo e, atualmente, tem abrangência nacional e internacional.

O Instituto TJR – Torneio Juvenil de Robótica possui uma escola, o TJR Escola Pública de Robótica,[12] tanto para atendimento online através da plataforma http://ocanet.com.br/moodle/[13] aberta a professores e alunos quanto, presencialmente, por meio das oficinas de formação na sede do Instituto.

A competição é anual, com inscrição gratuita e aberta a todas as faixas etárias a partir de 6 anos de idade.

A competição propõe, através de vinte desafios diferentes, a produção de protótipos de robôs, estimulando a aprendizagem por meio de projetos que envolvem robótica e computação.

Os vinte desafios, sobre os quais as equipes podem desenvolver seus projetos,[14] podem ser divididos em:

Desafios formativos – Cabo de Guerra, Dança, MMA, Registro Multimidiático, Resgate de Alto Risco, Resgate no Plano, Robô Bombeiro, Robô Entregador de Pizzaria, Sumô, Viagem ao Centro da Terra e VCT – Labirinto Final.

---

11 Mais informações em: https://www.obr.org.br/manuais/OBR2022_MP_ManualRegrasSIMEstadual.pdf e https://www.obr.org.br/manuais/OBR2022_MP_ManualRegrasAPClassificatoria.pdf. Acesso em: 2 jul. 2023.

12 Disponível em: http://torneiojrobotica.org/Escola-de-Rob%C3%B3tica/. Acesso em: 2 jul.2023.

13 Disponível em: http://ocanet.com.br/moodle/. Acesso em: 2 jul. 2023.

14 Aqui há um resumo sobre cada um dos desafios: https://drive.google.com/file/d/1GzNZ8n3GRxR8ZTznGgPaRO7Q28lQMdcZ/view. Acesso em: 2 jul. 2023.

Desafios em tecnologias disruptivas – Exploração Indoor, DRONE Entregador de Pizzaria, Corrida de Carros Autônomos, Humanoids For Fight e Corrida de Humanoides, Futebol de Robôs, Robótica Náutica, Sumô 3 kg e Cabo de Guerra 2 X 2. Nessa categoria, todas as equipes participantes competem no mesmo nível (o denominado nível 0 é válido apenas para desafios em tecnologias disruptivas).

Dessa forma, os participantes serão agrupados nos seguintes níveis:

- NÍVEL 0 – o integrante mais velho da equipe deverá ter de mais de 6 anos.
- NÍVEL 1 – o integrante mais velho da equipe deverá ter de 6 a 11 anos.
- NÍVEL 2 – o integrante mais velho da equipe deverá ter de 12 a 14 anos.
- NÍVEL 3 – o integrante mais velho da equipe deverá ter de 15 a 18 anos.
- NÍVEL 4 – o integrante mais velho da equipe deverá ter acima de 19 anos.

É importante notar que essa divisão leva em consideração a idade que o participante terá durante todo o ano corrente.

Para se inscrever em qualquer competição do TJR (existem outras competições nacionais e internacionais promovidas pelo instituto[15]) basta efetuar o registro do robô e da equipe na RoboLeague,[16] plataforma online onde também deverá ser submetida a Ficha de Desempenho do Robô.

As equipes premiadas durante a final anual do TJR são convidadas a participar da etapa internacional , ITR – *International Tournament of Robots*, que ocorre no final do primeiro semestre do ano vindouro.

13.7 O TJR MINI

O TJR Mini é um torneio de robótica para crianças de 6 a 11 anos, promovido pelo Instituto, em que os desafios propostos são apropriados para essa faixa etária.

O TJR Mini é realizado em um ambiente lúdico, como *buffets* infantis, por exemplo, em que a prática de robótica se mistura com atividades típicas das festas infantis, de maneira a propiciar que as crianças possam brincar e aprender, ampliando o entusiasmo que naturalmente mostram pelo tema da robótica. Qualquer escola pode solicitar a permissão para sediar esse torneio durante o ano.

O torneio oferece cinco desafios básicos para que os alunos criem protótipos de robôs destinados a superá-los: Robô Bombeiro, Sumô de Robôs, Cabo de Guerra entre Robôs, Dança de Robôs, Registro Multimidiático.

---

15 Ver outras competições: http://torneiojrobotica.org/Competi%C3%A7%C3%B5es/. Acesso em: 2 jul. 2023.

16 A plataforma da RoboLeague pode ser acessada aqui: roboleague.org. Acesso em: 2 jul. 2023.

Desses desafios, Sumô, Cabo de Guerra e Dança e Registro Multimidiático são desafios que podem ser realizados também na modalidade online.

Na modalidade online, os participantes contam com a publicação dos resultados das análises da atuação dos robôs sob a forma do International Ranking of Robots by RoboLeague,[17] que é baseado nos índices de eficiência apresentados por cada protótipo.

13.8 A ROBOLEAGUE – ROBOTICS COMPETITION FOR ANYONE ANYWHERE PARA AS CRIANÇAS

A RoboLeague é um ambiente online de abrangência internacional com o propósito de oferecer análise e divulgação de índice de eficiência da atuação, em cenário real, de protótipos de robôs.

A plataforma permite o monitoramento de projetos de robótica educacional, com enfoque na produção de protótipos para competições.[18]

Nessa plataforma, de qualquer lugar do mundo onde exista acesso ao serviço da internet, as crianças podem participar do nível básico de 6 a 14 anos dos desafios de Sumô, Cabo de Guerra, Dança, Viagem ao Centro da Terra, Resgate no Plano, Resgate de Alto Risco, Registro Multimidiático ou dos demais desafios de tecnologias disruptivas que são disputados **no Nível Único (Nível 0)**: Corrida de Carros Autônomos, MMA, Sumô 3 kg.[19]

Figura 13.6 Para participar da RoboLeague, basta enviar a ficha de desempenho do robô com os vídeos em que a atuação dele está registrada.

Em que consiste (a plataforma da RoboLeague)?

- O ambiente tem publicados os editais dos desafios propostos (https://roboleague.org/Leagues/) aos participantes com as devidas orientações sobre a mis-

---

[17] Ver mais sobre o ranking em: https://roboleague.org/Ranking/. Acesso em: 2 jul. 2023.

[18] Ver vídeo: https://youtu.be/l9YaLS-dmP4. Acesso em: 2 jul. 2023.

[19] Para conhecer todos os desafios: https://roboleague.org/Leagues/. Acesso em: 2 jul. 2023.

são requerida ao robô a ser construído e o cenário em que terá de executá-la. Também são apresentados aos interessados os detalhamentos dos procedimentos a serem realizados durante os testes dos protótipos de robôs construídos de tal forma que sejam válidos para se auferir o Índice de Eficiência.

- O ambiente conta com meio de coleta sistemática dos dados oriundos dos registros da atuação dos robôs.
- O ambiente possui algoritmo destinado ao cálculo do índice de eficiência de cada robô participante a partir dos dados de sua atuação corroborados pelos respectivos registros audiovisuais: o algoritmo desenvolvido relaciona a valoração das tarefas em que os robôs foram bem-sucedidos diante do que deles era esperado na proposta do edital e dimensiona essa relação em função do tempo para resolver a missão.
- O ambiente conta com a publicação dos resultados das análises sob a forma do International Ranking of Robots by RoboLeague (https://roboleague.org/Ranking/), que é baseado nos índices de eficiência apresentados por cada protótipo (Ver em: http://torneiojrobotica.org/RoboLeague/.)

13.9 ENATER – EXAME NACIONAL DE TECNOLOGIA – NÍVEL 1

O TJR oferece uma prova teórica para os alunos da Educação Básica.

O ENATER é uma prova nacional, teórica, em duas modalidades, individual ou por equipe, aplicada anualmente, que pode ser realizada online ou de forma tradicional, como as demais olimpíadas de conhecimento, com a supervisão de um professor da escola.[20]

O ENATER é aplicado em níveis, segundo a divisão etária:

Nível I: alunos que completem até 11 anos em dezembro do ano da competição.

Nível II: alunos de 12 a 14 anos em dezembro do ano da competição.

Nível III: alunos de 15 até 16 anos em dezembro do ano da competição.

Nível IV: alunos de 17 até 18 anos em dezembro do ano da competição.

Formato: fase única.

A prova possui vinte questões de múltipla escolha, tratando sobre as experiências típicas dos projetos do TJR e de competições internacionais.

---

[20] As provas estão disponíveis no link: http://torneiojrobotica.org/ENATER-Exame-Nacional--de-Tecnologia-em-Rob%C3%B3tica/. Acesso em: 2 jul. 2023.

13.10 CODER Z[21] – PROGRAMAÇÃO E SIMULAÇÃO EM ROBÓTICA EDUCACIONAL

A plataforma Coder Z permite que professores e alunos possam preparar programas para que robôs virtuais realizem tarefas em cenários propostos na plataforma.

É uma ferramenta útil para que os alunos discutam estratégias e programações em um ambiente lúdico em que é atribuída pontuação para a atuação do robô virtual.

A plataforma simula a prática de robôs baseados na plataforma LEGO.

Para pensar...

Existem oficinas e simpósios anuais cuja temática está em consonância com propostas inclusivas para a prática da robótica educacional nas escolas, onde o professor/educador pode apresentar artigos ou comunicações sobre a sua prática didática, bem como acompanhar o que se faz pela educação tecnológica por outros membros da academia.

O Simpósio Brasileiro de Temas em Tecnologia e Currículo e o International Symposium on Technology and Curriculum Themes (ISYTECH) ocorrem anualmente, conjugados à final anual do TJR.[22] O escopo do evento é, conforme divulgado no site:

- Divulgar o conhecimento pedagógico obtido através da inserção, no currículo, de temas baseados em tecnologia, seja no seu processo de desenvolvimento de soluções, seja em seus instrumentos ou em seus produtos.
- Discutir modelos pedagógicos, novos ou existentes, para a introdução de conceitos e processos básicos de computação e robótica autônoma na abordagem curricular, de tal forma que se realize entendendo-os como um elo particular entre a compreensão dos fenômenos e os seus contextos, o domínio das linguagens, a construção argumentativa e a prática de gerir o caminho que vai desde a identificação da situação-problema até à obtenção da sua solução ótima.
- Apresentar, por meio de seu fórum de discussão, modelos pedagógicos que contemplem as diversas correntes do pensamento filosófico sobre a dinâmica dos efeitos das rápidas mudanças tecnológicas na sociedade.

O Simpósio Brasileiro de Robótica, o Simpósio Latino-Americano de Robótica e o Workshop of Robotics in Education visam promover um amplo encontro científico na área de robótica inteligente, reunindo pesquisadores, alunos de graduação e pós-graduação de ciência da computação, engenharia elétrica, engenharia mecatrônica,

21 Ver em: https://gocoderz.com/. Acesso em: 2 jul. 2023.

22 Os sites do Simpósio Brasileiro de Temas em Tecnologia e Currículo e do ISYTECH são: http://torneiojrobotica.org/Simp%C3%B3sio/ e http://simposio.in/. Acesso em: 2 jul. 2023.

engenharia da computação, e campos relacionados, tendo a robótica e a educação como um dos temas de interesse. Esses eventos acadêmicos transcorrem com a Competição Latino-Americana de Robótica.

Exercícios propostos

(Desafio – EF15RE01; EF02RE21; EF03RE08; EF03RE13; EF05RE24; EF05MA06; EF05MA14; EF05MA18; EF05MA19) O robô TOINTOIN está caminhando sobre o percurso marcado pelas setas. A cada minuto o robô TOINTOIN anda o que está marcado nos retângulos. Pelo tamanho de cada retângulo percorrido é possível afirmar que:

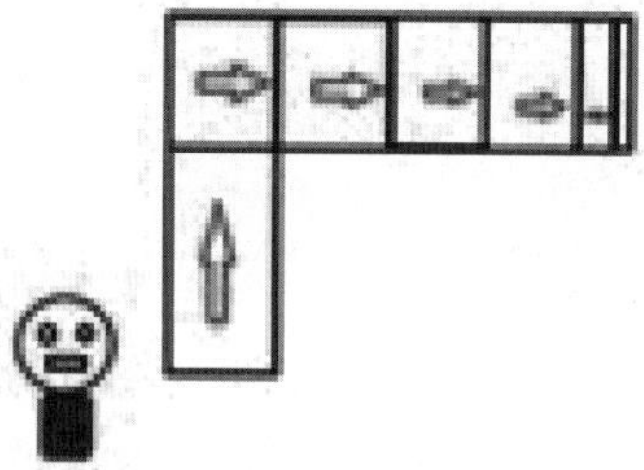

Figura 13.7 Ilustração do enunciado.

a) TOINTOIN caminha de forma uniforme.
b) TOINTOIN fica cada vez mais rápido.
c) TOINTOIN fica cada vez mais lento.
d) TOINTOIN fica parado.
e) TOINTOIN ora fica mais rápido ora mais lento.

(Desafio – EF04RE06; EF04RE12; EF04RE14; EF04MA03; EF04MA08; EF04MA16; EF04MA20; EF05CO02) Na prova de nível 1 da Olimpíada Brasileira de Robótica de 2018,[23] há um exercício que pode ser praticado com os alunos para ajudar a sistematizar conhecimentos oriundos da atividade prática.

Carlos construiu um robô e o programou para andar 20 centímetros para frente, parar, dobrar à direita, andar 10 centímetros para frente, parar, dobrar à direita, andar 20 centímetros para frente, parar, dobrar à direita para chegar ao ponto inicial.

[23] Ver em: https://www.obr.org.br/provas/OBR2018_Nivel2.pdf. Acesso em: 2 jul. 2023.

Quantos centímetros o robô percorreu e que figura geométrica corresponde ao trajeto percorrido?

a) ( ) percorreu 40 centímetros e a figura geométrica é um quadrado;

b) ( ) percorreu 30 centímetros e a figura geométrica é um triângulo;

c) ( ) percorreu 50 centímetros e a figura geométrica é um retângulo;

d) ( ) percorreu 60 centímetros e a figura geométrica é um retângulo;

e) ( ) percorreu 60 centímetros e a figura geométrica é um trapézio;

(Desafio –EF02RE13; EF02RE15; EF02RE14; EF02MA02; EF02MA06; EF04MA16; EF04MA25; EF05CO01; EF05CO02) Na prova de nível 1 da Olimpíada Brasileira de Robótica de 2018,[24] há um exercício que pode ser praticado com os alunos para ajudar a sistematizar conhecimentos oriundos da atividade prática.

João quer comprar um robô para brincar. Para saber o preço de cada robô, João deverá seguir o caminho realizando as operações indicadas. Como João tem R$45,00, qual dos robôs ele consegue comprar e qual será o seu troco?

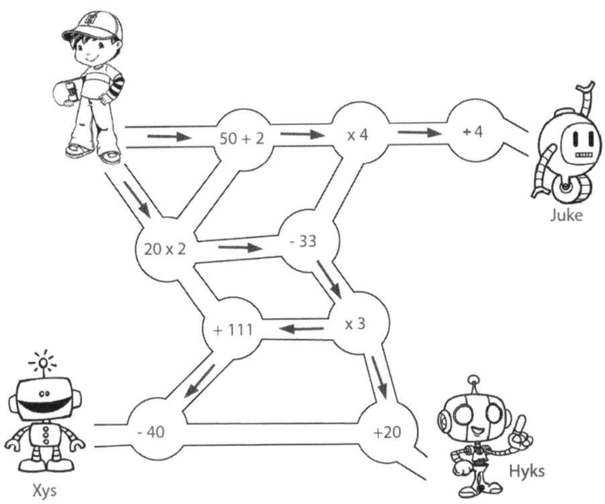

Figura 13.8 Ilustração do enunciado.

a) Xys, e recebe um troco de R$ 12,00.

b) Hyks, e recebe um troco de R$ 2,00.

c) Juke, e recebe um troco de R$ 30,00.

d) Xys, e recebe um troco de R$ 13,00.

e) Hyks, e recebe um troco de R$ 4,00.

---

24 Ver em: https://www.obr.org.br/provas/OBR2018_Nivel2.pdf. Acesso em: 2 jul. 2023.

(Desafio – EF05RE26; EF04MA20; EF05MA19; EF05MA20) Na prova de nível 2 da Olimpíada Brasileira de Robótica de 2014,[25] há um exercício que pode ser praticado com os alunos para ajudar a sistematizar conhecimentos oriundos da atividade prática.

Observe o campo de futebol de robôs mostrado na figura abaixo:

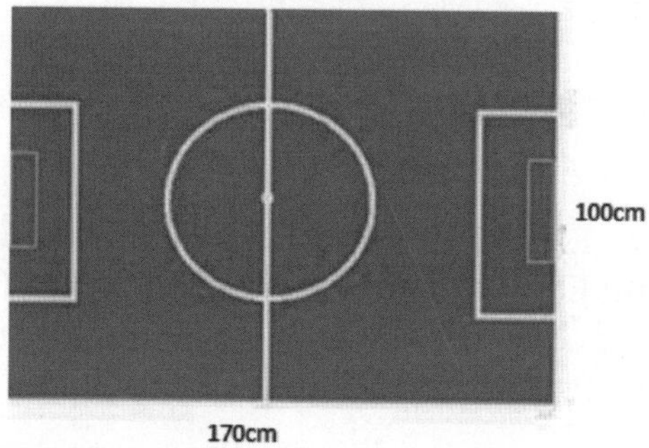

Figura 13.9 Ilustração do enunciado.

A medida do perímetro do campo, em metros, é de:

a) ( ) 5,40 m

b) ( ) 2,7 m

c) ( ) 2,7 cm

d) ( ) 1 m

e) ( ) 540 cm

(Desafio – EF05RE01; EF05RE02; EF05MA09; EF05MA12) Na prova de nível 2 da Olimpíada Brasileira de Robótica de 2014,[26] há um exercício que pode ser praticado com os alunos para ajudar a sistematizar conhecimentos oriundos da atividade prática.

Durante a construção dos robôs de um time de futebol de robôs, foi necessário comprar dois motores redutores e duas rodas para cada robô. O time é composto por cinco robôs.

---

[25] Ver em: https://www.obr.org.br/wp-content/uploads/2015/04/Prova_OBR2014_Nivel2.pdf. Acesso em: 2 jul.. 2023.

[26] Ver em: https://www.obr.org.br/wp-content/uploads/2015/04/Prova_OBR2014_Nivel2.pdf. Acesso em: 2 jul 2023.

Motor redutor
R$ 65,00

Par de rodas
R$ 28,00

Figura 13.10. Ilustração do enunciado.

A conta foi paga com oito notas de R$ 100,00. Quanto foi recebido de troco?

a) ( ) R$ 80,00.

b) ( ) R$ 335,00.

c) ( ) R$ 10,00.

d) ( ) R$ 140,00.

e) ( ) R$ 365,00.

Proposta de atividade (EF01RE06>>EF01RE12; EF15AR22; EF15AR26; EF03RE08; EF03RE09; EF03RE10; EF05RE08; EF05RE09; EF05RE10; EF05LP21; EF05HI06)

Locutor 1 de uma partida de robôs: nesta atividade, as crianças recebem do professor/educador a incumbência de narrar, para os ouvintes de um *podcast*, a atuação de um robô no cenário em que executa a sua missão durante uma partida de uma competição de robôs. Exemplo de partida para exercitar a narração: https://www.youtube.com/watch?v=mqxETsPhI2I.

É importante que o professor/educador explique as regras da competição para que os alunos possam compreender o que se passa e as dificuldades de execução da missão do robô e consigam narrar de maneira a obter empatia de seus ouvintes.

Para orientar os alunos, o professor/educador pode preparar-se com o vídeo:

https://www.reginabittar.com/post/como-trabalha-um-locutor-de-r%C3%A1dio-podcast.

Proposta de atividade (EF01RE06>>EF01RE12; EF15AR22; EF15AR26; EF03RE08; EF03RE09; EF03RE10; EF05RE08; EF05RE09; EF05RE10; EF05LP21; EF05HI06)

Locutor 2 de uma disputa entre robôs: nesta atividade, as crianças recebem do professor/educador a incumbência de narrar uma partida de robôs, para integrar a narração ao vídeo da partida que será divulgado na escola. Exemplo de partida para exercitar a narração:

TJR – etapa Paraíba. Desafio cabo de guerra: https://www.youtube.com/watch?v=RY-EsykxTNE.

Semifinal do cabo de guerra: https://www.youtube.com/watch?v=hQl44K-7itg.

CAPÍTULO 14

Robótica para o Ensino Fundamental II: investigação e autoria

O professor/educador deve procurar depreender do planejamento pedagógico e de seus planos de aula a conexão que existe entre a atividade didática referente à sua disciplina e o que é proposto pelas demais disciplinas, isso para que o aluno se beneficie com a integração de saberes e o desenvolvimento de uma multiplicidade de competências: fazer ingressar os temas de robótica educacional e de computação na escola básica exige fazê-las dialogar com as demais disciplinas, compreendendo as suas peculiaridades e mantendo a identidade própria de seus campos de estudo.

A robótica na escola pode, para alguns, ser categorizada apenas como parte da vivência lúdica e descompromissada da criança. Todavia, pode-se ir além.

Os alunos podem conquistar competências para atuar diante de problemas cada vez mais complexos, tanto em computação quanto em robótica, quando estimulados a aprender sobre elas já nas primeiras séries.

Iniciar essa caminhada ainda cedo permite que, mais adiante, durante o Ensino Fundamental II, os alunos venham a superar, rapidamente, as soluções antes experimentadas, empregando, para isso, configurações mecânicas, eletroeletrônicas mais avançadas e algoritmos mais complexos e eficientes.

Dessa forma, a Educação Fundamental pode cumprir o papel de ampliar, gradativamente, o espaço de investigação e o protagonismo dos alunos na elaboração dos seus projetos.

O imprescindível passo dado no Ensino Fundamental I é o primeiro de uma longa caminhada que não pode ser interrompida de forma alguma; no sentido de corroborar essa visão, deve-se retomar as palavras de Wordsworth: *The child is the father of the man.*[1]

[1] William Wordsworth, em seu famoso poema de 1802, "My Heart Leaps Up", faz referência ao júbilo que sentia ao ver o arco-íris na infância e que persistiu em sua idade adulta e, nos versos, faz votos para que essas emoções permanecessem por toda a sua vida. *My Heart Leaps Up // My heart leaps up when I behold/ A rainbow in the sky: So was it when my life began// So is it now I am a man// So be it when I shall grow old// Or let me die!// The Child is father of the Man // And I could wish my days to be// Bound each to each by natural piety.*

REFERÊNCIAS

ANTUNES, S. F. Robótica livre como alternativa didática para a aprendizagem de música. Dissertação apresentada para o programa de pós-graduação da Faculdade de Educação da Universidade de Passo Fundo, Passo Fundo, Rio Grande so Sul, 2016.

ARGYLE, M. *Cooperation: The basis of sociability*. Londres: Routledge, 1991.

BELPAEME, T. *et al.* Child-Robot Interaction: perspectives and challenges. *In:* International Conference on Social Robots (ICSR). Springer International Publishing, p. 452-459, 2013. Disponível em: https://link.springer.com/article/10.1007/s12369-018-0467-6. Acesso em: 2 jul. 2023.

BERTHOLD, M. *História mundial do teatro*. São Paulo: Perspectiva, 2001.

BLATCHFORD, P. *et al.* Toward a social pedagogy of classroom group work. *International Journal of Education Research*, v. 39. Disponível em: https://drive.google.com/file/d/1SZD2u59fILPl_ZUmZ0q-98joflrKODze/preview. Acesso em: 2 jul. 2023.

BLOIS, M. M.; BARROS, M. A. F. *Teatro de fantoches na escola dinâmica*. [S. l.],Ao livro técnico. 1967.

CADERNO de Apoio Cabo de Guerra. Disponível em: https://drive.google.com/drive/folders/1QhHgxx6rNUPN3l-M68SeD4kGG6x96aNK. Acesso em: 2 jul. 2023.

CAPEK, K. *A fábrica de robôs*. São Paulo: Editora Hedra, 2012.

COCH, D.; ANSARI, D. Thinking about mechanisms is crucial to connecting neuroscience and education. *Cortex*, v. 45, n. 4, p. 546-547, 2009.

COHN, N. *Explaining 'I Can't Draw': parallels between the structure and development of language and drawing*. Research Gate, 2012. Disponível em: https://bit.ly/3vGYpmm. Acesso em: 2 jul. 2023.

CONSELHO NACIONAL DE EDUCAÇÃO. MINISTÉRIO DA EDUCAÇÃO DO BRASIL. Normas sobre Computação na Educação Básica – Complemento à BNCC. Disponível em: http://portal.mec.gov.br/index.php?option=com_docman&view=download&alias=236791-anexo-ao-parecer-cneceb-n-2-2022-bncc-computacao&category_slug=fevereiro-2022-pdf&Itemid=30192. Acesso em: 2 jul. 2023.

COSTA, C.; FARIA, P. *Aprender brincando: a atividade lúdica na construção de aprendizagens, na educação pré-escolar e no 1.º ciclo do ensino básico especialidade educação pré-escolar e ensino do 1.º ciclo do ensino básico.* Relatório de estágio anexo à Dissertação de Mestrado. Universidade dos Açores, 2014. Disponível em: https://core.ac.uk/download/pdf/61444359.pdf. Acesso em: 2 jul. 2023.

DEHAENE, S. *Os neurônios da leitura: como a ciência explica a nossa capacidade de ler/ Stanislas Dehaene.* Porto Alegre: Penso, 2012.

EISNER, W. *Quadrinhos e arte sequencial: princípios e práticas do lendário cartunista.* 4. ed. São Paulo: Martins Fontes, 2010.

ELKONIN, D. *Psicologia do jogo.* São Paulo: Martins Fontes, 1998.

FERREIRA, P. N. *et al.* O uso da robótica como apoio à alfabetização e à introdução do pensamento computacional para crianças. In: Anais dos Workshops do VIII Congresso Brasileiro de Informática na Educação (WCBIE 2019). 2019. Disponível em: https://www.researchgate.net/publication/337519701_O_Uso_da_Robotica_como_Apoio_a_Alfabetizacao_e_a_Introducao_do_Pensamento_Computacional_para_Criancas h. Acesso em: 7 ago. 2023.

FERREIRA, V.; BOTURA JÚNIOR, G. Coworking nas escolas: (re)configurando a forma de aprender, criar e trabalhar. In: MENEZES, M. S.; PASCHOARELLI, L. C. *Design: ensino, processos e comunicação.* Bauru: Canal 6, 2020.

FERREIRO, E.; TEBEROSKY, A. *Psicogênese da língua escrita.* Porto Alegre: Editora Penso, 1999.

FONTANA, M. P. B.; GOMES, M. M. *Mediação de conflitos: uma possibilidade de intervenção junto às interações interpessoais no ambiente escolar.* Anima Educação, 2020. Disponível em: https://repositorio.animaeducacao.com.br/bitstream/ANIMA/14969/1/ARTIGO%20PRONTO%20MILENA.pdf. Acesso em: 2 jul. 2023.

FREGNI, F.; AMARAL, J. A. A. *The cartoon guide to effective teaching and learning: a new way of learning the neuroscience of learning.* [S. l.], Lumini LLC, 2020.

GONÇALVES, J. L. O. Raciocínio heurístico e a resolução de problemas. *Reuni – Revista Unijales*, n. 1, 2006. Disponível em: http://www.educadores.diaadia.pr.gov.br/arquivos/File/setembro2012/matematica_artigos/artigo_jose_goncalves.pdf :~:text=RACIOC%C3%8DNIO%20HEUR%C3%8DSTICO%20%C3%A9%20o%20raciocinar,sucesso%20na%20condu%C3%A7%C3%A3o%20da%20tarefa. Acesso em: 2 jul. 2023.

GROOVER, M. *Automação industrial e sistemas de manufatura.* 3. ed. São Paulo: Pearson, 2010.

GUERRA, L. B. *O diálogo entre a neurociência e a educação: da euforia aos desafios e possibilidades.* [S. l.], Neuroeduca, ICB/UFMG, [s. d.]. Disponível em: https://www2.icb.ufmg.br/neuroeduca/arquivo/texto_teste.pdf. Acesso em: 2 jul. 2023.

HAMAKER, S. M. Exploring the human side of robots at Japan society. *JapanCuture NYC*, 2013 Disponível em: http://www.japanculturenyc.com/2013/02/09/exploring-thehumansideofrobotsatjapansociety. Acesso em: mar. 2015.

HAYWOOD, H. C.; TZURIEL, D. *Interative assessment.* New York: Springer-Verlag, 1992.

HUIZINGA, J. *Homo Ludens.* São Paulo: Perspectiva, 1991.

JOHNSON, C. Are the coworking spaces the classrooms of the future? *Coworking Insights.* Disponível em: https://coworkinginsights.com/coworking-spaces-the-classrooms-of-the-future/. Acesso em: 2 jul. 2023.

KELLOGG, R. *Analysing children's art.* Palo Alto, California: Mayfield Publishing Comp, 1969.

KELLOGG, R. *Análises de la expressíon plástica del preescolar.* 5. ed. Madrid: EdotorialCincel, 1987.

KILPATRICK, W. H. *The project method: the use of purposeful act in the educative process.* New York: Nabu Press, 2014.

KISHIMOTO, T. M. *Jogos infantis: o jogo, a criança e a educação.* 6. ed. Petrópolis: Vozes, 1993.

KNOLL, M. The Project Method: its vocational education origin and international development. *University Libraries*, v. 34, n. 3, 1997. Disponível em: https://scholar.lib.vt.edu/ejournals/JITE/v34n3/Knoll.html. Acesso em: 2 jul. 2023.

KUHL, P. K.; RAMÍREZ, N. F. Neuroscience and education: how early brain development affects school *In:* KUHL, P.; LIM, S. S.; GUERRIERO, S. *et al. Developing minds in the digital age: towards a science of learning for 21st century education.* [S. l.], University of Washington[ii]National Science Foundation, 2020.

LEMES, D. Educação STEAM: o que é, para que serve e como usar. *Jornal da PUC-SP*, 2020. Disponível em: https://j.pucsp.br/artigo/educacao-steam-o-que-e-para-que-serve-e-como-usar. Acesso em: 2 jul. 2023.

LERNER, D. *A Aprendizagem da língua escrita na escola.* São Paulo: Artes Médicas, 1995.

LERNER, D.; WEISZ, T. *Ler e escrever na escola: o real, o possível e o necessário.* 1 ed. Porto Alegre: Editora Penso, 2002.

LOPES, A. R. C. Conhecimento escolar: processos de seleção cultural e de mediação didática. *Educação e Realidade*, v. 22, n. 1, 1997.

LOPES, J.; SILVA, H. S. *A aprendizagem cooperativa na sala de aula.* Um guia prático para o professor. Lisboa: LIDEL, 2009.

MACIEL, E. I. F. WEBBER, C. G. Interação criança-robô: um experimento na contação de histórias. *Revista Educacional Interdisciplinar*, Taquara/RS, v. 9, n. 1, p. 1-20, 2020.

MATARIC, M. J. *Introdução à robótica*. São Paulo: Blucher, 2014.

MATTHEWS, R. S. *et al.* Building bridges between cooperative and collaborative learning. *Change*, v. 27, p. 35-40, 1995.

MINICUCCI, A. *Dinâmica de grupo: teorias e sistemas*. São Paulo: Atlas, 1982.

OBR. Manual de Regras e Instruções Regional/Estadual. Simulação. [S. l.], 2022. p. 16.

OKITA, S. Y. Social componentes of technology and implications of social interactions on learning. *In:* KUHL, P. K.; LIM, S. S.; GUERRIERO, S. *et al. Developing minds in the digital age: towards a science of learning for 21st century education*. OECD: Paris, 2020.(Educational Research and Innovation).

PCEP_Maio_2020_Final_1.pdf (mept.org.mz)

PANITZ, T. *Collaborative versus cooperative learning: a comparison of the two concepts which will help us understand the underlying nature of interactive learning.* [S. l.], [s. n.],1999. Disponível em: https://files.eric.ed.gov/fulltext/ED448443.pdf. Acesso em: 2 jul. 2023.

PAPERT, S. *Mindstorms: children, computers, and powerful ideas*. New York: Basic Books, 1980.

PAPERT, S. *Constructionism vs. instructionism*. [S. l.], [s. n.],1980. Disponível em: http://papert.org/articles/const_inst/const_inst1.html. Acesso em: 2 jul. 2023.

PEIRCE, C. S. *Semiótica*. São Paulo: Perspectiva, 2010.

PIAGET, J. *A representação do mundo na criança*. Aparecida: Ideias e Letras, 2005.

PIASSI, L. P. I.; PIETROCOLA, M. Ficção científica e ensino de ciências: para além do método de 'encontrar erros em filmes'. *Educação e Pesquisa*, São Paulo, v. 35, 2009. Disponível em: https://www.scielo.br/j/ep/a/dLJHkBSMQHQ4YYhZQmPNT5s/?format=pdf&lang=pt. Acesso em: 10 ago. 2023.

PINTO, L. F. M. A simbologia e os enigmas do labirinto. *Revista Arquitetura Lusíada*, n. 8, p. 29-48, 2015.

PLANTON, S. *et al.* How specialized are writing-specific brain regions? An fMRI study of writing, drawing and oral spelling. *Science Direct*, 2016. Disponível em: https://www.sciencedirect.com/science/article/abs/pii/S0010945216303458?via%3Dihub. Acesso em: 2 jul. 2023.

PMBOK@Guide. Project Management Institute Organization. 7. ed. [S. l.], [s. n.], 2021.

POLYA, G. *A arte de resolver problemas*. Rio de Janeiro: Interciência, 1994.

REIS, L. *Expressão corporal e dramática*. Lisboa: Sete Caminhos, 2005.

ROOYACKERS, P. *101 Jogos dramáticos: aprendizagem e diversão com jogos de teatro e faz-de-conta*. 1. ed. Porto: Asa, 2003.

SCHUYTEMA, P. *Projeto de jogos: uma abordagem prática*. São Paulo: Cengage Learning, 2008.

SEGÓVIA, M. V.; SOUZA, A. Robótica educacional como ferramenta lúdica para o ensino de língua inglesa. *Novas Tecnologias na Educação*, 2017. Disponível em: https://drive.google.com/file/d/1-hPOpJ_L-gqEUX1Svd4vNFa0VqJUHPY5/view?usp=sharing. Acesso em: 2 jul. 2023.

SHERIDAN, S. R. *The neurological significance of children's drawing: the scribble hypothesis*. Eric: Institute of Education Sciences, 2002. Disponível em: https://eric.ed.gov/?q=The+Neurological+Significance+Of+Children%27s+Drawing:+The+Scribble+Hypothesis&id=ED477425. Acesso em: 2 jul. 2023.

SHERIDAN, S. R. *A theory of marks and mind: the effect of notational systems on hominid brain evolution and child development with an emphasis on exchanges between mothers and children*. Eric: Institute of Education Sciences, 2005. Disponível em: https://bit.ly/3fHOs2s. Acesso em: 2 jul. 2023.

SHERIDAN, S. R. *Saving literacy: how marks change minds. a guide for professional caregivers*. Eric: Institute of Education Sciences, 2009. Disponível em: https://eric.ed.gov/?q=A+theory+of+marks+and+mind:+the+effect++of+notational+systems+on++hominid+brain+evolution+and+child+development+with+an+emphasis+on+exchanges+between+mothers+and+children. Acesso em: 2 jul. 2023.

SHIMODA, S. *et al.* What is the role of the next generation of cognitive robotics? *Advanced Robotics*, v. 36, 2022 Disponível em: https://www.tandfonline.com/doi/full/10.1080/01691864.2021.2011780. Acesso em: 2 jul. 2023.

SILVA, A. F. F. *et al. Projeto elas na robótica: um projeto de pesquisa e extensão*. ENPE, 2019. Disponível em: http://enpe.ptc.iftm.edu.br/index.php/enpe/article/view/74. Acesso em: 2 jul. 2023.

SILVA, L. R. *Uma Interpretação heurística para o processo de aprendizagem em robótica educacional*. ISYTECH – International Symposium on Technology and Curriculum Themes. Review 2021. Disponível em: https://drive.google.com/file/d/1tAzWUK_vOKsTwsZgDiqJNQhRUN5SUF8Z/view. Acesso em: 2 jul. 2023.

SILVA, L. R. *Desafio Viagem ao Centro da Terra*. ISYTECH – International Symposium on Technology and Curriculum Themes. Review 2021.

SOARES, M. *Letramento: um tema em três gêneros*. São Paulo: Autêntica, 2007.

SOARES, M. *Alfaletrar: toda criança pode aprender a ler e a escrever*. São Paulo: Contexto, 2020.

SOARES, M. *Alfabetização e letramento*. São Paulo: Contexto, 2018.

TREVISAN, F. W.; BARROS, L. N. Robótica cognitiva: programação baseada em lógica para controle de robôs. *SBA Controle e Automação Sociedade Brasileira de Automática*, 2007. Disponível em: https://www.researchgate.net/publication/250987598_Robotica_cognitiva_programacao_baseada_em_logica_para_controle_de_robos. Acesso em: 2 jul. 2023.

TURING, A. Computing machinery and intelligence. Mind, v. LIX, n. 236, p. 433-60, 1950. doi:10.1093/mind/LIX.236.433. Acesso em: 2 jul. 2023.

VALENTE, J. A. Informática na educação no Brasil: análise e contextualização histórica. *In:* VALENTE, J. A. (org.). *O computador na sociedade do conhecimento*. Campinas: UNICAMP/NIED, 1999. Disponível em: http://penta3.ufrgs.br/MEC-CicloAvan/integracao_midias/textos/cap1.pdf. Acesso em: 2 jul. 2023.

VERRET, M. *Le temps des etudes*. Paris: Librairie Honore Champion, 1975.

VIAGEM ao Centro da Terra. O Desafio Viagem ao Centro da Terra - TJR Torneio Juvenil de Robótica. Disponível em: https://sites.google.com/view/odesafioviagemao-centrodaterra/viagem-ao-centro-da-terra?pli=1. Acesso em: 7 ago. 2023.

VYGOTSKY, L. S. *Formação social da mente*. São Paulo: Martins Fontes, 1984.

VYGOTSKY, L. S. *La imaginación y el arte en la infancia*. Madri: Ediciones AKAL, 1990.

VYGOTSKY, L. S. *O desenvolvimento psicológico na infância*. São Paulo: Martins Fontes, 1998.

WALLON, H. P. H. *Evolução psicológica da criança*. Rio de Janeiro: Andes, Rio de Janeiro, s.d.

WALLON, H. P. H. *Psicologia e educação da infância*. Lisboa: Estampa, 1975 (coletânea).

WALLON, H. P. H. *Origens do pensamento na criança*. São Paulo: Manole, 1989.

YUAN, Y.; BROWN, S. Drawing and writing: an ale meta-analysis of sensorimotor activations. *Science Direct*, 2015. Disponível em: https://www.sciencedirect.com/science/article/abs/pii/S0278262615000548?via%3Dihub%20. Acesso em: 2 jul. 2023.

LEITURAS RECOMENDADAS

ANTUNES, J. *et al. Ciclo criativo de jogos colaborativos: um método para criação de jogos educativos. HOLOS*, n. 34, v. 2, 2018. Disponível em: https://www2.ifrn.edu.br/ojs/index.php/HOLOS/article/view/3298/pdf. Acesso em: 2 jul. 2023.

AUSUBEL, D. P. *Educational psychology: a cognitive view.* New York: Holt, Rinehart and Winston, 1968.

BLIKSTEIN, P. Maker movement in education: history and prospects. *In:* Vries, M. J. de (ed.). *Handbook of*

CABRAL, C. P.; CANAL, B. *Dança dos robôs: uma atividade no meio escolar que integra robótica e movimento maker na perspectiva da aprendizagem criativa.* Tecnologias, Sociedade e Conhecimento, 2020. Disponível em: https://econtents.bc.unicamp.br/inpec/index.php/tsc/article/view/14868/9900. Acesso em: 2 jul. 2023.

CASAROTTO, R. I. *et al.* Logirunner: um jogo de tabuleiro como ferramenta para o auxílio do ensino e aprendizagem de algoritmos e lógica de programação. Novas Tecnologias na Educação, v. 16, n. 1, 2018. Disponível em: https://seer.ufrgs.br/renote/article/viewFile/85998/49364. Acesso em: 2 jul. 2023.

CHARISI, V. *et al.* Child-robot collaborative problem-solving and the importance of child's voluntary interaction: a developmental perspective. *Frontiers in Robotics and AI*, v. 7, n. 15, 2020.

CHEN, H.; PARK, H.; BREAZEAL, C. Teaching and learning with children: Impact of reciprocal peer learning with a social robot on children's learning and emotive engagement. *Computers & Education*, v. 150, jun. 2020.

CHEVALLARD, Y. *La Transposition Didactique: du savoir savant au savoir enseigné.* Grenoble: La Pensée Sauvage, 1985.

CRAWFORD, C. *The Art of digital game design*. Vancouver: Washington State University, 1982. Versão online. Disponível em: https://www.digitpress.com/library/books/book_art_of_computer_game_design.pdf. Acesso em: 2 jul. 2023.

DELAGUSTIN, G.; WEBBER, C. Interação Criança-Robô na Educação Infantil: Percepções da Comunidade Escolar. *Scientia cum Industria*, v. 8, n. 3, 2020. EZ-ROBOT (2020). JD Humanoid. Disponível em: https://www.researchgate.net/publication/343838873_Interacao_Crianca-Robo_na_Educacao_Infantil_Percepcoes_da_Comunidade_Escolar. Acesso em: 7 ago. 2023.

FALKEMBACH, G. A. M. *O Lúdico e os jogos educacionais*. Centro Interdisciplinar de Novas Tecnologias na Educação, Universidade Federal do Rio Grande do Sul, 2007. Disponível em: http://penta3.ufrgs.br/midiasedu/modulo13/etapa1/leituras/arquivos/Leitura_1.pdf. Acesso em: 2 jul. 2023.

FERREIRO, E. *Reflexões sobre alfabetização*. São Paulo: Editora Cortez, 2018.

FEUERSTEIN, R. *et al*. *The dynamic assessment of cognitive modifiability: the learning propensity assessment device. Theory, instruments and techniques*. Jerusalem: The ICELP Press, 2002.

FREIRE, P.; GUIMARÃES, S.; GADOTTI, M. *Pedagogia: diálogo e conflito*. Rio de Janeiro: Editora Cortez, 1986.

FREIRE, P.; SCHOR, I. *Medo e ousadia: o cotidiano do professor*. São Paulo: Paz e Terra, 1997.

FREIRE, P. *Pedagogia da autonomia: saberes necessários à prática educativa*. São Paulo: Paz e Terra, 2009.

FREIRE, P. *Pedagogia da indignação: cartas pedagógicas e outros escritos*. São Paulo: Editora Unesp, 2000.

FREIRE, P.; GUIMARÃES, S. *A África ensinando a gente: Angola, Guiné-Bissau, São Tomé e Príncipe*. São Paulo: Paz e Terra, 2003.

FREIRE, P. *Pedagogia do oprimido*. São Paulo: Editora Paz e Terra, 2014.

GARCIA, L. F. *As lutas como conteúdo escolar: o desafio é ensinar!* Programa de Pós-graduação em Docência para Educação Básica. Disponível em: https://www.fc.unesp.br/Home/ensino/pos-graduacao/programas/mestradoprofissionalemdocenciaparaaeducacaobasica/produtoeducacionalleandro_final20.pdf. Acesso em: 2 jul. 2023.

GUARESQUI, A. L. L.; AGUIAR, J. V. M.; TAVARES, C. L. S. Hangbot: a criação de um jogo como elemento na construção de vocabulário sobre robótica. *Revista Brasileira de Desenvolvimento*, v. 7, n. 1, 2021. Disponível em: https://brazilianjournals.com/ojs/index.php/BRJD/article/view/23735. Acesso em: 2 jul. 2023.

IANACONI, V.; ABDEL, N. H. A.; ZAMBELLI, B. Projeto de robô para modalidade RoboCup On Stage. LARC 2017 CHS BELLATRIX DANCE. *In:* Sistema Olimpo. Disponível em: bf9b8c2b939db49d90152bb148d756f8.pdf (sistemaolimpo.org.). Acesso em: 2 jul. 2023.

KANDEL, E.; SCHWARTZ, J. H.; JESSELL, T. M. Princípios da Neurociência. 4ª ed. São Paulo: Manole, 2003.

KISHIMOTO, T. M. O brinquedo na educação: considerações históricas. *Ideias, o cotidiano da pré-escola*, São Paulo, n. 7, p. 39-45, 1990.

_____. *O jogo e a Educação Infantil*. Petrópolis: Vozes, 1996.

_____. (org.) *O brincar e suas teorias*. São Paulo: Pioneira Thomson Learning, 2002.

KUHL, K. P.; TSAO, F-M; LIU, H. M. Foreign-Language experience in infancy: effects of short-term exposure and social interaction on phonetic learning in: Proceedings of the National Academy of Sciences of United States os America. 2003 Jul 22;100(15):9096-101.

LEMES, D. Educação STEAM: o que é, para que serve e como usar. *Jornal da PUC-SP*, 2020. Disponível em: https://j.pucsp.br/artigo/educacao-steam-o-que-e-para-que-serve-e-como-usar. Acesso em: 2 jul. 2023.

MACIEL, E. I. F.; WEBBER, C. G. Interação criança-robô: um experimento na contação de histórias. *Revista Educacional Interdisciplinar*, Taquara/RS, FACCAT, v. 9, n. 1, p. 1-20, 2020.

MERTALA, P. Young children's conceptions of computers, code, and the Internet. *International Journal of Child-Computer Interaction*, v. 19, p. 56-66, 2019.

MONTEIRO, M. A. A.; CARVALHO, S. J.; SANTOS, J. A. D. *Projetos de robótica: o mundo dos robôs*. Guaratinguetá: Step2Future, 2020.

MORA, E. Psicopedagogia: infanto-adolescente. São Paulo: Grupo cultural, 2008.

PCEP_Maio_2020_Final_1.pdf (mept.org.mz)

PARÉ, Z. Os limites do emprego de robôs no teatro. *Revista Cena*, n. 25, 2018. Disponível em: https://seer.ufrgs.br/cena/article/view/81900. Acesso em: 2 jul. 2023.

Project Management Institute Organization. PMBOK@Guide.7 ed. {S. l.], 2021.

RAABE, A. L. A. *et al.* Movimento maker e construcionismo na Educação Básica: fomentando o exercício responsável da liberdade. *In:* Anais do XXIV Workshop de Informática na Escola (WIE 2018) – VII Congresso Brasileiro de Informática na Educação (CBIE 2018). Disponível em: https://sol.sbc.org.br/index.php/wie/article/view/14325/14170. Acesso em: 2 jul. 2023.

RAMOS, J. J. G. *et al.* Iniciativa para robótica pedagógica aberta e de baixo custo para inclusão social e digital no Brasil. SBAI 2007. FEI. Disponível em: https://fei.edu.br/sbai/SBAI2007/docs/30894_1.pdf. Acesso em: 2 jul. 2023.

SACRISTÁN, J. G.; GÓMEZ, A. I. P. *Compreender e transformar o ensino*. São Paulo: Artmed, 2007.

SANTIAGO, D. D.; NUNES, A. O.; ALVES, L. A. O estado do conhecimento de pesquisas sobre formação de professores com enfoque ctsa no BRASIL. *South American Journal of Basic Education*, Technical and Technological, v. 7, n. 2, 2020. Disponível em: https://periodicos.ufac.br/index.php/SAJEBTT/article/view/3252. Acesso em: 2 jul. 2023.

SANTOS, I.; MEDEIROS, L. F. Robótica com materiais recicláveis e a aprendizagem significativa no ensino da matemática: estudo experimental no Ensino Fundamental. *In:* Anais do Workshop de Informática na Escola, 2017.

SCARADOZZI, D. *et al.* Teaching robotics at the primary school: an innovative approach. *Procedia – Social and Behavioral Sciences*, 2014.

SERHOLT, S. Child-robot interaction in education. (Tese de doutorado) – University of Gothenburg, 2017.

SILVA, L. R. da. TJR Torneio Juvenil de Robótica: Difundir desafios sempre. Viagem ao Centro da Terra: Mais do que um desafio, uma verdadeira viagem a um mundo de novos conhecimentos! – São Paulo. 2020. Versão 7. Data de Publicação: 16/01/2020. http://torneiojrobotica.org/CADERNOS-DE-APOIO/

SOUZA, D. S. M. *et al.* Lightbot Logicamente: Um game lúdico amparado pelo pensamento computacional e a matemática. In:Anais do VII Congresso Brasileiro de Informática na Educação (WCBIE 2018) 2018. Disponível em: https://www.researchgate.net/publication/328726501_Lightbot_Logicamente_um_game_ludico_amparado_pelo_Pensamento_Computacional_e_a_Matematica. Acesso em: 2 jul. 2023.

SERHOLT, S. Breakdowns in children's interactions with a robotic tutor: a longitudinal study. *Computers in human behavior*, v. 81, p. 250-264, 2018.

SERHOLT, S. *et al.* Trouble and repair in child-robot interaction: a study of complex interactions with a robot tutee in a primary school classroom. *Frontiers in Robotics and AI*, v. 7, n. 46, 2020.

STEPHENSON, N. *Snow Crash*. Rio de Janeiro: Editora Aleph, 2015.

SILVA, J. *et al.* Storytelling e robótica educacional: a construção de carros robôs com Arduino e materiais recicláveis. *In:* Brazilian Symposium on Computers in Education (Simpósio Brasileiro de Informática na Educação - SBIE), 2018.

WENG, Y. H. When robots become art: interview with Yi-Wei Keng. Robohub, 2016. Disponível em: https://robohub.org/when-robots-become-art-interview-with-yi-wei--keng/. Acesso em: 2 jul. 2023.

WING, C. S. *et al.* Who is a better teacher for children with autism? Comparison of learning outcomes between robot-based and human-based interventions in gestural production and recognition. *Research in Developmental Disabilities*, v. 86, p. 62-75, 2019.

ZAMBIASI, S. P.; PINHEIRO, P. L. B. O autômato e a inteligência artificial no teatro de animação: Quem é o manipulador?. In:II Colóquio Internacional FITA: o teatro de animação e as novas tecnologias, 2015. Disponível em: https://arisa.com.br/~saulo/aulas/Publicacoes/Zambiasi_Pinheiro_-_IIColoquioFita_2015_temp.pdf. Acesso em: 2 jul. 2023.

SITES

AUTÔMATO – INFORMAÇÕES BÁSICAS

https://pt.wikipedia.org/wiki/Aut%C3%B4mato

AUTÔMATO – PRÁTICA PARA CRIANÇAS

https://www.exploratorium.edu/sites/default/files/files/automatos_de_papelao_pt.pdf

AUTÔMATO – GUIA PARA O PROFESSOR

https://docplayer.com.br/28929910-Automatos-brinquedos-que-mexem-na-sala-de--aula-guia-passo-a-passo-para-o-professor.html

BNCC – ENSINO FUNDAMENTAL

http://basenacionalcomum.mec.gov.br/abase/ fundamental

BNCC – COMPUTAÇÃO

http://portal.mec.gov.br/index.php?option=com_docman&view=download&alias=236791-anexo-ao-parecer-cneceb-n-2-2022-bncc-computacao&category_slug=fevereiro-2022-pdf&Itemid=30192

BNCC – COMPUTAÇÃO/COMENTÁRIO

https://www.sbc.org.br/noticias/10-slideshow-noticias/2380-cne-aprova-normas--sobre-computacao-na-educacao-basica :~:text=O%20Conselho%20Nacional%20de%20Educa%C3%A7%C3%A3o,seguir%C3%A1%20para%20homologa%C3%A7%C3%A3o%20do%20Executivo

CABO DE GUERRA – DESAFIO DE ROBÓTICA EDUCACIONAL

https://drive.google.com/drive/folders/1QhHgxx6rNUPN3l-M68SeD4kGG6x96aNK

CABO DE GUERRA 2X2 – DESAFIO DE ROBÓTICA EDUCACIONAL

https://drive.google.com/drive/folders/1QWXdcaWHoXNj-fL6rsmJG9HxLGlBNZkr

CARRINHO – BRINCADEIRA DE CARRINHO

https://www.focoensina.com.br/vamos-brincar-de-carrinho

COMPUTADOR – HISTÓRIA – MODELO IBM 360/91

https://www.ibm.com/ibm/history/exhibits/mainframe/mainframe_PP2091.html

CORRIDA DE CARROS AUTÔNOMOS – DESAFIO DE ROBÓTICA EDUCACIONAL

https://drive.google.com/file/d/1t1Pl2YfOJrQzuGCcr16pOGx-i7hBtExJ/view?usp=sharing

DANÇA DE ROBÔS – EQUIPE CHS BELLATRIX

http://comphaus-robotics-teams.org/popular/larc-2015-dance-chs-bellatrix-maze--rodada-2/

DANÇA DE ROBÔS – EQUIPE CHS BELLATRIX – RELATÓRIO

https://drive.google.com/file/d/1Y7ej0N7rVwoeyFGRXBki1XsOLYJLrzNt/view?usp=sharing

DANÇA DE ROBÔS – DANÇA POPULAR – MARABAIXO – ROBÓTICA EDUCACIONAL – REPORTAGEM

https://g1.globo.com/ap/amapa/noticia/2021/12/30/projeto-do-ifap-de-robos-que--dancam-marabaixo-vence-competicao-internacional.ghtml

DANÇA DE ROBÔS – REPORTAGEM

https://canaltech.com.br/inovacao/robos-da-boston-dynamics-desafiam-bts-para--concurso-de-danca-em-novo-video-188524/

DARPA – AGÊNCIA DE PROJETOS DE PESQUISA

https://www.darpa.mil/

DESAFIOS DE ROBÓTICA EDUCACIONAL – TJR

http://torneiojrobotica.org/Desafios-Presenciais/

DESENHOS – APP

https://www.xp-pen.pt/forum-1567.html

DESENHO HQ – APP

https://www.nied.unicamp.br/projeto/hagaque/

https://www.pixton.com/

https://www.storyboardthat.com/

https://www.makebeliefscomix.com/Comix/

https://www.makebeliefscomix.com/Comix/

Witty Comics – Make a Comic

http://www.stripcreator.com/make.php

https://plasq.com/apps/comiclife/macwin/

DRONE – REGISTROS

https://viagemeturismo.abril.com.br/manual-do-viajante/drone-tudo-o-que-voce--precisa-saber-para-viajar-com-o-seu/

ELIZA – PROGRAMA – INFORMAÇÕES

https://de.wikipedia.org/wiki/ELIZA

ELIZA – PROGRAMA – APP

http://www.masswerk.at/elizabot/

ESCOLA PÚBLICA DE ROBÓTICA – TJR

http://torneiojrobotica.org/Escola-de-Rob%C3%B3tica/

http://ocanet.com.br/moodle/

ESPELEOLOGIA – EDUCAÇÃO BÁSICA

https://aun.webhostusp.sti.usp.br/index.php/2021/07/08/pesquisador-do-igc-usp-desenvolve-trabalho-relacionado-com-o-tema-cavernas-dentro-de-escolas/

EVENTO DE ROBÓTICA – OBR

https://www.obr.org.br/

EVENTO DE ROBÓTICA – TJR

http://torneiojrobotica.org/

EVENTO DE ROBÓTICA – CRIANÇAS – TJR MINI

http://www.tjrmini.org/

EVENTO DE ROBÓTICA – DESAFIOS – TJR

http://torneiojrobotica.org/Desafios-Presenciais/

EVENTO DE ROBÓTICA – CADERNOS DE APOIO – TJR

http://torneiojrobotica.org/CADERNOS-DE-APOIO/

EVENTO DE ROBÓTICA – INTERNACIONAL

http://torneiojrobotica.org/ITR-International-Tournament-of-Robots/

EVENTO DE ROBÓTICA – INTERNACIONAL

https://robocup.org/domains/5

EVENTO DE ROBÓTICA – COMO PARTICIPAR – OBR

https://www.obr.org.br/modalidade-pratica/como-participar-modalidade-pratica/

FEIRA BRASILEIRA DE CIÊNCIA – FEBRACE

https://febrace.org.br/

Game – tema sobre robôs – Detroit Become Human

https://www.eurogamer.pt/detroit-become-human-ja-vendeu-mais-de-6-5-milhoes--de-unidades-no-pc-e-ps4

GEOGRAFIA – ORIENTAÇÕES – CURRÍCULO PAULISTA

https://efape.educacao.sp.gov.br/curriculopaulista/wp-content/uploads/downloads/Anos%20iniciais%20EM/Habilidades%20essenciais_Anos%20iniciais_Geografia.pdf

IDIOMAS E ROBÓTICA – ATIVIDADES CONJUNTAS

https://www.icce.com.br/blog/2019/1/18/ingls-e-robtica-em-dublin

INTELIGÊNCIA ARTIFICIAL – TESTE DE TURING

https://www.independent.co.uk/life-style/gadgets-and-tech/computer-becomes-first--to-pass-turing-test-in-artificial-intelligence-milestone-but-academics-warn-of-dangerous-future-9508370.html

INTELIGÊNCIA ARTIFICIAL – SÍNTESE DE FALA

https://veja.abril.com.br/tecnologia/fala-humana-ja-pode-ser-replicada-por-robos--risco-de-fraudes-preocupa/

INTELIGÊNCIA ARTIFICIAL – CHAT GPT

https://chat.openai.com

INTELIGÊNCIA ARTIFICIAL – GOOGLE BARD

https://bard.google.com

INTELIGÊNCIA ESPACIAL – ATIVIDADES

https://www.archdaily.com.br/br/866861/9-atividades-diarias-para-melhorar-sua-inteligencia-espacial

INTERNATIONAL SYMPOSIUM ON TECHNOLOGY AN CURRICULUM THEMES – ISYTECH

SIMPÓSIO BRASILEIRO DE TEMAS EM TECNOLOGIA E CURRÍCULO

http://torneiojrobotica.org/Simp%C3%B3sio/

http://simposio.in/.

JOGOS DE CARTAS – APP – EDITOR

https://magicseteditor.boards.net/

JOGOS DE DADOS – ORIGEM

https://super.abril.com.br/mundo-estranho/qual-e-a-origem-do-jogo-de-dados/

JOGOS DIGITAIS – GÊNEROS

https://fastlife.fastshop.com.br/moba-fps-mmo-conheca-os-generos-de-games-eletronicos-mais-populares/

JOGOS DIGITAIS EDUCACIONAIS – EXEMPLO

https://apps.univesp.br/labirinto-de-konigsberg/

JOGOS DE PERCURSO

https://avisala.org.br/index.php/assunto/tempo-didadico/jogos-de-percurso-contribuicoes-para-o-ensino-da-matematica-na-educacao-infantil/

LEGO EDUCATION – PLANOS DE AULA

https://education.lego.com/pt-br/lessons?grades=1%C2%BA+e+2%C2%BA+Anos+do+Ensino+Fundamental

LINGUAGEM – SUPERLOGO

https://www.nied.unicamp.br/biblioteca/super-logo-3-0-para-windows-7-a-10/

LINGUAGEM – SCRATCH

https://scratch.mit.edu/

LINGUAGEM – SCRATCH JR

https://www.scratchjr.org/

LINGUAGEM – SCRATCH – PROJETOS EDUCACIONAIS PARA EDUCAÇÃO BÁSICA

https://scratch.mit.edu/studios/31626384

LOCUÇÃO – RÁDIO/PODCAST

https://www.reginabittar.com.br/post/como-trabalha-um-locutor-de-r%C3%A1dio-podcast

MARIONETE – FANTASMA – COMO FAZER

https://www.fazfacil.com.br/artesanato/marionete-fantasma-halloween/

METAVERSO – JOGOS – MINECRAFT

https://mitsoftware.com/pt/metaverso-de-minecraft/

METAVERSO – JOGOS – SIN CITY

https://medium.com/alpine-capital-markets/welcome-to-the-sin-city-metaverse-a-virtual-play-to-earn-world-with-blockchain-integration-9d92b4148638

MOSTRA NACIONAL DE ROBÓTICA – MNR

https://www.mnr.org.br/

MODELAGEM – PAPEL MACHÉ

Vila do Artesão (viladoartesao.com.br)

BRINQUEDO, uma (1) antiga boneca, corpo e cabeça em pap (leiloesvitoria.com.br)

PLANO CURRICULAR – ENSINO PRIMÁRIO – MOÇAMBIQUE

https://mept.org.mz/wp-content/uploads/2020/07/PCEP_Maio_2020_Final_1.pdf

PLATAFORMA ONLINE – ROBÓTICA – PROTÓTIPOS REAIS

http://roboleague.org/

PLATAFORMA ONLINE – ROBÓTICA – SIMULAÇÃO

https://gocoderz.com/

PROGRAMAÇÃO – PARADIGMAS

https://blog.geekhunter.com.br/quais-sao-os-paradigmas-de-programacao/

PROJETO EDUCACIONAL – PROFESSOR DESTAQUE

http://portal.sme.prefeitura.sp.gov.br/Main/Noticia/Visualizar/PortalSMESP/Professor-da-CEU-EMEF-Jose-Saramago-ganha-segundo-lugar-no-Premio-Professor-em-Destaque

PROJETO "NAOTISME" – ROBÓTICA – AUTISMO

https://www.softbankrobotics.com/emea/fr/journee-mondiale-autisme-nao

PRÓTESES PARA ANIMAIS

https://socientifica.com.br/proteses-para-patas-e-bicos/ :~:text=Pr%C3%B3teses%20para%20patas%20e%20bicos%20proporcionam%20uma%20nova%20chance%20aos,minutos%20ap%C3%B3s%20ter%20sido%20aplicado.

PROVAS TEÓRICAS – ROBÓTICA EDUCACIONAL – OBR

https://www.obr.org.br/modalidade-teorica/como-participar-modalidade-teorica/

PROVAS TEÓRICAS – ROBÓTICA EDUCACIONAL – ENATER

http://torneiojrobotica.org/ENATER-Exame-Nacional-de-Tecnologia-em--Rob%C3%B3tica/

REGISTRO – DIÁRIO DE BORDO – APP

https://e-diariodebordo.com.br/

REGISTRO – AUDIOVISUAL

https://drive.google.com/drive/folders/1m4I7MmMSgF8ibbyW1FOE7BdzUL40GQ6B

ROBÔ BOMBEIRO – DESAFIO DE ROBÓTICA EDUCACIONAL – TJR MINI

https://drive.google.com/file/d/1Y0ucUxsa0kLKkeywWAqIxvev8yPHBCit/view

ROBÔS – CARROS AUTÔNOMOS – PERSPECTIVAS

https://www.tecmundo.com.br/mobilidade-urbana-smart-cities/153849-estudo-carros-autonomos-nao-acabarao-acidentes-transito.htm

https://epocanegocios.globo.com/Tecnologia/noticia/2018/05/por-que-o-carro-autonomo-do-uber-matou-um-pedestre.html

ROBÔS – LIMPEZA DOMÉSTICA – CASO INUSITADO

https://canaldopet.ig.com.br/curiosidades/especiais/2019-07-20/robo-de-limpeza-passa-por-cima-de-coco-de-cachorro-e-suja-a-casa-inteira.html

ROBÔS – ENTREGAS – DRONES – IFOOD

https://news.ifood.com.br/rodo-ada-entregas-inteligentes-e-sustentaveis-sao-o-futuro/

ROBÔS – ENTREGAS – DRONES – AMAZON

https://www.amazon.com/Amazon-Prime-Air/b?ie=UTF8&node=8037720011

ROBÔS – ESTADO DA ARTE

https://www.showmetech.com.br/os-robos-mais-incriveis-do-mundo/

ROBÔS EXPLORADORES

https://mundoconectado.com.br/noticias/v/19726/boston-dynamics-utiliza-cao-robo-para-explorar-cavernas

https://canaltech.com.br/espaco/robo-esferico-pode-ser-usado-para-explorar-o-interior-de-cavernas-lunares-181749/

ROBÔS HUMANOIDES – HONDA P SERIES

https://en.wikipedia.org/wiki/Honda_P_series

ROBÔS MANEQUIM

https://youtu.be/JR0GhdioJKs

ROBÔ – MOXIE – ARTIGO JORNALÍSTICO

https://www.cnnbrasil.com.br/tecnologia/conheca-moxie-um-robo-projetado-para-ajudar-no-desenvolvimento-social-de-criancas/

ROBÔ NAVLAB – HISTÓRIA DOS CARROS AUTÔNOMOS

https://www.cs.cmu.edu/~tjochem/nhaa/navlab5_details.html

ROBÔ SOPHIA

https://www.youtube.com/watch?v=pt75iOKy2To

ROBÔ – SPOTMINI

https://www.bostondynamics.com/products/spot

ROBÔ LITERATURA – MEU AMIGO ROBÔ

https://cangurunews.com.br/wp-content/uploads/2020/04/1586380581Meu_Amigo_Robo.pdf

ROBÔ LITERATURA – MEU AMIGO ROBÔ – ATIVIDADES

https://www.taubate.sp.gov.br/wp-content/uploads/2020/08/Atividade-168-Livro-Meu-Amigo-Rob%C3%B4.pdf

ROBÔ LITTLE SOPHIA

https://www.tecmundo.com.br/ciencia/138447-little-sophia-hanson-robotics-lanca-irma-nova-robo-sophia.htm

ROBÔ TEATRO – PEÇA – ATORES ROBÔS

https://robohub.org/when-robots-become-art-interview-with-yi-wei-keng/

ROBÔS – EVOLUÇÃO AUTÔNOMA – PESQUISAS

https://www.york.ac.uk/robot-lab/are/

ROBÓTICA – ESCOLAS DE SAMBA

https://canaltech.com.br/entretenimento/5-escolas-de-samba-que-trouxeram-a-tecnologia-para-a-avenida-160873/

ROBÓTICA – METAVERSO

https://pt.techbriefly.com/ces-2022-hyundai-entrara-no-metaverso-com-robos-boston-dynamics-tech-49645/

ROBÓTICA COM SUCATA

https://deboragarofalo.com.br/robotica-com-sucata/

ROBOTIS – CONTEÚDO

https://www.robotis.us/ollo/

ROUPAS – TECNOLOGIAS VESTÍVEIS

https://super.abril.com.br/tecnologia/toma-essa-batman-a-super-roupa-que-deixa-voce-mais-forte/

ROUPAS ROBÓTICAS – WEARABLES ROBOTICS

https://www.sri.com/case-study/wearable-robotics-for-human-augmentation/

ROUPAS ROBÓTICAS – ALTA COSTURA

https://www.ignant.com/2020/02/14/designer-ying-gao-creates-robotic-clothing-that-reacts-to-the-chromatic-spectrum/

SALA DOS PROFESSORES – UNIVESP – REA

https://apps.univesp.br/brinquedoteca/sala-dos-professores/

SCRATCH FOR ARDUINO

https://www.instructables.com/Physical-Computing-Scratch-for-Arduino/

SENSORES TÁTEIS

https://syntouchinc.com/robotics/

SIMULADOR DE ÓRBITAS

http://www.astronoo.com/pt/artigos/posicoes-dos-planetas.html

STEAM – REVISTA

https://j.pucsp.br/artigo/educacao-steam-o-que-e-para-que-serve-e-como-usar

SUMÔ – ESPORTE

https://web.archive.org/web/20060214020637/http://portal.esporte.gov.br/snear/cdn/infoEntidades.jsp?identidade=116

https://www.brasilsumo.com.br/

https://super.abril.com.br/mundo-estranho/como-surgiu-o-sumo/

https://www.infoescola.com/artes-marciais/sumo/

https://pt.wikipedia.org/wiki/Sum%C3%B4

SUPERCOMPUTADOR FUGAKU – INFORMAÇÕES TÉCNICAS

https://www.anandtech.com/show/15869/new-1-supercomputer-fujitsus-fugaku-and-a64fx-take-arm-to-the-top-with-415-petaflops

TECNOLOGIAS DIGITAIS – MEC

http://basenacionalcomum.mec.gov.br/implementacao/praticas/caderno-de-praticas/aprofundamentos/193-tecnologias-digitais-da-informacao-e-comunicacao-no-contexto-escolar-possibilidades

VIAGEM AO CENTRO DA TERRA – DESAFIO – ROBÓTICA

https://sites.google.com/view/odesafioviagemaocentrodaterra/viagem-ao-centro-da-terra

VEX ROBOTICS – CURRÍCULO

https://education.vex.com/stemlabs/123?lng=en

VÍDEOS

APP – COGGLE – MIND MAPS

https://www.youtube.com/watch?v=wZzwpF2S1uY

AUTÔMATO – SOBRE CURSO DE FORMAÇÃO

https://youtu.be/I_3GBqKu6Lw

CABO DE GUERRA – DESAFIO DE ROBÓTICA EDUCACIONAL

https://youtu.be/RY-EsykxTNE

https://www.youtube.com/watch?v=hQl44K-7itg

CABO DE GUERRA 2X2 – DESAFIO DE ROBÓTICA EDUCACIONAL – ROBÓTICA

https://www.youtube.com/watch?v=aCq6hOMvkDs

https://youtu.be/lLoiUh8srOw

CARRINHO DE PAPELÃO – CONSTRUÇÃO

https://youtu.be/RZ7o31kl6NY

https://youtu.be/vzztb0-2B8s

CATAPULTA – CONSTRUÇÃO

https://www.youtube.com/watch?v=JV_F-I2zBgE

https://www.youtube.com/watch?v=S8oH696_uBk

https://www.youtube.com/watch?v=y_wFkAuNoVY

CENÁRIO – RAMPA DE PAPELÃO

https://youtu.be/4IxqZ5np8ts

CONTAÇÃO DE HISTÓRIAS – MEU AMIGO ROBÔ

https://youtu.be/84u8NVDwix4

CONTAÇÃO DE HISTÓRIAS – A PRÁTICA

https://youtu.be/dKruzK1YAtg

CORRIDA DE CARROS AUTÔNOMOS – DESAFIO DE ROBÓTICA EDUCACIONAL

https://youtu.be/codkC8XFhpg

DANÇA DE ROBÔS – DESAFIO ROBÓTICA EDUCACIONAL – EQUIPE CAPIVARA ELETRÔNICA

https://youtu.be/T0v5DH8WR10

DANÇA DE ROBÔS – DESAFIO ROBÓTICA EDUCACIONAL – EQUIPE DOUBLE T

https://youtu.be/xIsWqHYZPnk

DANÇA DE ROBÔS – DESAFIO ROBÓTICA EDUCACIONAL – EQUIPE PSYTRON

https://youtu.be/4o8tavKpmAk

DANÇA DE ROBÔS – DANÇA POPULAR – FORRÓ – ROBÓTICA EDUCACIONAL

https://vimeo.com/102407636?embedded=true&source=vimeo_logo&owner=24706173

DANÇA DE ROBÔS – COREOGRAFIA

https://youtu.be/7atZfX85nd4

DANÇA – COREOGRAFIA HUMANO ROBÔ – ESPETÁCULO PROFISSIONAL

https://youtu.be/m9oP e9CsUpI

DANÇA ROBÓTICA

https://www.youtube.com/watch?v=9INAIZ7G_SY

https://youtu.be/THAHZO_CQGA

https://youtu.be/wt_nbTRzYrk

https://youtu.be/kWNbSvSHu3U

DAVID AUSUBEL

https://www.youtube.com/watch?v=wZzwpF2S1uY

DÉLIA LERNER

https://www.youtube.com/watch?v=n_4TYd7PMl4

ELIZA – HISTÓRIA

https://www.youtube.com/watch?v=oowXzZZC8GM

ELIZA – CONVERSAÇÃO

https://www.youtube.com/watch?v=QD8mQXaUFG4

FILME METRÓPOLIS – AUTOMATIZAÇÃO FABRIL

https://www.youtube.com/watch?v=Vnp_TAb52AI

FILME TEMPOS MODERNOS – AUTOMATIZAÇÃO FABRIL

https://www.youtube.com/watch?v=Bv1sdRGRb8k

HENRI WALLON

https://youtu.be/BgLiZLAa4hA?list=PL0v5siBjNreKg-JE8dKL7KjlfdWlDIhv-

HUKA-HUKA – ESPORTE

https://youtu.be/2tqrs1Q_6v0

https://youtu.be/41DJ5XgKR3M

https://youtu.be/N0p69x_BaLA

https://youtu.be/aZswnq7C0XA

Inteligência Artificial - FEUSP

https://youtu.be/BKWc11I94CU

JOGOS EDUCACIONAIS

https://youtu.be/HeqWbklRGP0

https://youtu.be/E9PQqTM0C60

https://youtu.be/QHaAxLhgEoA

https://youtu.be/o2rmtGlN2Vg

JOGO DE TÊNIS – ROBÔS

https://youtu.be/cwuOXXM5s_c

JOGO DE FUTEBOL – ROBÔS

https://youtu.be/gu0nDVibeUw

JOGO DE WRESTLING – ROBÔS

https://youtu.be/N_xTvZCvuQ4

MÁQUINAS SIMPLES

https://www.youtube.com/watch?v=LiBcur1aqcg

https://youtu.be/LSfNYpCprw4

MARIONETES – CONSTRUÇÃO

https://youtu.be/XpJ5c_WJ0BI

https://youtu.be/jMTX5IFhShc

METAVERSO – JOGOS

https://youtu.be/imkhtlBhk0M

PIRATAS DO VALE DO SILÍCIO

https://bittube.video/w/1cdc5afc-35dd-4ed0-a126-f6bd85386368

PRÓTESES PARA ANIMAIS

https://youtu.be/8aMjqsVwIUU

PSICOLOGIA DA EDUCAÇÃO – QUARTA REVOLUÇÃO

https://youtu.be/vK150k5AXeY

REGISTRO – AUDIOVISUAL – ROBÓTICA EDUCACIONAL – EXEMPLOS

https://youtu.be/8xUpayyiIaI

https://vimeo.com/177612100

https://www.youtube.com/watch?v=hrXyhq3JyBc

https://www.youtube.com/watch?v=-8GMMx4mZYM

REGISTRO – AUDIOVISUAL – TÉCNICAS

https://youtu.be/aNwaXtUL1fU

https://www.youtube.com/watch?v=1CdLhVO5haE

https://www.youtube.com/channel/UCF-BwHq7uPzwxHY-cHwBPYw

RESGATE – DESAFIO ROBÓTICA EDUCACIONAL – ROBÔ HIPÉRION

https://vimeo.com/89449309

https://vimeo.com/89357396

https://www.youtube.com/watch?v=mqxETsPhI2I

ROBÔ ATLAS – APRESENTAÇÃO

https://youtu.be/tF4DML7FIWk

ROBÔ BOMBEIRO – DESAFIO DE ROBÓTICA EDUCACIONAL – PORTUGAL

https://youtu.be/AdV59Su_vYs

ROBÔ EXPLORADOR

https://youtu.be/qTW-dbZr4U8

ROBÔ HEXAPODE – MODELOS

https://youtu.be/mcw_0cIyr9Y

https://youtu.be/yn3FWb-vQQ4

https://youtu.be/vwlJxP_TqQw

ROBÔ MAVIS – MONTAGEM E TESTES – CRIANÇAS

https://vimeo.com/186288205

ROBÔ MOXIE – APRESENTAÇÃO

https://youtu.be/ohpvrGMvk2E

ROBÔ NAO – APRESENTAÇÃO TÉCNICA

https://youtu.be/HKFHUrx23ts

ROBÔ PEPPER – ENTREVISTA

https://youtu.be/z9uTK9_F6M8

ROBÔ SPOTMINI – APRESENTAÇÃO

https://youtu.be/wlkCQXHEgjA

ROBÔ TARTARUGA – ROBÔS DE WILLIAN GRAY WALTER

https://youtu.be/lLULRlmXkKo

https://youtu.be/wQE82derooc

https://youtu.be/TZJfsD3Ksu4

ROBÔ – TRANSFORMERS

https://youtu.be/93_QYlKq19o

ROBÔ UNIMATE – PRIMEIRO ROBÔ INDUSTRIAL

https://youtu.be/-Xl2c91pWGc

ROBOLEAGUE – INFORMAÇÕES

https://youtu.be/l9YaLS-dmP4

ROBÓTICA CINEMA – MEU AMIGO ROBÔ – FILME

https://youtu.be/4NaoX05Xt2Y

ROBÓTICA LITERATURA – MEU AMIGO ROBÔ

https://youtu.be/84u8NVDwix4

ROBÓTICA LITERATURA – MEU AMIGO ROBÔ – CONTAÇÃO DE HISTÓRIA

https://youtu.be/dKruzK1YAtg

ROBOTICISTA

https://youtu.be/AdV59Su_vYs

ROSSUM'S UNIVERSAL ROBOTS – PEÇA

https://youtu.be/-t_oI37K1B8

SUMÔ DE ROBÔS – DESAFIO ROBÓTICA EDUCACIONAL

https://vimeo.com/179219791

https://youtu.be/Nco-wQfHR2o

VIAGEM AO CENTRO DA TERRA – DESAFIO DE ROBÓTICA EDUCACIONAL – PRIMEIRAS SÉRIES

https://www.youtube.com/watch?v=-hmyBjUzgEQ

VIAGEM AO CENTRO DA TERRA – REPRODUÇÃO EM VÍDEO – HQ TURMA DA MÔNICA

https://www.youtube.com/watch?v=GHiErOfHOfo

VIAGEM AO CENTRO DA TERRA – DESAFIO – ROBÓTICA EDUCACIONAL

https://youtu.be/jmQIiSM5rQs

VYGOTSKY – GRANDES EDUCADORES

https://youtu.be/T1sDZNSTuyE

RESPOSTAS DOS EXERCÍCIOS

Número geral	Página	Número original	Resposta	Comentário
1	143	1	b	
2	143	2	b	
3	144	3		A solução encontra-se após esta tabela (Anexo 1).
4	144	4		A solução encontra-se após esta tabela (Anexo 2).
5	150	1	d	
6	150	2		1. braço; 2. roda 3. garra; 4. antena; 5. cabeça; 6. perna; 7. corpo.
7	155	1	b	
8	155	2	a	
9	157	1		Os dois mecanismos guardam e liberam a energia requerida para arremessar.
10	157	2		As primeiras catapultas, por exemplo, usavam a tensão produzida pela deformação dos materiais que tendem a voltar à forma inicial. Como pode ser visto neste modelo simples.

(continua)

(continuação)

Número geral	Página	Número original	Resposta	Comentário
11	157	3		A energia pode ser armazenada por tensão pela deformação em elásticos, molas; também por elevação de massas, como no caso de se deixar em um nível mais alto uma caixa com massa; etc. O caso da caixa já foi discutido no exercício 8, como se pode rever a seguir.
12	190	1	b	
13	191	2	a	
14	191	3	b	
15	191	4	e	
16	192	5	a	
17	193	6	d	
18	193	7	d	
19	194	8	e	
20	194	9	e	
21	194	10	a	
22	218	1		São mais prováveis de representar a realidade as suposições: 1. haja mais meninas na sala de aula, 2. é mais provável que uma menina ganhe o livro, 3. nas 10 tiras retiradas a seguir, o número de tiras com nomes de meninas seja maior do que o número de tiras com nomes de meninos.
23	219	2	a	
24	220	3		É pouco provável que: o décimo teste está dentro do esperado, levando-se em conta os resultados dos 5 primeiros.
25	222	1	e	
26	223	2	d	
27	224	3	b	

(continua)

(continuação)

Número geral	Página	Número original	Resposta	Comentário
28	224	4	a	
29	225	5	b	
30	225	6	b	
31	226	7		Todas as afirmações são corretas. Portanto, trata-se de um robô.
32	226	8		105 minutos.
33	227	9		Nestas condições, não se consegue fazer o robô chegar ao quadro azul, partindo do quadro verde.
34	227	10	c	
35	228	11	c	
36	228	12		Todas as afirmações estão corretas.
37	257	1	d	
38	258	2	d	
39	258	3	d	
40	270	1	a	
41	271	2	b	
42	271	3	b	
43	272	4	d	
44	272	5	d	
45	272	5	d	
46	285	1	c	
47	286	2	d	
48	286	3	e	
49	285	4	a	
50	287	5	c	

ANEXOS

	Número de parafusos
1. Cabeça	10
2. Tronco	14
3. Braço	5
4. Perna	12

Anexo 1. Questão 2 da prova teórica de nível 2 (OBR 2014), cujo enunciado é "Roberto, o robô, precisa contar seus parafusos. Para isso, procurou seu manual de instruções e descobriu a tabela abaixo. Quantos parafusos Roberto tem ao todo em seu corpo?". Neste livro, a questão está na página 161.

Anexo 2. Nesse desafio a meta de cada robô é encontrar e empurrar o outro para fora da arena.
Fonte: Divulgação do TJR CE 2018.

GRÁFICA PAYM
Tel. [11] 4392-3344
paym@graficapaym.com.br